本期是"第三届政府管制论坛"入选的参会论文，由浙江财经大学中国政府管制研究院和《中国工业经济》杂志社共同编辑出版

政府管制评论
REGULATION REVIEW

2014年第3期（总第7期）

王俊豪 主编

中国社会科学出版社

图书在版编目（CIP）数据

政府管制评论. 2014 年第 3 期（总第 7 期）/王俊豪主编. —
北京：中国社会科学出版社，2014. 12
ISBN 978 - 7 - 5161 - 5246 - 1

Ⅰ. ①政…　Ⅱ. ①王…　Ⅲ. ①政府管制—研究　Ⅳ. ①F20

中国版本图书馆 CIP 数据核字（2014）第 297504 号

出 版 人	赵剑英	
责任编辑	卢小生	
责任校对	周　昊	
责任印制	王　超	
出　　　版	中国社会科学出版社	
社　　　址	北京鼓楼西大街甲 158 号（邮编　100720）	
网　　　址	http：//www. csspw. cn	
	中文域名：中国社科网　　010 - 64070619	
发 行 部	010 - 84083635	
门 市 部	010 - 84029450	
经　　　销	新华书店及其他书店	
印　　　刷	北京市大兴区新魏印刷厂	
装　　　订	廊坊市广阳区广增装订厂	
版　　　次	2014 年 12 月第 1 版	
印　　　次	2014 年 12 月第 1 次印刷	
开　　　本	787 × 1092　1/16	
印　　　张	18	
插　　　页	2	
字　　　数	360 千字	
定　　　价	58. 00 元	

《政府管制评论》主编、学术委员会及编辑部人员名单

主　编

王俊豪　浙江财经大学

学术委员会（按拼音排序）

陈富良　江西财经大学

陈勇民　美国科罗拉多大学

迈克尔·赖尔登（Michael Riordan）

　　　　美国哥伦比亚大学

秦　虹　住房和城乡建设部

戚聿东　首都经济贸易大学

荣朝和　北京交通大学

肖兴志　东北财经大学

夏大慰　上海国家会计学院

薛　澜　清华大学

余　晖　中国社会科学院

于　立　天津财经大学

于良春　山东大学

张成福　中国人民大学

张昕竹　中国社会科学院

周志忍　北京大学

编辑部主任

唐要家　浙江财经大学

主办单位

浙江财经大学中国政府管制研究院

浙江省政府管制与公共政策研究中心

目　　录

体制改革、结构变化与煤矿安全规制效果
——兼析规制周期的影响

肖兴志　郭启光

摘　要　近年来频繁爆发的安全事故倒逼中国煤矿安全规制体制改革，规制独立性建设逐步深入。本文采集 2001 年 1 月至 2010 年 6 月的相关月度数据，使用专门分析非线性系统的 MS—VAR 方法，研究了改革背景下煤矿安全规制系统存在的结构性变化，分析系统不同状态的特征与转换规律，并采用广义脉冲响应函数探讨不同状态下的安全规制效果以及安全水平对煤炭产量的影响情况。此外，本文还实证研究了由全国"两会"、党代会和春节等特殊时期形成的规制周期对煤矿安全水平和煤炭产量的影响。研究结果显示：（1）规制独立性改革导致规制系统存在结构性变化，在样本期内由高波动状态向低波动状态转换，且呈现出明显的"棘轮效应"，即系统更倾向在高波动状态下运行；（2）低波动状态下的规制效果优于高波动状态下的规制效果；（3）安全事故的发生并未对煤炭产量产生显著影响；（4）在全国"两会"、党代会和春节等特殊时期，矿难起数和伤亡人数明显下降，但煤炭产量变化不明显，表明安全水平的提高是各级政府在规制周期内加强安全规制的结果。

关键词　体制改革　安全规制　规制周期　MS—VAR 模型

一　引言

近年来，中国经济总量一直保持着平稳较快增长，但经济发展的质量不容乐观，食品药品安全问题层出不穷，环境污染程度令人担忧，工作场所安全事

［作者简介］肖兴志，东北财经大学产业组织与企业组织研究中心，116025；郭启光，东北财经大学产业组织与企业组织研究中心，116025。

［基金项目］国家自然科学基金项目"中国煤矿安全规制波动的形成机理、实证影响与治理研究"（71173032）

故接二连三，尤其是高发频发的煤矿安全事故，已成为影响煤炭产业健康发展的顽疾，有违构建和谐社会的根本宗旨与科学发展观的基本理念。国家安全生产监督管理总局的统计数据显示，2000—2012年，全国共发生矿难33352起，死亡人数高达57415人，平均每年发生各类煤矿安全事故约2566起，死亡约4417人。纵向观察，进入2000年以来，中国煤矿安全事故及死亡人数节节攀升，2000—2003年，矿难造成的死亡人数分别达5798人、5670人、6149人、6679人。频繁爆发的矿难和一连串令人痛心的死亡数字直接拷问政府安全规制的效果，倒逼安全规制体制改革，2003年国家煤矿安全监察局成为国务院直属机构，并于2005年进一步升格为副部级的国家局。规制独立性改革逐步深化的同时，规制效果是否同步提高？这正是本文需要回答的问题。

关于安全规制效果，国外学者进行了较为广泛的研究，其中最典型的是对美国职业安全与卫生管理局（以下简称MSHA）规制效果的评价。在MSHA建立之后的一段时间内，工人伤亡率逐渐下降，不少学者认为，安全规制的作用是积极有效的，能够显著提高安全水平（Fuess and Loewenstein，1990；Gray and Scholz，1993；Weil，1996）。然而，也有学者对MSHA的规制效果持质疑态度，认为安全规制并未取得理想效果，未能显著降低事故起数和伤亡率，甚至适得其反，由此引发"规制无效论"（Ruser and Smith，1991；Viscusi et al.，1992；Gray and Scholz，1997；Klick and Stratmann，2003）。

国内也有部分学者对煤矿安全规制效果进行了积极探索。钱永坤等（2004）研究发现，政府关井政策导致煤矿企业在安全投入上的回报率下降，短期内可能引发大量安全事故。肖兴志等（2008）采用VAR模型实证检验了安全规制效果，认为安全规制在长期内有效，然而，该有效性在短期内会被工人的逆向行为[①]所抵消。白重恩等（2011）的研究表明，关井政策[②]在减少乡镇煤矿产量的同时，导致煤矿死亡率显著上升。

通过上述文献梳理可以发现，关于安全规制是否有效，学术界尚未达成一致结论。

并且现有实证研究均是采用线性计量方法对规制效果进行分析，然而近年来，中国安全规制体制发生了深刻变革，传统的线性计量方法无法捕捉规制系统可能存在的结构性变化，所得结论难免有失偏颇。

此外，关于规制研究的一项有趣拓展是探究政治周期对煤矿安全水平的影响。Nie等（2013）利用2000年7月至2010年7月的省际面板数据，实证研究了由地方主要政治会议（如地方"两会"、地方党代会等）所形成的政治周期对各地煤矿安全事故的影响，发现矿难起数和伤亡人数在地方"两会"期间显著降低，并认为安全事故的暂时减少是地方政府通过控制煤炭产量而非改

---

① 指工人因企业安全投资增加而忽视自身安全投入的行为。
② 政府推进的一项强有力的安全规制措施。

善安全措施来实现的。

考虑到近年来中国煤矿安全规制体制几经变迁，规制独立性改革逐渐深入，安全规制系统可能发生了结构性变化，传统线性计量方法已无法满足实证研究的需要。本文采集了 2001 年 1 月至 2010 年 8 月全国煤矿事故起数、伤亡人数、原煤产量和火力发电量月度数据，利用专门研究存在结构性变化的非线性系统的马尔科夫区制转换向量自回归（MS—VAR）模型，实证研究了煤矿安全规制系统在不同状态下运行的效果。此外，本文将全国"两会"、全国党代会以及春节等对安全事故较为敏感的特殊时期以虚拟变量的形式纳入回归模型，实证研究其对煤矿安全水平和煤炭产量的影响，检验安全规制周期[①]是否存在。本文在现有文献的基础上可能存在以下几个方面的改进：（1）将煤矿安全规制体制改革的动态变化纳入分析框架，使用专门研究非线性系统的MS—VAR方法分析了安全规制系统存在的结构性变化，各状态之间的差异、转换特征，以及在不同状态下的规制效果；（2）与 Nie 等（2013）的研究不同，本文所用样本为全国矿难起数和伤亡人数月度数据，研究的是全国"两会"、全国党代会等特殊时期内煤矿安全规制的效果；（3）本文的研究拓宽了安全规制波动理论的研究范畴。

二 规制系统结构性变化与规制周期影响机理

（一）规制系统结构性变化

从 2000 年起，中国煤矿安全规制体制几经变迁。2000 年，国务院决定在国家经贸委煤炭工业局之外增设煤矿安全监察局[②]，负责全国煤矿安全生产监察，并与煤炭工业局合署办公。2001 年，煤炭工业局被撤销，在国家经贸委设立国家安全生产管理局（副部级，以下简称"国家煤监局"），与国家煤矿安全监察局是"一套人马、两块牌子"，并逐步推进中央与地方的煤矿安全监察垂直管理体系建设[③]，此时的国家煤监局成为独立于煤炭生产管理体制的安全规制机构。尽管国家煤监局名义上只抓安全，不管生产，但是仍然受国家经贸委的直接领导，其各分支机构也受到地方政府相关部门的领导，所以，此时煤矿安全规制并未完全独立于煤炭生产。2002 年，全国人大常委会颁布《中华人民共和国安全生产法》，明确了国家安全生产综合规制与各级地方政府有关职能部门专项规制相结合的安全规制体制。2003 年，国家经贸委被撤销，

---

① 下文将对规制周期进行详细阐述。

② 煤矿安全监察局下设煤矿监察一司，负责监管大中型煤矿企业；煤矿监察二司，负责监管小型煤矿企业。此外煤矿安全生产及管理下放到地方各矿务局负责，部分省市仍保留煤炭工业局。

③ 到2001 年，建立了包括19 个省级煤管局和68 个安全监察办事处的国家、省、地区三级煤矿安全垂直监察体系。

于同年 11 月成立国务院安全生产委员会办公室，国家安全生产监督管理局
（国家煤矿安全监察局）升格为国务院直属机构（副部级）。

此时的国家煤监局才成为独立的第三方安全规制机构，从法律上不受地方
政府的干涉，并不对煤炭生产负责。然而，由于地方煤炭管理局尚未完全退出
历史舞台，与地方煤矿安全监察局之间依然存在执法交叉、职能重叠的现象。
直到 2004 年国务院办公厅颁布《关于完善煤矿安全监察体制的意见》，明确
界定了"国家监察、地方监管、企业负责"的安全责任体系，煤矿安全规制
体制机制才逐渐得以理顺。2005 年，根据《国务院关于国家安全生产监督管
理局（国家煤矿安全监察局）机构调整的通知》，单设国家煤矿安全监察局
（副部级），作为国家安全生产监督管理总局管理的行政机构，独立行使全国
煤矿安全监察职能。

随着中国煤矿安全规制体制不断变迁，整个安全规制系统必然产生结构性
变化，规制独立性逐步提高，规制效果也随之得以改善。关于这一点，也可从
近年来全国煤矿事故发生起数和伤亡人数的月度数据中得到判断。如图 1 所
示，2001—2005 年，全国月度矿难起数及伤亡人数均维持在较高水平，且波
动剧烈，波峰与波谷之间距离很短，落差较大。表明在此期间，中国煤矿安全
事故高发频发，事故严重程度较高，煤矿安全规制整体效果较差，并且规制系
统运行很不稳定，处于高波动状态。以 2006 年为转折点，全国月度矿难起数
和伤亡人数开始大幅度下降，此后维持在一个较低水平，虽然仍处于波动状
态，但波动幅度已明显缩小。表明 2006 年之后的一段时期，中国煤矿事故发
生频率和严重程度均有所降低，安全规制效果得以提升，并且规制系统运行较
为平稳，处于低波动状态。据此提出以下理论假说：

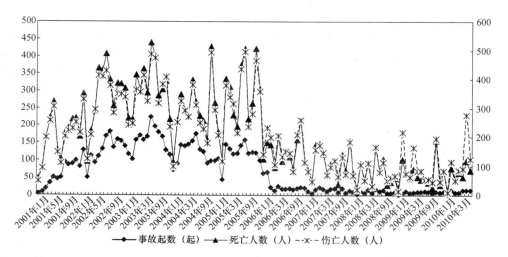

图 1   2001 年 1 月至 2010 年 8 月全国煤矿事故起数、死亡人数与伤亡人数波动情况
   资料来源：国家安全生产监督管理总局政府网站事故查询系统（http：//media. china-
safety. gov. cn：8090/iSystem/shigumain. jsp），由笔者统计整理得出。

假说 1：随着中国煤矿安全规制体制变迁，规制独立性改革深入，规制系统产生了结构性变化，由高波动状态向低波动状态转换，规制效果逐步提高。

（二）规制周期及其影响机理

受 Nie 等（2013）关于政治周期研究的启发，本文将全国"两会"、全国党代会和春节等特殊时期所形成的周期作为规制周期。在上述特殊时期内，社会稳定目标变得格外重要，一旦爆发安全生产事故以及由此引发的大规模群体性活动，很容易受到新闻媒体的广泛报道以及社会大众的普遍关注，事故造成的社会负面效应很可能随之扩大，无疑会影响政府的执政形象与社会的和谐稳定。因此，在全国"两会"、党代会以及春节等特殊时期，中央政府往往自上而下强力推动安全规制相关政策落实，要求切实加强安全生产秩序整治力度，以确保安全生产形势稳定。例如，《国务院安委会关于开展安全生产重点工作专项督查的通知》中明确强调要重点检查岁末年初以及全国"两会"期间的安全生产工作情况。在安全生产硬性目标的约束下，各级地方政府纷纷出台《关于组织开展全国"两会"期间安全生产大检查的通知》、《关于做好春节期间安全生产工作的通知》等一系列配套政策及实施细则，对其辖区内的煤矿进行全面的安全生产大检查大整治，某些地方政府甚至强调要高度重视全国"两会"期间的安全生产工作，并将其作为一项极为重要的政治任务去完成。由此可见，在全国"两会"、党代会和春节等特殊时期，各级政府往往将确保煤矿安全生产的重要性上升到政治高度，加强煤矿生产领域打非治违与专项整治力度，提高安全规制强度。在此期间，矿难起数和伤亡人数有所下降，安全生产形势有所好转。据此提出以下理论假说：

假说 2：在全国"两会"、党代会、春节等特殊时期，煤矿安全生产水平会有所改善。

然而，在现有的政绩考核制度下，地方政府承担着经济增长与社会稳定的双重任务，这也导致其面临一个两难的境地：经济增长对煤炭的过度需求和抑制频发的煤矿安全事故，特别是对一些以煤矿作为主要财政收入来源的地区，上述矛盾表现得尤为明显，为了实现收益最大化，政府需要在发展地方经济与执行安全规制之间进行权衡。在上述特殊时期之外的较长一段时期内，为了促进地方 GDP 增长以获取财税收益和政治晋升机会，地方政府往往放松安全规制，包庇甚至纵容煤矿企业进行超能力、超强度、超定员开采，以获取尽可能多的煤炭产出，从而确保地方经济增长对煤炭产量的需求。煤矿安全事故的偶发性以及中央与地方之间广泛存在的信息不对称性进一步强化了地方政府的这种机会主义倾向，甚至与当地煤矿企业进行合谋，降低安全规制力度，默许煤矿企业选择低安全投入、高风险的生产方式，从而导致煤矿安全事故发生。综上所述，在全国"两会"、党代会、春节等特殊时期，各级政府将社会稳定目标摆在首位，提高安全规制强度以改善安全生产水平，减少矿难起数和伤亡人数；而在非特殊时期内，经济发展则成为政府关注的首要目标，为了保障经济增长所需的煤炭产量，地方政府淡化安全生产目标，降低规制强度，导致矿难频发高发，上述过程周而复始，形成了具有中国特色的安全规制周期。因此，对规制周期的研究还有利于拓宽规制波动理论①的研究范畴。

此外，规制周期对煤矿安全水平的影响机制可能存在着两种效应："直接效应"与"间接效应"。其中，"直接效应"可理解为在规制周期内中央政府自上而下强力推动煤矿安全规制，加强对地方政府在安全生产方面的考核力度以及对玩忽职守官员的处罚力度，提高对地方煤矿安全规制执法的隐性介入频率，迫使地方政府直接加大安全规制强度，对其辖区煤矿进行安全生产大检查、专项整治、打非治违等一系列安全规制措施，改善矿区安全水平。"间接效应"则是指地方政府为了达到提高安全水平的目的，对煤矿企业采取关停限产等治标不治本的做法，试图通过减少煤炭生产从而间接地达到控制煤矿事故发生的目的。由此提出以下理论假说：

假说3：规制周期通过两种机制影响煤矿安全水平，直接提高安全规制强度或者间接地通过控制煤炭产量达到降低矿难起数及伤亡人数的目的。

三　实证方法、指标选择与数据处理

（一）MS—VAR 模型

由于时间序列可能存在结构性变化，导致 VAR 模型参数不随时间变化的假设不再适用，汉密尔顿（Hamilton，1989）提出了"区制转换"概念，将包含某些内生性结构变化的状态变量引入 VAR 模型，用以捕捉经济系统中的时变状态变化。由于近年来中国煤矿安全规制体制发生了深刻变革，为了将规制系统的结构性变化纳入分析框架，本文采用基于马尔科夫区制转换的向量自回归（MS—VAR）模型刻画规制效果的动态变化，该模型允许回归参数依赖不可观测的区制变量（M 为区制个数）而变化，且 S_t 遵循一个不可约遍历的一阶马尔科夫随机过程，$S_t = 1$ 和 $S_t = M$ 分别代表系统处于最低状态和最高状态。

根据 Krolzig（1997），滞后 p 阶的 MS—VAR 模型如下所示：

$$y_t = v(S_t) + A_1(S_t)y_{t-1} + \cdots + A_p(S_t)y_{t-p} + u_t \tag{1}$$

其中，扰动项 u_t 是一个白噪声过程，且 $u_t \sim NID(0, \sum(S_t))$。令 $I_{t-1} = (y_{t-1}, \cdots, y_1)$ 代表 $t-1$ 时期可用的信息集，则从区制 k 到区制 j 的转换概率为：

$$p_{kj} = \Pr(S_t = j|S_{t-1} = k, \cdots, S_1 = 1, I_{t-1}) = \Pr(S_t = j|S_{t-1} = k) \tag{2}$$

---

① 肖兴志等（2011）将规制过松与规制过严在煤矿安全规制中交替出现的现象定义为安全规制波动。

其中，$\sum\limits_{j=1}^{M} p_{ij} = 1$，$p_{ij} \geqslant 0$，$\forall i, j \in \{1, \cdots, M\}$。

令 Θ 代表相关参数矩阵，则条件概率密度函数表达如下：

$$f(y_t \mid I_{t-1}, \Theta) = \sum_{j=1}^{M} \Pr(S_t = j \mid I_{t-1}, \Theta) \cdot f(y_t \mid S_t = j, I_{t-1}, \Theta) \tag{3}$$

参数矩阵 Θ 由极大似然估计法最大化下的对数似然函数得到：

$$L(\Theta) = \sum_{t=1}^{T} \ln[f(y_t \mid I_{t-1}, \Theta)] \tag{4}$$

t 时期状态的概率计算公式为：

$$\Pr(S_t = j \mid I_t, \Theta) = \frac{\Pr(S_t = j \mid I_{t-1}, \Theta) \cdot f(y_t \mid S_t = j, I_{t-1}, \Theta)}{\sum\limits_{k=1}^{M} \Pr(S_t = k \mid I_{t-1}, \Theta) \cdot f(y_t \mid S_t = k, I_{t-1}, \Theta)} \tag{5}$$

（二）指标选取与数据处理

本文采集了 2001 年 1 月至 2010 年 8 月间[①]全国矿难起数、死亡人数、伤亡人数[②]、原煤产量和火力发电量等月度数据，共计 116 个样本点。各指标定义与数据来源说明如下：

1. 煤矿安全水平

理论上讲，事故（case）、死亡人数（death）和伤亡人数（casualty）三个指标均可反映煤矿安全生产水平。其中，矿难起数衡量煤矿事故发生频率、死亡人数和伤亡人数衡量煤矿事故严重程度。然而，现实中煤矿事故死亡人数和伤亡人数往往受到地方政府的影响和控制，瞒报、少报现象屡见不鲜；与之相比，矿难起数则很难被人为掩盖，能更准确地反映煤矿安全水平。因此，本文选取矿难起数作为衡量煤矿安全水平的主要指标，将死亡人数和伤亡人数作为备择指标纳入稳健性检验过程。相关数据来自国家安全生产监督管理总局政府网站事故查询系统。

2. 规制周期

本文选取全国"两会"（session）、全国党代会（party）和春节（spring）三个维度的指标刻画规制周期，用虚拟变量表示。其中，全国"两会"于每年 3 月举行，故每年 3 月设为 1，其余月份设为 0。在样本考察期内，全国党代会包括中国共产党第十六次全国代表大会，于 2002 年 11 月举行；中国共产党第十七次全国代表大会，于 2007 年 10 月举行，故 2002 年 11 月和 2007 年 10 月设为 1，其余月份设为 0。在样本期间，2001 年、2004 年、2006 年和 2009 年春节在 1 月份进行，其余年份春节在 2 月进行，虚拟变量设置方式

---

① 自 2010 年 9 月份起，原煤产量数据统计口径变为国有重点煤矿原煤产量，为了保持数据统计口径一致，样本截至 2010 年 8 月。

② 伤亡人数包括死亡人数、失踪人数与受伤人数。

同上。

3. 煤炭产量

为了检验规制周期内煤矿安全水平的提高是否通过控制煤炭产量间接实现，本文将原煤产量纳入实证模型，其数据来自国研网数据中心。

4. 控制变量

本文选取火力发电量作为控制变量，以控制能源生产对煤炭产量所产生的影响，数据来自中国经济与社会发展统计数据库。

本文所用原始数据的统计描述如表 1 所示。

表1   统计变量的数据描述

变量代码	变量名称	单位	样本量	标准差	均值	最大值	最小值
case	事故	起	116	62.1913	67.6724	225.0000	2.0000
death	死亡人数	人	116	115.9692	173.6810	440.0000	8.0000
causality	伤亡人数	人	116	127.6694	205.0086	496.0000	10.0000
coal	原煤产量	百万吨	116	65.3255	165.4052	344.5245	67.9735
electricity	火力发电量	亿千瓦时	116	707.1092	1854.3340	3903.3000	872.4800
session	全国"两会"	虚拟变量	116	0.2819	0.0862	1.0000	0.0000
spring	春节	虚拟变量	116	0.2819	0.0862	1.0000	0.0000
party	全国党代会	虚拟变量	116	0.1307	0.0172	1.0000	0.0000

资料来源：笔者整理。

在进行实证研究之前，需要对原始数据进行必要的处理。通过观察时间序列图形，发现原煤产量和火力发电量序列均存在较为明显的季节性特征，为了消除季节波动可能造成的影响，本文采取 CensusX$_{12}$ 季节调整法对上述两时间序列进行季节调整，将季节因素从原序列中剔除。为了平滑数据，分别对事故起数、死亡人数、伤亡人数、原煤产量和火力发电量作取对数处理。

四　实证分析

（一）序列平稳性检验

为了避免出现伪回归，MS—VAR 模型要求时间序列数据必须平稳，因此，在进行实证研究之前，需要对原序列进行单位根检验，为了增强检验的可靠性，本文选取 ADF 和 PP 两种检验方法进行序列平稳性检验，结果如表 2 所示。其中，case、death、casualty 和 coal 序列均在 1% 的显著性水平下满足序列平稳性要求，而 electricity 序列存在单位根，对其进行差分处理，一阶差分之后的 electricity 在 1% 的显著性水平下平稳。

表2 时间序列的单位根检验

变量	(c, t)	ADF 统计量	(c, t)	PP 统计量
case	(c, t)	− 4. 333757 ***	(c, t)	− 5. 064053 ***
death	(c, t)	− 5. 336335 ***	(c, t)	− 8. 990712 ***
casualty	(c, t)	− 8. 576182 ***	(c, t)	− 8. 997496 ***
coal	(c, t)	− 6. 737204 ***	(c, t)	− 7. 426665 ***
electricity	(c, t)	− 2. 521993	(c, t)	− 4. 126695 ***
Δelectricity	(c, 0)	− 15. 72105 ***	(c, 0)	− 16. 04211 ***

说明：Δ 表示一阶差分；c 和 t 分别代表截距项和趋势项；*** 表示变量在 1% 的显著性水平下显著。

（二） MS—VAR 模型设定

根据模型截距和均值是否随区制变化而变化，马尔科夫区制转换 VAR 模型主要分为 MSI—VAR 和 MSM—VAR 两种形式，除非有特殊的理论要求，通常情况下选择截距随区制变化而变化的 MSI—VAR 模型（Krolzig，1997）。综合各种检验结果（见表 3 和表 4），本文最终构建包含内生变量 case、coal、electricity 和外生变量 session、party、spring 的 MSIH（2）- VARX（3）模型，即存在两个区制，滞后阶数为 3（见表 3），截距和方差随区制变化而变化。同理，当煤矿安全水平分别由死亡人数和伤亡人数衡量时，分别构建 MSIH（2）- VARX（4）模型和 MSIH（2）- VARX（5）模型[1]，作为对 MSIH（2）- VARX（3）模型估计结果的稳健性检验。

表3 MSIH - VARX 模型滞后阶数的判定

Lag	logL	LR	FPE	AIC	SC	HQ
0	21. 4314	NA	0. 000168	− 0. 176288	0. 123469	− 0. 054771
1	289. 549	501. 1544	1. 33E − 06	− 5. 019607	− 4. 495033	− 4. 806952
2	323. 9824	62. 43073	8. 26E − 07	− 5. 494999	− 4. 745608 *	− 5. 191206 *
3	335. 5965	20. 40602 *	7. 88e − 07 *	− 5. 543860 *	− 4. 569651	− 5. 148929

---

[1] 受篇幅限制，此处不再给出两模型滞后阶数检验结果，如有需要可向笔者索取。

续表

Lag	logL	LR	FPE	AIC	SC	HQ
4	340.6821	8.650268	8.50E－07	－5.470693	－4.271667	－4.984624
5	348.4442	12.76754	8.74E－07	－5.447555	－4.023711	－4.870348
6	353.9248	8.70756	9.40E－07	－5.381772	－3.733112	－4.713427
7	356.7535	4.33554	1.06E－06	－5.266421	－3.392942	－4.506937
8	361.368	6.813895	1.17E－06	－5.184448	－3.086153	－4.333827

说明：* 表示某一滞后阶数在此种方法下表现较好。

表4　　　　　　　　　　　**LR 线性检验和 DAVIES 检验结果**

模型	LR 线性检验	DAVIES 检验
模型 1：MSIH（2）－VARX（3）（case）	0.0000（101.5905）	0.0000
模型 2：MSIH（2）－VARX（4）（death）	0.0000（111.6576）	0.0000
模型 3：MSIH（2）－VARX（5）（casualty）	0.0000（72.3508）	0.0000

说明：括号内为 LR 线性检验值。

根据汉密尔顿（1992），通过 LR 线性检验和 DAVIES 检验来判断模型整体设定是否合理，表4 中的检验结果显示，各模型两种检验下的 P 值均小于 1%，显著地拒绝线性系统的原假设，表明本文各模型的设定是较为合适的。

（三）模型估计结果

在模型合理设定的基础上，利用 EM 算法对各模型参数进行估计。根据表 5 中的估计结果，在全国"两会"、全国党代会和春节期间，煤矿安全水平有了显著提高。具体来看，模型 1 中，session、spring、party 分别在 1%、1% 和 10% 的显著性水平上对 case 产生负向作用；模型 2 中，session、spring、party 均在 1% 的显著性水平上对 death 产生负向作用；模型 3 中，session、spring、party 分别在 1%、1% 和 10% 的显著性水平上对 casualty 产生负向作用。以上结果显示，构成规制周期的全国"两会"、全国党代会和春节不仅显著地降低了煤矿事故发生频率，而且减轻了事故严重程度。此外，session、spring 和 party 对煤炭产量的影响均不显著，表明规制周期对煤矿安全水平的作用机制更多地表现为"直接效应"，即中央政府对安全生产的硬性要求以及新闻媒体对事故信息的广泛披露迫使地方政府提高安全规制强度，大力执行矿区安全生产检查与事故隐患排查等安全规制措施，从而促进煤矿安全生产水平提高。

对于本文主要关注的模型 1，从表 5 第二列所示的实证结果中可以看出，在两种区制下，估计所得的常数项和标准差存在明显差异。其中，区制

1 下所估计的常数项为 3.0670，小于区制 2 下的常数项 3.4505；区制 1 下所估计的标准差为 0.2175，小于区制 2 下的标准差 0.4295。根据模型 1 中常数项和误差项的估计结果可以判断，区制 1 代表系统运行波动的"低"状态，主要表现为煤矿安全事故发生频率较低，波动较小，并且煤炭产量较为稳定。区制 2 代表系统运行波动的"高"状态，主要表现为煤矿安全事故高发频发，波动较大，且煤炭产量较不稳定。根据肖兴志等（2011）及陈长石（2013），煤矿安全事故的波动情况可以间接地反映煤矿安全规制波动的状态，因此本文将区制 1 和区制 2 分别定义为"低规制波动状态"和"高规制波动状态"。

表 5　　　　　　　　　　　　　模型估计结果①

模型 1	case	coal	模型 2	death	模型 3	casualty
Const(Reg. 1)	3.0670 *** (0.6196)	-0.0427 (0.0531)	Const(Reg. 1)	3.8371 *** (1.1741)	Const(Reg. 1)	2.8055 ** (1.1327)
Const(Reg. 2)	3.4505 *** (0.6087)	-0.0319 (0.0506)	Const(Reg. 2)	3.7222 *** (1.1742)	Const(Reg. 2)	3.1797 *** (1.1344)
case_ 1	0.2623 *** (0.0660)	-0.0024 (0.0054)	death_ 1	0.1263 * (0.0718)	casualty_ 1	0.1385 * (0.0794)
case_ 2	0.2654 *** (0.0617)	0.0077 (0.0053)	death_ 2	0.2630 *** (0.0711)	casualty_ 2	0.2084 *** (0.0691)
case_ 3	0.2573 *** (0.0582)	-0.0048 (0.0046)	death_ 3	0.0718 (0.0742)	casualty_ 3	0.0382 (0.0755)
—	—	—	death_ 4	0.2534 *** (0.0687)	casualty_ 4	0.2987 *** (0.0731)
—	—	—	—	—	casualty_ 5	0.1911 *** (0.0707)
coal_ 1	-1.6912 ** (0.8055)	0.8303 *** (0.0771)	coal_ 1	-1.3123 (1.0237)	coal_ 1	-2.6361 *** (0.9811)
coal_ 2	1.3098 * (0.7709)	0.0653 (0.0697)	coal_ 2	1.7750 * (1.0081)	coal_ 2	2.0783 ** (0.9558)

---

① 由于本文主要考察规制周期对煤矿安全水平的影响，因此仅给出了煤矿安全水平作为因变量的回归结果，如有需要，可向笔者索要整套资料。

续表

模型 1	case	coal	模型 2	death	模型 3	casualty
coal_ 3	− 0. 0899 (0. 6971)	0. 1154 * (0. 0606)	coal_ 3	1. 9546 ** (0. 9536)	coal_ 3	0. 9632 (0. 9854)
—	—	—	coal_ 4	− 2. 8782 *** (0. 8728)	coal_ 4	− 3. 2523 *** (0. 9662)
—	—	—	—	—	coal_ 5	2. 4348 ** (0. 9578)
electricity_ 1	− 1. 7597 ** (0. 7756)	− 0. 3658 *** (0. 0722)	electricity_ 1	− 1. 0797 (1. 0114)	electricity_ 1	− 1. 5103 * (0. 8923)
electricity_ 2	0. 4961 (0. 9067)	− 0. 1406 * (0. 0797)	electricity_ 2	2. 8597 *** (0. 9933)	electricity_ 2	1. 7994 * (0. 9095)
electricity_ 3	− 0. 5637 (0. 6365)	− 0. 0723 (0. 0577)	electricity_ 3	− 1. 2421 (0. 9722)	electricity_ 3	− 1. 2676 (0. 9642)
—	—	—	electricity_ 4	− 0. 8145 (0. 8036)	electricity_ 4	0. 2547 (0. 9492)
—	—	—	—	—	electricity_ 5	− 0. 7078 (0. 7771)
session	− 0. 6994 *** (0. 1021)	− 0. 0014 (0. 0087)	session	− 0. 7094 *** (0. 1353)	session	− 0. 6889 *** (0. 1320)
spring	− 0. 4170 *** (0. 1230)	0. 0064 (0. 0108)	spring	− 0. 5784 *** (0. 1612)	spring	− 0. 4654 *** (0. 1503)
party	− 0. 2928 * (0. 2092)	0. 0295 (0. 0176)	party	− 0. 6546 *** (0. 2443)	party	− 0. 3704 * (0. 2347)
SE (Reg. 1)	0. 2175	0. 0176	SE (Reg. 1)	0. 3247	SE (Reg. 1)	0. 3192
SE (Reg. 2)	0. 4295	0. 0755	SE (Reg. 2)	0. 5294	SE (Reg. 2)	0. 7175

说明：括号内为标准差；*、**、*** 分别表示在10% 、5% 、1% 的显著性水平下显著。

根据汉密尔顿（1989）的研究，当 t 时期模型系统处于某一状态下的概率大于0.5时，就可以认为系统在 t 时期处于该状态之下。根据图 2 所示的区制估计概率，我们可以大致看出整个样本期内系统所处的两种状态分布情况。具体来说，2001—2005 年，大部分样本点落在区制 2 内，表明在此期间，煤矿安全规制系统处于"高规制波动状态"，煤矿安全生产水平较差，安全事故高

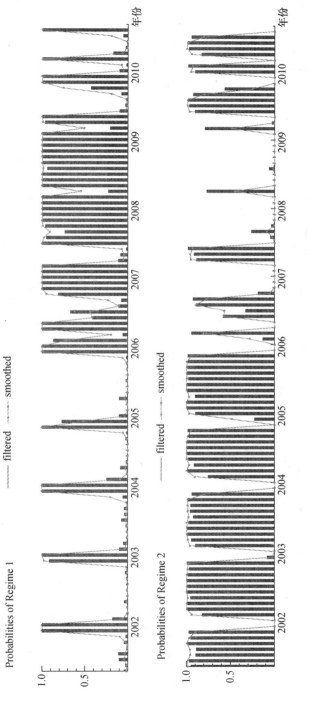

图 2   MSIH(2) - VARX(3) 模型下两个区制的滤波概率和平滑概率

发频发，波动幅度较大，其背后体现的正是"走过场"式治理和"一刀切"式治理相互交织而形成的"运动式执法"现象，即安全规制波动现象。安全规制系统较高的波动状态严重影响了煤矿企业生产预期的稳定性，导致原煤产量波动幅度较大。而2006—2010年，大部分样本点则落在区制1内，表明煤矿安全规制系统发生了结构性变化，由"高规制波动状态"转变为"低规制波动状态"，表现为煤矿安全生产水平明显提高，矿难发生频率降低，波动幅度变小，安全规制系统运行较为平稳。上述结果与图1所刻画的煤矿事故发生情况相符，以2006年为拐点，之前煤矿安全事故整体居高不下，并且月度之间事故起数波动剧烈；而2006年之后，煤矿安全生产事故得到了有效遏制，矿难起数整体大幅下降，并且波动范围也明显缩小，表明煤矿安全规制效果显著改善，安全生产水平明显提高。因此，本文引入两区制的MS—VAR模型能够较好地刻画煤矿安全规制系统所发生的结构性转变，更加贴近现实状况。

表6　　　　　　　　　　　区制转换概率矩阵与区制特征

	区制1	区制2	样本数	概率	持续期
区制1	0.7563	0.2437	48.1	0.4381	4.10
区制2	0.1900	0.8100	63.9	0.5619	5.26

说明：转换概率矩阵中p_{ij}是从区制i转换为区制j的概率。

表6给出了两区制之间的转换概率以及各自的特征。从中可以看出，两种状态的持续概率均较高，其中"低规制波动状态"的持续概率为0.7563，"高规制波动状态"的持续概率为0.8100，表明煤矿安全规制系统在两种状态中的运行均较为稳定。就两种状态间的转换概率而言，"低规制波动状态"向"高规制波动状态"转换的概率为0.2437，而"高规制波动状态"向"低规制波动状态"转换的概率为0.1900，表明，比较而言，整个系统更加倾向于向"高规制波动状态"转变，具有明显的"棘轮效应"。就两种状态的具体特征而言，煤矿安全规制系统处于"低规制波动状态"和"高规制波动状态"下的样本数分别为48.1和63.9，系统43.81%的时间处于"低规制波动状态"，平均可持续4.10个月，而系统56.19%的时间处于"高规制波动状态"，平均可持续5.26个月。上述结果表明出，随着一系列旨在提高煤矿安全规制独立性的改革举措逐步推进，2006年后煤矿安全规制系统由"高规制波动状态"向"低规制波动状态"转变，但是，系统本身对"高规制波动状态"具有较强的偏好，因此中央政府需要进一步加强煤矿安全规制系统独立性建设，不仅在规制机构设置上保持独立性，而且在具体实施过程中要进一步提高规制执行的独立性，从而将系统最大限度地维持在"低规制波动状态"。

（四）基于不同区制的脉冲响应

基于 MSIH（2）－VARX（3）模型的分析结果，本文尝试采用广义脉冲响应函数探讨不同区制下煤矿安全水平与煤炭产量之间的非线性动态关系，主要关注以下两个问题：（1）不同区制下煤矿安全水平对煤炭产量的影响情况如何？（2）不同区制下煤矿安全规制效果如何？根据 Koop 等（1996）提出的非线性多元模型背景下的广义脉冲响应函数：

$$GI(n, v, \omega_{t-1}) = E[X_{t+n}|v, \omega_{t-1}] - E[X_{t+n}|\omega_{t-1}], \quad n = 0, 1, \cdots, N \tag{6}$$

其中，GI 表示变量 X 的广义脉冲响应函数，ω_{t-1} 是包含用于预测 X_t 的信息集 Ω_{t-1} 的一个特定实现，$E[\cdot]$ 为期望算子。本文主要分析在两种区制下，煤矿事故起数和煤炭产量对外部冲击的响应情况，结果如图 3 所示。

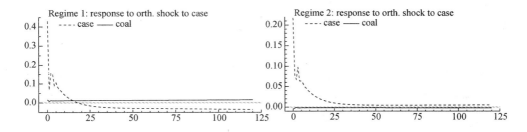

图3　两区制下煤炭事故起数和煤炭产量的冲击响应

关于第一个问题，给定煤矿安全事故起数一个标准差的正向冲击，两区制下煤炭产量的响应均微乎其微，表明安全事故并未对煤炭产量产生显著影响。这一结果表明，在煤价一路飙升的"煤炭黄金十年"期间，受超额利润的驱使，煤矿企业往往铤而走险，超设计生产能力和安全保障能力进行煤炭开采。一旦发生安全事故，煤矿企业倾向于选择对遇难者家属进行赔偿而非停止生产进行安全整改，因为与煤矿停产可能造成的巨额损失相比，事故赔偿金（一般为 20 万元）显得微不足道。地方政府"走过场"式治理则进一步强化了煤矿企业违章违法生产的倾向，甚至有些煤矿在停产整顿期间仍继续生产[①]。由此可见，即使发生矿难，煤矿企业也很难做到真正停止生产，导致煤炭产量受安全事故的影响十分有限。

关于第二个问题，给定煤矿安全事故起数一个标准差的正向冲击，无论对

---

①　根据新华网的一篇报道，2004 年 1 月 6 日湖南郴州市宜章县梅田镇罗卜远煤矿特大瓦斯爆炸事故发生后，当地政府责令所有煤矿"立即停产整顿"，但实际上郴州市境内的乡镇煤矿，特别是宜章县梅田镇一带的小煤矿，有些是白天停，晚上开，有些是晚上采煤，白天卖煤。

"低规制波动状态"还是"高规制波动状态"而言，短期内安全事故起数对自身冲击均存在正向响应，且该响应短期内剧烈波动并不断减弱。随着时间推移，在"低规制波动状态"下，煤矿事故起数对自身冲击的响应由正变为负，事故起数不断减少，安全规制的效果逐步显现出来并不断增强。此外，煤矿事故的下降趋势能够维持较长一段时期，表明长期内在"低规制波动状态"下煤矿安全规制系统能够持续发挥作用，安全规制水平持续提高。然而，在"高规制波动状态"下，长时期内煤矿安全事故并未逐渐减少而是维持在一个较为固定的水平，表明在"高规制波动状态"下，煤矿安全规制系统难以发挥应有的作用，规制效果较差。因此，煤矿安全规制系统在"低规制波动状态"下的运行效果优于在"高规制波动状态"下的运行效果。

上述现象的出现可能由以下原因造成：面对经济发展和社会稳定双重约束的地方政府往往通过权衡安全规制成本与收益来实现其利益最大化。较高的规制成本、安全事故的偶发性以及中央与地方之间广泛存在的信息不对称性强化了地方政府追逐 GDP 的偏好，弱化了其进行安全规制的动力；而煤矿企业为了提高产量、增加利润，倾向于减少安全投入、降低生产成本、延长劳动时间。在激励相容的情况下，地方政府和煤矿企业很容易形成"利益同盟"①（聂辉华和李金波，2006；聂辉华和蒋敏杰，2011；肖兴志等，2011）。发生矿难后，地方政府出于自身利益考虑，短期内并不采取有效措施对事故企业进行安全整改，而是以"走过场"式治理的方式敷衍中央政府的停产整顿政策，帮助事故企业瞒报少报事故伤亡人数，没有从根本上排除事故安全隐患，结果是矿难频仍，甚至导致同一地区同一煤矿多次发生矿难。此外，2006 年以前，煤矿安全规制系统处于"高规制波动状态"，根据钱永坤等（2004）、肖兴志等（2011）的研究，规制波动严重影响煤矿企业生产预期的稳定以及在安全投入上的回报率，将引发更多事故。2006 年以后，经过一系列结构性变革，煤矿安全规制系统进入"低规制波动状态"，规制独立性逐步提高，有助于打破地方政府与煤矿企业之间的"政企合谋"，安全规制效果逐渐改善。此外，规制系统的独立性能够保证规制执行尺度的稳定性，从而有利于稳定煤矿企业的生产预期及在安全投入上的回报，促进企业加大安全投资，提高煤矿安全生产水平，最终减少矿难发生。

五 主要结论及政策启示

自 2003 年中国煤矿安全规制体系发生了一系列结构性变革，导致传统的

① 一位临汾市煤炭专家在芦苇滩矿难后向媒体透露，"在利益的驱动下，一些地方官员长期包庇、纵容所辖地区矿主们的超产超采行为显得普通而正常"。这背后隐藏的正是地方官员追求自身效益最大化的本质。

线性计量方法已不再适用于分析煤矿安全规制效果。本文利用专门研究非线性系统的 MS—VAR 模型对中国煤矿安全规制系统产生的结构性变化进行了刻画，分析系统不同状态之间的特征与转化情况，并利用广义脉冲响应函数研究了不同状态下的规制效果以及安全水平对煤炭产量的影响情况。此外，本文将全国"两会"、全国党代会和春节等特殊时期所形成的规制周期纳入回归模型，实证研究了其对煤矿安全水平和煤炭产量的影响。研究结果显示：（1）本文构建的 MSIH（2）－VAR（3）模型能够较好地刻画中国煤矿安全规制系统的运行状况。由于存在结构性变化，煤矿安全规制系统以 2006 年为拐点，在样本考察期内先后处于"高规制波动状态"和"低规制波动状态"，且在两种状态下的运行均较为稳定。其中，系统处于"高规制状态"下的样本点数为 63.9，处于"低规制波动状态"下的样本点数为 48.1，且在"高规制状态"下的运行时间较长。此外，规制系统在两种状态之间转换呈现出明显的"棘轮效应"，即更加偏好于向"高规制波动状态"转变，而难以向"低规制状态"转变。（2）"低规制波动状态"下煤矿安全规制的效果要明显优于"高规制波动状态"下的规制效果。（3）矿难发生后，煤炭企业难以停止生产，煤炭产量基本不受事故影响。（4）在全国"两会"、党代会和春节期间，矿难起数和伤亡人数显著下降，而煤炭产量变化不明显，表明规制周期对安全水平的影响机理是透过政府加强安全规制实现的。

上述研究结果具有一定的政策含义，根据煤矿安全规制系统在两种状态下的运行效果以及两种状态各自的特征，政府应继续深化安全规制系统独立性建设，从根本上保持规制水平的平稳性，使得规制系统能够长期维持在"低波动状态"，最大限度地避免规制波动给煤矿企业安全投入造成的负面影响，提高安全规制效果。这不仅要求在规制机构设置上保持第三方独立性，而且要在具体实施过程中加强规制执法的独立性，逐步瓦解地方政府与煤炭企业之间长期形成的"政企合谋"关系。此外，中央政府应充分认识并利用规制周期的影响机理，将特殊时期进行的专项规制转变为常态规制，督促地方政府强化煤矿安全生产日常监管，提高对地方煤矿安全规制执法的隐性介入频率，并加大对社会舆论监督的支持力度，鼓励新闻媒体对煤矿生产开展经常性监管，除对事故真实情况进行报道外，引导媒体加强对煤矿企业落实政府安全整改措施情况、地方安全监管机构执法情况等方面的信息披露，迫使地方政府始终保持高水平规制状态，促使企业增加安全投入，提高煤矿安全生产水平。

参考文献

[1] Fuess, M. A., Loewenstein, "Further Analysis of the Theory of Economic Regulation: the Case of the 1969 Coal Mine Health and Safety Act", *Economic Inquiry* (28), 1990, 354－389.

[2] Ruser, J., Smith, R., Re－estimating OSHA's Effects: Have the Data Changed [J].

The Journal of Human Resources, 1991, 26 (2): 212 - 235.

[3] Viscusi, W. K. , Joseph, E. H. Jr. , John, M. V. , *Economics of Regulation and Anti-trust* [M]. MIT Press, 1992: 723 - 725.

[4] Gray, W. B. , Scholz, J. T. , Does Regulatory Enforcement Work? A Panel Analysis of OSHA Enforcement [J]. *Law and Society Review*, 1993, 27 (1): 177 - 213.

[5] Gray, W. B. , Scholz, J. T. , Can Government Facilitate Cooperation? An Information-al Model of OSHA Enforcement [J]. *American Journal of Political Science*, 1997, 41 (3): 693 - 717.

[6] Weil, D. , If OSHA is So Bad, Why is Compliance So Good? [J]. *Rand Journal of Economics*, 1996, 27 (3): 618 - 640.

[7] Klick, J. , and T. Stratmann, "Offsetting Behavior in the Workplace", George Mason Law & Economics Research Paper No. 03 - 19, 2003.

[8] Nie, H. , Jiang, M. , Wang, X. , The Impact of Political Cycle: Evidence from Coalmine Accidents in China [J]. *Journal of Comparative Economics*, 2013.

[9] Hamilton, J. D. , A New Approach to the Economic Analysis of Nonstationary Time Se-ries and the Business Cycle [J]. *Econometrica: Journal of the Econometric Society*, 1989: 357 - 384.

[10] Krolzig, H. M. , *Markov - switching Vector Autoregressions: Modelling, Statistical In-ference, and Application to Business Cycle Analysis* [M]. Berlin: Springer, 1997.

[11] Hansen, B. E. , The Likelihood Ratio Test Under Nonstandard Conditions: Testing the Markov Switching Model of GNP [J]. *Journal of Applied Econometrics*, 1992, 7 (S1): S61 - S82.

[12] Koop, G. , Pesaran, M. H. , Potter. S. M. , Impulse Response Analysis in Nonlinear Multivariate Models [J]. *Journal of Econometrics*, 1996, 74 (1): 119 - 147.

[13] 钱永坤、谢虹、徐建博:《安全投入与经济效益关系——以中国乡镇煤矿为例》,《数量经济技术经济研究》2004 年第 8 期。

[14] 肖兴志、齐鹰飞、李红娟:《中国煤矿安全规制效果实证研究》,《中国工业经济》2008 年第 5 期。

[15] 白重恩、王鑫、钟笑寒:《规制与产权:关井政策对煤矿安全的影响分析》,《中国软科学》2011 年第 10 期。

[16] 肖兴志、陈长石、齐鹰飞:《安全规制波动对煤炭生产的非对称影响研究》,《经济研究》2011 年第 9 期。

[17] 聂辉华、李金波:《政企合谋与经济发展》,《经济学(季刊)》2006 年第 1 期。

[18] 聂辉华、蒋敏杰:《政企合谋与矿难:来自中国省级面板数据的证据》,《经济研究》2011 年第 6 期。

[19] 陈长石:《中国煤矿安全内生性规制效果研究》,《财经论丛》2013 年第 6 期。

政府医疗财政投入与人均医疗保健支出
复杂联动关系测度
——基于分位数面板模型的研究

曾菊英

摘 要 本文从经济学角度应用对总体分布不做任何假定的分位数面板回归方法测度在不同分位点上一般意义上的公益性改善政策即增加医疗财政投入与地区人均医疗保健支出之间的复杂联动关系。结合 1999—2011 年全国 31 个地区人均医疗保健支出、政府医疗财政投入及其他相关医疗和宏观指标，研究首先应用经典面板回归筛选合适的面板回归模型展开分析；在已有面板回归模型基础上，进一步构建在 10%、20%、30%、40%、50%、60%、70%、80%、90% 分位点上的分位数面板模型展开测度，得到以下结论：（1）增加政府医疗财政投入这一公益性政策并非始终能降低人均医疗保健支出；（2）在人均年医疗保健消费支出 10%、20%、50%、60% 和 70% 的分位点上，政府医疗财政投入的增加反而会提高人均医疗保健消费支出水平，其中在 50% 的分位点上，该正向冲击达到最高水平；（3）在 80% 和 90% 的分位点，政府医疗财政投入对人均医疗保健支出产生负向冲击，且负向冲击力度逐渐增强。是否采取增加政府医疗投入以降低人均医疗费用这一策略在不同地区（不同分位点）应该不同。

关键词 人均医疗保健支出 政府医疗财政投入 分位数面板模型 公益性政策

[作者简介] 曾菊英，浙江财经大学数学与统计学院，310018。

[基金项目] 教育部人文社科基金青年项目"公立医院医疗服务价格调整的补偿联动机制研究"（12YJC630279）、浙江省哲学社会科学重点研究基地浙江财经大学政府管制与公共政策研究中心项目"基于新医改的医疗服务价格调整研究：政府管制与市场调节"（13JDGZ01YB）、浙江省自然科学基金青年项目"医疗费用增长决定要素识别及其控制路径设计研究"（Q14G030054）、中国博士后基金第五批特别资助项目"公立医院产出驱动模式升级及可持续监管研究"（2012T50172）和浙江省自然科学基金重点项目"政府投入与医院效率的监管设计：基于取消药品加成和增设药事服务费"（Z6110519）。

一 引言及问题提出

根据《中国价格及城镇居民家庭收支调查统计年鉴》的数据，中国城镇居民家庭年人均医疗保健支出从 1999 年的 245.59 元上升至 2011 年的 968.98 元，增长 294.55%。公立医院是提供医疗保健最核心的机构，卫生部的数据显示，医院次均医药费用、药费和检查治疗费在 2000—2011 年均翻了一番左右。2011 年公立医院住院病人人均医药费用为 6909.9 元，其中，药费 2903.7 元，检查治疗费用 1841.7 元，比例分别为 42.1% 和 26.6%。而 2011 年农村居民人均纯收入 6977 元，意味着居民住院一次平均要花掉一年的收入。2011 年中国医疗健康消费者调研报告指出，医疗支出已成为我国居民继家庭食品、教育支出后的第三大消费。

针对不断上涨的医疗费用，新医改于 2009 年重新启动，直接目标之一是解决"看病贵"问题。卫生部副部长马晓伟（2013）指出，公立医院改革的关键在完善公立医院补偿机制体系实现公益性回归。2012 年，多个地区按照不同路径和模式推进医疗改革试点，围绕取消药品加成，增加一定政府医疗财政投入，用试点医院门诊和住院均次费用是否降低来测度试点成效。已有试点公立医院数据显示，取消医药补医后，"看病贵"问题虽有缓解，但并无根本改观。

国外关于医疗费用的研究主要从医疗费用影响因素、医疗费用评估等方面展开。Narayana 和 Narayanb（2008）针对 8 个 OECD 国家数据利用面板协整从长期均衡和短期波动方面来检验环境污染物排放是如何影响医疗支出。Wang（2011）利用面板分位数模型探索 1986—2007 年 31 个国家医疗卫生支出和经济增长之间的联动关系，发现不同分位点的医疗卫生支出会对经济增长产生不同影响。Lago – Penas 等（2013）从收入弹性视角展开经济增长与医疗卫生支出之间的关系研究。杜瓦蒂（Duarte，2012）利用智利个人医疗保险市场数据，计算一系列医疗服务的价格支出弹性来评估医疗费用。Woutersea 等（2013）利用滞后马尔科夫模型对多维度老年人健康和健康医疗支出之间的动态关系进行建模。

国内关于医疗费用的研究主要基于格罗斯曼（Grossman）健康资本需求理论，利用多元回归模型结合不同研究数据分析其他相关因素诸如人均收入、城市化、医疗服务价格水平、性别、年龄、新型农村合作医疗、政府预算卫生支出等指标对医疗费用的正向或负向影响。申志伟、蒋远胜（2008）分析认为，就诊机构是影响农村家庭医疗支出的最主要因素之一。徐润（2010）则结合城乡差异和城市化的视角着重考虑了居民医疗支出的收入弹性差异。罗艳虹（2010）等利用面板数据模型对 1997—2007 年中国 26 个省市地区数据展开分析，认为收入是影响我国城乡居民医疗保健支出的重要原因以及医疗价格的变化对我国城镇居民医疗保健支出的影响较大。常敬一（2013）采用多层线性回归模型对我国农村居民医疗支出的个人和地区两大类影响因素进行定量分析，发现家庭人口规模和农村人均纯收入对就医支出有负向影响。蒋建华（2010）从公立医院改革的视角定性分析，发现政府取消医院药品加成政策，增加对医院的补贴，增设药事服务费的做法在降低医疗费用方面难以取得理想效果，因为药品加成政策只是医疗费用高的表面原因。

综合以上国外研究主要结合不同模型，如面板协整、面板分位数、马尔科夫模型等研究医疗卫生支出和宏观经济指标（污染排放物、经济增长等）之间的联动关系，同时也结合健康的不同维度对医疗卫生支出进行分析。为解决中国的"看病贵"问题和公立医院的公益性回归，医疗卫生费用的研究重点应该转向公益性导向政策（取消药品加成、增加政府医疗卫生支出等）下医疗均次费用的变化研究。而国内研究主要借助多元线性回归、多层次回归模型，或者一般面板回归模型等经典计量经济模型对不同相关变量和医疗费用之间的影响冲击关系展开分析。以上模型要求总体服从正态分布，但是，样本数据建模时并不一定满足该严格假设条件，这使得常规的估计和推断过程都会产生较大偏差。

不同于已有研究，本文将利用分位数面板回归模型，基于经济学的视角探索一般意义上的公益性改善即增加医疗财政投入是否会显著地降低人均医疗保健消费支出。分位数回归对总体分布不做任何假定，在非正态分布情形下，分位数估计比最小二乘估计更有效；而且能够估计被解释变量在给定解释变量条件下整个条件分位数分布，而不仅仅是均值分布，可以更全面细致地分析不同水平下医疗消费支出特征以及各种因素的影响差异情况（赵卫亚，2012；钱水土等，2010）。本文以1999—2011年31个地区的人均医疗保健支出为目标变量，政府医疗财政投入为解释变量，结合地区人均可支配收入，以及地区人均药品费支出、人均治疗费支出等医疗指标变量为相关变量，首先展开经典计量分析中的面板单位根检验、面板混合模型、固定效应模型和随机效应模型检验以确定合理的面板回归模型；其次构建更加稳健与有效的分位数面板模型测度在10%、20%、30%、40%、50%、60%、70%、80%、90%分位点上地区人均医疗保健支出与政府医疗财政投入的复杂联动关系。

二 引言及问题提出研究方法

（一）面板数据模型

面板数据也称时间序列截面数据或混合数据，是把时间序列沿空间方向扩展，或把截面数据沿时间扩展，同时选取样本观测值所构成的二维样本数据。相对于一般时间序列数据或截面数据，利用面板数据做回归分析建立模型时，可以增加估计量的抽样精度，相比单截面数据建模获得更多的动态信息。一般形式的面板数据模型可表示为：

$$y_{it} = \alpha_{it} + \beta_{it}x'_{it} + \varepsilon_{it} \tag{1}$$

其中，$i=1$，2，$\cdots$，N 代表不同截面；$t=1$，2，$\cdots$，T 表示各截面不同观测时期；y_{it} 是被解释变量在横截面 i 和时间 t 上的数值；$x'_{it} = （x_{1it}，x_{2it}，\cdots，x_{kit}）$ 为解释变量向量，代表 k 个解释变量指标在横截面 i 和时间 t 上的数值；α_{it} 为模型的常数项；$\beta_{it} = （\beta_{1it}，\beta_{2it}，\cdots，\beta_{kit}）$ 表示对应于解释变量向量 x'_{it} 的 $k \times 1$ 维系数向量；ε_{it} 为随机误差项，相互独立，且满足零均值、等方差的假设。α_{it} 包含一个常数项和一系列不随时间而变化的组别变量，它可能是可观察的个体效应，或者是不可观察的个体效应，类似的，β_{it} 包含时间和截面效应，反映出模型中被忽略的时间因素和个体差异因素的影响（Aselin et al.，2004）。根据参数的性质不同，面板数据模型分为混合估计模型、固定效应模型和随机效应模型三种。

1. 混合估计模型（Pooled Estimation Model）

如果从时间上看，不同个体之间不存在显著性差异；从截面上看，不同截面之间也不存在显著性差异，那么就可以直接把面板数据混合在一起用普通最小二乘法（OLS）估计参数。

如果从时间和截面看模型截距都不为零，且是一个相同的常数，即混合估计模型表示为：

$$y_{it} = \alpha + \beta x'_{it} + \varepsilon_{it} \tag{2}$$

其中，α 和 β 不随截面 i 和时间 t 变化，$i=1$，2，$\cdots$，N；$t=1$，2，$\cdots$，T。称模型（1）为混合估计模型。若模型设定正确，解释变量与误差项不相关，即 $Cov（x_{it}，\varepsilon_{it}）=0$，则无论 $N\to\infty$，或者 $T\to\infty$，则混合模型的最小二乘估计量都是一致估计量。

2. 固定效应模型（Fixed Effects Regression Model）

如果对于不同的截面或不同的时间序列，模型的截距是不同的，则可以采用在模型中加虚拟变量的方法估计回归参数，此种模型为固定效应模型。固定效应模型分为个体固定效应模型、时刻固定效应模型和时刻个体固定效应模型三种类型。

个体固定效应模型是对于不同的个体有不同截距的模型。如果对于不同的时间序列（个体）截距是不同的，但是，对于不同的横截面，模型的截距没有显著性变化，那么就应该建立个体固定效应模型，表示如下：

$$y_{it} = \alpha_i + \beta x'_{it} + \varepsilon_{it} \tag{3}$$

其中，α_i 表示对 i 个个体有 i 个不同截距项，满足 $E(\varepsilon_{it}|\alpha_i，x_{it})=0$，$i=1$，2，$\cdots$，$N$。即 α_i 是作为随机变量描述不同个体建立的模型间的差异。也可以表示为：

$$y_{it} = \alpha_1 D_1 + \alpha_2 D_2 + \cdots + \alpha_N D_N + \beta x'_{it} + \varepsilon_{it}, t=1,2,\cdots,T \tag{4}$$

其中，$D_i = \begin{cases} 1，如果属于第 i 个个体 \\ 0，其他 \end{cases}$ 　　$i = 1，2，\cdots，N$

时刻固定效应模型就是对于不同时刻有不同截距的模型。如果确知对于不同的时刻（截面），模型的截距显著不同，但是，对于不同的个体截距是相同的，应该建立时刻固定效应模型，表示如下：

$$y_{it} = \alpha_1 + \alpha_2 D_2 + \cdots + \alpha_T D_T + \beta x'_{it} + \varepsilon_{it}, i = 1,2,\cdots,N \tag{5}$$

其中，$D_t = \begin{cases} 1，如果属于第 t 个截面 \\ 0，其他 \end{cases}$ 　　$t = 2，\cdots，T$

时刻个体固定效应模型就是对于不同的时刻、不同个体都有不同截距的模型。如果确知对于不同的截面、不同的时间序列（个体）模型的截距都显著不同，那么应该建立时刻个体效应模型，表示如下：

$$y_{it} = \alpha_1 + \alpha_2 D_2 + \cdots + \alpha_T D_T + \gamma_1 W_1 + \gamma_2 W_2 + \cdots + \gamma_N W_N + \beta x'_{it} + \varepsilon_{it} \tag{6}$$

其中，$D_t = \begin{cases} 1，如果属于第 t 个截面 \\ 0，其他 \end{cases}$ 　$t = 1，2，\cdots，T$

$W_i = \begin{cases} 1，如果属于第 i 个个体 \\ 0，其他 \end{cases}$ 　$i = 1，2，\cdots，N$

3. 随机效应模型

假定解释被解释变量的信息不够完整，需要引进对误差项的分解来描述这种信息的缺失，并以此构建面板数据模型为随机效应模型。

$$y_{it} = \alpha_i + \beta x'_{it} + \varepsilon_{it}$$

其中，误差项在时间上和截面上都是相关的，用三个分量表示如下：

$$\varepsilon_{it} = u_i + v_i + w_{it}$$

即随机效应模型可以表示为：

$$y_{it} = \alpha_i + \beta x'_{it} + u_i + v_i + w_{it} \tag{7}$$

其中，$u_i \sim N(0，\sigma_u^2)$ 表示截面随机误差分量；$v_t \sim N(0，\sigma_v^2)$ 表示时间随机误差分量；$w_{it} \sim N(0，\sigma_w^2)$ 表示混合随机误差分量。同时，还假定 u_i、v_i、w_{it} 之间互不相关，各自分别不存在截面自相关、时间自相关和混合自相关。

（二）面板分位数回归

面板数据分位数回归是对面板数据模型采用分位数回归的方法进行参数估计。经典线性回归变量的条件均值与自变量之间有线性关系，而且需假设不同分布点上解释变量的效果是相同的。分位数回归（QR）的思想最早起源于 Koenker 和 Bassett（1978），不同于经典回归模型，分位数回归是对模型中的随机干扰项不做任何分布的假定，当解释变量的条件分布是非标准分布时，如非对称分布、厚尾分布或截段分布，它用加权残差绝对值之和的方法估计参数，依据因变量的不同分位数对自变量进行回归，得到所有分位数下的回归模型。且分位数回归对于异常值的敏感程度远远小于均值回归，分位回归只受到是否存在异常值的影响，但与其具体位置无关，因此具有很强的稳健性。一般线性条件分位数函数为：

$$Q(\tau \mid X = x) = x'\beta(\tau) \tag{8}$$

其中，$0 < \tau < 1$，$Q(\tau)$ 为 Y 的第 τ 个分位数，即 $Q(\tau) = \inf\{y : F(y) \geq \tau\}$。

$\rho_\tau(\mu)$ 为概率函数，表示被解释变量的样本点处于 τ 分位点以下和 τ 分位点以上时概率密度函数关系：

$$\rho_\tau(\mu) = \begin{cases} \tau\mu & if \quad y_i \geq x_i'\beta \\ (\tau-1)\mu & if \quad y_i < x_i'\beta \end{cases} \tag{9}$$

其中，μ 为反映概率密度函数的参数：

求解方程（9），可以得到估计参数。

$$\beta(\tau) = \operatorname{argmin} \sum_{j=1}^{n} \rho_\tau(y_i - x_i'\beta(\tau)) \tag{10}$$

面板数据模型采用分位数回归方法进行参数估计时，模型右端不再是关于解释变量的被解释变量的数学期望值，而是变成了关于解释变量的被解释变量的条件分位数（魏下海，2009），被解释变量的分位数方程为：

$$Q_{y_{it}}(\tau_j \mid x_{it}, \alpha_i) = x_{it}'\beta(\tau_j) + \alpha_i \tag{11}$$

求解

$$\min_{\alpha,\beta} \sum_{j=1}^{J} \sum_{t=1}^{T} \sum_{i=1}^{N} w_j \rho_\tau(y_{it} - x_{it}'\beta(\tau_j) - \alpha_i) \tag{12}$$

其中，w_j 为各分位数权重，不同分位点上的面板参数估计值为：

$$\beta(\tau_j) = \operatorname{argmin} \sum_{y_{it} \geq x_{it}'\beta} \tau \mid y_{it} - x_{it}'\beta(\tau) \mid + \sum_{y_{it} < x_{it}'\beta} \tau \mid y_{it} - x_{it}'\beta(\tau) \mid \tag{13}$$

三　指标选择与数据说明

（一）指标选择

宏观意义上的居民医疗支出指标是城镇居民人均年医疗保健消费支出，国内已有不少相关研究将该指标作为测度医疗费用的宏观指标（何明、王云敏，2011）。本文侧重从经济学的视角探索医疗支出与公益性政府医疗财政投入之间的联动关系。因此，将城镇居民人均年医疗保健消费支出（元，y）引入为因变量。

由于药品费支出和治疗费支出是城镇居民人均年医疗保健消费支出最主要的构成部分，不同于原有仅考虑相关宏观经济变量的做法，本文引用 Zeng（2013）的思路，结合医疗系统相关变量和相关宏观经济变量共同考虑展开分析，因此，各地区城镇居民人均年药品费支出（元，x_1）和各地区城镇居民年人均治疗费支出（元，x_2）引入为自变量。

结合试点医疗改革成效依赖医疗均次费用是否降低来体现这一背景，本文旨在测度公益性政策的增加政府财政投入如何改变人均年医疗保健消费支出。此外，城镇居民人均可支配收入作为体现居民生活水平指标，必将影响体现人力资本积累的医疗保健消费支出。本文将医疗卫生财政支出（亿元，x_3）和城镇居民人均可支配收入（元，x_4）引入为两个宏观解释变量。

（二）数据说明

为了增加估计量的抽样精度以及获取更多的动态信息，本文引入 1999—2011 年全国 31 个地区以上 5 个指标的平衡面板数据展开城镇居民人均年医疗保健消费支出与公益性政府医疗财政投入之间的联动关系分析。数据来自中经网数据库、《中国统计年鉴》、《各省统计年鉴》、《中国区域经济统计年鉴》、《中国价格及城镇居民收支调查》（2000—2003）和《中国城市（镇）生活与价格年鉴》（2006—2011）。所有数据都用 1999—2011 年的医疗保健消费价格指数折算成 1999 年实际价格指标数据。城镇居民人均年医疗保健消费支出、人均年药品费支出、人均治疗费支出、医疗卫生财政支出、城镇居民人均可支配收入分别记为 AME、ADE、ATE、TFE 和 IPC。引入分析的各指标平衡面板数据纵向时间跨度 13 年（1999—2011），每一年都有 31 个观测数据，分别标记为 AME – BJ（北京）、…、AME – XJ（新疆）、IPC – BJ（北京）、…、IPC – XJ（新疆），共 403 个观测值。本文利用 2004—2011 年 31 个地区 AME、TFE 和 IPC，按 1999 价格计算的具体数据进行分析。

四 面板回归估计结果

（一）面板单位根检验

由于时间序列数据常表现出一致的变化趋势，呈现非平稳状态，即使数据之间没有任何经济关系，进行回归时也可出现较高的判定，产生虚假回归现象。因此，本文在展开建模分析之前，首先对各项指标（AME、ADE、ATE、TFE、IPC）进行面板单位根检验，判断是否适合进行一般面板模型回归建模，本文采用 Eviews6.0 软件对面板数据进行各变量的平稳性的检验。

根据 t 统计量和相伴概率值，1999—2011 年全国 31 个省市地区的城镇居民人均年医疗保健消费支出（AME）、各地区城镇居民人均年药品费支出（ADE）、各地区城镇居民年人均治疗费支出（ATE）三个指标序列发现都没有通过显著性检验，都存在单位根。而 1999—2011 年全国 31 个省市地区一阶差分后的三个序列 D(AME)、D(ADE) 和 D(ATE) 给出统计量的相伴概率为 0.000，小于 0.05 显著性水平，通过显著性检验，显示为不存在单位根的平稳序列。

对数化的医疗卫生财政支出（LTFE）、对数化的人均可支配收入（LIPC）及其一阶差分序列 D（LTFE）、D（LIPC）的面板单位根检验结果。根据 t 统计量和相伴概率值，1999—2011 年全国 31 个省市地区对数化的医疗卫生财政支出和人均可支配收入的面板序列给出统计量的相伴概率为 1.000，大于 0.05 显著性水平，说明 LTFE、LIPC 未通过显著性检验，存在单位根。而一阶差分序列 D（LTFE）、D（LIPC）的面板序列给出统计量的相伴概率为 0.000，小于 0.05 显著性水平，说明 D（LTFE）、D（LIPC）都通过显著性检验，是平稳序列，不存在单位根。

（二）面板回归分析

综合以上单位根检验结果，说明在 95% 的显著水平上，AME、ADE、ATE、LTFE 和 LIPC 都为一阶单整面板数据，符合经典面板回归的前提条件。本研究接下来首先对数据建立混面板数据混合模型、固定效应估计模型，以及随机效应模型，并最后筛选出合适的面板回归模型分析人均医疗保健支出与医疗卫生财政支出的联动性。

1. 混合数据模型

假定从时间上看，不同个体之间不存在显著性差异；从截面上看，不同截面之间也不存在显著性差异，那么，就可以直接把面板数据混合在一起用普通最小二乘法（OLS）估计参数。本文假设人均医疗保健支出与医疗卫生财政支出之间的面板半对数混合模型如下：

$$AME_{it} = \alpha + \beta_1 ADE_{it} + \beta_2 ATE_{it} + \beta_3 \ln TFE_{it} + \beta_4 \ln IPC_{it} + \varepsilon_{it}$$

$i = 1, 2, \cdots, 31t = 1999, 2000, \cdots, 2011$，其中，参数 α、β_1、β_2、β_3、β_4 不随 i、t 变化。

根据表 1 的估计结果，AME、ADE、ATE、LTFE 和 LIPC 之间的混合数据模型为：

$$AME_{it} = -1272.83 + 1.19 ADE_{it} + 0.79 ATE_{it} - 5.87 \ln TFE_{it} + 158.46 \ln IPC_{it} + \varepsilon_{it} \quad (14)$$
$$(-20.14) \quad\quad (42.84) \quad\quad (23.17) \quad\quad (-2.07) \quad\quad (17.21)$$

$R^2 = 0.978$，$SSE = 615497.8$，$DW = 0.40$

$i = 1, 2, \cdots, 31t = 1999, 2000, \cdots, 2011$。

方程（14）显示，对数化的政府医疗财政支出指标与人均医疗保健费用支出之间呈现负向联动性，回归系数为 -5.87，即当各地区的政府医疗财政支出增加 1% 时，各地区的人均医疗保健费用会减少 5.87 元。而对数化的人均可支配收入则显示出于人均医疗保健费用支出之间呈现正向联动性，回归系数达到 158.46。居民医疗保健支出体现为人力资本的积累，以上估计结果说明，生活水平的提高会加大居民关于人力资本的积累。人均药品费和人均治疗费作为人均医疗保健支出最主要的构成部分，回归系数显示，两者与因变量之间呈现出明显的线性关系。

表1 混合数据模型估计结果1

Dependent Variable：AME？

Method：Pooled Least Squares

Date：07/12/13 Time：22：38

Sample：1999 2011

Included observations：13

Cross－sections included：31

Total pool（balanced）observations：403

Variable	Coefficient	Std. Error	t－Statistic	Prob.
C	－1272.829	63.19641	－20.14084	0.0000
ADE？	1.189784	0.027772	42.84127	0.0000
ATE？	0.788700	0.034040	23.16950	0.0000
LTFE？	－5.871343	2.841534	－2.066258	0.0395
LIPC？	158.4560	9.208934	17.20677	0.0000
R^2	0.978035	Mean dependent var		546.8943
Adjusted R^2	0.977814	S. D. dependent var		264.0192
S. E. of regression	39.32527	Akaike info criterion		10.19394
Sum squared resid	615497.8	Schwarz criterion		10.24356
Log likelihood	－2049.079	Hannan－Quinn criter.		10.21358
F－statistic	4430.453	Durbin－Watson stat		0.399297
Prob（F－statistic）	0.000000			

　　在0.05的显著性水平下，被估计参数均通过显著性检验，回归方程拟合优度虽然达到97.8%，但残差平方和数值较大，而且方程估计DW值过低，仅为0.4，存在正自相关，应在混合模型中加入人均医疗保健支出的滞后一阶项AR(1)进行重新估计，估计结果由表2表示。

表2 增加 AR（1）混合数据模型估计结果1

Dependent Variable：AME？

Method：Pooled Least Squares

Date：07/12/13　Time：23：12

Sample（adjusted）：2000 2011

Included observations：12 after adjustments

续表

Cross – sections included：31

Total pool（balanced）observations：372

Variable	Coefficient	Std. Error	t – Statistic	Prob.
C	– 835. 3072	72. 63908	– 11. 49942	0. 0000
ADE?	0. 892837	0. 037049	24. 09855	0. 0000
ATE?	0. 592404	0. 035401	16. 73387	0. 0000
LTFE?	– 5. 621066	2. 620965	– 2. 144655	0. 0326
LIPC?	107. 6295	10. 05281	10. 70641	0. 0000
AME?（ – 1）	0. 292537	0. 026408	11. 07763	0. 0000
R^2	0. 982184	Mean dependent var		572. 5219
Adjusted R^2	0. 981941	S. D. dependent var		257. 5795
S. E. of regression	34. 61450	Akaike info criterion		9. 942420
Sum squared resid	438527. 8	Schwarz criterion		10. 00563
Log likelihood	– 1843. 290	Hannan – Quinn criter.		9. 967521
F – statistic	4035. 557	Durbin – Watson stat		1. 040816
Prob（F – statistic）	0. 000000			

增加 AR（1）混合数据估计模型由方程（15）给出：

$$AME_{it} = -835. 31 + 0. 89ADE_{it} + 0. 59ATE_{it} - 5. 62\ln TFE_{it} + 107. 63\ln IPC_{it} + 0. 29AR(1) + \varepsilon_{it}$$

（15）

（ – 11. 50）　　（27. 09）　　（16. 73）　　（ – 2. 14）　　（10. 71）　　（11. 08）

$R^2 = 0. 982$，$SSE = 438527. 8$，$DW = 1. 04$

$i = 1，2，\cdots，31$，$t = 1999，2000，\cdots，2011$

以上结果显示，AR(1)的回归参数显著不为 0，且 AR(1)相对于人均医疗保健支出（AME）的回归系数为 0. 29，即上一期人均医疗保健支出与下一期医疗保健支出存在显著正相关，其正向冲击力度达到 30% 左右。此外，回归方程拟合优度虽然达到 98. 2%，且残差平方和数值依然较大。

图 1 给出的 31 个省区市的估计残差分布图中呈现出残差波动性较大，验证了模型估计效果尚待改进。DW 值相对原有模型有所改进，达到 1. 04，但依然不够理想。

2. 个体固定效应模型

根据收集的原始数据可以发现，人均医疗保健支出与政府医疗财政支出等指标都具有明显的地区差异性。也有研究表明在医疗改革试点中存在此现象。

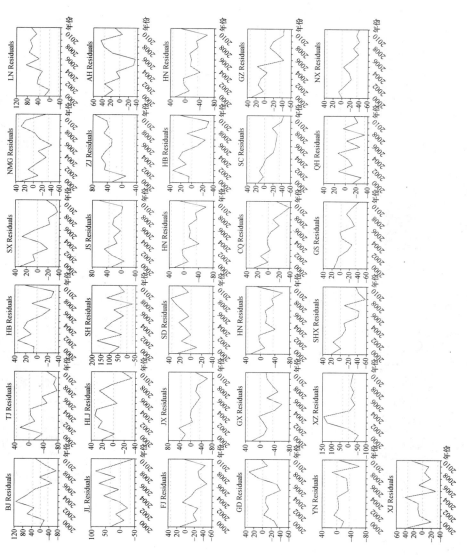

图 1　混合估计模型（15）31 个省区市残差分布

　　但对于公益性医疗财政支出与人均医疗保健支出的联动性地区差异研究相对缺乏，本文接下来引进不同省份地区的个体固定效应模型展开分析。结合原有混合模型估计发现的人均医疗保健支出与其滞后一期"AR(1)"存在正向显著的冲击这一事实，在个体固定效应模型估计中也加入 AR(1) 项，理论模型如下：

$$AME_{it} = \alpha_1 D_1 + \alpha_2 D_2 + \cdots + \alpha_{31} D_{31} + \beta_1 ADE_{it} + \beta_2 ATE_{it} + \beta_3 \ln TFE_{it} + \beta_4 \ln IPC_{it} + AR(1) + \varepsilon_{it}$$

其中，$D_i = \begin{cases} 1，如果属于第 i 地区 \\ 0，其他 \end{cases}$

$i = 1，2，\cdots，31$ 分别表示北京、天津、…新疆地区

$t = 1999，2000，\cdots，2011$

表3　　　　　　　　　　　**个体固定效应模型估计结果**

Dependent Variable：AME?

Sample（adjusted）：2000 2011

Cross – sections included：31

Total pool（balanced）observations：372

Variable	Coefficient	Std. Error	t – Statistic	Prob.
C	– 426.0979	83.10608	– 5.127157	0.0000
ADE?	0.879018	0.035330	24.87998	0.0000
ATE?	1.001749	0.037207	26.92402	0.0000
LTFE?	– 8.456894	3.590437	– 2.355394	0.0191
LIPC?	71.16100	13.99585	5.084434	0.0000
AME?（– 1）	0.139251	0.020226	6.884888	0.0000
Fixed Effects（Cross）				
BJ—C	64.25032			
TJ—C	– 27.86797			
HB—C	– 14.10614			
SX—C	– 16.06974			
NMG—C	– 20.26256			
LN—C	41.50002			
JL—C	14.84681			
HLJ—C	0.383634			
SH—C	127.1665			

JS—C	41. 91020		
ZJ—C	97. 31367		
AH—C	− 2. 925663		
FJ—C	− 13. 71731		
JX—C	− 14. 06335		
SD—C	21. 80684		
HN—C	− 39. 31759		
HB—C	− 14. 10614		
HN—C	− 39. 31759		
GD—C	26. 13182		
GX—C	− 22. 84160		
HN—C	− 39. 31759		
CQ—C	− 7. 062923		
SC—C	− 5. 506078		
GZ—C	− 25. 33598		
YN—C	− 15. 93729		
XZ—C	− 1. 951931		
SHX—C	− 21. 71973		
GS—C	− 19. 63093		
QH—C	− 34. 66778		
NX—C	− 20. 91553		
XJ—C	− 18. 66835		

Effects Specification

Cross – section fixed （dummy variables）

R^2	0. 992758	Mean dependent var	572. 5219
Adjusted R^2	0. 992004	S. D. dependent var	257. 5795
S. E. of regression	23. 03337	Akaike info criterion	9. 203531
Sum squared resid	178260. 1	Schwarz criterion	9. 582778
Log likelihood	− 1675. 857	Hannan – Quinn criter.	9. 354140
F – statistic	1316. 003	Durbin – Watson stat	1. 209247
Prob （F – statistic）	0. 000000		

根据表 3 给出的 Eviews6.0 具体估计结果，个体地区差异的人均医疗保健支出与政府医疗财政支出联动关系由方程（16）给出。

$$\begin{cases} AME_{1t} = -361.85 + 0.88ADE_{1t} + 1.00ATE_{1t} - 8.46\ln TFE_{1t} + 71.16\ln IPC_{1t} + 0.14AR(1) + \varepsilon_{1t} \\ \qquad\quad (-5.13) \quad (24.88) \quad (26.92) \quad (-2.36) \qquad (5.08) \quad (6.88) \\ AME_{2t} = -453.97 + 0.88ADE_{2t} + 1.00ATE_{2t} - 8.46\ln TFE_{2t} + 71.16\ln IPC_{2t} + 0.14AR(1) + \varepsilon_{2t} \\ \qquad\quad (-5.13) \quad (24.88) \quad (26.92) \quad (-2.36) \qquad (5.08) \quad (6.88) \\ \qquad\qquad\qquad\qquad\qquad\qquad\qquad\qquad\vdots \\ AME_{31t} = -444.77 + 0.88ADE_{31t} + 1.00ATE_{31t} - 8.46\ln TFE_{31t} + 71.16\ln IPC_{31t} + 0.14AR(1) + \varepsilon_{31t} \\ \qquad\quad (-5.13) \quad (24.88) \quad (26.92) \quad (-2.36) \qquad (5.08) \quad (6.88) \end{cases}$$

$$(16)$$

$$R^2 = 0.993, SSE = 178260.1, DW = 1.21, t = 1999, 2000, \cdots, 2011$$

个体固定效应模型反映的地区差异主要由截距的差距来体现，地区固定效应结果显示，各省市区的人均医疗保健支出存在明显的地区差异，其中呈现正向地区固定效应的分别为（按数值大小排序）：上海、浙江、北京、江苏、辽宁、广东、山东、吉林和黑龙江。9 个省市中有 7 个为东部地区省市，说明东部省市的城镇人均医疗保健支出比中西部省市区要高。

根据 t 统计量和相伴概率水平，发现在 5% 的显著性水平下，各项指标的回归参数显著不为 0。人均药品费和人均治疗费与人均医疗保健支出的线性回归系数为 0.88 和 1.00，与现实中的线性关系相符合。类似的，个体固定效应模型中对数化的政府医疗财政支出指标与人均医疗保健费用支出之间呈现负向联动性，回归系数为 -8.46，即当各地区的政府医疗财政支出平均增加 1% 时，各地区的人均医疗保健费用会减少 8.46 元。对数化的人均可支配收入则显示出于人均医疗保健费用支出之间呈现正向联动性，回归系数达到 71.16。

相对于混合模型，个体固定效应模型回归拟合优度相对原有的混合模型有所提升，解释力度达到 99.3%，残差平方和数值下降至 178260.1，图 2 给出的个体固定效应模型不同地区残差分布图相对于图 1 变得平稳。DW 统计量有略微改善为 1.21。

虽然个体固定效应模型回归拟合优度相对原有的混合模型有所提升，但从理论角度验证是否有必要建立个体固定效应模型可以通过 F 检验来实现。

原假设 H_0：不同个体的模型截距项相同（建立混合估计模型）。

备择假设 H_1：不同个体的模型截距项不同（建立个体固定效应模型）。

$$F = \frac{(SSE_r - SSE_u)/[(NT-2)-(NT-N-1)]}{SSE_u/(NT-N-1)} = \frac{(SSE_r - SSE_u)/(N-1)}{SSE_u/(NT-N-1)} \quad (17)$$

其中，SSE_r、SSE_u 分别表示约束模型（混合估计模型）和非约束模型（个体固定效应模型）的残差平方和。非约束模型比约束模型多了 $N-1$ 个被估参数（混合估计模型给出公共截距项）。当模型中含有 k 个解释变量时，F 统计量的分母自由度是 $NT-N-k$。

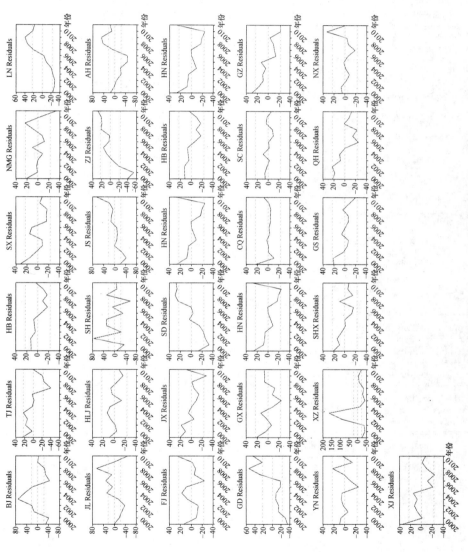

图 2　个体固定效应模型(2.16)31 个省区市残差分布图

表 4   **个体固定效应模型检验**

Redundant Fixed Effects Tests

Test cross − section fixed effects

Effects Test	Statistic	d. f.	Prob.
Cross − section F	16. 352498	(30, 336)	0. 0000
Cross − section Chi − square	334. 866746	30	0. 0000

利用 Eviews6. 0 计算，得到表 4 的数据信息。根据表 2 和表 3 给出的有 AR（1）的混合估计模型和固定效应模型估计结果，可知 $SSE_r = 4824588$，$SSE_u = 2270386$。因此，

$$F = \frac{(SSE_r - SSE_u)/(N-1)}{SSE_u/(NT-N-1)} = \frac{(43852.8 - 178260.1)/(31-1)}{178260.1/(372-31-5)} = \frac{8657.59}{530.536} = 16.35$$

因为 $F = 16.35$，相伴概率为 0.000，所以，拒绝原假设。结论是应该建立个体固定效应模型。

3. 随机效应模型

不变系数的随机效应模型拟合结果由表 5 给出。

表 5   **随机效应模型估计结果**

Dependent Variable：AME?

Method：Pooled EGLS（Cross − section random effects）

Sample（adjusted）：2000 2011

Cross − sections included：31

Swamy and Arora estimator of component variances

Variable	Coefficient	Std. Error	t − Statistic	Prob.
C	− 800. 6042	53. 39464	− 14. 99409	0. 0000
ADE?	0. 919529	0. 026135	35. 18345	0. 0000
ATE?	0. 649306	0. 025827	25. 14081	0. 0000
LTFE?	− 6. 897812	2. 022751	− 3. 410114	0. 0007
LIPC?	106. 9878	7. 624871	14. 03142	0. 0000
AME?（−1）	0. 255477	0. 018137	14. 08599	0. 0000
Effects Specification			S. D.	Rho
Cross − section random			4. 819371	0. 0419
Idiosyncratic random			23. 03337	0. 9581

续表

Weighted Statistics			
R^2	0.981680	Mean dependent var	463.5618
Adjusted R^2	0.981430	S. D. dependent var	235.1039
S. E. of regression	32.03823	Sum squared resid	375680.0
F – statistic	3922.443	Durbin – Watson stat	1.028945
Prob（F – statistic）	0.000000		
Unweighted Statistics			
R^2	0.981917	Mean dependent var	572.5219
Sum squared resid	445119.6	Durbin – Watson stat	0.868428

　　根据估计结果，发现各项指标的回归参数显著不为 0，回归拟合优度相对原有的混合模型没有提升，解释力度依旧为 98.2%，残差平方和略微下降至375680，DW 统计量为 1.03，相对于个体固定效应模型，拟合效果没有改善。因此，接下来引进 Hausman 检验对模型是应该建立个体随机效应模型还是个体固定效应模型。Hausman 检验原假设和备择假设分别为：H_0：个体随机效应模型，H_1：个体固定效应模型；检验结果见表 6。

表6　　　　　　　　　　　Hausman 检验结果

Correlated Random Effects – Hausman Test

Pool：POOL01

Test cross – section random effects

Test Summary	Chi – Sq. Statistic	Chi – Sq. d. f.	Prob.
Cross – section random	347.113957	5	0.0000

Cross – section random effects test comparisons：

Variable	Fixed	Random	Var（Diff.）	Prob.
ADE？	0.879018	0.919529	0.000565	0.0884
ATE？	1.001749	0.649306	0.000717	0.0000
LTFE？	– 8.456894	– 6.897812	8.799713	0.5992
LIPC？	71.161000	106.987764	137.745248	0.0023
AME？（– 1）	0.139251	0.255477	0.000080	0.0000

　　检验结果显示，$H = 347.11$，相伴概率为 0.000，小于 0.05 的显著性水平，结论仍然是，模型存在个体固定效应，应该建立个体固定效应模型。因

此，关于人均医疗保健支出的最终面板回归模型为：

$$
\begin{cases}
AME_{1t} = -361.85 + 0.88ADE_{1t} + 1.00ATE_{1t} - 8.46\ln TFE_{1t} + 71.16\ln IPC_{1t} + 0.14AR(1) + \varepsilon_{1t} \\
\qquad\quad (-5.13)\quad (24.88)\quad (26.92)\quad (-2.36)\quad (5.08)\quad (6.88) \\
AME_{2t} = -453.97 + 0.88ADE_{2t} + 1.00ATE_{2t} - 8.46\ln TFE_{2t} + 71.16\ln IPC_{2t} + 0.14AR(1) + \varepsilon_{2t} \\
\qquad\quad (-5.13)\quad (24.88)\quad (26.92)\quad (-2.36)\quad (5.08)\quad (6.88) \\
AME_{31t} = -444.77 + 0.88ADE_{31t} + 1.00ATE_{31t} - 8.46\ln TFE_{31t} + 71.16\ln IPC_{31t} + 0.14AR(1) + \varepsilon_{31t} \\
\qquad\quad (-5.13)\quad (24.88)\quad (26.92)\quad (-2.36)\quad (5.08)\quad (6.88)
\end{cases}
$$

$$(16)$$

$$R^2 = 0.993, SSE = 178260.1, DW = 1.21, t = 1999, 2000, \cdots, 2011$$

五 面板分位数估计结果

常规面板回归模型显示，1999—2011 年 31 个省区市地区公益性政府医疗财政支出对人均年医疗保健消费支出具有平均负向冲击，而城镇居民人均可支配收入对其具有平均正向冲击。以上结果主要是基于均值分布给出的。由于分位数回归对总体分布不做任何假定，在非正态分布情形下，分位数估计比最小二乘估计更有效；而且可以估计被解释变量在给定解释变量条件下的整个条件分位数分布，而不仅仅是均值分布，更全面、细致地分析不同水平下的医疗消费支出特征以及各种因素的影响差异情况，接下来引进面板分位数回归更加细致地探索不同医疗保健消费支出水平下，人均年药品费支出、人均治疗费支出、公益性医疗卫生财政支出和城镇居民人均可支配收入究竟会对其产生怎样影响。

本文选择 9 个代表性的分位点 10%、20%、30%、40%、50%、60%、70%、80%、90%，分别赋以 0.1、0.1、0.1、0.1、0.2、0.1、0.1、0.1、0.1 的权重，不同分位点水平下的各指标回归估计主要借助于 R 软件参考 Antonio 和 Galvao（2011）实现。具体结果见表 7。

表 7   分位数面板估计结果

权重	分位数	常数项	ADE	ATE	logTFE	logIPC	AR(1)
0.1	10%	-44.89	1.01	1.12	1.47	0.78	0.10
0.1	20%	19.86	0.99	1.08	0.83	-11.50	0.13
0.1	30%	46.47	0.99	1.09	-1.37	-12.58	0.12
0.1	40%	61.10	0.98	1.10	-0.47	-16.97	0.12
0.2	50%	70.89	0.97	1.12	5.19	-32.17	0.13
0.1	60%	97.03	0.96	1.12	2.74	-31.87	0.13
0.1	70%	128.03	0.95	1.12	2.10	-36.51	0.14

续表

权重	分位数	常数项	ADE	ATE	logTFE	logIPC	AR（1）
0.1	80%	174.39	0.96	1.19	−2.18	−35.92	0.11
0.1	90%	248.68	0.92	1.21	−5.30	−42.72	0.12
	c1－c31					62.05	−19.70
		6.07	−14.29	−19.17	23.24	0.00	−11.36	165.65
		50.86	124.89	0.00	18.71	1.18	25.73	−10.87
		−6.95	4.92	36.98	0.00	−12.75	1.20	6.32
		−12.57	−6.96	10.94	−20.25	−15.05	−19.52	−11.67
		−6.29						

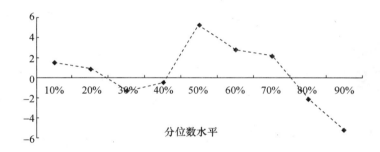

图3　不同分位数水平下的 lnTFE 回归系数

　　图3显示的是对数化的政府医疗财政投入对人均年医疗保健消费支出的回归系数。经典个体固定效应面板模型显示，各地区的政府医疗财政支出平均增加1%时，各地区的人均医疗保健费用会减少8.46元。结合分位数面板模型结果显示，增加政府医疗财政投入这一公益性政策并非始终能降低人均医疗保健支出。在人均年医疗保健消费支出10%、20%、50%、60%和70%的分位点上，政府医疗财政投入的增加反而会提高人均医疗保健消费支出水平，其中在50%的分位点上，该正向冲击达到最高水平。而在80%和90%的分位点上，政府医疗财政投入对人均医疗保健支出产生负向冲击，且负向冲击力度逐渐增强。由于全国人均医疗保健费用支出水平存在明显地区差异，在据此排序分位产生的人均医疗保健费用分位点水平上，是否增加政府医疗投入作为公益性政策以实现降低人均医疗费用这一目标需给出不同的策略。

　　经典个体固定效应面板模型显示，各地区的城镇居民人均可支配收入增加1%，各地区的人均医疗保健费用会增加71元。图4显示，对数化的城镇居民人均可支配收入对人均年医疗保健消费支出的回归系数随着排序分位点水平的上升，人均可支配收入平均增加1%，人均医疗保健费用会降低，而且负向冲击的绝对值有增加趋势。

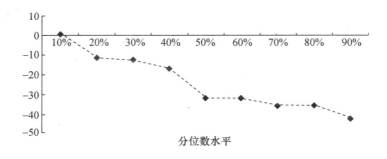

图4   不同分位数水平下的 lnIPC 回归系数

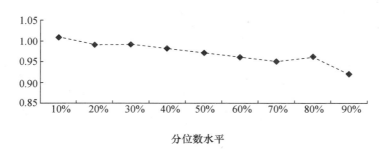

图5   不同分位数水平下的 ADE 回归系数

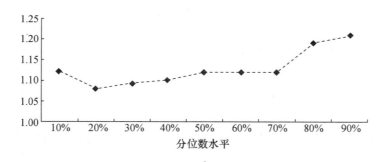

图6   不同分位数水平下的 ATE 回归系数

　　图7给出的是人均年医疗保健消费支出在不同分位点水平上，人均药品费、人均治疗费和上期人均年医疗保健消费支出对医疗保健支出的回归系数。可以发现，ADE 的回归系数随着分位数水平增加而下降，而 ATE 的回归系数随着分位数水平增加而增加。观察图形变化趋势可以发现，ADE 回归系数和 ATE 回归系数变化相对温和平稳，仅在 80% 和 90% 的分位点上实现比迅速的跳跃。但 AR(1) 的回归系数相对平稳，都维持在 0.11—0.12。

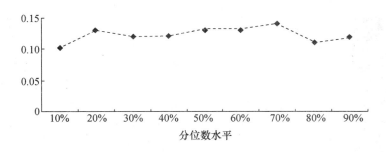

图 7　不同分位数水平下的 AR（1）回归系数

六　结　论

中国居民人均医疗保健支出的迅速增长。针对不断上涨的医疗费用，新一轮医疗改革通过增加政府医疗财政支出等政策以探索完善公立医院补偿机制，旨在降低医疗费用，实现公立医院公益性回归。因此本文基于经济学视角探索一般意义上的公益性改善政策即增加医疗财政投入是否会显著地降低人均医疗保健消费支出。

已有关于医疗费用的国外研究虽然引用不同模型分析医疗卫生支出与宏观经济指标之间的关系，但缺乏结合增加政府医疗投入等公益性政策与医疗卫生支出之间关系的分析。国内研究则主要借助经典回归模型分析医疗费用和不同相关变量之间的关系，一般模型要求总体服从正态分布，但样本数据建模时并不一定满足该严格假设条件，这使得常规的估计和推断过程都会产生较大偏差。

本文引进面板分位数回归模型深入地分析公益性改善政策即增加医疗财政投入是否会显著地降低人均医疗保健消费支出。分位数回归对总体分布不做任何假定，在非正态分布情形下，分位数估计比经典回归的最小二乘估计更有效；再者，分位数能估计被解释变量在给定解释变量条件下整个条件分位数分布，而不仅仅是均值分布，可以更全，面细致地分析不同水平下医疗消费支出特征以及各种因素的影响差异。具体来说，以 1999—2011 年全国 31 个地区人均医疗保健支出为目标变量，政府医疗财政投入为解释变量，结合其他医疗系统指标和宏观指标为相关变量，首先构建面板混合模型、固定效应模型和随机效应模型并筛选出合适的面板回归模型展开分析；在已有面板回归模型基础上，本文构建在 10%、20%、30%、40%、50%、60%、70%、80%、90% 分位点上的分位数面板模型测度地区人均医疗保健支出与政府医疗财政投入的复杂联动关系，得到以下研究结论：

第一，以人均医疗保健支出为目标变量，人均药品费支出、人均治疗费支出、对数化的政府医疗财政投入和对数化的人均可支配收入，以及滞后一期的人均医疗保健支出为自变量，本文确定不同省区市的个体固定效应模型为最终人均医疗保健支出与公益性政府财政补偿投入的联动模型。估计结果显示：（1）对数化的政府医疗财政支出指标与人均医疗保健费用支出之间呈现负向联动性，当各地区的政府医疗财政支出平均增加1%时，各地区的人均医疗保健费用会减少8.46元，说明平均意义上的增加政府医疗财政支出有助于降低居民医疗费用。（2）人均可支配收入增加1%，人均医疗保健费用支出平均增加71.16，呈现正向联动性。说明居民生活水平的提高会加大以增加医疗保健支出体现的人力资本的积累。

第二，关于公益性政府医疗财政投入和人均可支配收入对于居民人均医疗保健消费支出的联动关系，在分位数面板模型中给出不同且有新意的结果。（1）增加政府医疗财政投入这一公益性政策并非始终能降低人均医疗保健支出。在人均年医疗保健消费支出10%、20%、50%、60%和70%的分位点上，政府医疗财政投入的增加反而会提高人均医疗保健消费支出水平，其中在50%的分位点上，该正向冲击达到最高水平；而在80%和90%的分位点上，政府医疗财政投入对人均医疗保健支出产生负向冲击，且负向冲击力度逐渐增强。因此，是否采取增加政府医疗投入作为公益性政策以实现降低人均医疗费用这一策略在不同地区（体现为不同分位点）应该给出不同的解决方案。（2）随着分位点水平的上升，城镇居民人均可支配收入平均增加1%对人均年医疗保健消费支出逐渐产生负向冲击，且冲击力度加强。

第三，人均药品费、人均治疗费和人均医疗保健支出的滞后项对人均医疗保健支出的线性冲击相对平稳，都维持在0.9—1.0、1.1—1.2、0.11—0.12。各地区的人均医疗保健支出明显的地区差异主要由地区固定效应信息给出，呈现正向地区固定效应的分别为（按数值大小排序）上海、浙江、北京、江苏、辽宁、广东、山东、吉林和黑龙江。9个省市中有7个为东部地区省市，说明东部省市的城镇人均医疗保健支出比中西部省区市要高。

参考文献

［1］Antonio, F., Galvao, J., Quantile Regression for Dynamic Panel Data with Fixed Effects ［J］. *Journal of Econometrics*, 2011, （164）.

［2］Aselin, L., Raymond, J., Florax et al., *Advances in Spatial Econometrics: Methodology, Tools And Applications* ［M］. Berlin: Springer – Verlag, 2004: 1 – 6.

［3］Duarte, F., Price Elasticity of Expenditure Across Health Care Services ［J］. *Journal of Health Economics*, 2012, （31）.

［4］Lago – Penas, S., Cantarero – Prieto, D., Blázquez – Fernández, C., On the Relationship between GDP and Health Care Expenditure: A New Look ［J］. *Economic Modelling*, 2013, （32）.

［5］Narayana, P. K., and Narayanb, S., Does Environmental Quality Influence Health

Expenditures? Empirical Evidence from Panel of Selected OECD Countries ［J］. *Ecological Economics*，2008，（65）.

［6］Wang，K.，Health Care Expenditure and Economic Growth：Quantile Panel – Type Analysis ［J］. *Economic Modelling*，2011，（28）.

［7］Woutersea，B.，Huisman，M.，Meijbooma，B.，Deeg，D.，and Polder，J.，Modeling The Relationship Between Health and Health Care Expenditures Using a Latent Markov Model ［J］. *Journal of Health Economics*，2013，（32）.

［8］常敬一：《农村居民医疗支出影响因素定量分析》，《当代经济管理》2013 年第 6 期。

［9］樊欢欢、张凌云：《Eviews 统计分析与应用》，机械工业出版社 2009 年版。

［10］何明、王云敏：《环境污染对城镇居民医疗支出影响的面板数据分析》，《企业技术开发》2011 年第 3 期。

［11］罗艳虹、丁蕾、余红梅、赵春妮：《基于中国 26 省面板数据的城乡居民医疗保健支出实证分析》，《中国卫生统计》2010 年第 2 期。

［12］蒋建华：《取消药品加成政策对医疗费用的影响》，《医学与哲学》（人文社会医学版）2010 年第 31 期。

［13］申志伟、蒋远胜：《西部农村居民健康及其家庭医疗支出的决定因素——基于四川和陕西的农户调查》，《农业技术经济》2008 年第 3 期。

［14］魏下海：《贸易开放、人力资本与中国全要素生产率——基于分位数回归方法的经验研究》，《数量经济技术经济研究》2009 年第 7 期。

［15］钱水土、周永涛：《区域技术进步与产业升级的金融支持：基于分位数回归方法的经验研究》，《财贸经济》2010 年第 9 期。

［16］徐润：《居民医疗支出影响因素的实证分析——城乡差异和城市化的视角》，复旦大学，2010 年。

［17］赵卫亚、袁军江、陈新涛：《我国城镇居民消费行为区域异质分析——基于动态面板分位数回归视角》，《经济经纬》2012 年第 4 期。

环境管制、地理溢出对出口贸易的影响
——基于省际面板数据的实证研究

熊艳

摘 要 本文基于我国1995—2009年29个省（直辖市、自治区）的相关数据，运用面板数据模型的分析方法，研究环境管制及其地理溢出效应对我国出口贸易的影响。结果显示，环境管制的"创新补偿"作用对我国出口贸易的影响十分显著；考虑环境管制的地理溢出效应后，一省环境管制的增加对邻近地区的出口贸易具有正向影响，并且这种影响大于对本省出口贸易的影响；影响出口贸易的传统因素仍然存在，但是作用相对减弱，环境管制的地理溢出效应的传导机制作用日益凸显。

关键词 环境管制 地理溢出 出口贸易

一 引言

目前，环境保护已经成为当今世界与和平、发展并列的三大主题之一。但是，在高速工业化和城市化进程中，环境问题却一直没有得到很好的解决，在某些地区和某些方面进一步加剧。特别是作为拉动经济增长"三驾马车"之一的出口贸易，1995—2009年，以年均15.69%的速度增长。出口贸易呈现急剧扩张之势。但是，伴随着出口贸易规模的扩大，我国能源消费不断增加，环境污染日益严重。在全球倡导绿色经济与绿色贸易的背景下，世界各国相聚出台相关法律，加强环境管制强度。鉴于环境管制对改善环境品质，发展绿色贸易的重要作用，深入探讨环境管制对我国出口贸易的影响具有重要的现实意义。

关于环境管制对我国出口贸易影响的研究文献，颇为丰富。学者们主要从环境管制对出口贸易的比较优势影响和环境管制对出口贸易的国际竞争力影响两大主题展开研究，并且相继提出"取代假说"、"污染避难所假说"、"向底线赛跑假说"和"波特假说"理论。

[作者简介] 熊艳，浙江财经大学经济与国际贸易学院，310018。

第一，"取代假说"。该假说由 Arrow 等（1995）、Stern 等（1996）、Ekins（1997）和 Rothman（1998）提出，其核心思想是环境管制强度的大小会影响一国贸易和消费产品的结构，尤其是影响环境敏感性产品。Rock（1996）、Harrison（1996）赞同"取代假说"，认为当发达国家强制执行严格的环境管制时，贸易自由化或开放将导致欠发达国家污染密集型产业的飞速发展。

第二，"污染避难所假说"。该假说也称为"产业区位重置假说"或"产业漂移假说"，最早由沃尔特等人提出，该假说主要逻辑为：如果在实行不同环境政策强度和环境标准的国家间存在自由贸易，那么实行低环境政策强度和环境标准的国家，企业所承受的环境成本相对要低，因此污染密集产业的企业倾向建立在环境标准相对较低的国家或地区。Mani 和 Wheeler（1999）对1960—1995 年 OECD 国家的数据进行分析，证明了该假说的存在性。同样，Low 和 Yeats（1992）通过对比 1967—1968 年与 1987—1988 年的贸易数据，同样验证了"污染避难所假说"的存在。

第三，"向底线赛跑假说"。该假说也称为"环境竞次理论"，研究视角为环境管制对出口贸易竞争力的影响，最初由 Esty（1997）提出，他发现，各国为了维持或增强出口贸易竞争力，会不断降低环境管制强度，提高贸易国际竞争力，而出现"向底线赛跑"现象。目前，该假说仅存在于局部或个别案例中，而缺乏经验数据的证实。

第四，"波特假说"。该假说最初由波特（1991）提出，他认为，增加环境管制能够激励国内企业创新，充分发挥国内比较优势，使得相对于国外企业而言，国内企业更具竞争优势。此后，学术界开始了"波特假说"的研究热潮，一些学者验证了"波特假说"的存在。Slater 和 Angel（2000）认为，实施环境管制的企业可以获得创新优势、效率优势、先行优势以及整合优势等系列优势，这些优势可以转化为企业贸易优势，增强企业竞争力。Mazzanti 和 Zoboli（2006）、Horbach（2008）分别用意大利北部地区企业和德国企业数据证明了环境管制对企业改善环境方面创新行为具有直接和间接的促进作用。

综上所述，环境管制对出口贸易的影响已经成为学术界研究的热点问题，但目前学者们对该问题的研究存在以下不足：（1）单一构建环境管制指标，忽视了环境管制是涉及环境管制投入和环境管制产出的动态系统；（2）忽视环境管制的地理溢出效应。财政支出、知识以及外商直接投资具有溢出效应（Case 等，1993；Baiker，2005；Albert，2006；邵军，2007；Veugelers、Cassiman，2005；朱美光，2006；王立平，2006；苏梽芳，2008）。类似的，环境管制也存在溢出效应，即一个地区环境管制政策制定及其环境管制强度选择受到周围地区的影响。那么，这种溢出效应是否影响出口贸易？对该问题的研究将有助于正确制定环境管制政策以及正确分析环境管制对出口贸易的影响。鉴于此，笔者认为，分析环境管制和环境管制溢出效应对出口贸易的影响具有重要的现实意义。

二　环境管制强度指标的构建

从环境管制视角研究环境管制对我国出口贸易的影响，其核心问题是环境管制指标的衡量。目前，学术界大多选择单一指标或者简单的复合指标来衡量环境管制，显然，这些指标所反映的信息相对有限，在对一些问题进行分析时是有失偏颇的，同时，不同研究对象之间数据的统计方法、口径和时间等存在差异，并且环境管制强度也是动态变化的，有失可比性。因此，如何运用综合评价方法测度出综合指数来衡量环境管制，成为目前迫切需要解决的现实问题。鉴于有效的环境管制强度指标的构建不仅依赖国家及其地方法律法规的完善程度，而且与环境影响因素息息相关，同时，在指标构建过程中，需要考虑指标数值的可比性、可得性和有效性因素。综上所述，为了更好地衡量环境管制，笔者运用一种综合评价方法，基于环境管制特征的基础上，拟从环境管制投入与产出出发，构建综合性、可比性环境管制强度指标。①

（一）环境管制强度分项指标选取

笔者充分考虑环境管制的构成因素，同时考虑指标数据可得性、可比性的基础上，选择如下指标，进而将其合成为环境管制指数（见表1）。

表1   环境管制投入产出指标变量表

变量	变量定义
已执行环境影响评价项目数（件）	指当年已申报执行环境影响评价制度的建设项目数
应执行"三同时"建设项目数（件）	指当年建成投产的应执行"三同时"的新、改、扩建项目的总数
环保系统年末实有人数（人）	指各地区当年环境保护系统的年末实有人数
排污收费总额（万元）	指当年按规定征收的"超标排污费"、"排放污水费"和"四项收入"总额
污染治理项目投资额（万元）	指企业实际用于治理废水、废气、固体废弃物等污染的资金总额
处理来信数（封）	指各地区信访工作中因环境污染的来信总数中当年已经处理的来信数

----

①　关于环境规制强度指标的构建方法，笔者已在《中国人口·资源与环境》2011年第5期进行详细说明。本文将时间维度延长到15年的基础上，重新构建指标体系，计算出各年的环境规制强度指标数值。

续表

变量	变量定义
已颁布的地方法规（件）	指各地区各年颁布的有关环境的地方法规
污染事故赔罚款总额（万元）	指各地区环境污染与破坏事故中，对污染事故的罚款与赔款
工业废水排放达标率（%）	指工业废水排放达标量占工业废水排放量的百分率
工业二氧化硫排放量（万吨）	指工业企业在厂区内的生产工艺过程和燃料燃烧过程中排入环境的二氧化硫总量
工业固体废物综合利用率（%）	指工业固体废物综合利用量占工业固体废物产生量的百分率
已获奖的科技成果总项（项）	指各地区环境科研中已获奖的科技成果数

资料来源：各指标数据源于《中国环境年鉴》（1996—2010）和《中国环境统计年报》（2004—2009）。

（二）环境管制强度指标数值测度

合理的环境管制强度指标数值测度方法，需要满足指标之间在横纵向两个维度及其不同年度不同省际指标的可比性。因此，采用静态综合评价方法显然无法完全满足上述要求，鉴于郭亚军（2002）所提出的"'纵横向'拉开档次"法能够实现横纵向可比性的目标，因此笔者在本文将运用该方法来计算环境管制强度的数值。该方法的核心思想如下：

设存在 n 个被评价对象 s_1，s_2，$\cdots$，s_n，m 个评价指标 x_1，x_2，$\cdots$，x_m，同时按照时间顺序 t_1，t_2，$\cdots$，t_T 获得原始数据 $\{x_{ij}(t_k)\}$，$\{x_{ij}(t_k)\}$ 为面板数据表（详见郭亚军），则对于时刻 t_k（$k = 1$，2，$\cdots$，N）的综合评价函数为：

$$y_i(t_k) = \sum_{j=1}^{m} \omega_j x_{ij}(t_k), k = 1,2,\cdots,N; i = 1,2,\cdots,n$$

其中，权重 ω_j（$j = 1$，2，$\cdots$，m）的确定是正确计算环境管制强度指标数值的重点与难点。为此，笔者做如下处理：首先，对各年原始数据进行无量纲化、标准化处理后处理，分别得到矩阵 A_k（$k = 1$，2，$\cdots$，N）；其次，令矩阵（$H_k = A_k^T A_k$（$k = 1$，2，$\cdots$，N），同时令 $H = \sum_{k=1}^{N} H_k = \sum_{k=1}^{N} A_k^T A_k$；再次，为了得到 ω_j，我们限定矩阵 $\omega^T \omega = 1$，取 ω 为矩阵 H 的最大特征值所对应的（标准）

特征向量，且满足 $\max H\omega = \lambda_{\max}(H)$；最后，以所求得的 ω_j 为权重对原始数据做加权平均处理，计算环境管制强度指标数值。[①]

三　模型构建与数据来源

本部分实证研究环境管制及其环境管制的地理溢出效应对我国出口贸易的影响，通过实证研究，试图回答以下三个问题：中国环境管制对出口贸易的影响特征，是环境管制的"遵循成本"作用大还是环境管制的"创新补偿"作用大？环境管制的地理溢出效应对我国出口贸易影响是否显著？如果显著，环境管制的地理溢出影响会大于环境管制对我国出口贸易的影响？相比其他传统影响我国出口贸易的因素，环境管制的地理溢出效应对出口贸易的影响作用是否应该受到重视？具体指标选择、数据来源、模型构建及实证结果分析如下：

（一）指标选择与模型构建

在本文的实证模型中，主要分析环境管制及环境管制的地理溢出效应对我国出口贸易的影响，但是，影响我国出口贸易的因素不仅包括各地区的经济增长水平，而且还受到出口贸易的成本和出口方式的影响。基于此，本文的主要变量如下：

1. 被解释变量

出口贸易（ex）。笔者用各地区的出口贸易额来衡量。

2. 核心变量

（1）环境管制变量（er）。鉴于数据的可得性和可比性，环境管制强度指标根据"纵横向拉开档次法"，计算的环境管制强度指数的对数来表示，用它反映环境管制对出口贸易的产出弹性。

（2）环境管制的地理溢出变量（ergs）。构建环境管制的地理溢出模型验证环境管制的地理溢出效应对我国出口贸易的影响。目前，学术界主要从两个角度来测度环境管制的地理溢出效应。一方面，拟用距离标准，即把各区域间的地理距离作为设定权重的参考，在地理上距离越远的区域，相互间的溢出效应越小，在地理上距离越近的区域，相互间的溢出效应就越大；另一方面，拟用邻近标准，即把相邻区域间的权重设置为 1，否则权重为 0，这种方法实质上是假定溢出发生在相邻区域间，非相邻区域间的溢出效应为 0。笔者认为，溢出效应在相邻区域间会更加明显，拟用邻近标准来刻画环境管制的地理溢出变量。具体根据邻近标准假定如下：如果省际区域 i、j 相邻则令 $w_{ij}=1$，否则 $w_{ij}=0$。然后将空间权重标准化得到 $W_{ij}=(w_{ij}/\sum_j w_{ij})$，最后根据该权重和第二

---

①　限于篇幅，本文将不列示 1995—2009 年省际环境规制强度指数，如读者需要可与笔者联系。

部分计算出的各省的环境管制强度指数数据，得出环境管制的地理溢出效应数值 $ergs = \sum_j W_{ij} \times er$ 。

3. 控制变量

（1）人均GDP（$pcgdp$）。人均GDP能够真实地反映该地区的经济发展水平，经济发展水平不同，很大程度上对该地区的出口贸易产生一定影响。

（2）国内投资（di）。国内投资是影响一国出口的重要因素，国内投资的增加提升了国内生产能力，而生产能力的加强无疑可以促进行业出口的增长。同时，新增的国内投资也可以通过提高资源配置效率，优化产业结构从而间接地促进出口的增长。本文的国内投资使用固定资产投资额来衡量，并且根据来自1995—2009年《中国统计年鉴》的固定资产价格指数进行平减。

（3）在岗职工的平均工资（w）。工资水平是构成行业生产成本的重要因素之一，工资水平的高低直接影响了出口产品生产成本的高低，从而影响了出口的供给。本指标使用各地区的在岗职工该工资水平来衡量，同时根据来自1995—2009年《中国统计年鉴》的在岗职工平均工资价格指数进行平减。

（4）人力资本（h）。内生经济增长理论认为，人力资本是促进技术进步的关键性要素之一，人力资本能够通过创造新技术或者增强消化吸收与应用现有技术的能力来促进生产率增长。而技术进步是出口贸易竞争力的源泉所在，通过技术进步改变产品的比较优势，进而增强贸易竞争力能够，因此，人力资本对出口贸易具有重要的影响作用。笔者将用各地区大专以上学历人口数来衡量。

（5）对外贸易依存度（fdd）。本文对外贸易依存度用各地区进出口总额占各地区GDP的比重来表示。同时，考虑该指标对出口贸易的长期效应与短期效应影响效果不同，笔者在研究时，同时考察对外贸易依存度的二次项。

表2   **变量说明**

变量	符号	单位	说明
出口贸易	ex	亿元	用出口贸易额对数衡量
用环境管制	er		用环境管制指数表示
环境管制地理溢出效应	$ergs$		用环境管制的地理溢出指数衡量
人均GDP	$pcgdp$	亿元	用人均GDP对数衡量
国内投资	di	亿元	用固定资产投资对数衡量
在岗职工平均工资	w	元	用在岗职工平均工资对数衡量
人力资本	h		用各地区大专以上人口数衡量
对外贸易依存度	fdd		用进出口总额占各地区的GDP来衡量
对外贸易依存度二次项	$fdd2$		

表3　　　　　　　　　　变量的描述性统计

变量名称	个数	均值	标准误差	最小值	最大值
er	435	53907.71	57296.32	759.5293	370389.40
$ergs$	435	57873.34	43636.23	5912.138	226126.6
$Pcgdp$	435	13909.96	12403.44	1853	78989
fdd	435	0.2775	0.7047	0.0004	12.8058
di	435	2945.757	4405.417	53.11	40259.04
w	435	10004.65	8527.093	4134	68224.36
h	435	0.5390	0.4572	0.0680	3.1846
gi	435	93133.94	110566.6	746	844159.4
$gigs$	435	97124.1	79297.83	2570.585	462758.3

根据以上所选取的相关变量，本文构建的具体模型如下：

$$\ln ex_{it} = \alpha_1 + \beta_1 er_{it} + \beta_2 controlit_{it} + \mu_{it}（模型1）$$

$$\ln ex_{it} = \alpha_2 + \chi_1 er_{it} + \chi_2 ergs_{-it} + \chi_3 controlit_{it} + \varepsilon_{it}（模型2）$$

$$\ln ex_{it} = \alpha_3 + \delta_1 gi_{it} + \delta_2 gi_{-it} + \delta_3 controlit_{it} + \varphi_{it}（模型3）$$

其中，α_1、α_2、α_3、β_1、β_2、χ_1、χ_2、χ_3、δ_1、δ_2、δ_3 为待估参数，μ_{it}、ε_{it}、φ_{it}为随机误差项。

（二）数据来源

本部分基于数据的可得性、可靠性和真实性，选择中国大陆除西藏外30个省（直辖市、自治区）作为研究对象，同时鉴于中国对环境管制数据的全面统计起步较晚，我们选择1995—2009年数据进行分析。本文所选择的数据主要来源有：（1）环境管制强度数据来自1996—2009年的《中国环境年鉴》和2003—2009年环境统计年报；（2）人均GDP、国内投资、人力资本、在岗职工的平均工资和对外贸易依存度指标数据来自1996—2009年《中国统计年鉴》，并根据相关计算获得。同时由于1997年，重庆地区从四川省独立出来成为直辖市，为了保持数据的统一性，笔者将1997—2009年的重庆地区数据与四川数据做归并处理。

四　实证分析结果

本文将首先分别构建不考虑环境管制地理溢出效应和考虑环境管制地理溢出效应的两个面板模型，来研究我国环境管制对出口贸易的影响。其次用Hausman检验来选择是采用固定效用模型还是采用随机效应模型。Hausman检验结果模型（1）显示，$\chi^2(7) = 87.53$，Prob $>\chi^2 = 0$；模型（2）显示，χ^2

$(7) = 80.18$，$\text{Prob} > \chi^2 = 0$，在 1% 的统计水平上，两模型检验都拒绝零假设，表明固定效应模型比随机效应模型更合理。同时，回归检验结果提供以下三种结论：

第一，根据模型（1）结果可知，环境管制对我国出口贸易影响显著，并且增强环境管制强度，能更好地促进出口贸易的发展。环境管制的增强，虽然会有"遵循成本"效应和"创新补偿效应"，但是，随着各国对环境污染问题的重视，相继出台各种法律法规和贸易政策来增强环境管制强度，改善环境污染。在环境管制不断加强过程中，污染企业不断进行技术创新，淘汰落后生产设备，不仅改善环境质量，也提升我国贸易出口的竞争力，实现环境管制的创新补偿效应。同时，不难看出，人均 GDP、对外贸易依存度、人力资本和在岗职工的平均工资指标同通过显著性检验。它们对我国出口贸易都有着积极影响。

第二，根据模型（2）结果可知，不仅环境管制对我国出口贸易具有显著的正向影响，而且环境管制对我国出口贸易的影响具有地理溢出效应，这种溢出效应在 1% 的统计水平上，十分显著。即：相邻省份的空间溢出效应显著影响我国出口贸易的规模效应，一省环境管制强度的增加，使邻近地区的出口贸易额增加。并且根据模型估计的待估参数值，可知：当考虑环境管制的地理溢出效应因素后，环境管制的地理溢出效应比环境管制对我国出口贸易的影响大。同时和模型（1）比较，笔者发现，影响我国出口贸易的传统因素比如人力资本因素、在岗职工的工资因素和对外贸易依存度因素的影响作用依然存在，但是，作用已经相对弱化，然而新经济地理所揭示的地理溢出效应这种传导机制的作用日益凸显。

第三，模型（3）是在模型（2）基础上进行的稳健性分析。研究环境管制即环境管制的地理溢出效应对我国出口贸易的影响，环境管制的指标选取尤为重要。工业治理污染投资额是大多数学者偏好的指标，因此，笔者在对模型（2）进行稳健性分析时，拟采用工业治理污染投资额来作为环境管制指标的代理变量。根据模型（3）的实证结果发现：固定效应模型仍然优于随机效应模型，并且环境管制的代理变量通过 1% 显著性水平，环境管制的代理变量通过 5% 的显著性水平，并且两者对我国出口贸易的影响与模型（2）下环境管制及其环境管制的地理溢出对我国出口贸易的影响方向相同。可见，模型（2）达到稳健性条件。

表 4　　　　　　　　　　　　　　　　　实证结果

变量名称	模型（1）		模型（2）		模型（3）	
	FE	RE	FE	RE	FE	RE
er	2.14e−06 (4.24)***	2.52e−06 (4.61)***	1.80e−06 (3.51)***	2.29e−06 (4.10)***		

续表

变量名称	模型（1）		模型（2）		模型（3）	
	FE	*RE*	*FE*	*RE*	*FE*	*RE*
ergs			$2.38e-06$ $(2.90)^{***}$	$1.42e-06$ $(1.63)^{*}$		
gi					$7.22e-07$ $(3.07)^{***}$	$8.92e-07$ $(3.48)^{***}$
gigs					$7.41e-07$ $(1.97)^{**}$	$4.19e-07$ (1.04)
ln*di*	-0.0640 (-0.78)	0.2110 $(2.92)^{***}$	-0.0801 (-0.98)	0.1922 $(2.65)^{***}$	-0.0839 (-1.01)	0.1937 $(2.64)^{***}$
fdd	0.5188 $(4.46)^{***}$	0.7699 $(6.62)^{***}$	0.5124 $(4.44)^{***}$	0.7658 $(6.60)^{***}$	0.5730 $(4.97)^{***}$	0.7980 $(6.86)^{***}$
fdd2	-0.0362 $(-4.23)^{***}$	-0.0535 $(-6.20)^{***}$	-0.0359 $(-4.23)^{***}$	-0.0533 $(-6.19)^{***}$	-0.0403 $(-4.75)^{***}$	-0.0558 $(-6.47)^{***}$
ln*w*	0.0954 $(3.32)^{***}$	0.1173 $(3.69)^{***}$	0.0875 $(3.06)^{***}$	0.1120 $(3.54)^{***}$	0.0932 $(3.23)^{***}$	0.1166 $(3.68)^{***}$
h	0.3337 $(4.43)^{***}$	0.3289 $(4.02)^{***}$	0.2956 $(3.90)^{***}$	0.3107 $(3.79)^{***}$	0.3205 $(4.23)^{***}$	0.3196 $(3.91)^{***}$
ln*pcgdp*	1.1509 $(8.50)^{***}$	0.7586 $(6.32)^{***}$	1.0731 $(7.84)^{***}$	0.7258 $(5.87)^{***}$	1.1606 $(8.56)^{***}$	0.7947 $(6.46)^{***}$
常数项	-7.7456 $(-11.51)^{***}$	-6.3937 $(-10.08)^{***}$	-6.9352 $(-9.60)^{***}$	-5.9655 $(-8.56)^{***}$	-7.7000 $(-11.19)^{***}$	-6.5853 $(-9.86)^{***}$
sig*ma_ u*	1.0201	0.4235	1.0458	0.4330	1.0487	0.4498
sig*ma_ e*	0.2901	0.2901	0.2875	0.2874	0.2908	0.2908
R^2	0.8631	0.8574	0.8660	0.8600	0.8629	0.8573
f	55.2700^{***}	56.54^{***}	57.18^{***}			
hausman	87.53^{***}	80.18^{***}	77.57^{***}			

说明：*** 表示在1%的显著性水平下显著；** 表示在5%的显著性水平下显著；* 表示在10%的显著性水平下显著。括号内数值为t统计量。

五　结论与政策含义

本文在重新构建环境管制指标基础上，结合传统影响我国出口贸易的因素，分析环境管制以及环境管制的地理溢出效应对我国出口贸易的影响。结果显示，环境管制以及环境管制的地理溢出效应对我国出口贸易具有显著积极的影响，增强一省的环境管制强度不仅促进该省的出口贸易规模，而且会对邻省产生积极的影响。同时，研究发现，影响我国出口贸易的传统因素，在全球倡议绿色贸易、减少污染的背景下，这些传统因素的作用有所减弱；反之，在新经济理论和新经济地理理论的揭示下，环境管制的创新补偿效应和环境管制的地理溢出效应的传导机制的作用日益凸显。

从以上研究结论中，我们得出以下政策含义：

第一，地方政府应高度重视环境管制的创新补偿效应。各地区政府应当更加重视环境问题，而不是一味地追求 GDP 的增加。增强环境管制强度，鼓励企业的技术创新行为，以技术创新作为载体，不仅可以大力发展出口贸易，提高企业出口竞争力，而且可以改善环境品质，顺应国际贸易发展要求。

第二，地方政府应高度重视环境管制的地理溢出效应。省际的合理竞争对促进经济和贸易的发展十分有利，在倡导绿色经济和绿色贸易的背景下，环境管制的地理溢出效应对贸易发展的影响十分显著，发挥环境管制的地理溢出效应，不仅有利于地方经济与贸易的发展，也是企业和消费者的福祉。

参考文献

［1］邵军：《地方财政支出的空间外部效应研究》，《南方经济》2007 年第 9 期。

［2］苏梽芳、胡日东：《中国 FDI 区域分布决定因素的动态演变与地理溢出程度——基于空间面板数据的实证研究》2008 年第 1 期。

［3］王立平、彭继年、任志安：《我国 FDI 区域分布的区位条件及其地理溢出程度的经验研究》，《经济地理》2006 年第 2 期。

［4］熊艳：《基于省级数据的环境规制与经济增长关系》，《中国人口·资源与环境》2011 年第 5 期。

［5］朱美光、韩伯棠：《基于空间知识溢出的中国区域经济协作发展研究框架》，《经济经纬》2006 年第 2 期。

［6］Albert, S. O. , Expenditure Spillovers and Fiscal Interactions: Empirical Evidence from Local Governments in Spain ［J］. *Journal of urban Economics*, 2006 (59): 32 – 53.

［7］Arrow, Kenneth, Bolin, Bert, Costanza, Robert, Dasgupta, Partha, Folke, Carl, Holling, C. S. , Jansson, Bengt – Owe, Levin, Simon, Miiler, Karl – Gliran, Perrings, Charles and Pimentel, David, Economic Growth, Carrying Capacity, and the Environment ［J］. *Science*, 1995, 268 (28): 520 – 521.

［8］Baiker, K. , The Spillover Effects of State Spending ［J］. *Journal of Public Economics*, 2005 (89): 529 – 544.

［9］Case, Ann, C. et al. , Budget Spillovers and Fiscal Policy Interdependence ［J］. *Journal of Public Economics*, 1993 (52): 285 – 307.

［10］Esty, Daniel C. , Environmentalists and Trade Policymaking, in Alan V Deardorff and Robert M. Strern (eds.). *Representation of Constituent Interests in the Design and Implementation of U. S. Trade Policies* ［M］ . Ann Arbor: University of Michigan Press, 1997.

　　［11］Ekins, P. , Foike, C. , Costanza, R. , Trade, Environment and Development: The Issues in Perspective ［J］ . *Ecological Economic*, 1994, (9): 1 – 12.

　　［12］Harrison, A. , Openness and Growth: A Time – series, Cross – country Analysis for Developing Countries ［J］ . *Journal of Development Economics*, 1996. 48: 419 – 447.

　　［13］Mani, M. and D. Wheeler, In Search of Pollution Havens? Dirty Industry Migration in the World Economy, World Bank Working Paper, 1997.

　　［14］Massimiliano Mazzanti, Roberto Zoboli, Economic Instruments and Induced Innovation: The European Policies on End – of – life Vehicles ［J］ . *Ecological Economics*, 2006 (2): 318 – 337.

　　［15］Jens Horbach, Determinants of Environmental Innovation – New Evidence from German Panel Data sources ［J］ . *Research Policy*, 2008 (1): 163 – 173.

　　［16］Jim Slater, Isabel Tirado Angel, http: //www. sciencedirect. com/science/article/pii/ S0148296398000538 – AFF2#AFF2The Impact and Implications of Environmentally Linked Strategies on Competitive Advantage: A Study of Malaysian Companies ［J］ . *Journal of Business Research*, 2000, (1): 75 – 89.

　　［17］Low, P. , Yeats, A. , Do Dirty Industries Migrate? In P. Low (Ed.) International Trade and the Environment (World Bank Discussion Paper #159), Washington, D. C. : World Bank, 1992, 89 – 104.

　　［18］Rock, M. T. , Pollution Intensity of GDP and Trade Policy: Can the World Bank be wrong ［J］ . *World Development*, 1996, 24: 471 – 479.

　　［19］Rothman, D. S. , Environmental Kuznets Curve – real Progress or Passing the Buck?: A Case for Consumption – base Approaches ［J］ . *Ecological Economics*, 1998, 25: 177 – 194.

　　［20］Stern, David I. , Common, M. S. , Barbier, E. B. , Economic Growth and Environmental Degradation: The Environmental Kuznets CHIVe and Sustainable Development ［J］ . *World Devlopment*, 1996, 24 (7): 1151 – 1160.

　　［21］Veugelers, R. , Cassiman, B. R and D. Cooperation between Firms and Universities: Some Empirical Evidence from Belgian Manufacturing ［J］ . *International Journal of Industrial Organization*, 2005 (23): 355 – 379.

中国环境规制与经济增长关系的实证研究

张婷婷　林木西

摘　要　经济增长是提高人民生活水平的前提，保护环境是建设和谐社会的重要内容，在中国社会发展的转型阶段，要实现持续健康的经济发展，环境规制是必要的政府措施，因此，探究环境规制与经济增长的关系对于环境与经济的协调发展，完善环境规制制度有重要意义。通过利用计量方法对 2004—2012 年中国省际面板数据进行实证分析，结果发现，环境规制对东部地区的经济增长有不显著的负向作用，对中西部地区经济增长则有显著的促进作用。最后，基于这一研究结果，给出了有针对性的政策建议。

关键词　环境规制　经济增长　实证研究

一　中国环境规制与经济增长现状

（一）中国环境规制现状

1. 环境规制手段

我国的环境规制从新中国成立至 20 世纪 70 年代末从无到有地建立起来，到 80 年代末，由于污染严重，环境管理加强，于 1996 年确立了统一监管与分级分部门规制相结合的现行环境规制体制，提出到 21 世纪要构建"资源节约型、环境友好型"社会。

一般来说，政府进行环境规制主要有强制性手段、经济手段和技术手段，这是一个渐进的过程。我国的环境规制制度共经历了三个阶段，分别是以命令与控制政策进行规制阶段、经济激励政策推广运用阶段、以信息手段和公众参与为特色的政策创新阶段。

［作者简介］张婷婷，天津外国语大学国际商学院，300270；林木西，辽宁大学经济学院，110036。

［基金项目］天津市哲学社会科学研究规划项目（TJYY12 - 138）、国家社会科学基金一般项目（090BJY082）和天津市政府决策咨询重点项目（ZFZX2013 - 15）。

目前，我国的命令与控制政策主要有环境影响评价制度、"三同时"制度（即新扩改项目和技术改造项目的环保设施，必须与主体工程同时设计、同时施工、同时投产使用）、限期治理制度和排污许可证制度。经济激励政策主要有环境税收、押金返还政策、可交易许可证。以信息手段和公众参与为特色的政策主要包括信息公开计划或项目、自愿协议、环境认证和环境听证制度。

当前，我国主要运用命令与控制政策，并积极探索，实现三阶段政策并行，重点发展信息手段，建立公众参与的环境规制体制。现阶段，中国环境规制面临很多问题，如环境规制标准偏低，部分政策缺乏可行性和成本有效性，经济激励政策和信息披露政策应用范围小等。在使用命令与控制政策时，虽然见效快，但效率不高且不利于激发企业进行技术创新；利用经济激励政策虽然灵活、节约管理成本、富有激励性，但主要是末端治理，有较高的实施成本，难以有效减少环境污染。因此，要解决我国的环境规制管理中存在的问题，以信息手段和公众参与为特色的政策制度是一个良好的发展方向，具有实施成本低，能充分调动企业、公众参与环境治理的优点。

2. 环境规制力度

从环境规制力度角度，可以选取工业污染治理完成投资额作为衡量指标，考察环境规制力度的发展变化和现状。中国环境规制体制是统一监管和分级分部门相结合的，各个地区的环境规制因地区差异而不同，所以，分别从全国、中国东部、中部、西部来看环境规制力度。其中，东部包括北京、天津、河北、辽宁、上海、江苏、浙江、福建、山东、广东和海南11个省和直辖市，中部包括山西、吉林、黑龙江、安徽、江西、河南、湖北、湖南8个省，西部包括内蒙古、广西、重庆、四川、贵州、云南、陕西、甘肃、青海、宁夏、新疆11个省、自治区和直辖市。全国数据为三个地区的总和。

表1　　　　　　2004－2012年中国工业污染治理完成投资额数据　　　单位：万元

年份	东部	中部	西部	全国
2004	1745043	713020	622996	3081059
2005	2917349	908935	755625	4581909
2006	2679550	1158253	1001552	4839355
2007	2877418	1496607	1149664	5523689
2008	2710071	1435788	1280542	5426401
2009	1951345	1282486	1192378	4426209
2010	1764983	1055589	1149200	3969772
2011	2036281	1008633	1397071	4441985
2012	2540761	1063525	1398511	5002797

资料来源：国家环保总局网站。

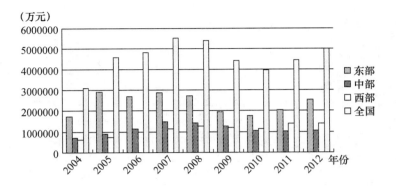

图1　2004—2012年中国工业污染治理完成投资额

资料来源：国家环保总局网站。

从表1和图1可以看出，2004—2012年，中国工业污染治理完成投资额总体趋势是在波动中上升的，相对于2004年，2012年全国和东中西部完成投资额分别增长62.37%、45.6%、49.16%和124.48%，西部地区完成投资额增幅最大。2007—2008年，各地区的完成投资额均达到一个高峰，然后呈下降趋势，从2010年开始转为上升。总的来说，东部地区的规制力度要大于中西部地区，中部地区在2004—2009年规制力度大于西部地区，2010—2012年西部地区规制力度超过中部地区。

（二）中国经济增长现状

表2　　　　　　　　　　　2004—2012年中国GDP数据　　　　　　　　单位：亿元

年份	东部	中部	西部	全国
2004	198976.82	39488.95	28724.86	267190.63
2005	237192.48	46545.14	33837.92	317575.54
2006	277045.74	53967.49	40055.62	371068.85
2007	330388.06	65359.77	48842.63	444590.46
2008	388170.32	78781.03	60052.92	527004.27
2009	423773.80	86443.31	66532.12	576749.23
2010	500975.88	105145.56	80901.03	687022.47
2011	587162.90	127624.70	99629.13	814416.73
2012	641476.94	141908.57	113203.80	896589.31

资料来源：国家统计局网站。

从表2和图2中可以看出，全国2005—2012年的GDP增长率除了2008年为9.44%以外，其余年份均在10%以上，说明我国经济增长势头良好。较2004

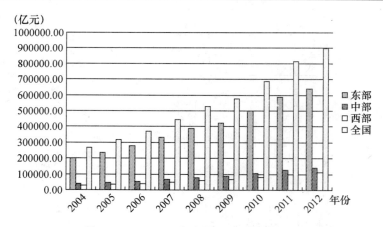

图 2　2004—2012 年中国 GDP 增长情况
资料来源：国家统计局网站。

年，2012 年全国和三大地区的 GDP 增长率为 235.56%、222.39%、259.36% 和 294.10%，各个地区的 GDP 都是逐年上升的，其中西部地区增幅最大。总的来说，东部地区 GDP 远远超过中西部地区，中部地区大于西部地区，三大地区的差距在逐年扩大。

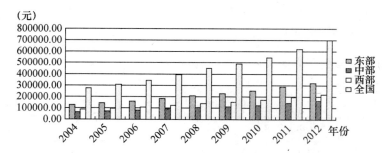

图 3　2004—2012 年中国城镇居民人均可支配收入对比
资料来源：国家统计局网站。

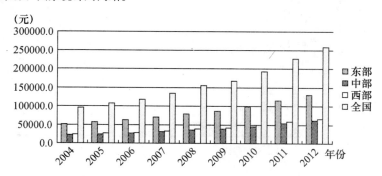

图 4　2004—2012 年中国农村居民人均可支配收入对比
资料来源：国家统计局网站。

从图 3 和图 4 可以看出, 全国各地区的城乡居民人均可支配收入是逐年上升的。2005—2012 年, 全国和东中西部的城镇居民人均可支配收入年增长率分别为 12.38%、12.25%、12.62% 和 12.39%, 2012 年较 2004 年, 增幅最大的是中部地区。2005—2012 年, 全国和东中西部的农村居民人均可支配收入年增长率分别为 13.15%、12.64%、13.64% 和 13.76%, 2012 年较 2004 年, 增幅最大的是西部地区。总的来说, 2004—2012 年, 全国和东中西部的农村居民人均可支配收入增长速度大于城镇居民人均可支配收入, 农村居民人均可支配收入西部地区增长最快, 城镇居民人均可支配收入中部地区增长最快。从绝对量上看, 城镇居民人均可支配收入基本是农村居民人均可支配收入的两倍以上, 差距较大。

二 中国环境规制与经济增长关系的实证分析

(一) 模型的建立

1. 模型的说明

由于面板数据具有精确度高和信息量大的优点, 较之时间序列数据可以反映不同截面之间的不同, 较之截面数据可以反映截面随时间的变化, 具有全面、动态的效果。因此, 本文采用面板数据模型对环境规制与经济增长的关系进行研究, 选取全国除港澳台地区和西藏之外的 30 个省、自治区和直辖市 2004—2012 年的相关数据建立模型, 分为东部、中部、西部地区进行比较分析。其中, 东部、中部、西部的划分如上文。

2. 数据来源与变量的选取

本文选取的数据是中国东部、中部、西部省份 2004—2012 年的省际面板数据, 数据来自国家统计局网站。

本文主要研究环境规制与经济增长的关系, 而环境规制对经济的作用有很大部分取决于环境规制对技术进步的作用, 所以, 本文采用以罗默等为代表的研究开发增长模型, 根据该模型, 在不考虑资本的情况下, 经济增长主要受劳动和技术进步的影响。因此, 本文选取城镇居民消费支出、国内专利申请受理量、工业污染治理完成投资额分别代表影响经济增长的劳动、技术和环境规制因素, 以各个省份的 GDP 作为代表经济增长的变量。下面分别对所涉及的变量做简要说明。

国内生产总值 (GDP)。经济增长一般指宏观经济增长, 常用国内生产总值来衡量, 指一国或地区在一定时期内最终产品和服务的增加。GDP 受到各种因素的影响, 是一定时期内各种因素作用于经济的反映。

工业污染治理完成投资额 (E)。除环境立法之外, 工业污染治理是政府环境规制的一大体现。在对环境的破坏中, 工业污染是最严重的一部分, 而工业污染治理完成投资额不仅是重要的环境规制措施，同时也可以反映政府环境规制的力度。

城镇居民消费支出（L）。本文选取城镇居民消费支出作为劳动因素的代表，因为：一是居民的消费支出大部分来源于劳动收入；二是居民的消费支出能促进企业生产经营，是拉动经济增长的重要力量。

国内专利申请受理量（N）。随着知识产权制度的完善和人们维权意识的提高，更多的科研人员为自己的研发成果申请专利，因此，选择专利申请受理量作为解释变量，不仅能反映科研成果，还在一定程度上反映了技术进步及其带来的经济产出。

3. 模型的建立

本文认为，影响经济增长的因素有环境规制（E）、城镇居民消费支出（L）和国内专利申请受理量（N）。各地区的经济增长函数可表示为：

$$GDP = f(E, L, N)$$

具体的函数形式表示为：

$$GDP_{it} = \alpha E_{it}^{\beta 1} L_{it}^{\beta 2} N_{it}^{\beta 3}$$

式中，i 表示不同地区，t 表示不同年份。

通常面板数据有两种分析模型：固定效应模型和随机效应模型。由于两种模型的估计结果不是一致的，所以，为了获得更精确的估计结果，需要用 Hausman 检验来判断模型形式。

为了便于比较，先对方程两边取对数形式，得到计量方程为：

$$\ln(GDP_{it}) = \alpha + \beta_1 \ln(E_{it}) + \beta_2 \ln(L_{it}) + \beta_3 \ln(N_{it}) + \varepsilon_{it}$$

式中，α、β_1、β_2、β_3 是待估参数，ε 代表其他没有在式中表示出来的影响经济增长的因素。

（二）实证检验

1. 各变量的描述性统计

表3   各变量的描述性统计

变量	均值	标准差	最大值	最小值
国内生产总值（亿元）$\log(GDP_{it})$	9.4760	0.8826	10.4546	7.3096
	9.1042	0.3388	9.7312	8.7283
	8.3307	0.7905	9.4209	6.8539
工业污染治理完成投资额（万元）$\log(E_{it})$	11.8139	1.1858	13.2811	8.8709
	11.6279	0.6177	12.6600	10.9785
	11.2238	0.7606	11.9348	9.2528

续表

变量	均值	标准差	最大值	最小值
城镇居民消费支出（元） $\log(L_{it})$	9.4417	0.2524	9.8348	9.0807
	9.1066	0.0620	9.2042	9.0466
	9.1333	0.0989	9.3272	9.0102
国内专利申请受理量（项） $\log(N_{it})$	10.2231	1.4188	11.6477	6.7038
	9.2017	0.5898	9.9678	8.4689
	8.1792	1.1650	10.0580	5.9945

说明：表中第一行为东部地区数据，第二行为中部地区数据，第三行为西部地区数据。

2. 东部地区实证检验

（1）单位根检验。为了保证数据的平稳性，需要利用 Eviews 对序列数据进行单位根检验，零假设为：序列存在单位根，是非平稳的。如果接受原假设，则序列是非平稳的，需要对序列进行逐阶差分，然后再次检验，直到序列平稳为止。经过多次检验，$\log(E_{it})$ 是平稳的，有截距项而没有趋势项；$\log(GDP_{it})$、$\log(l_{it})$、$\log(N_{it})$ 是一阶单整的，前两者有截距项而没有趋势项，后者既有截距项又有趋势项。

（2）协整检验。进行平稳性检验后，为了验证变量之间是否存在长期稳定的关系，需要对序列进行协整检验。在确定模型形式后对模型进行回归估计，然后检验残差项的单整性，如果残差项是平稳序列，则说明变量之间是协整关系。

（3）Hausman 检验。利用 Eviews 对数据模型进行 Hausman 检验，零假设是"方程的残差项与解释变量不相关"，若接受零假设，则采用随机效应模型；若拒绝零假设，则采用固定效应模型。检验结果如表 4 所示。

表4　　　　　　　　　　H 检验结果（东部地区）

Test Summary	Chi – Sq. Statistic	Chi – Sq. d. f.	Prob.
Cross – section random	76.7492	3	0.0000

由表4可以看出，Hausman 统计量为 76.7492，相对应的概率为 0.0000，在 0.05 的显著性水平下，拒绝原假设，所以应该采用固定效应模型。

（4）回归估计及结果。由上文得出，应采用固定效应的回归模型，回归结果如表 5 所示。

表5   最小二乘回归结果（东部地区）

变量	回归系数	标准差	t统计量	概率值
C	− 3.4983	0.3338	− 10.4786	0.0000
$\log(E_{it})$	− 0.0117	0.0105	− 1.1146	0.2682
$\log(L_{it})$	1.3044	0.0585	22.2837	0.0000
$\log(N_{it})$	0.0780	0.0273	2.8600	0.0053
可决系数 R^2	0.9974	调整后的可决系数 R^2	0.9970	
F 统计量	2507.1580	F 统计量对应的概率值	0.0000	

回归方程为：

$$\log(GDP_{it}) = -3.4983 - 0.0117\log(E_{it}) + 1.3044\log(L_{it}) + 0.0780\log(N_{it})$$

首先，对回归方程的残差项进行单位根检验，结果发现残差项是平稳的，因此，变量之间存在协整关系。

从表5中可以看出，模型的拟合优度为0.9974，说明解释变量对被解释变量的解释程度大，线性影响强。F统计量为2507.1580，对应的概率值为0.0000，说明模型的整体显著性强。从各个解释变量的概率值可以看出，除了工业污染治理完成投资额显著性较弱，其他变量均显著。

3. 中部地区实证检验

（1）单位根检验。为了保证数据的平稳性，需要利用 Eviews 对序列数据进行单位根检验，零假设为：序列存在单位根，是非平稳的。如果接受原假设，则序列是非平稳的，需要对序列进行逐阶差分，然后再次检验，直到序列平稳为止。经过多次检验，$\log(E_{it})$ 是平稳的，有截距项而没有趋势项；$\log(GDP_{it})$、$\log(L_{it})$、$\log(N_{it})$ 是一阶单整的，均有截距项而没有趋势项。

（2）协整检验。进行平稳性检验后，为了验证变量之间是否存在长期稳定的关系，需要对序列进行协整检验。在确定模型形式后对模型进行回归估计，然后检验残差项的单整性，如果残差项是平稳序列，则说明变量之间是协整关系。

（3）Hausman 检验。利用 Eviews 对数据模型进行 Hausman 检验，零假设是"方程的残差项与解释变量不相关"，若接受零假设，则采用随机效应模型，若拒绝零假设，则采用固定效应模型。检验结果如表6所示。

表6   H 检验结果（中部地区）

Test Summary	Chi − Sq. Statistic	Chi − Sq. d. f.	Prob.
Cross − section random	17.4300	3	0.0006

由表 6 可以看出，Hausman 统计量为 17. 4300，相对应的概率为 0. 0006，在 0. 05 的显著性水平下，拒绝原假设，所以应该采用固定效应模型。

（4）回归估计及结果。由上文得出，应采用固定效应的回归模型，回归结果如表 7 所示。

表 7 最小二乘回归结果（中部地区）

变量	回归系数	标准差	t 统计量	概率值
C	-4. 1579	0. 4730	-8. 7911	0. 0000
$\log(E_{it})$	0. 0009	0. 0257	0. 0358	0. 9716
$\log(L_{it})$	1. 4224	0. 0701	20. 2834	0. 0000
$\log(N_{it})$	0. 0324	0. 0295	1. 1007	0. 2753
可决系数 R^2	0. 9859	调整后的可决系数 R^2	0. 9836	
F 统计量	426. 1119	F 统计量对应的概率值	0. 0000	

回归方程为：

$$\log(GDP_{it}) = -4. 1579 + 0. 0009\log(E_{it}) + 1. 4224\log(L_{it}) + 0. 0324\log(N_{it})$$

首先，对回归方程的残差项进行单位根检验，结果发现残差项是平稳的，因此，变量之间存在协整关系。

从表 7 中可以看出，模型的拟合优度为 0. 9859，说明解释变量对被解释变量的解释程度大，线性影响强。F 统计量为 426. 1119，对应的概率值为 0. 0000，说明模型的整体显著性强。从各个解释变量的概率值可以看出，除了工业污染治理完成投资额显著性较弱，国内专利申请受理量显著性不强，其他变量均显著。

4. 西部地区实证检验

（1）单位根检验。为了保证数据的平稳性，需要利用 Eviews 对序列数据进行单位根检验，零假设为：序列存在单位根，是非平稳的。如果接受原假设，则序列是非平稳的，需要对序列进行逐阶差分，然后再次检验，直到序列平稳为止。经过多次检验，$\log(E_{it})$、$\log(GDP_{it})$、$\log(L_{it})$、$\log(N_{it})$ 是一阶单整的，均有截距项而没有趋势项。

（2）协整检验。进行平稳性检验后，为了验证变量之间是否存在长期稳定的关系，需要对序列进行协整检验。在确定模型形式后对模型进行回归估计，然后检验残差项的单整性，如果残差项是平稳序列，则说明变量之间是协整关系。

（3）Hausman 检验。利用 Eviews 对数据模型进行 Hausman 检验，零假设是"方程的残差项与解释变量不相关"，若接受零假设，则采用随机效应模型，若拒绝零假设，则采用固定效应模型。检验结果如表 8 所示。

表 8   **H 检验结果（西部地区）**

Test Summary	Chi − Sq. Statistic	Chi − Sq. d. f.	Prob.
Cross − section random	24. 7044	3	0. 0000

　　由表 8 可以看出，Hausman 统计量为 24. 7044，相对应的概率为 0. 0000，在 0. 05 的显著性水平下，拒绝原假设，所以应该采用固定效应模型。

　　（4）回归估计及结果。由上文得出，应采用固定效应的回归模型，回归结果如表 9 所示。

表 9   **最小二乘回归结果（西部地区）**

变量	回归系数	标准差	t 统计量	概率值
C	− 6. 0206	0. 3160	− 19. 0509	0. 0000
$\log(E_{it})$	0. 0440	0. 0131	3. 3488	0. 0012
$\log(L_{it})$	1. 4633	0. 0566	25. 8573	0. 0000
$\log(N_{it})$	0. 0603	0. 0250	2. 4139	0. 0179
可决系数 R^2	0. 9965	调整后的可决系数 R^2	0. 9960	
F 统计量	1879. 4770	F 统计量对应的概率值	0. 0000	

　　回归方程为：
$$\log(GDP_{it}) = -6.0206 + 0.0440\log(E_{it}) + 1.4633\log(L_{it}) + 0.0603\log(N_{it})$$
　　首先，对回归方程的残差项进行单位根检验，结果发现残差项是平稳的，因此，变量之间存在协整关系。

　　从表 9 中可以看出，模型的拟合优度为 0. 9965，说明解释变量对被解释变量的解释程度大，线性影响强。F 统计量为 1879. 4770，对应的概率值为 0. 0000，说明模型的整体显著性强。从各个解释变量的概率值可以看出各解释变量均显著。

三　计量结果分析

（一）东部地区

　　从回归方程可以看出，在东部地区，工业污染治理完成投资额对经济增长的回归系数为 − 0. 0117，说明其对经济增长有负向作用，每增加一万元的污染治理投资额，GDP 会减少 117 万元。城镇居民消费支出对经济增长的回归系数为 1.3044，说明其对经济增长有很大的促进作用，每增加一元居民消费支出，GDP 就增加 1.3044 亿元。国内专利申请受理量对经济增长的回归系数是 0.078，说明专利申请受理量每增加一项，GDP 就增加 780 万元。

比较可知，在东部地区，居民消费支出的回归系数较高，即其对经济增长的正向作用较显著，其次是专利申请受理量，从显著性概率值来看，对经济增长的影响是显著的，从回归系数来说，对经济增长的正向作用没有居民消费支出大。代表环境规制力度的工业污染治理完成投资额的回归系数为负，说明其与经济增长之间的关系是负相关的，但从概率值来看，工业污染治理完成投资额对经济增长的作用不显著。

（二）中部地区

从回归方程可以看出，在中部地区，工业污染治理完成投资额对经济增长的回归系数为 0.0009，说明其对经济增长有促进作用，每增加一万元的污染治理投资额，GDP 会增加 9 万元。城镇居民消费支出对经济增长的回归系数为 1.4224，说明其对经济增长有很大的促进作用，每增加一元居民消费支出，GDP 就增加 1.4224 亿元。国内专利申请受理量对经济增长的回归系数是 0.0324，说明专利申请受理量每增加一项，GDP 就增加 324 万元。

比较可知，在中部地区，居民消费支出的回归系数较高，即其对经济增长的正向作用较显著，其次是专利申请受理量，但从显著性概率值来看，其对经济增长的影响是不显著的。代表环境规制力度的工业污染治理完成投资额的回归系数为正，说明其与经济增长之间的关系是正相关的，但从概率值来看，工业污染治理完成投资额对经济增长的作用不显著。

（三）西部地区

从回归方程可以看出，在西部地区，工业污染治理完成投资额对经济增长的回归系数为 0.0440，说明其对经济增长有推动作用，每增加一万元的污染治理投资额，GDP 会增加 440 万元。城镇居民消费支出对经济增长的回归系数为 1.4633，说明其对经济增长有很大的促进作用，每增加一元居民消费支出，GDP 就增加 1.4633 亿元。国内专利申请受理量对经济增长的回归系数是 0.0603，说明专利申请受理量每增加一项，GDP 就增加 603 万元。

比较可知，在西部地区，居民消费支出的回归系数较高，即其对经济增长的正向作用较显著，其次是专利申请受理量，从显著性概率值来看，在 5% 的显著性水平下，其对经济增长的影响是显著的。代表环境规制力度的工业污染治理完成投资额的回归系数为正，说明其与经济增长之间的关系是正相关的，从概率值来看，工业污染治理完成投资额对经济增长的作用也很显著。

四　政策含义

（一）中国环境规制与经济增长关系总结

通过前文的实证分析可以看出，我国环境规制与经济增长的关系是有地区差别的。在东部地区，环境规制与经济增长是负相关的；在中西部地区，环境增长与经济增长呈现正相关的关系。但是，在5%的显著性水平下，环境规制对东部地区的负向作用和对中部地区的正向作用是不显著的，对西部地区的经济增长则有显著的促进作用。

在三个地区中，城镇居民消费支出对经济增长均有显著的推动作用。其中，对西部地区的作用最大，其次是中部地区，最后是东部地区。国内专利申请受理量对三个地区的经济增长都有促进作用。其中，对东部地区的作用最大，其次是西部地区，对中部地区的影响不显著。

基于以上结论，可以分析出造成三大地区差异的原因。在环境规制方面，首先，我国老工业基地绝大多数集中在东部地区，中西部地区的工业并不发达，所以环境污染的状况东部更加严重，例如，近年引起极大关注的雾霾天多出现在东部城市。东部城市的工业企业也很集中，加上长时间的污染，治理投资比中西部需要更多资金，企业受环境规制的影响也更大。但是，由于东部地区技术和人力资本丰富，可以通过采用创新技术和管理方法来提高效率，降低成本，从而对环境规制带来的成本进行补偿，因此，在东部地区环境规制对经济增长的负向作用不显著。对于中西部地区，农业在传统上占据主要地位，工业欠发达，所以，工业污染没有东部地区严重。为了加快中西部发展，国家实行的西部大开发和中部崛起政策十分注重发展地方特色产业，并且兼顾环境保护，地方政府对污染治理也给予了充分的重视，治理投资额与东部地区相差不多。因此，环境规制可以促使企业选择一些更环保、更有发展前景的产业项目，有利于中西部地区经济增长。

至于城镇居民消费支出，是拉动经济增长的"三驾马车"之一，所以，对三大地区均有显著的正向作用。在东部地区，由于传统优势，投资和出口对经济增长的拉动作用很强，所以消费的作用相对稍弱；在中西部地区，没有成熟的投资环境，也没有成熟的进出口产业体系，消费是拉动内需，发展经济的主要渠道。国内专利申请受理量代表了影响经济增长的技术因素，在东部地区，人口密集，人才集中，以技术密集型和资本密集型产业为主，第三产业发达，因此，技术是影响经济增长的重要因素。近年来，西部地区由于政策优势，与东部发达地区建立起帮扶机制，大量引进人才和技术，因此技术对该地区经济增长起到了很大的促进作用。

（二） 完善我国环境规制的对策建议

1. 适用全国的政策建议

（1）完善环境规制法律体系。目前，法律手段是环境规制的主要手段，以法律法规形式将环境保护义务确立下来是使企业和公众加入环境保护队伍中的第一步。要完善环境规制的立法和执法，借鉴发达国家的经验，及时将新出现的环境问题和相关刑事责任纳入法律条文中，在处理问题时，有法可依；同时注重执法公正严格，通过严厉的惩罚让环境保护的意识在全社会范围内建立起来。中国的环境污染问责案件相对较少，很多企业没有承担环境保护的责任和义务的意识，因此，要加强环境规制法律法规的宣传，不仅将环境保护作为一种社会责任，还要作为一种法律义务。

（2）完善环境规制标准体系。环境规制执法首先需要确定一个科学合理的标准体系，只有这样，才能衡量环境污染的责任和量刑，也只有这样，才能促进企业达到一定的标准，进而超越标准。在建立环境规制标准时，我们要积极与国际接轨，向国际先进标准靠拢，要建立一个权威公正的认证机构，以确定产品的技术标准、项目的环境标准，促进企业进一步提高技术，加强环保。

（3）建立健全环境规制体制。环境规制要想圆满实现，需要一个健全的体制。目前，我国有关的机构部门责任划分不明确，遇到问题难以高效率地完成，事后问责主体也不够明确，不利于监督。因此，首先要确定环境规制管理的单位机构，由其统一调度，行使权力，并且要建立独立的监督机构，明确监督权限，注重社会监督，提高舆论媒体和社会公众的参与度，积极听取民众意见，形成全民监督。

2. 针对东中西部的政策建议

（1）对东部的政策建议。像许多发达国家一样，东部地区走了"先污染，后治理"的老路子，现在，东部地区虽然经济实力在全国领先，但环境问题也十分突出，因此，东部地区尤其要重视环境治理。首先，要加大环境污染治理力度，不让环境成为经济的桎梏，保持经济的可持续发展；其次，要加快产业升级，改善高污染的工业部门，鼓励技术创新，发挥技术优势，减轻环境污染；最后，要合理布局工业区，对高污染产业统一管理，合理收取排污费，充分发挥市场的作用来减轻污染。

（2）对中部的政策建议。近年来，中部地区的经济发展取得了良好的成绩，产业结构也在发展中获得了一定程度的升级，第一产业的主导地位逐步为第二和第三产业所取代。在这样的情况下，中部地区要积极治理已有污染，坚决严格控制污染问题，然后利用地区优势，向东部引进资本和技术，向西部利用资源和能源，重点发展生态农业，环保工业以及餐饮、旅游、娱乐等第三产业，实现环境和经济的双赢。

（3）对西部的政策建议。西部地区地广人稀，能源资源丰富，有得天独厚的自然条件，但这些优势没有得到充分利用。借西部大开发的契机，要积极吸取东中部地区的发展经验，切不可以牺牲环境为代价来谋求发展。在发展中要重视资本和技术的作用，加快产业升级，重点发展地区特色农业、现代轻工业和旅游业等第三产业。此外，要加快对外开放的步伐，加强与中西部的交流，利用与多国接壤的地理优势，加强国际交流，发展国际贸易和国际旅游业。

参考文献

［1］Jorgenson, D. J., and Wilcoxen, P. J., Environmental Regulation and U. S Economic Growth ［J］. *The Rand Journal of Economics*, 1990, 21 (2): 314 – 340.

［2］Barbera, A. J., and McConnel, V. D., The Impact of Environmental Regulations on Industry Productivity: Direct and Indirect Effects ［J］. *Journal of Environmental Economics and Management*, 1990, 18 (1): 50 – 65.

［3］Walley, N., and Whitehead, "It's Not Easy Been Green" in R. Welford and R. Starkey (eds) ［R］. The Earth scan in Business and the Environment, London, Earthscan, 1996: 334 – 337.

［4］赵红：《环境规制对中国产业技术创新的影响》，《经济管理》2007 年第 21 期。

［5］李泳等：《环境规制政策与中国经济增长——基于一种可计算非线性动态投入产出模型》，《系统工程》2009 年第 11 期。

［6］于同申、张成：《环境规制与经济增长的关系——基于中国工业部门面板数据的协整检验》，《学习与探索》2010 年第 4 期。

［7］赵硕：《环境规制与经济增长的关系分析》，辽宁大学，2012 年。

［8］马媛：《我国东中西部环境规制与经济增长关系的区域差异性分析》，《统计与决策》2012 年第 20 期。

［9］熊艳：《基于省级数据的环境规制与经济增长关系》，《中国人口·资源与环境》2011 年第 5 期。

［10］夏艳清：《中国环境与经济增长的定量分析》，东北财经大学，2010 年。

［11］江珂：《我国环境规制的历史、制度演进及改进方向》，《改革与战略》2010 年第 6 期。

中国政府环境监管职能：历史、问题与路径

陈晓玲

摘 要 环境监管是政府社会性管制的重要内容之一。改革开放以来，中国 GDP 保持在高位增长的同时，环境问题也日渐突出。中国环境监管的历史发展有三个阶段，当前的环境监管以节能减排和经济转型为重点，但是，政府多年的高额环境投入并没有从根本上改变环境问题日益严重的现实。中国政府环境监管职能低效的原因在于政府过度强调发展理念，环境领域存在法律失灵，有限的治理分权影响监管绩效，政府内部职能分工不明以及分税制下地方政府的投资行为和环境监管缺位。完善中国环境监管职能、必须进行一系列制度创新，要从转变政府职能、构建公共服务型政府、发挥人大的立法权和监督权、推进行政体制改革和完善财政体制入手，提高政府环境保护的能力。

关键词 环境监管 政府职能 制度创新

一 导言

　　环境监管是政府社会性管制的重要内容之一。环境作为一种公共品，在市场经济条件下，容易被过度使用和保护不足，公共品的特性使得环境问题一经产生，就会产生很大的负外部性。自亚当·斯密以来，公共产品的供给就是界定政府与市场的关系，政府存在的合理性基础之一。20 世纪 90 年代以来，公共服务型政府成为各国政府追求的目标和方向。环境保护作为现代社会发展的公共品之一，理应成为公共服务的主要内容。现代政府实践环境保护的责任，在于是否对环境问题有效监管，而有效的环境监管决定于一系列的治理安排。改革开放以来，中国 GDP 保持在高位增长的同时，环境问题也日渐突出。2012 年，中国在年度全球环境绩效指数排名中列 116 位，日本名列 23 位，美国名列 49 位。同年，全国化学需氧量排放总量为 2423.7 万吨，氨氮排放总量

　　[作者简介] 陈晓玲，浙江工商大学公共管理学院，310018。

为 253.6 万吨，二氧化硫排放总量为 2117.6 万吨，氮氧化物排放总量为 2337.8 万吨。2010 年，突发环境事件达 420 起。当前，学界对环境监管问题的讨论集中于环境政策、监管手段对经济增长、区域发展、吸引外商投资和企业竞争力等方面的影响，即将环境政策和手段看作是自变量，集中分析环境政策与经济之间的因果关系；或是财政分权对环境监管的影响。这些研究对进一步改善环境监管无疑具有重要意义。但是，鲜有研究从公共管理的角度，探讨政府环境监管职能诸方面的问题。本文回顾了中国政府环境监管发展的历史，分析了中国环境监管职能的特点和中国环境监管存在的问题。在当下，要完善中国政府环境监管职能，更需要从制度完善的角度，寻求进一步的治理创新。

二　中国政府环境监管的历史阶段

（一）中国环境监管的历史过程

新中国成立以来至 1978 年，中国政府针对环境问题采取了一系列措施，例如，限制工业"三废"的排放和改善农村土壤的肥力等。然而，1978 年《宪法》修订第一次明确了政府的环境监管职能。《宪法》将政府的环境监管职能确定为："国家保护环境和自然资源，防治污染和其他公害。"从授权的角度说，中国政府的环境监管职能始于 1978 年，根据不同阶段政府对环境监管制度安排的特点和重心，可以将中国环境监管过程分为以下几个阶段：

1. 第一阶段（1978—1989 年）：法律制定和机构设置时期

1979 年，中国颁布了《中华人民共和国环境保护法（试行）》，从机构设置、监管责任、监管内容和监管手段等方面对中国环境保护做了规定。从 1979 年开始，中国环境监管建立起"三同时"制度、排污收费制度、限期治理制度和环境影响评价制度。之后，相继颁布了《中华人民共和国水污染防治法》、《中华人民共和国土地管理法》和《中华人民共和国矿产资源法》等法律。1978—1991 年，我国制定并颁布了 12 部资源环境法律，20 多件行政法规，20 多件部门规章（周宏春，2009），这些法律成为中国环境监管的法律基础。从"六五"计划开始，环境保护列入政府规划。1983 年，环境保护成为我国一项基本国策。1988 年，国务院将 1982 年成立的环保局升格为部委归口管理的国家局，并成为 1984 年成立的国务院环境保护委员会的办公机构。1989 年，全国人大常委会通过《中华人民共和国环境保护法》，《保护法》确立了县级以上政府的环保机构对环境统一监管的职责以及业务主管部门在林业、水利、农业方面的污染防治职责，进一步完善了环境监管的手段。这一时期是我国环境立法、中央政府、地方政府环境保护责任界定以及监管制度设计的时期，这一系列制度安排对政府的环境监管绩效起着决定性的作用。

2. 第二阶段（1990—2003 年）：城乡二元治理、总量控制和重点流域治理时期

1992 年中共十四大建立社会主义市场经济体制以及 1993 年发布的《中共中央关于建立社会主义市场经济体制若干问题的决定》，确立了以经济建设为中心的发展方向，同年，中央明确实施可持续发展战略。由于我国 20 世纪 80 年代乡镇企业是经济发展的主力，由此带来的环境问题也集中于农村或县级以下地区，加之我国城乡二元分立的治理格局，使得我们环境治理也呈现城乡二元治理的中国特色。80 年代末 90 年代初，环境治理以农村为主。1992 年以来，市场经济改革激发了城市的生产力，城市环境的污染问题也日趋严重。因此，从这一时期开始，我国环境监管逐渐走向以城市治理为主、农村治理为辅的双线管理。《全国环境保护工作（1993—1998）》分别对城市、农村的环境治理重点做了规定。从"七五"计划开始，国家逐渐形成了以总量控制为重点的环境治理。粗放型经济发展造成了每年大量的工业排放量。据统计，1990 年全国煤炭消耗量 10.52 亿吨，到 1995 年煤炭消耗量增至 12.8 亿吨，二氧化硫排放量达 2370 万吨，超过欧洲和美国，居世界首位。过量的排放引发了环境污染问题，从"九五"计划开始，我国将对排放量的限制成为政府规划的约束性指标，并划分酸雨控制区和二氧化硫控制区，对两区的二氧化硫进行限量排放。生产的排放也造成了大面积的水污染，以淮河治理为重点，我国开始对"三河"、"三湖"实行水流域治理，分别制定了《辽河流域水污染防治"九五"计划与 2010 年规划》、《太湖流域水污染防治"九五"计划及 2010 年规划》和《滇池流域水污染防治"十五"规划》。

这一时期，我国的环境监管和治理逐渐以城市为中心，采取重点治理的策略。同时，环境治理与中国经济转型紧密联系，中国市场经济自上而下的放权路径使得政府主动承担起经济转型的规划角色。政府试图通过强行政化的市场干预，淘汰污染大、高耗能的企业。因此，政府对环境的治理也表现出动员型、行政干预的特点。由于市场经济的不断完善，政府宏观调控职能加强，这一时期环境监管也采取市场化手段，例如，开始许可证交易试点，利用税收、财政政策引导企业生产行为或建立生态补偿机制。

3. 第三阶段（2003 年至今）：节能减排与经济转型

2003 年 10 月，中共十六届三中全会通过《中共中央关于完善社会主义市场经济体制若干问题的决定》，提出统筹人与自然和谐发展的可持续发展观。资源、能源节约开始成为环境监管的重点。为了推进节能减排，国务院密集颁布了《公共机构节能条例》、《民用建筑节能条例》和《国务院关于进一步加强节油节电工作的通知》等相关法规条例，并且通过一票否决制强化了地方政府落实节能节排的激励。除继续上一阶段水流域污染的治理外，政府也加强了地下水、土壤、核辐射、大气污染防治、重金属和生态环境等方面的污染治理。这一时期，政府继续完善了监管手段和机构，2004 年，政府开展绿色

GDP 测算，实行绿色信贷和环境责任险。2006 年，国家环保总局组建 11 个地方派出环保执法机构，包括华东、华南、西北、西南、东北 5 个环境保护督察中心，上海、广东、四川、北方、东北、西北 6 个核与辐射安全监督站；同年，国家环保总局颁布《环境影响评价公众参与暂行办法》，从各方面肯定公众在环境影响评价中的权利。2008 年，将环保总局升格为国家环保部。2009 年，国务院制定了《规划环境影响评价条例》，将政府的规划行为纳入环境监管的治理中。2012 年 9 月，十一届全国人大常委会将修改《中华人民共和国环境保护法》列入五年立法论证项目，启动环境保护基本法的再一次修改。这一时期政府加大环境监管的力度，从法律、资金投入、地方政府责任、完善组织机构等方面强化政府环境监管职能，大力发展循环经济和促进产业结构转型，政府的管制手段逐渐多元化。

（二） 中国环境监管特点

与西方环境监管职能逐渐完善的路径不同，从 1978 年以来，环境监管就是中国政府的重要职能之一。中国政府的环境监管职能即嵌入计划经济向市场经济的过渡中。政府、市场和社会之间的力量以及具体的发展环境，使得政府的环境监管职能也表现出一系列特点：

1. 政策治理强于法律治理

法律是调整社会关系的最高行为准则。对于国家治理而言，法律确定了政府、市场、企业和社会其他群体的责任与义务。法律在政治机构中的最高权威和效力，决定了法律的强制性。我国环境领域的法律是由全国人大常委会制定或修订的，人大常委会制定的法律对环境保护的规定较为一般化和模糊化，在实际环境监管中，对环境的监管更多地依赖国务院或环保部门以条例、办法、通知等形式治理。

2. 行政手段大于市场化手段

尽管随着政府职能转变，宏观调控、市场监管、社会管理和公共服务成为政府的主要职能，政府对市场、社会管理的手段向市场化、网络化发展。但计划经济的路径依赖以及大政府、小市场的格局，使得政府在环境监管中以行政手段为主，市场手段和社会化手段为辅，政府更倾向于使用行政审批、征收排污费、总量控制、指标分配、限期治理、关停、拉闸限电等手段管制企业行为。

3. 行政问责多于其他形式问责

《中华人民共和国环境保护法》规定了中央政府和地方政府在环境保护中的责任，尤其是地方政府在区域环境保护中的监管责任。随着环境问题日渐突出，国务院多次发文，强化地方政府在环境监管中的责任，在"十一五"规划中，国务院对地方政府节能减排目标实行一票否决；"十二五"规划中，环保部将环境保护纳入地方政府政绩考核中，实行一票否决制。相较于中央政府对地方政府的行政问责，人大、媒体对政府部门的监督，法院对政府行为的行政诉讼则较为式微。

4. 条块结合，以块为主的网状监管体系

各级部门的环保机构是同级人民政府的组成部门，在地方政府成为监管主体，向上负责的责任体系中，省、市、县政府在不违背中央法律、法规和部门规章的情况下，具体负责地区性的环境监管，决定地区性的环境保护规划、质量标准、环境建设、资金投入、发布环境监测数据和公报。除了各级环保部门统一监管，各级业务部门如水利、农业、国土、林业等业务部门协同监管各领域有关环境污染、保护的事务。尽管环保部门负责具体的监管事务，但只有有限的行政权力。《中华人民共和国环境保护法》规定：关闭、关停地区性企业，由环保部门报由各级人民政府决定。

（三）中国环境监管的绩效

我国已有环境污染防治法律 6 部，自然资源保护法律 15 部，环境行政法规 50 项，规范性文件 3 件，国家环境质量标准 800 项，规章和地方性法规 660 件，军队环保法规和规章 10 件，批准和签署多边国际环境条约 51 项（齐晔，2008）。截至 2012 年年底，全国共建立各种类型、不同级别的自然保护区 2669 个，总面积约 14979 万公顷（其中自然保护区陆地面积约 14338 万公顷），自然保护区陆地面积约占全国陆地面积的 14.94%。国家级自然保护区 363 个，面积约 9415 万公顷，占全国自然保护区总面积的 62.85%，占陆地国土面积的 9.8%。2010 年年底，全国共有 12849 个环保机构，从业人员 193911 人。在法律体系不断完善，生态环境保护区域日渐扩大以及环境监测能力不断提高的同时，我国环境问题也日益突出。2012 年，全国地表水国控断面总体为轻度污染，长江、黄河、珠江、松花江、淮河、海河、辽河、浙闽片河流、西北诸河和西南诸河十大流域的国控断面中，I—III类、IV—V类和劣V类水质断面比例分别为 68.9%、20.9% 和 10.2%。全国有 40.5% 的地下水为较差级水，16.8% 的地下水为极差级水，19.4% 的地下水与上年相比呈变差趋势。全国 325 个地级及以上城市中，只有 3.4% 的城市空气质量达到一级标准。2012 年全国酸雨污染总体稳定，但程度依然较重。一的环境问题虽然与自然状况、地质地貌等客观的生态环境有天然的联系，但与一国政府的环境监管能力直接相关。图 1、图 2、图 3 列出了 1995—2010 年我国工业废水排放量、工业二氧化硫排放量和工业污染治理投入。从 3 个图对比可以看出，尽管 2001 年起，我国加大了工业污染治理投入，但我国的工业废水排放量和工业二氧化硫排放量仍呈现逐年增长的态势，2010 年的工业废水排放量和工业二氧化硫排放量甚至远高于 1995 年和 2001 年水平。这说明，尽管从 1995 年开始，我国将对污染物的排放作为约束性的指标列入政府规划，2001 年开始大量增加工业污染治理投入，都没有从根本上改变污染物过量排放的污染现状。政府对其他领域的治理也遭遇治理低效或无力的窘境。

2007 年，审计署对 2001—2007 年"三河"、"三湖"水污染防治绩效进行评估，发现"三河三湖"整体水质还比较差。淮河、辽河为中度污染；海河 49.2% 的断面水质为劣 V 类；巢湖平均水质为 V 类；太湖平均水质为劣 V 类；滇池平均水质为劣 V 类，地方政府在治理中存在少征、挪用和截留污水处理费及排污费 36.53 亿元，挪用和虚报多领水污染防治资金 5.15 亿元。中国日益严峻的环境压力与政府环境监管的治理低效形成鲜明的对比，不得不反思，30 多年的环境监管，为何无法阻止环境恶化？环境污染为何越发严重？换言之，中国的环境监管为何低效？

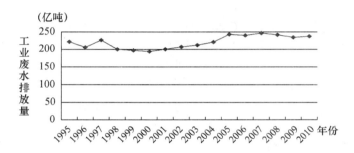

图 1   1995—2010 年工业废水排放量

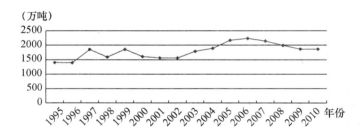

图 2   1995—2010 年工业二氧化硫排放量

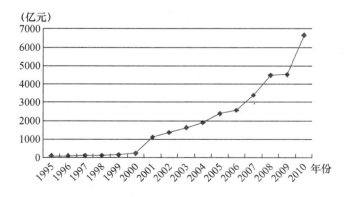

图 3   1995—2010 年工业污染治理投入

三　中国环境监管为何低效？

环境监管是世界各国政府治理共同面临的世界性难题，但通过有效的治理安排和制度设计，可以克服市场失灵、社会失灵和政府失灵，从而能改善环境质量，协调好环境保护与发展的关系。探讨中国环境监管的失效，要将中国环境监管职能放置到中国政治经济运作逻辑中考察，政府的环境监管职能，既受制度安排的影响，又受政治结构、经济结构和社会结构的影响，政府组织嵌入具体的制度结构中，会产生相应的政府行为，换言之，中国环境监管的失效，既有体制性的因素，也有政府自身行为的影响。因此我们认为，中国环境监管的失效，主要在于以下几方面的原因：

（一）政府发展的理念替代环境保护的理念

发展型政府，是指发展中国家在向现代工业社会转变的过程中，以推动经济发展为主要目标，以长期担当经济发展的主体力量为主要方式，以经济增长作为政治合法性主要来源的政府模式（郁建兴，2004）。尽管20世纪80年代以来，环境保护就成为基本国策，但政府寻求经济发展的理念每每突破环境保护的基本原则，在政府投资下，环境保护让位于经济发展。1993年确立了以经济建设为中心的发展方向，政府成为投资型和建设型政府。政府财政支出以经济事务支出为主，挤压公共服务支出。表1显示，与其他国家相比，我国政府的经济事务支出占37.68%，比经济事务支出比重第二大的乌克兰的13.54%多近3倍，而在住房与社区生活设施、健康、文化娱乐和宗教事务、教育、社会保障领域，我国的财政支出明显落后于其他国家。从支出结构上说，我国是发展型政府，而不是公共服务型政府。虽然环境保护支出占3.21%，在所列国家中居第二位，但与日本相比，中国的国土面积是日本的25倍，但环境支出却低于日本。从横向来看，我国环境保护的财政支出与经济事务的财政支出比例差距悬殊。2010年，中国环境污染的治理投资占GDP的1.66%，美国、日本20世纪80年代对环境治理的投资就达到这个比重。2008年金融危机后，保增长保就业保民生成为各级政府的首要目标，各级地方政府纷纷拉动投资，间接拉动了高污染、高耗能行业的投资增长，在2010年上半年，国内GDP能耗不降反升，在中央政府的高压下，各地在2010年拉闸限电、关停企业，最终超额完成了节能减排的目标任务，富含"水分"的节能减排并不能真正落实环境保护的责任。政府发展的理念不仅表现在财政支出和投资上，还表现在中央政府对各级地方的考核激励上。周黎安的研究发现，地方政府的官员晋升与地方GDP增长显著相关，在行政发包和锦标赛竞争的激励下，经济增长就成为地方政府发展的内在动力（周黎安，2008）。正是政府寻求发展的理念，代替了政府环境保护、公共服务的理念，才导致了政府从支出、投资以及激励机制的设计，都以经济增长为中心。

表1   中国与若干国家财政支出结构的比较（2007）   单位:%

国别	一般公共事务	国防	公共秩序和安全	经济事务	环境保护	住房与社区生活设施	健康	文化娱乐和宗教事务	教育	社会保障
中国	18.2	5.24	4.98	37.68	3.21	0.44	2.51	1.27	9.32	17.15
美国	13.47	11.54	5.71	9.98	—	1.85	21.06	0.87	16.93	18.57
德国	13.61	2.41	3.51	7.23	1.10	1.93	14.01	1.36	9.09	45.75
法国	13.28	3.39	2.41	5.36	1.66	3.62	13.72	2.90	11.24	42.41
意大利	15.98	3.14	3.89	10.23	1.83	2.16	12.75	3.05	11.22	35.93
日本	12.91	2.59	3.89	10.55	3.55	1.81	19.60	0.43	10.74	33.93
新加坡	12.37	27.99	6.24	9.81	—	12.19	6.04	0.48	20.82	4.07
波兰	12.58	3.89	4.72	10.15	1.40	1.70	10.62	2.64	12.72	39.57
乌克兰	7.66	3.04	5.25	13.54	0.66	2.00	9.05	1.90	14.01	42.89

资料来源：陈佳贵：《中国经济体制改革报告》，经济管理出版社2012年版，第11页。

（二）环境保护领域存在法律失灵

法律作为调整社会生活的规范，可以降低不确定性，提高社会运行的绩效。环保有关的法律调整着环保领域各个主体之间的行为，避免机会主义行为和环境污染。但是，法律作用的发挥有赖于法律的制定能有效地调整主体之间的规范以及有效的法律执行。我国是世界上环境法律最多的国家之一，但是，法律在调整环保行为方面却有效性不足，换言之，中国环境保护存在法律失灵，即法律对政府、企业和公民进行规制以及调整的制度、措施和责任等方面的失灵（蔡守秋，2008）。环境保护法律失灵的表现在于：

第一，法律的位阶过低，权威性不足。环境保护有关的法律多以行政法规、部门规章、地方性法规为主，由全国人大和人大常委会颁布的法律较少，造成法律的权威性和有效性不足。政府及其部门内部制定的法规不能有效约束政府监管行为和督促政府履行环境责任。例如，国家环保总局2008年发布《关于加强土壤污染防治工作的意见》要求到2010年完成全国土壤状况调查，但到2010年，这项工作仍没完成，结果被推迟到2015年。缺少高位的法律硬约束导致政府监管行为频频失效。

第二，法律对企业行为约束失效。尽管"谁污染、谁治理"是环境保护的基本原则，但是，由于对企业的违法排污处罚缺乏操作性的规定，不少污染找不到责任主体，最后由政府财政支出安排治理。企业排污，政府买单长期成为中国环境治理的一种方式，政府为企业"擦屁股"的行为刺激了企业的机会主义行为，大部分企业存在偷排、违法排放。此外，环境法律规定的相关处罚没有使企业负担环境污染的成本，甚至造成企业守法成本高，而违法成本低。诺斯认为，制度运行的关键在于犯规确有成本，并且惩罚也有轻重之分（诺斯，2008）。我国相关法律规定，环保部门可对造成重大污染事故的单位处以最高 100 万元的罚款，这意味着，不触及刑法，企业的污染所受的行政处罚最高不超过 100 万元，而污染的企业都是动资上百亿甚至上千亿元的投资项目，政府的行政处罚对污染企业而言犹如隔靴搔痒，起不到惩罚的效果。相比之下，美国法律对企业破坏环境的行为每日处以 25 万美元的罚款。世界最大零售商沃尔玛公司因在美国加州和密苏里州不当处理和弃置有害物品，2013 年 5 月 28 日被联邦法院处罚 8162.8 万美元，3 年内累计处罚超过 1.1 亿美元。

　　第三，环境保护法律执行力不足。2007 年，OECD 向中国政府提交的《中国环境绩效评估》报告指出，导致中国环境问题的原因之一，是政府机构执行力度偏软。以中国环评制度和"三同时"制度为例，我国《环境保护法》第六条规定：一切企业、事业单位在进行新建、改建和扩建工程时，必须提出对环境影响的报告书，经环境保护部门和其他有关部门审查批准后才能进行设计；其中防止污染和其他公害的设施，必须与主体工程同时设计、同时施工、同时投产；各项有害物质的排放必须遵守国家规定的标准。但在实际执行中，地方政府默许企业在未提交环境影响报告书的情况下开工建设。2013 年 5 月，环保部对 13 家企业挂牌督办，13 家企业中，有 11 家企业未批先建。企业在竣工验收后，会倾向于停止环境处理设施以降低成本，经常出现许多企业环保设施建而不用的情况（齐晔，2008）。

　　第四，法律规定的政府责任无法落实。政府规划、规章、条例、办法作为指导政府行为的规范性文件，具有法律的约束力。这些文件在执行过程中，逐渐变成空头文件，政府对环境保护负有责任，没有有效履行环境保护职能时，政府责任多以行政问责的形式，即上级政府对下级政府的问责，而政府对环境保护的整体责任，却没有问责的渠道和方式。例如，"十五"计划要求到 2005年，二氧化硫排放量削减 10%，但是 2005 年全国二氧化硫排放总量为 2549 万吨超过总量控制目标（1800 万吨）749 万吨，比 2000 年（1995 万吨）增加约27%。政府没有实现规划要求的指标，政府整体性问责的缺失降低了法律的有效性，使法律性的文件失灵。

（三）有限的治理分权影响环境监管绩效

　　改革开放以来，对地方事务的管理采取属地管理的原则，中央则保持对人事任命权、政策安排权的绝对权威，因此，中央保持其在政策安排、资源和人事分配的权力，地方保留处理具体问题和地区性问题的权力。环境监管成为地方政府行政事务之一，而中央对环境监管保持政策安排和监督的权力。这样的政治结构安排对环境监管产生了如下影响：

第一，地方政府逐渐形成利益的一方，与中央政府利益博弈。在分税制和地方利益的刺激下，地方政府由代理型政权经营者变成谋利型政权经营者，具体而言，地方政府对中央的环保政策阳奉阴违，地方政府更倾向于以牺牲环境为代价发展 GDP，带来地方政绩。

第二，产生了权威体制与有效治理之间的矛盾（周雪光，2011）。在保持中央政策的前提下进行属地管理，必然会产生坚持中央权威与有效治理之间的张力，在地方政府利益地方化的情况下，这种张力更为明显。中央政府为了保证中央政策的权威，常常采取运动型的治理机制，以达到纠偏、规范地方政府的意图。运动型的治理又在行政发包制下而失效。在行政发包制下，中央政府保留了目标设定权和检查验收权，而省级以下的政府保留着激励分配权（周雪光，2012）。这就意味着，中央政府实际上不关心具体的问责行为，实际的问题可能因为省级政府而不了了之。在环保领域，中央政府向省级政府分配环境保护指标和任务，与省级政府签订目标责任书，中央政府关心省级政府是否实现了环保指标和任务，而不关心如何在省级以下政府分配环保指标。中央政府会通过环保专项行动即运动式治理，检查地方政府是否履行环境责任，检查的结果又反馈给省级政府，要求省级政府处理，省级政府对中央政府的问责会以大事化小、小事化了的方式处理，或者是地方政府上下级之间共谋，共同欺骗中央政府。持续多年的环保风暴治理就是有限治理分权下中央运动型治理失效的表现。

第三，使地方政府之间的环境保护存在竞次的弱环境保护。在保持中央政策的前提下，地方政府可以自主制定有关环境保护的政策。环境作为一种公共品，具有很大的外部性，一个地区加强环境保护，意味着增加环境投入，但环境投入的收益却并不一定全由地区共享，会对其他地区产生正的外部效应。在以 GDP 为主要考核的锦标赛模式下，各级地方政府会产生"搭便车"的机会主义行为，即各地区缺乏内在的动力去建设环境监管的制度环境，而有更多的动力在环境污染治理上采取"搭便车"行为（张利风，2013）。

第四，根据《环境保护法》规定，县级以上政府，才成立环境保护的行政主管部门，行使环境保护的职责，而乡镇政府的职责不包括环境和资源保护。这样的机构设置和职责安排产生了环境监管真空地带，即农村和乡镇级地区缺少应有的环境保护，在乡财县管的财政体制下，农村和乡镇环境保护的公共产品供给更加不足，这也是近年来农村环境污染加剧的关键原因。有限的治理分权，造成了地方政府政治软约束，降低了环境监管的绩效。

（四）政府内部的职能分工失效

根据 1989 年《环境保护法》第七条规定，国务院环境保护行政主管部门，对全国环境保护工作实施统一监督管理；县级以上地方人民政府环境保护行政主管部门，对本辖区的环境保护工作实施统一监督管理；县级以上人民政府的土地、矿产、林业、农业、水利行政主管部门，依照有关法律规定对资源的保护实施监督管理。按照法律规定，在中央层面，环保部应对全国环境保护工作实施统一监督管理，国土资源部、农业部和水利部等部门对土地、农业和水利等资源实施监督和管理。实践中，国土资源部、农业部和水利部既承担了资源开发的责任，又具有资源保护的责任；而环保部负责建立环境保护法规，统筹协调重大环境问题，环境污染防治和生态环境保护，这意味着，环保部的统一监管管理职能变成分部门治理。政府内部的职能分工分割了环境保护统一的责任，各部门都局部地对环境问题治理，环保部无法统筹处理环境问题，且存在部门界限不清、管理混乱问题。例如，承担全国耕地保护、组织实施基本农田保护是国土资源部的职责之一，而拟定耕地及基本农田质量保护，依法管理耕地质量是农业部的职责之一，这就存在多头领导，政出多门，环保部与水利部在水污染防治上部分职责也重合。其次，对国土资源部、农业部和水利部而言，资源开发是其主要功能，资源开发与资源保护的责任的同属于一个部门，难以协调资源开发和保护之间的矛盾。实际上，分析国土资源部、农业部和水利部的部门决算会发现，三个部门的预算支出集中于工程建设项目支出，对具体领域的环境保护支出较少。横向看，2011 年，农业部和水利部的农林事务支出分别为 1856126.3 万元和 721521.6 万元，国土资源部国土资源气象等事务支出为 653370.67 万元；而环保的节能环保支出为 213953.9 万元，是四个部门中部门支出最少的机构。将环境保护的责任分担资源开发部门，减少了环境保护的责任，使具体领域的环境保护缺位。与美国相比较，1970 年，尼克松总统发布了《第三号重组令》，把卫生福利部、农业部等行政机关的环保职能、机构、人员分离出来，组建了一个新的专门管理机关——联邦环境保护局（EPA），由联邦环保局主管全国的防治环境污染工作（张建伟，2008）。政府部门的"九龙治水"使得环境监管失效，由于中央政府与地方政府职责同构，政府内部的职能分工同样失效。

（五）分税制下地方政府的投资行为和环境监管缺位

1994 年，中央政府与省级政府划分税种，形成分税制，分税制改变了政府行为，进而影响环境监管职能的履行。这种影响在于：第一，中央和省级政府划分了税种，为了增加税收收入，省级政府大力发展与税源有关产业。这使得地方政府为了引进税源而不惜引入高污染、高耗能产业；同时，地方政府为了增加本级税收收入，与其他省区竞争，造成重复建设和产能过剩，加剧了环境污染。省级政府为了增加税收收入，以招商引资为工作重心，忽视环境监管职能。第二，分税制后，省级政府财政收入逐年减少，为增加财政收入和减少转移支付压力，省级政府对省以下各级政府实行财政包干或准财政包干，省级以下各级政府为增加上级转移支付和本级收入，开始招商引资，从事经营活动而公共服务供给缺失，从而环境监管缺位。在压力型体制下，增税压力层层加码，传递到基层政府，基层政府忙于完成增税任务，挤占了公共服务职能的时间和精力，加上县级以下政府环境监管职能的法律空位，造成环境监管逐步缺位，进一步加剧了环境污染和造成环境监管职能缺失。此外，由于省级以下各级政府财政收入减少，与环境监管有关的支出捉襟见肘。2011 年，地方政府环境保护支出占地方公共财政支出的 2.78%，大大低于占比为 10.87% 的一般公共事务支出（即行政成本）。此外，乡镇除了水利支出外，并没有其他环境保护有关的支出。在财政包干下，基层地方政府的环保行为产生一系列乱象：有的地区将增加税收所产生的引税成本纳入环境保护支出，造成环境保护支出虚高（田毅，2008）；有的地区环保部门通过增加污染企业罚款保障部门基本支出；有的地区挪用上级政府环境保护的专项资金；有的地区政府要求环保部门出让土地，从土地出让金中返回环保资金。分税制和财政包干制混合的财政体制，一方面使省级以下政府关注增加税收而忽视环境监管职能；另一方面造成基层政府环境支出投入不足，造成环境污染在中国遍地开花。

四　制度创新：完善中国环境监管职能的路径

生态文明成为中国未来发展的重要文明标志之一，生态文明的实现离不开中国政府有效履行环境监管职能。有学者认为，要克服中国环境监管的困境，必须实现环境监管手段市场化以及加强公众参与，不可否认，这些建议对完善中国环境监管职能具有重要意义。但是，正如结构主义认为，环境监管手段作为环境领域的政策工具，无不受到制度背景的影响；由于中国的历史发展造就了公民臣民型的政治文化，公民更多地依赖政府解决问题，强调公民参与最终要回归到政府回应性建设中来。所以，完善中国环境监管职能，必须从政府本身及影响其的制度环境出发。政府作为最大的政治组织，其行为逻辑无不受既有制度结构的影响，从分析中看出，中国环境监管职能的履行还面临着很大的制度和体制困境，因此，要完善环境监管职能，必须从制度创新角度出发，塑造现代政府，进而有效地履行环境监管职能。

（一）转变政府职能，构建公共服务型政府

由政府自上而下地拉动经济发展，是亚洲国家发展的普遍模式，在市场发育不完全、基础设施落后、产业结构调整滞后的时期，这种政府引导的发展模式可以实现突围，在一定程度上促进社会经济发展。但是，当生产要素逐渐开

发、市场的竞争个体出现、区域市场形成时，政府就需要从市场领域退出，发挥应有的公共服务职能。中国政府要有效履行环境监管职能，就需要转变政府职能，重新定位政府的角色和功能，因此，必须做到：第一，政府转变施政理念，从发展型政府到公共服务型政府。公共服务型政府与发展型政府的首要区别，在于理念的不同。发展型政府以经济发展为重心，服务型政府以社会发展为中心，服务型政府强调公民本位、权利本位和社会本位（陈剩勇，2010）。确立公共服务的政府理念，才能为有效地实行公共服务职能提供基本的价值基础。第二，确立并保护私人产权。界定私人产权是市场良性运行的前提，也是确立政府与市场边界的首要原则。确立了私人产权，也就确立了政府环境监管职能的权力边界。环境监管职能主要解决市场运行产生的外部性。在产权受保护的前提下，要求政府环境监管职能限于约束企业私人生产负的外部行为和保护私人缺乏行动激励的公共领域。私人产权的确立意味着确立了企业合理生产的边界和政府履行环保职能的合法领域。另外，私人产权的确立意味着政府在市场领域只具有公共属性，因此，除了自然垄断和基础设施建设等公共产品的供给，政府不参与市场竞争，使政府能真正回归到公共服务的提供中。政府参与项目投资，既当裁判者又当运动员，难以公正履行环境监管职能。第三，增加公共服务支出占财政支出的比重。服务型政府以公共服务支出占财政相当大的比例为基本特征，一般在 40% 以上（朱光磊，2008）。政府在减少市场投资、项目建设的前提下，要增加教育、医疗卫生、社会保障等方面的公共服务支出，增加环境保护支出在财政支出中的比重，形成公共服务支出的财政体系，使财政支出真正体现公共性和公共服务的属性。

（二）发挥人大的立法权和监督权

公共选择学派认为，政府虽是公共利益的代表，但也具有经济人理性，因此必须约束行政机关行为。环境监管法律失灵和政府行为软约束，很大程度上是政府缺少外在的制度约束和行政问责。20 世纪 60 年代末期，美国国会就通过法律监督政府环境监管行为。第一，制定《国家环境政策法》，要求各部门按照该法检查法定职责，并且对政府可能影响的环境行为做出评价。第二，以法律形式要求联邦环保局对环境污染计划资助。第三，规定实行联邦代为执行期制度，若州政府不执行环保措施或违反环保法律，由联邦代州执行环保计划，直到州实行环保计划为止（王曦，2008）。

对我国而言，人民代表大会是我国的权力机关，行政机关由其产生并对其负责，人民代表大会应成为监督政府行为，推进政府环境监管工作的有效力量。实际上，各地区就发挥人民代表大会的立法和监督作用，进行了积极探索。浙江东阳人大审议 2012 年市政府对两江水质治理发现，市政府水质治理没有取得实质性的进展，为此，2013 年 4 月，东阳人大将东阳江流域水污染治理列为专项评议的主题。在东阳人大的监督下，政府各部门和镇乡街道根据职责分工，制订实施方案，明确每一项任务内容、完成时段和责任人。东阳人大的有力监督促进了政府环境监管的绩效。将地方治理创新常态化和制度化，发挥人大的立法权和监督权，监督和督促政府有效地履行环境监管职能，必须进行以下制度建设：

第一，加强人大立法，减少行政机关环境保护的授权性立法。尽管授权政府及其部门为了执行法律制定行政法规、部门规章有利于提高行政效率，但却容易造成法律利益部门化，政府行为缺少外部约束。加强人大在环境保护方面的立法，一方面提高法律权威，另一方面对政府形成外部压力，能够提高环境保护的绩效。针对政府环境保护行为，人大应立法将行政部门的环保职责法律化，对行政部门硬约束。

第二，将人大监督与政府回应制度化和常态化。人大有权对相关事务提出质询、批评和建议，实践中，这一系列权力缺少程序性规定而制约乏力。在环境监管领域，应形成人大对政府行为考察、监督的程序性机制，提高政府对环境问题的回应性和处理能力。

第三，增加人大内部组织规模。目前，与环境保护有关的人大工作人员较少，难以专业化地监督政府行为，承担起相应的法律制定责任。以全国人大为例，环境资源与保护委员会是全国人大处理环境保护有关问题的专门办事机构，共有32人，人员少和规模小，会造成人大办事能力不足。

第四，建立各级人大的上下级联系、互动机制。环境保护的有效治理必须坚持区域性原则，但过度强调属地原则容易造成过度地方利益保护倾向，因此，强调各级地方人大监督和立法作用的同时，要保护全国人大对地方人大的指导和沟通作用，使地方利益与中央利益保护一致。

（三）推进行政体制改革，完善政府间和政府内部权力配置

正如结构功能主义所认为的，结构反映着功能，不同的结构组合能实现不同的功能。环境监管职能的实现以合理的政府治理结构为支撑。中国当前的行政体制结构对环增监管权力的配置，存在权责不一致、多头管理的配置问题，抑制环境监管职能的发挥。为此，要保证环境监管职能有效，需进一步推进行政体制改革，重新配置政府间和政府内部的权力关系。

第一，将与环境保护有关的目标制定权和检查验收权部分地分配给各级人大，由各级人大代替各级上级政府行使绩效考核权力。要化解有限治理分权带来环境监管失效的困境，必须考虑中央政府在地方事务中的信息不对称以及治理不足的能力难题。各级人大若能获得部分上级政府的目标设定权和检查验收权，可以在保持中央权威的前提下，提高监督的绩效和回应。

第二，赋予乡镇环境保护的职能和权力。截至2011年年底，全国共有40466个乡镇。乡镇作为最基层的地方政府，应承担起环境保护、监察、投入等方面的基本职能，这就需要给乡镇扩权和赋权，增加乡镇对环境污染的保护

能力。浙江省近年来强镇扩权和成都等地的扩权强镇改革，对行政体制改革具有重要意义。

第三，政府部门机构改革，推进政府内部职能整合。杨光斌指出，政府内部存在基于产品和产业而设置的专业经济部门，由于产业、产品有交叉或共同属性，部门设置必然是交叉的，必然会出现多头共管而难以协调（杨光斌，2008）。应按监管领域、内容的一致性整合部门职能，将与环保有关的部门和职责合并，统一管理。

第四，提高村级组织的内在权威和自治能力。在压力型体制下，村级组织疲于应付乡镇政府交付的政府职能，减少了村级内部的公共产品供给。因此，在强调乡镇政府环境保护权力的同时，要及时调整县乡关系，避免招商引资的内在动力层层传递到村级组织，造成村级环境保护缺失。

第五，组建跨区域的协调管理机构，促进跨区域环境问题的协作。尽管五个环境督察中心能在一定程度上解决区域环境问题，但自上而下的监管降低了地区环境监管的积极性和增加了交易成本，允许和鼓励地方政府成立跨区域的协调管理机构，并赋予共同治理问题的监管权力、资源和组织条件，可以促进环境监管区域一体化，鼓励地方政府制度创新（陈剩勇，2004），从组织层面克服地方政府弱竞争保护的困境。

（四）依据事权与财权相符原则完善财政体制

事权与财权相一致是现代政府公共财政支出的核心特点。然而，分税制的实质在于将财权集中于中央，通过转移支付、税收返还等方式提高了地方政府对中央的依赖，省级以下的财政返还和资助又以地方政府财政上解为前提，低效的财政转移和专项资金拨付不利于地方政府灵活处理环境保护支出。环境保护的财政支出受既有财政体制的影响，除了从施政理念、政治结构、权力配置和行政体制创新环境监管外，以分税和财政包干的财政体制需要做以下调整：第一，减少政府投资性支出，集中社会性支出。第二，界定政府与市场边界基础上划分事权。可以通过立法列举的原则确立中央、省、县政府的事权，剩余权归属于省或者人民，省可以通过地方立法把剩余权再作划分（冯兴元，2005）。第三，在划分事权的前提下重新确定中央、省级和地方的税种，减少影响政府投资行为的税源，合理划分央地税收收入。在省级以下地方政府建立起分税制，保证基层政府公共服务支出来源，保持事权、支出权和收入权的一致性。第四，取消转移支出与财政上解挂钩的支付机制，根据公共产品外溢特征，明确规定上级政府对下级政府的转移责任，避免环境保护支出受其他意志影响。第五，加强各级审计部门都环境保护支出的审计，防止环境保护支出被占用、挪用。

五　结　语

随着政府与市场关系调整，社会力量发展壮大，环境监管无疑会成为未来政府重要社会职能之一，政府本身也应成为环境保护的主体。一系列规则制度的调整实质是环境监管权力重新分配的过程，权力的重置带来的利益重新分配会影响环境监管职能的履行，这对当局政府是种考验和挑战。同时，西方环境保护发展的历史告诉我们，除了强调政府本身在环境保护中的作用，在地方治理中要积极推进多方参与，提高公民参与环境保护的积极性，将公民参与组织化和制度化，从而实现网络化的环境治理。环境保护的多元参与是降低治理成本、提高政府治理绩效、改善环境保护的有效路径。但是，在当前政府主导的模式下，多元治理面临制度、法律、社会结构、政治文化以及公民自身参与意愿等方面的困境，无法在实践中发挥真正的治理绩效。所以，在当前的政治、社会和经济背景下，环境保护更需要从加强政府监管职能角度着手。加强中国政府环境监管的能力，更多地依赖转变政府发展理念，加强人大对政府的监督和制度约束，推进行政体制改革，重新分配政府间和机构之间权力以及进行相应的财政体制改革。换言之，首先要从制度和体制上改变当前中国政府在环境监管中缺位、失位和低效的行为，然后再从市场、政府和社会力量变化对比中，寻求环境保护的网络化治理。

参考文献

［1］环保部：《中国环境统计公报》，http://zls.mep.gov.cn/hjtj/qghjtjgb/。

［2］周宏春、季曦：《改革开放三十年中国环境保护政策演变》，《南京大学学报》（人文社会科学版）2009年第1期。

［3］齐晔：《中国环境监管体制研究》，上海三联书店2008年版。

［4］郁建兴、徐越倩：《从发展型政府到公共服务型政府——以浙江省为个案》，《马克思主义与现实》2004年第5期。

［5］周黎安：《转型中的地方政府：官员激励与治理》，格致出版社2008年版。

［6］蔡守秋：《论政府环境责任的缺陷与健全》，《河北法学》2008年第3期。

［7］诺斯：《制度、制度变迁与经济绩效》，上海三联书店2008年版。

［8］周雪光：《权威体制与有效治理：当代中国国家治理的制度逻辑》，《开放时代》2011年第10期。

［9］周雪光：《中国政府的治理模式：一个"控制权"的理论》，《社会学研究》2012年第5期。

［10］张利风：《财政分权下地区间环境管制的相互影响》，《技术经济与管理研究》2013年第4期。

［11］张建伟：《政府环境责任论》，中国环境科学出版社2008年版。

[12] 田毅：《他乡之税》，中信出版社 2008 年版。

[13] 陈剩勇、李继刚：《后金融危机时代的政府与市场：角色定位与治理边界——对当前中国经济和社会问题的观察与思考》，《学术界》2010 年第 5 期。

[14] 朱光磊、于丹：《建设服务型政府是转变政府职能的新阶段——对中国政府转变职能过程的回顾与展望》，《政治学研究》2008 年第 6 期。

[15] 王曦：《当前我国环境法制建设亟需解决的三大问题》，《法学评论》（双月刊）2008 年第 4 期。

[16] 张洋：《浙江东阳：人大监督有力量》，《人民日报》2013 年 6 月 26 日第 17 版。

[17] 杨光斌：《试论我国现行国家权力结构与权威资源的关系》，《理论参考》2008 年第 8 期。

[18] 陈剩勇、马斌：《区域间政府合作：区域经济一体化的路径选择》，《政治学研究》2004 年第 1 期。

[19] 冯兴元：《公共服务供给中各级政府事权财权划分问题研究（下）》，《经济研究参考》2005 年第 26 期。

"中部崛起"背景下外商直接投资对环境规制的影响研究

张　剑　冯中越

摘　要　我国从 2004 年开始实施"中部崛起"战略，推动了中部地区的迅速发展。中部崛起战略要求既要实现经济增长，又要注重环境保护和资源节约，走一条可持续发展之路。那么，在中部崛起战略实施过程中，对外资的大量引入是否引致了地方政府对环境规制的"竞次"现象？本文实证分析表明：第一，外商直接投资与环境规制在滞后二阶的情况下互为因果关系；第二，外商直接投资与环境规制之间呈负相关关系，并且在 1% 的水平上显著。但是，外商直接投资对环境规制的负向作用较小，其绝对值远小于经济发展的对应系数。

关键词　环境规制　外商直接投资　环境标准竞次

一　引言

在著作《增长的极限》中，Goldsmith 和 Meadows（1972）首次将环境问题、人口增长、资源消耗等作为影响经济长期增长的重要因素。从那以后，伴随经济发展而出现的环境与生态问题渐渐引起社会的重视。人们逐渐意识到环境与经济发展是息息相关的，经济社会的发展不能以破坏生态环境为代价。联合国世界环境与发展委员发表的报告《我们共同的未来》（1987）第一次提出了可持续发展的概念："发展不仅要满足当代人的需要，还要满足后代人满足其需要的能力。"从此，实现经济社会和环境保护的可持续发展，渐渐成为发展的主旋律。

自 20 世纪 80 年代以来，国际资本流动日益频繁，外商直接投资（FDI）慢慢地演变成最主流的资本流动形式，发展中国家也将它作为吸收经济资源的主要途径。自改革开放以来，我国对外资的吸收经历了一个迅速膨胀的阶段，并已经连续成为吸收 FDI 最多的国家之一。然而，在国际资本流动增加和经济

　［作者简介］张剑，北京工商大学经济学院，100048；冯中越，北京工商大学经济学院，100048。

迅速增长的同时，我国自然环境也经历了一个急剧恶化的过程。尽管 FDI 给我国带来了经济利益，但也对我国生态环境产生了严重威胁。因此有些学者认为，中国宽松的环境规制标准可能成为发达国家的"污染避难所"。

中部地区在我国具有重要的战略地位，其经济发展是非常紧迫的任务。但是，随着东部沿海地区的率先发展、振兴东北和西部大开发战略的先后实施，中部地区经济越来越显现出相对落后的趋势。这一局面在 2004 年得到了改变，中央做出了"中部崛起"的战略决策，为中部发展提供政策支持。在经济全球化的背景下，合理吸纳、利用外资，对中部经济的发展具有重要意义，这将更好更快地促进中部崛起。

"中部崛起"战略要求既要实现经济增长，又要注重环境保护和资源节约，走一条可持续发展之路。然而，在近几年的发展当中，中部地区似乎走上了东部地区所走过的老路，一方面对外贸易和经济迅速发展，另一方面生态环境污染日趋严重。毫无疑问，FDI 所引致的环境污染与资源的过度消耗不可忽视。那么，在"中部崛起"战略实施过程中，对 FDI 的竞争是否引致了地方政府对环境规制的"竞次"现象？"污染避难所"假说和"环境标准竞次"假说在"中部崛起"战略中是否成立？本文将对上述问题进行实证分析。

二　文献综述

关于 FDI 与环境规制的相关关系，"环境标准竞次"假说和"污染避难所"假说是比较有代表性的理论。其中，"环境标准竞次"假说是"污染避难所"假说的前沿分支，该假说认为，随着经济一体化的不断推进，国家间为了吸引 FDI，在激烈的竞争中会竞相降低环境标准，以获取比较优势。但是，实证研究结论并不一致。

Daly（1993）等认为，由于贸易自由化和经济全球化，国际竞争会使各国——不管发达国家和发展中国家——产生降低环境标准的动机，这种竞争都会造成环境不断恶化。Dua 和 Esty（1997）以及 Esty 和 Geradin（1997）的研究表明，随着全球贸易自由化，为了维持或者提高产业竞争力，各国会竞相降低各自的环境标准以吸引国际资本流入，竞争压力使相对不发达国家有放松环境规制的动机，因而出现"环境标准竞次"现象。吴玉鸣（2006）选取我国 30 个省市区 1998—2001 年 5 个变量组成的面板数据，通过 GLS 回归分析和格兰杰因果检验，认为 FDI 与环境规制之间具有一定的因果关系，FDI 的增长是导致环境规制弱化的原因，外商投资在促进我国国民经济增长的同时，也对环境造成了一定的影响。

当然，并不是所有实证结果都支持"环境标准竞次"假说。Bhagwati 和 Srinivasan（1996）的研究结果表明，如果市场是有效的，税收工具的利用不被限制，则资本流动不会导致环境标准竞次。他们还发现，即使存在垄断，只要税收工具制定合理，政府可以利用税收工具规范垄断行为，资本流动仍然有益于环境保护，而不会导致环境标准"竞次"。同样，Wheeler（2001）的研究也反对"环境标准竞次"这一论断。他用三个吸收外资最多的发展中国家（中国、巴西和墨西哥），以及美国的空气质量的变动趋势为研究对象，结果显示，随着经济一体化和全球化的加快，中国、巴西和墨西哥三国的主要大城市的空气质量都呈现上升趋势。周明月（2010）将环境规制和 FDI 作为系统内生变量，建立了两个联立方程组，并运用中国 1985—2006 年的相关数据对联立方程组进行回归估计，结果表明，FDI 对大多数环境指标基本没有影响，经济增长使得环境管制更加严格，增加的 FDI 对环境管制的影响并不明显。也就是说，在中国并没有出现"环境标准竞次"。

到目前为止，对 FDI 的争夺是否会导致中国出现"环境标准竞次"仍然存有争议。鉴于中部地区正处于 FDI 大量涌入时期，因此本文用该地区的数据对上述争议进行实证检验。

三　中部地区 FDI 利用和环境规制现状

（一）FDI 的绝对规模

自 2004 年"中部崛起"战略实施以来，中部地区吸纳 FDI 的规模增长迅速，平均年增长率达到 25.73%。到 2012 年年底，中部地区实际利用 FDI 已达 430.302 亿美元，相较于 2004 年增长了 6 倍多，占全国比重为 38.5%[①]。中部地区各省份的数据如图 1 所示。

由图 1 可知，各省份吸引 FDI 的规模存在一个有趣的现象：尽管各省份 FDI 的初始规模不同，但随后却存在趋同之势，到 2007 年，各省利用 FDI 的规模基本相当（山西除外）。2007—2009 年，各省又经历了一个相对一致的增长势头，保持了比较平稳的增长。2004—2009 年，各省份 FDI 的增长路径表明，在某些影响因素的共同作用下，各个省份在实际利用 FDI 上存在一定程度的集聚。而在 2009 年以后，各个省份的 FDI 增长速度开始出现差异，增长路径也随之发散。其中，河南省出现了爆发式的增长，大幅领先其他省份；同时，安徽、江西和湖南继续同步增长，且增长速度要比 2009 年以前更快。此外，湖北和山西的 FDI 增长相对缓慢。从横向对比来看，除山西外，各省均保持了增长势头，而山西省的 FDI 引入规模较不稳定，有两年甚至出现了负增长。

---

① 《中国统计年鉴》（2013）。

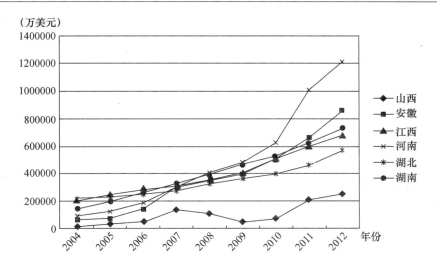

图1 2004—2012年中部各省实际利用FDI额

（二）FDI的相对规模

国家或地区对FDI的利用水平，并不能简单地用绝对数量来衡量，也要看相对数量。FDI与GDP的比值能够很好地衡量某地区吸收FDI的水平，能更加客观地反映一个地区的开放度。本文将上一节各省实际利用FDI数据按当年平均汇率换算成人民币后，与当年名义GDP对比，即用GDP对FDI总量进行校正，结果如表1所示。从表1可知，中部地区利用FDI的水平还是相对落后于全国水平（2004—2012年全国FDI与GDP的平均比率为2.5%）。中部地区总体FDI/GDP比率相对稳健，大致可以分为两个阶段：2004—2007年为第一个增长阶段，增长相对比较快速；2008—2012年为第二个增长阶段，这个阶段经过2008年的调整，增长更加稳健。

表1　　　　　　　　中部六省利用FDI的相对规模

地区	指标	2004年	2005年	2006年	2007年	2008年	2009年	2010年	2011年	2012年
山西	FDI	7.5	22.5	37.6	102.1	71.0	33.7	48.3	133.9	158.1
	FDI/GDP	0.2	0.5	0.8	1.7	1.0	0.5	0.5	1.2	1.3
安徽	FDI	45.2	56.4	111.1	228.0	242.4	265.3	339.5	428.1	545.3
	FDI/GDP	1.0	1.1	1.8	3.1	2.7	2.6	2.7	2.8	3.2
江西	FDI	169.9	198.5	223.7	236.0	250.3	274.8	345.3	391.3	430.8
	FDI/GDP	4.9	4.9	4.6	4.1	3.6	3.6	3.7	3.3	3.3
河南	FDI	72.3	100.7	147.1	232.8	280.1	327.8	422.9	651.2	764.9
	FDI/GDP	0.8	1.0	1.2	1.6	1.6	1.7	1.8	2.4	2.6

续表

地区	指标	2004 年	2005 年	2006 年	2007 年	2008 年	2009 年	2010 年	2011 年	2012 年
湖北	FDI	171.4	179.0	195.2	210.3	225.4	249.9	274.2	300.7	357.7
	FDI/GDP	3.0	2.7	2.6	2.3	2.0	1.9	1.7	1.5	1.6
湖南	FDI	117.4	169.8	206.7	248.7	278.2	314.1	351.0	397.2	459.6
	FDI/GDP	2.1	2.6	2.7	2.6	2.4	2.4	2.2	2.0	2.1
中部	FDI	583.7	726.8	921.5	1258.0	1347.3	1465.6	1781.1	2302.4	2716.3
	FDI/GDP	1.8	1.9	2.1	2.4	2.1	2.1	2.1	2.2	2.3

说明：FDI 的单位为亿元，FDI/GDP 的单位为% 。

（三） 环境规制强度综合评价指标的主成分分析

中部地区 FDI 进入的领域主要为工业，而工业环境污染主要表现为工业废弃物排放，且以废水、废气、固体废弃物工业"三废"为主。本文选取治理工业"三废"完成投资、治理固体废弃物完成投资、治理噪声完成投资和完成工业治理项目数等 6 个指标，利用时序全局主成分分析法，构建环境规制强度的综合指标。指标的构建步骤是：

第一，将 6 个指标标准化。各变量用减去其平均值的差值，而后除以标准差，得到标准化变量 X_1^*、X_2^*、X_3^*、X_4^*、X_5^*、X_6^*。

第二，用 SPSS19.0 软件对各变量进行主成分分析，得到三种投资数值的相关矩阵的特征值，按 $\lambda_1 \geq \lambda_2 \geq \lambda_3 \geq \lambda_4 \geq \lambda_5 \geq \lambda_6$ 降序排列。

第三，按特征值大于等于 1 这一原则确定变量主成分，依据主成分和特征向量，得到各个因子得分的表达式 y_1、y_2、y_3、y_4、y_5、y_6，它们是 x_1、x_2、x_3、x_4、x_5、x_6 的线性组合，而系数矩阵由对应的正交化特征向量矩阵构成。

第四，构造环境规制强度综合指标，将指标记为 ERI，有：

$$ERI = \frac{\lambda_1 y_1 + \lambda_2 y_2 + \lambda_3 y_3 + \lambda_4 y_4 + \lambda_5 y_5 + \lambda_6 y_6}{\lambda_1 + \lambda_2 + \lambda_3 + \lambda_4 + \lambda_5 + \lambda_6}$$

根据上述步骤，即得到中部地区的环境规制强度综合指标。经 SPSS 软件分析得的值如表 2 所示。其中，各数值按大小排列，值越大表明环境规制强度越高。

表 2　　　　　**2004 – 2012 中部六省环境规制强度综合指标 （ERI）**

年份	安徽	河南	湖北	湖南	江西	山西
2004	0.84	− 1.00088	− 1.20024	− 1.13364	0.421507	− 1.381
2005	0.505	− 0.21409	− 1.44243	− 0.72455	− 0.43494	− 1.202
2006	1.116	0.312111	− 0.14075	0.588341	1.422337	− 0.055

续表

年份	安徽	河南	湖北	湖南	江西	山西
2007	0.507	1.696285	1.120896	0.459843	1.357098	0.531
2008	0.399	1.062699	0.734785	0.328132	-0.18435	2.26
2009	-0.974	0.107336	1.20694	0.498648	-1.42447	0.285
2010	-1.325	-1.07936	0.549255	-0.59506	0.45984	-0.322
2011	-0.976	0.067277	-0.32732	-0.32461	-0.49253	-0.148
2012	-0.092	-0.95139	-0.50113	0.902888	-1.12449	0.032

资料来源：2004—2012 年间各省统计年鉴，并由笔者经 SPSS 19.0 计算得到。

表 2 显示，各省份环境规制强度并不是每年都在增强，而是呈现出每年变动各不相同的趋势；其中，安徽和江西表现出规制强度减弱的趋势；河南和湖北在 2007 年表现出最高的环境规制水平；江西在 2006 年出现了最高水平；而山西的最高水平出现在 2008 年，且该年山西的环境规制水平不仅在九年中最高，与其他省份相比也是最高。在 2012 年，环境规制强度最高的是湖南，其次是山西、安徽，而江西表现出相对最弱的环境规制强度。

四　实证检验

（一）格兰杰因果检验

格兰杰因果关系模型是研究两个变量之间影响关系的一种计量方法，在经济研究领域得到了广泛应用。用格兰杰检验环境规制与 FDI 的因果关系分为以下三个步骤：

（1）设立原假设"环境规制（ERI）不是引起 FDI 变化的原因"，对下列两个回归模型进行估计，以检验原假设。

无限制条件回归：$ERI_i = \sum_{i=1}^{n} \alpha_i FDI_{t-i} + \sum_{i=1}^{n} \beta_i FDI_{t-i} + u_i$

有限制条件回归：$ERI_i = \sum_{i=1}^{n} \beta_i FDI_{t-i} + u_i$

其中，α_i 与 β_i 是系数，u_i 白噪声序列。

（2）用回归结果的残差平方和计算 F 统计量。

（3）如果原假设 $H_0: \alpha_i = 0$ 不成立，则说明 FDI 是引起 ERI 变化的原因。

为了便于用 Eviews 进行检验，本文将 6 省的数据汇总为中部地区的总数据，得到中部地区总体 FDI 与总体环境规制水平之间的时间序列数据，滞后 2 阶后进行格兰杰检验。得到 FDI 与环境规制水平（ERI）的检验结果如表 3 所示。

表 3   Granger 检验结果

Pairwise Granger Causality Tests

Date：03/09/14   Time：19：34

Sample：2004 2012

Lags：2

Null Hypothesis：	Obs	F – Statistic	Prob.
FDI does not Granger Cause ERI	7	0. 14128	0. 0462
ERI does not Granger Cause FDI		0. 43447	0. 0321

由表 3 可知，原假设的对应 P 值为 0. 0321，小于 0. 05，因此拒绝原假设，即 ERI 是 FDI 的格兰杰原因；同样，第二列 P 值为 0. 0462，拒绝原假设，FDI 是 ERI 的格兰杰原因。因此，FDI 与 ERI 互为因果关系，但有一定的滞后效应。

（二）模型方程与指标选取

本文利用 2004—2012 年《中国统计年鉴》、《中国环境统计年鉴》、各省统计年鉴中采集的数据构建面板数据，采用联立方程进行回归估计，来考察外商直接投资对环境规制的影响，从而验证"中部崛起"战略中是否存在"环境标准竞次"现象。

联立方程由 FDI 的区位选择方程和环境规制方程构成，其中 FDI 区位选择的影响因素包括投资目标地的经济发展水平、市场开放程度、劳动生产成本、劳动生产率、基础设施建设、环境规制强度等。本文在选择变量时，尽量结合中部地区的发展实际，挑选经济发展水平（EVGDP）、市场开放程度（DOM）、环境规制水平（ERI）、劳动力成本（EVW）作为 FDI 的解释变量。同样，影响环境规制的因素也很多，本文将 FDI 的流入、经济发达程度和环境污染程度作为三种解释变量。此时，联立方程形式如下：

$$\ln FDI = \alpha_1 + \beta_1 \ln ERI + \beta_2 \ln EVGDP + \beta_3 \ln DOM + \beta_4 \ln EVW + \mu_1 \qquad (1)$$
$$\ln ERI = \alpha_2 + \gamma_1 \ln FDI + \gamma_2 \ln EVGDP + \gamma_3 \ln SO_2 \qquad (2)$$

其中，方程（1）是外商直接投资区位选择方程，方程（2）是环境规制方程。指标说明与资料来源见表 4。

表 4   指标说明

指标名称	表征因素	单位	说明	数据来源
FDI	外商直接投资	万美元	实际利用外资额	各省统计年鉴
治理工业污染完成投资额（ERI）	环境规制水平	万元	每年治理工业"三废"、工业噪声和其他工业污染的投资	《中国环境统计年鉴》

续表

指标名称	表征因素	单位	说明	资料来源
人均 GDP（EVGDP）	经济发展水平	元	各省每年人均国内生产总值	《中国统计年鉴》
进出口总额占GDP比重	市场开放程度	%	各省年进出口总额按年均汇率折算后与GDP比重	《中国统计年鉴》
城镇职工人均工资	劳动力成本	元	各省每年城镇职工人均工资	各省统计年鉴
二氧化硫排放量	环境污染程度	吨	各省年二氧化硫排放量	《中国环境统计年鉴》

（三）回归结果

运用 Eviews 6.0 对联立方程进行三阶段最小二乘法估计，得到结果如表 5 所示。

表 5 联立方程回归结果

	相关系数	标准误差	统计量	概率
α_1	104.6424	97.85193	1.069395	0.2875
β_1	− 0.933922	0.212970	− 4.385232	0.0000
β_2	10.81892	9.188673	1.177419	0.2419
β_3	− 5.729373	7.141980	− 0.802211	0.4244
β_4	10.39962	4.386335	2.371304	0.0734
α_2	− 40.09048	33.53444	− 1.195502	0.2347
γ_1	− 0.212375	0.052983	− 4.008327	0.0001
γ_2	6.860013	1.589092	4.316939	0.0000
γ_3	0.164840	0.026691	6.175767	0.0000

表 5 回归结果显示，两个方程的拟合优度比较好，都在 0.9 以上。先看 FDI 的区位选择方程，其中对应 t 的绝对值大于 2 的指标有 ERI 和 EVGDP，分别为 − 4.385 和 2.371，说明 ERI 和 EVW 两个指标在统计上最显著；而 GDP、

DOM 变量在统计上不显著。其中，ERI 在 1% 的水平上显著，EVGDP 在 10% 的水平上显著。从系数上来看，环境规制变量的系数相对于影响 FDI 区位选择的其他要素来说要小很多，只有 -0.933922，而其他几个影响较大的系数分别为 EVGDP 的 10.81892 和 EVW 的 10.39962。这说明环境规制对 FDI 的区位选择影响很小，但在统计上显著。同时，而城市发展水平和劳动力成本是区位选择的重要因素。

从环境规制方程上来看，三个解释变量都非常显著，二氧化硫、EVGDP 和 FDI 的 t 值分别为 6.175767、4.316939 和 -4.008327，且均在 1% 的水平上显著。从系数上来看，FDI 对环境规制的影响确实是负向的，但是影响比较小，系数为 -0.212375；影响最大的是 EVEDP，说明经济发展的水准是环境规制水平的一个主要决定因素。

五　总结与政策建议

中部崛起战略实施以来，中部地区利用 FDI 的绝对规模不断扩大，且增长迅速。其中，安徽、河南、江西三省份的平均增速均在 30% 以上。从相对规模来看，中部地区利用 FDI 的水平仍相对落后于全国平均水平。本文利用时序全局主成分分析法构建环境规制综合强度，结果表明：各省份的环境规制强度并不是每年都在增强，而是呈现出波动趋势。其中，安徽、湖北和江西三省份的环境规制强度近年来有弱化趋势。

另外，格兰杰因果关系检验表明，FDI 与环境规制强度互为因果关系；联立方程的回归结果表明，FDI 对环境规制的影响是负向的，但影响程度很小。这说明，在中部地区，存在 FDI 的流入造成"环境标准竞次"这一情况，但影响非常有限，其影响的绝对值远小于经济发展给环境规制带来的积极影响。

为了更好地利用 FDI，以促进中部地区的可持续发展，因此提出如下反建议：

第一，引导 FDI 的产业流向，优化产业结构。FDI 的产业流向，会对当前的产业结构产生影响，进而间接地影响中部地区的生态环境。中部地区现有产业结构不尽合理，FDI 的流向分布也极不平衡。目前，中部地区 70% 左右的 FDI 进入了第二产业。如果不加以引导，不但无法改变目前产业结构不合理的现状，反而会加重不平衡的程度。具体来说，应鼓励引导外资进入可持续发展领域，如清洁能源、高科技领域；引导外资流向从劳动密集型产业向技术密集型产业的转移。具体到中部地区，应该采取相应的产业政策，着力发展现代高科技农业，保持第二产业稳定，加大第三产业的引资力度。目前，中部省份仍多为农业大省，农业比重大，但现代化程度低，政府可以重点对农业发展进行扶持，挖掘有潜力项目，引进现代化农业的外资进入，吸收和借鉴国外农业精深加工等先进技术，优化农业发展现状。对于工业，要充分发挥中部地区在人力资源、科研技术、区位环境等方面的优势，培育新的主导产业。利用外资来加大对污染密集型产业的技术升级，推动第二产业形成以技术密集、高附加值、深度加工为主的产业，形成具有比较优势和创新能力的产业集群，进一步吸引国外资本密集型和技术密集型企业的入驻。另外，目前中部地区的第三产业比例仍然偏低，要加强外资进入第三产业的流向引导，科学合理地决定投资目标，进一步优化第三产业的数量和质量。

第二，加强对外资企业的环境规制。外资企业给中国带来了资本、技术、资源，同时也获得了利润，这是一个双赢的过程，并不能因为外资企业的身份，就对其提供特殊待遇，应当一视同仁，更要对其进行严格的环境规制。具体分为两个方面：对污染严重、破坏环境的企业，采取各种手段，包括行政、经济等手段，限制其污染生产、促进企业进行技术更新；对优秀的外资企业，应进行推广宣传，发挥示范效应，带动其他企业进步。应对生产中产生的污染征收税，税率按照对环境造成的污染程度制定，实行阶梯定价。除了对已造成的环境问题进行控制和规制之外，最重要的是防患于未然，做好对可能污染的预防工作。对外资进入采取更为严格的审批方式，对外资的产业投向、技术水平进行考核分类，根据造成污染的程度采取不同的审批方式。中央政府和省级政府应对下一级政府进行有效指导和监督，防止忽视环境保护的盲目引进外资行为。

第三，强化环境保护意识，完善环境法律及环境标准体系。能否降低和消除环境问题的负外部性，很大程度上取决于环境规制手段的科学合理性以及国家环境标准的宽松，而这些又很大程度上是由人们环境意识强弱、对环境质量要求高低所决定的。从这个角度来说，公民的环保意识和对环境的重视程度间接地决定了消除环境问题外部性的程度。所以，需要加强公民对环保问题的重视，让他们认识到环境保护与自身利息息息相关。这样，他们不仅会对环境质量要求更高更严格，也会对外资企业破坏环境的行为发挥监督、舆论作用。另外，公众参与既是环境保护的基础，也是民主社会的基本素质。进一步通过环境基本法、环境法典或其他综合性环境法明确公众参与的程序性权利，鼓励公民进入环境监管中来。目前，我国在水污染、大气污染和固体废弃物方面的法律和标准制定和颁布的比较多，但是，对于土壤污染、雾霾污染、未来可能的污染等法律和标准制定还不完善，进展和标准与发达国家差距很大。因此，应该尽量与发达国家接轨，加速制定并提高相关标准。

参考文献

［1］Goldsmith, E., and P. Meadow, *The Limits to Growth*［M］. New York：Universe Books，1972.

［2］World Commission on Environment and Development, *Our Common Future*［M］. New

York: Oxford University Press, 1987.

[3] Daly, H., and R. Goodland, An Ecological Assessment of Deregulation of International Commerce [J] . *Ecological Economics*, 1993, 9 (1) .

[4] Dua, Andre, and Daniel Esty, Sustaining the Asia Pacific Miracle: Environmental Protection and Economic Integration [M] . Institute for International Economics: Washington D. C. , 1997.

[5] Esty, D. C. , and D. Geradin, Market Access, Competitiveness, and Harmonization: Environmental Protection in Regional Trade Agreements [J] . *The Harvard Environmental Law Review*, 1997, 21 (2) .

[6] Bhagwati, Jadgish, and T. N. Srinivasan, Trade and the Environment: Does Environmental Diversity Detract from the Case for Free Trade, in Fair Trade and Harmonization [M] . Cambridge: MIT Press, 1996.

[7] Wheeler, D. , Racing to the Bottom? Foreign Investment and Air Pollution in Developing Countries [J] . *The Journal of Environment Development*, 2001, 10 (3) .

[8] 吴玉鸣：《环境规制与外商直接投资因果关系的实证分析》，《华东师范大学学报》2006 年第 1 期。

[9] 周明月：《外商直接投资对我国环境的影响研究》，辽宁大学，2010 年。

资源性产品的"模拟市场"定价方式研究

王丛丛　王建明

摘　要　本文对资源性产品政府价格管制中引入"模拟市场"定价的必要性、可行性进行了深入分析,设计出"模拟市场"定价方式模型和上下游价格联动模型,在此基础上提出了"模拟市场"的配套措施,并以管道天然气为例,深入剖析了"模拟市场"定价方式。本文以政府定价范围的资源性产品为对象展开研究,为建立竞争性市场、完善定价机制、优化全社会资源配置、深化经济体制改革提供可供借鉴的理论方法。

关键词　政府定价　模拟市场定价　配套措施　案例分析

《中共中央关于全面深化改革若干重大问题的决定》(以下简称《决定》)指出:"加快完善现代市场体系……完善主要由市场决定价格的机制。凡是能由市场形成价格的都交给市场,政府不进行不当干预。推进水、石油、天然气、电力、交通、电信等领域价格改革,放开竞争性环节价格。政府定价范围主要限定在重要公用事业、公益性服务、网络型自然垄断环节,提高透明度,接受社会监督。完善农产品价格形成机制,注重发挥市场形成价格作用。"可见,市场决定价格机制是今后资源性产品价格改革的方向,也是优化社会资源配置、加快完善现代市场体系的一项重要任务。本文以政府定价范围的资源性产品为对象,研究在资源性产品政府价格管制中采用"模拟市场"定价方式的理论和实践问题,并提出反映资源稀缺程度和市场供求的定价机制和价格调整动态模型。

一　"模拟市场"定价方式的内涵和特征

对于资源性产品"模拟市场"定价的内涵,从狭义上说,"模拟市场"定价就是以存在产品替代关系,运用市场竞争比较充分的"参考市场"价格为

[作者简介] 王丛丛,浙江财经大学工商管理学院,310018;王建明,浙江财经大学工商管理学院,310018。

[基金项目] 2013 年浙江省价格调研重点课题(协作课题)、国家社会科学基金重大项目(12&ZD211)和国家自然科学基金青年项目(71203192)资助。

依据制定价格的新定价模式，它依托成本又不完全依据成本，运用市场发现价值，减少盲目性，通过市场倒逼机制促使企业节约成本，提高效率，最终把竞争充分的社会平均成本作为参照定价的基础（黄艳珠、卓丽华，2013）。从广义上说，"模拟市场"定价是指在市场定价中运用任何模拟市场竞争机制的手段或方法。从这个角度说，高峰负荷定价、季节定价、峰谷价、超额累进定价、阶梯定价等都带有模拟市场定价的一些特征。

在市场经济中，利用价格调节市场资源比政府直接配置资源更具有灵活性，价格上升时刺激供给、抑制需求，价格下降时刺激需求、抑制供给，这样，能够更加及时有效地促进市场供求动态平衡，更加有效地利用资源。在"模拟市场"定价下，政府决策者模拟市场机制的竞争充分、信号灵敏、传导机制顺畅、价格动态调整特点进行定价，"模拟市场"定价方式标志着我国资源性行业更加市场化，注重市场竞争的激励作用，利用"看不见的手"来配置资源，激发企业的活力、创造力，促使企业淘汰落后产能、降低成本、改进管理、提高效率，进而促进市场健康发展，也有利于充分运用价格杠杆的调节作用，优化社会资源配置（黄艳珠、卓丽华，2013）。

需要指出的是，"模拟市场"的范围不是直接竞争性业务领域，而是重要公用事业、公益性服务、网络型自然垄断环节，即自来水、天然气、石油、电力、交通、电信等领域，在这些领域中政府的直接干预应该越来越少，主要应由市场来决定资源的配置，政府则主要起到监管作用。

"模拟市场"定价模型是在竞争充分、信号灵敏、传导机制顺畅、动态调整的条件下形成的。竞争充分是指要充分发挥市场的作用，只有通过市场竞争以及由此引起的市场优胜劣汰等具体途径才能优化资源配置的结构、提高效率；信号灵敏是指降低市场买卖双方信息不对称程度，避免因市场需求、供应差别而产生供不应求等现象；传导机制顺畅是指要逐步理顺资源性产品与可替代品之间的比例关系，建立上下游价格联动模型，提高资源传导的效率；动态调整是根据上下游联动而对价格进行调整，市场价格会根据需求、竞争情况进行上下波动，如设置高峰负荷定价、季节定价、峰谷价等。

二　"模拟市场"定价方式的经济原理

（一）从政府决定价格走向市场决定价格

长期以来，我国水、石油、天然气、电力等资源性产品实行政府定价或者政府指导价。这种政府定价方式，一方面，有效地遏制了垄断企业的提价冲动，倒逼垄断企业自行消化上涨的成本；另一方面，由于垄断企业缺乏外部市场竞争的压力和内部降低成本的动力，且在成本加利润的定价方式下，企业往往具有投资冲动，产生 A—J 效应，于是一旦亏损，要么要求政府买单，要么要求涨价，要么以断气、"停供"要挟，倒逼政府就范（陈捷、胡晓军，2010）。而政府定价部门由于信息不对称，无法准确地核实其成本数据的真实性，于是政府定价的结果，往往是各方利益平衡和妥协的产物。另外，政府定价缺乏科学性，价格制定既不反映供求，也不反映价值。政府产品的价格，仅仅反映了资源的开发获得成本，生产的外部性会导致私人成本不等于社会成本，所以，并没有反映资源的稀缺性以及消耗资源类产品所需要付出的社会成本。与国外相比，我国的天然气、水、电、煤、焦炭等资源性产品价格均相对较低（刘环玉、宋岭，2007）。过低的资源价格不能激发开发商的积极性，培养消费者的节约意识。这造成资源开发利用效率低下、自然资源价格低下、供不应求，严重制约了资源行业的可持续发展，导致资源市场的严重扭曲（刘环玉、宋岭，2007），最终驱动企业对自然资源进行掠夺式开采，最终不仅破坏了自然资源，造成严重浪费，同时也使企业节约资源意识变得淡薄。

资源性产品采用"模拟市场"定价方式从政府决定价格走向市场决定价格，这实际上体现了尊重市场经济规律，有助于企业从自身利益出发，降低成本，提高效率，"模拟市场"定价方式注重市场在价格形成中起决定性作用。市场机制贯穿于价格形成的全过程、各领域，可以防止随意制定和调整资源性价格，实现管制的准确性。在竞争性定价机制为主的"模拟市场"中，政府担当间接管理的角色对资源运作进行监管，政府退出直接管理者的位置，引入市场机制去有效配置资源，并建立监管体系，成为以宏观管理为主的市场监管者，更准确地核算成本（郭英，2010）。

（二）从供给决定价格走向需求决定价格

长期以来，我国天然气、水、石油、电力等资源性产品实际上主要由供给决定价格，而且这些资源性产品长期居于偏低水平，价格水平相对较低也带来资源的严重浪费。由供给决定价格这种不合理的资源定价机制导致了供需矛盾，造成资源产品的低价格及其过度膨胀的需求，而且也会影响生产者的积极性。近十年来，能源消耗一直供不应求，能源需求总增速高达 3.9%—16.1%，而在 2012 年能源消费量为 361732（万吨标准煤），生产总量仅为 313848（万吨标准煤）（国家统计局，2013）。

近年来，各地资源短缺现象就是价格管制导致的供需矛盾，同时低价使市场增加对资源的需求，最终会导致资源的供不应求，不能通过市场机制来进行资源的优化配置，对于企业来说，资源产权无偿或者低价有偿取得，会造成获得开采权的经济主体掠夺式或过度式开采自然资源，浪费污染现象日益严重，使得中国的可持续发展面临资源紧缺与环境保护的双重压力。另外，资源价格的不合理使得企业缺乏创新的动力，不利于技术进步、降低成本、摆脱对资源的过度依赖和转变经济发展方式。

资源性产品采用"模拟市场"定价方式从供给决定价格走向需求决定价

格，必须采取价格措施，灵敏地反映需求变化，如高峰负荷定价、季节定价、峰谷价、超额累进定价、阶梯定价，这样，才能改善目前产品供不应求的情况，用市场这只"看不见的手"来配置资源，资源价格在市场机制的作用下将越来越接近其真正的价值。市场价格的高低可反映出资源性的真正价值，有利于合理配置资源，降低成本，技术进步。

（三）从成本决定价格走向竞争决定价格

我国水、天然气、电力等资源性产品现行定价方法是成本加成法。价格为生产者的生产成本加适当利润构成，以成本决定价格。采用成本加成法可以限制生产者对剩余价值的索取，以尽可能低的价格提供产品，也可在一定时期内保持价格稳定，从而稳定提供产品（王希茨，2008）。

目前，价格主管部门提交的定价方案主要以企业提供的资料为依据，价格主管部门在实践中并没有介入定价产品的市场准入与退出管制，价格主管部门所掌握的资料很有限，存在信息不对称状况。相关企业可能会从本企业的利润出发，向政府部门虚报财务报告，最后的定价往往演变成企业只提高价格不降低成本（汪瀛瀛，2012）。从目前的情况看，国内大多数资源定价方法只体现出了开采成本，没有体现出环境污染、治理成本，企业内部成本也没有细化，没有详细核算劳动力、机械设备和生产消耗成本，使得资源产品本身的增值大打折扣（王行鹏、宋晓东，2008），而且这种定价方法的利润水平难以确定，本身也隐含着产品价格可以补偿一切成本支出。同时资源供应是一种持续经营模式，投入的固定资产较大，很难鼓励生产者增加投入扩大经营规模，这样，实际上对上游企业没有做到真正的价格约束，也不会刺激生产商降低成本，提高生产效率。

随着市场化程度不断提高，成本决定价格必定会走向竞争决定价格，竞争决定价格考虑了竞争对手的定价策略，分析竞争对手、替代情况、需求函数等因素，在高度竞争的市场环境中，实现优胜劣汰。模拟市场机制定价方式可以灵活地适应市场变化，在"看不见的手"的调控下能够合理地配置资源，对企业形成真正的价格约束，降低成本，提高效率，增加社会福利。

三 "模拟市场"定价方式的主要思路

（一）"模拟市场"定价应选取可替代产品作为参照标准

替代品是指几种商品间能带给消费者近似满足度，具有能够相互替代性质的商品。在"模拟市场"定价中，可以选择多种替代品，并赋予不同权重进行加总，作为参照标准。采用这种方式确定市场价值是基于这样一种考虑：在市场充分竞争的情况下，由于消费者总是选择价格最低的替代品，那么在指定用途中可能实现的最高价格（即它的市场价值）应是在那种用途中最低价替代品的价格（彭勇，2006）。

（二）"模拟市场"定价应把握计价基准点价格的科学性

计价基准点的价格即通过市场竞争，不仅考虑资源开采成本，还包括环境污染、治理成本，形成比较充分的"模拟市场"价格。综合考虑我国市场竞争情况、资源分布情况、环境情况，选择合适的计价基准点价格，这实际上是经过长时间反复的市场检验，形成适合市场需求的社会平均成本，在此基础上定价具有一定的科学性和合理性。

（三）"模拟市场"定价需配合实行动态价格管理机制

市场价值规律是通过上下波动的市场价格来促进经济发展，在由市场决定价格的"模拟市场"中，可以根据可充分竞争的市场价格变化情况，适时地进行调整价格，为保证传导机制顺畅建立上下游价格联动模型，在上下游引入竞争，有步骤地允许第三方进入，在我国政府定价的资源性市场逐步形成新的价格形成机制，并创造高度竞争的市场环境，实行动态价格管理机制。

（四）"模拟市场"定价方式可以分步实现

"模拟市场"定价方式实行的深度（彻底程度）可以根据实际情况相应调整。进一步说，"模拟市场"定价方式可以有序形成，分步实现，避免因价格上涨引起企业和消费者的不满。如第一步实现上下游联动（联动紧密程度又可以分为若干种，如油价每月调、每周调、每日调），第二步实现完全基于充分的"参考市场"价格为依据倒逼实现（如天然气的"市场净回值"定价）。

四　"模拟市场"定价方式的模型设计

（一）模拟市场的定价模型

传统的定价方式没有考虑替代品的影响，而在"模拟市场"中，竞争充分、信号灵敏、传导机制顺畅、价格动态调整，我们要达到放松管制与激励性管制并存的目的，建立动态价格调整模型。

资源性产品"模拟市场"定价首先要确定与定价产品价格挂钩的替代品，并确定其影响权重。在"模拟市场"环境中，政府定价范围的产品价格制定必定受到替代品价格的影响。先要根据市场情况选择合适的替代品，假设参考市场替代资源性产品的影响权重依次为 a_1、a_2、a_3、a_4、…、a_n，满足 $a_1 + a_2 + a_3 + a_4 + \cdots + a_n = 1$；同时替代资源性产品的价格分别为 P_1、P_2、P_3、P_4、…、P_n，则特定资源性产品的"模拟市场"定价 P 为：

$$P = P_1 a_1 + P_2 a_2 + P_3 a_3 + P_4 a_4 + \cdots + P_n a_n \tag{1}$$

模型（1）是一种最彻底的"模拟市场"定价方式，它完全基于替代资源性产品的实时价格来确定特定资源性产品的市场价格。但在现实操作中，资源性产品还有其他"模拟市场"定价方式。在以市场为基础的定价实践中，特定资源性产品的即期价格还可与基期价格、本期物价指数等因素挂钩。这种"模拟市场"定价有几种基本模式，其中，加法模式如下：

$$P = P_0 + a_1(P_1 - P_{0-1}) + a_2(P_2 - P_{0-2}) + a_3(P_3 - P_{0-3}) + , \cdots, + a_n(P_n - P_{0-n}) \tag{2}$$

乘法模式如下：

$$P = P_0 \left(a_1 \frac{P_1}{P_{0-1}} + a_2 \frac{P_2}{P_{0-2}} + a_3 \frac{P_3}{P_{0-3}}, \cdots, a_n \frac{P_n}{P_{0-n}} \right) \tag{3}$$

在模型（2）和模型（3）中，P 为特定资源性产品的调整期价格（本期价格）；a_1、a_2、a_3、a_4、$\cdots$、a_n 为参考市场替代资源性产品的影响权重，满足 $a_1 + a_2 + a_3 + a_4 + , \cdots, + a_n = 1$；$P_0$ 为特定资源性产品的基期价格；替代资源性产品的本期价格分别为 P_1、P_2、P_3、$\cdots$、P_n；替代资源性产品的基期价格分别为 P_{0-1}、P_{0-2}、P_{0-3}、$\cdots$、P_{0-n}。

在资源性产品定价中，还可以根据基期资源性产品的价格和本期价格指数来确定本期资源性产品的价格（即确定价格调整额），这就是最高限价模型。最高限价模型虽然不是彻底的"模拟市场"定价，但是它也运用了市场机制的积极作用，可以激励企业降低成本，提高效率，从而保证价格科学合理，灵活变动，因此它也具有"模拟市场"定价的某些特征。这种"模拟市场"定价公式（最高限价模型）如下：

$$P = P_0(1 + RPI - X) \tag{4}$$

在模型（4）中，P 为本期资源性产品的价格；P_0 为基期资源性产品的价格；RPI 为零售价格指数；X 为由管制者确定的在一定时期内生产效率增长的百分比（效率指数），由资源产业的技术经济特征所决定。在最高限价模型中，RPI 和 X 的值决定企业制定的名义价格。根据英国价格管制模型的实践，X 值不断上升能够有效地激励企业降低成本，提高效率，而消费者也会在企业效率提高后得到更多的实惠。对于最高限价管制模型，企业受到了最高限价的制约，他们要想获得更多利润只有降低成本，所以，这个模型对企业产生提高效率有更大的激励。

（二）上下游价格联动模型

从中观上，自然资源价格波动直接作用于自然资源依赖型产业，同时通过资源产业链的上下游，使风险扩散到整个产业（刘清江，2011）。上游定、调价不涉及终端用户，而且随着国内市场逐步与国际市场接轨，上游出厂价会随着市场的波动更加频繁地变化，这些变动必将逐步反映在终端用户的消费价格中。但在目前实行的政府定价下,消费价格的制定考虑的因素往往很多,自然资源价格往往不能及时反映市场情形。为有效发挥市场机制的作用,必将建立上下游价格联动机制。模拟市场价格与外部市场相同,也由生产成本、运输费用、税金和各市场主体利润四个要素构成(楚蓓,2007)。

1. 下游终端消费价格采用加权定价法计算

我国能源终端消费价格按照等热值能源等价的方法进行分地区分类加权计算(董秀成等,2010):

$$P_t = \left(\frac{a_1 p_1}{H_1} + \frac{a_2 p_2}{H_2} + \frac{a_3 p_3}{H_3} \right) N \tag{5}$$

在模型(5)中,P_t 为分地区分类用户资源性产品终端消费价(元/立方米);P_1、P_2、P_3 为该地区分类用户可替代能源终端消费价(元/立方米);H_1、H_2、H_3 为该地区分类用户可替代能源平均热值(J/立方米);N 为单位能源热值(J/立方米);a_1、a_2、a_3 为加权系数,根据市场情况确定可替代能源的影响权重,满足 $a_1 + a_2 + a_3 = 1$。(一般选2—3种可替代能源)

上述公式确定的终端消费价格,根据可替代能源市场价格变化情况对上游消费价进行调整,在相互竞争中优化社会资源,有利于加大竞争力度,激励企业改革创新。

2. 中游利用净回值法确定门站价

依据"最少投入"的原则,终端消费价格扣除上缴国家税收、企业利润和其他成本项目可得到中游门站价:

$$P_{t-1} = P_t - T_t - W_t - C_t \tag{6}$$

式中,P_t 为终端消费价格 P_{t-1} 为门站价格;T_t 为国家税金,W_t 为下游企业适当利润;C_t 为下游天然气企业的管输成本。

根据下游终端销售价格倒算出中游门站价格。此时,政府定价的门站价格就与可替代能源挂钩,可清晰地反映出资源市场的需求状况。

3. 上游出厂价格利用净回值法确定

依据"最少投入"的原则,中游门站价格扣除上缴国家税收、企业利润和其他成本项目可得到上游出厂价格:

$$P_{t-2} = P_{t-1} - T_{t-1} - W_{t-1} - C_{t-1} \tag{7}$$

式中:P_{t-1} 为门站价格,P_{t-2} 为出厂价格;T_{t-1} 为国家税金,W_{t-1} 为中游管输企业适当利润;C_{t-1} 为中游运输企业的运出成本。

根据政府定价产品中游门站价格倒算出上游出厂价格。在充分竞争上游环境中得到出厂价格接近能源的真正价值,有利于企业提高技术水平。

建立上下游价格联动模型可以使得整个产业链传导顺畅,有助于充分发挥市场机制的作用。产品下游销售价格与上游出厂价格高度正相关,这样,可以在一定程度上克服因监管机构对下游销售价格调整时滞而带来的上下游利益矛盾,缓解我国现行定价机制缺乏灵活性的缺陷,为进一步完善我国资源性产品的定价机制提供了可行方法。上下游价格联动需要在上游价格变动超过规定幅度时，减少成本审核、召开听证会等程序环节调整下游价格，价格信号及时传递到最终用户，国家天然气产业政策及时贯彻执行。目前，自然资源市场化程度不高，而联动机制对市场性和灵活性的补充，为进一步完善自然资源定价机制提供了有效途径。

上下游联动还要根据居民和非居民的情况分别调整。非居民用户能源价格让相关企业根据产业链上游价格、市场需求以及替代能源价格等情况自主进行价格调整，相关企业只需报告给价格管制部门以备案。而对于居民用户使用能源价格不宜频繁波动，要考虑的因素很多，必须要保证价格的稳定性，我们可以设计资源性产品上下游价格联动的触发条件：当特定资源性产品的加权平均价格累计变动幅度达到或超过 A%（例如，假定为 6%），且距上次联动时间超过 t（例如，假定为 6 个月），则按照相应的联动机制计算特定资源性产品的销售价格联动水平；反之则暂不实行价格联动。

五 "模拟市场"定价方式的配套措施

采用"模拟市场"定价方式也可能会出现问题风险，主要表现在：（1）引入市场竞争会使价格上涨，例如上游出厂价格，初期会对供应商的盈利水平产生重要影响，引起不满。对于消费者来说，消费价格的提高也需要有个接受的过程。（2）市场的需求状况，包括能源的地理位置、市场需求量、经济发展水平、用户的价格承受能力等会使不同公司的价格产生相当大的差异。（3）可替代能源选择不合理，权重赋值不科学，这会打乱原有能源消费结构，阻碍能源消费结构调整。（4）法律法规的内容不全面，执法不严，不能保证"模拟市场"的健康发展。据此，"模拟市场"定价方式需要完善相应的配套措施。

（一）完善价格监测工作制度，健全价格监测工作网络

"模拟市场"定价建立的是动态调价模型，在风云变幻的市场环境中要做好充分准备，反应灵敏，及时获取关于价格变化的动态信息，这需要完善价格监测工作制度，健全"模拟市场"资源性产品的价格数据库，要便于获取、及时更新，确保企业获得关于产品价格变动数据的真实性和准确性。价格监测工作制度可以为科学定价提供依据，促进"模拟市场"健康稳定的发展。

（二）合理确定社会平均成本，把它作为市场竞争产品的定价基础

"模拟市场"定价的成本包括开采费用，还包括环境污染治理费用，应把社会平均成本测算分析作为政府指导定价的基本依据。社会平均成本定价是价值规律的客观要求，符合可持续发展的要求，只有以社会平均成本作为制定价

格的基础，使可替代商品和服务的劳动耗费能按统一的尺度来计量和补偿，才能正确衡量成本，激发经营者竞争，鼓励技术创新进步，促使企业发挥各自的优势进行竞争，优胜劣汰。

（三）政府应该完善相应的法律法规及行政支持

我国应以《价格法》为基础，制定国家层面的《能源法》，保障我国能源安全；抓紧制定和完善《反不当竞争法》、《反倾销反补贴条例》等规范价格市场经济秩序的法律法规；加快制定《自然垄断经营产品政府定价规则》、《天然气价格管理办法》等。从法律上明确规定政府定价范围的资源性产品价格监管的范围、原则和基本方法，建立并完善垄断产业监管机构监管我国政府定价范围的产品价格审批和成本监控，完善价格听证会制度，增加信息的公开度，以此来约束企业，促使企业降低成本、提高效率。

六 "模拟市场"定价方式的案例
分析：以管道天然气为例

天然气时代正在来临。进入 21 世纪，世界天然气应用迅速发展。根据2013 年《中国统计年鉴》，近十年来天然气在能源消费总量所占的比例不断增加，2012 年天然气占 5.2%。从全球范围来看，2000—2007 年，全球天然气消费量年均增速达 2.85%，特别是发展中国家天然气产量和消费量增长迅猛。国际权威能源机构纷纷预测，大约在 2030 年，天然气终将发展为"世界首席能源"（崔民选，2011）。

我国管道天然气产业主要实行政府指导价，以成本加成法为主要定价策略，由供给决定价格，整个天然气产业经过生产—传输—配送三个环节，天然气上游阶段采用国家指导价，中游管输费用由政府定价，即成本加利润定价，对消费者采用的定价策略为老线路老价格，新线路新价格，下游配气价格由各地区政府制定（姜玲玲，2012）。我国政府目前在两广地区实行以市场净回值定价即利用可替代品的价格加权确定天然气的价格，这样，可以创造充分竞争的环境，实现天然气的价值。

（一）传统的成本加成定价及其弊端

城市终端用户的价格形成如图 1 所示（汪瀛瀛，2012）：天然气的出厂价（包括净化费）加上管输费、国家税金和企业利润四部分形成管道天然气输入城市的门站价格；城市门站价格加上地方配气公司的输配费用、国家税金和企业利润形成终端用户的天然气价格。整个天然气产业链运行过程仍受政府的各方面管制。现行的管道天然气价格由门站价格、管输费和其他因素构成，其定价公式为：

$$P = P_1 + P_2 + Q \tag{8}$$

式中，P 为天然气最终销售价格，P_1 为天然气公司的购气价格（门站价格），P_2 为天然气公司合理的管输费，Q 为导致最终价格提高的其他因素，包括税金和利润。

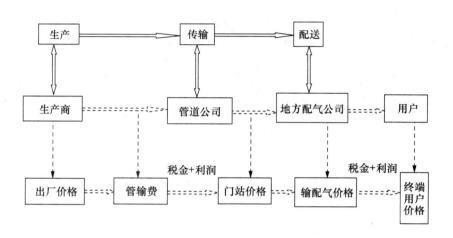

图1　城市管道天然气的价格形成

成本定价法制定的价格水平不合理，民用天然气价格倒挂问题严重，不利于发挥天然气价格机制在资源配置中的基础性作用；天然气定价机制没能考虑其与替代能源的比价问题，天然气价格未能体现市场价值；不同用户天然气比价不合理，不利于城市管道天然气的推广和规模经济效应的实现，未能刺激企业降低成本。

（二）"模拟市场"定价

由于计划经济延续下来的成本加成法存在的问题很多，已不能促进经济的可持续发展，因此，国家发改委发布消息称，自 2011 年 12 月 26 日起，在广东省、广西壮族自治区开展天然气价格形成机制改革试点，以"市场净回值"定价方法，取代目前以成本加成为主的方法，核心是要反映市场需求的约束作用。此次试点的广东、广西天然气门站价格选取上海市场作为计价基准点，然后以市场形成价格的进口燃料油和液化石油气（LPG）作为可替代能源品种，按照 60% 和 40% 权重加权计算等热值的可替代能源价格，确定中心市场门站价格。

但由于资源条件不同，各气田的生产成本也会存在较大的差异，并且由于各气源地到消费地的距离不同，管输价格也会大相径庭，因此同一市场来自不同气源的天然气价格也将不同，也需要相应的调价公式和调价范围。根据上文中的"模拟市场"定价模型和上下游联动模型可得出相应的管道天然气模型：

1. 确定与管道天然气挂钩的替代品并确定其影响权重

根据两广地区的改革情况，我们选择进口燃料油和液化石油气（LPG）作为可替代能源品种，按照 60% 和 40% 权重加权计算等热值的天然气价格。

2. 确定定价公式

管道天然气有加法和乘法两种定价形式，此处以加法形式为例：

$$P = P_0 + a_1(A - A_0) + a_2(B - B_0) \tag{9}$$

式中，P 为天然气调整期的价格；P_0 为天然气基期的价格；A 为进口燃料油现行指数；B 为液化石油气（LPG）现行指数；A_0 为进口燃料油基期指数；B_0 为液化石油气（LPG）基期指数；a_1 为 60%；a_2 为 40%。

3. 确定调价范围

定价公式应有一定的范围，从而保证调价科学合理。根据英国最高上限模型，管道天然气调价范围如下：

$$P_{t+1} = P_t(1 + RPI - X) \tag{10}$$

式中，P_t 为 t 时期产品的管制价格；P_{t+1} 为 $t+1$ 时期产品的管制价格；RPI 为零售价格指数；X 为由管制者确定的在一定时期内生产效率增长的百分比。在这个模型的作用下，企业受到了最高限价的制约，他们要想获得更多利润，只有降低成本，所以，这个模型对企业产生提高效率、降低成本有更大激励。

（三）管道天然气上下游价格联动模型

我国天然气还未建立上下游联动机制，上下游信息不对称，信号传导不畅，需求大于供给。这样，天然气产业链不能有效地发挥市场机制的作用，效率不高，因此应建立上下游联动机制，灵活地反映市场情况，更好地满足消费者的需求。参照上下文价格联动模型，根据天然气产业链上中下游的不同情况可以设置不同的定价方法，具体如表 1 所示。

表1　　　　　　　　　　天然气产业链的不同定价方法

产业链	定价方法	方法解释	优点
上游出厂价格	$P_{t-2} = P_{t-1} - T_{t-1} - W_{t-1} - C_{t-1}$	P_{t-1} 为天然气门站价格，P_{t-2} 为天然气出厂价格；T_{t-1} 为国家税金，W_{t-1} 为中游管输企业适当利润；C_{t-1} 为中游天然气管输企业的管输成本	根据天然气中游门站价格倒算出天然气上游出厂价格。此时的天然气上游出厂价格就与可替代能源挂钩，可清晰地反映出市场的需求状况

产业链	定价方法	方法解释	优点
中游门站价格	$P_{t-1} = P_t - T_t - W_t - C_t$	P_t 为天然气终端消费价格，P_{t-1} 为天然气门站价格；T_t 为国家税金，W_t 为下游企业适当利润；C_t 为下游天然气企业的管输成本	根据天然气下游终端销售价格倒算出天然气中游门站价格。此时的天然气中游价格就与可替代能源挂钩，可清晰地反地映出市场的需求状况
下游销售价格	$P_t = \left(\dfrac{a_1 p_1}{H_1} + \dfrac{a_2 p_2}{H_2} + \dfrac{a_3 p_3}{H_3} \right) N$	P_t 为终端消费价（元/立方米）；P_1、P_2、P_3 为终端销售价格（元/立方米）；H_1、H_2、H_3 为可替代能源平均热值（J/立方米）；N 为单位天然气热值（J/立方米）；a_1、a_2、a_3 为加权系数，根据市场情况确定可替代品的影响权重，满足 $a_1 + a_2 + a_3 = 1$。一般选 2—3 种可替代能源	有利于加大竞争力度，根据可替代能源市场价格变化情况，对天然气的价格进行调整，在相互竞争中优化社会资源

七　结论与政策建议

（一）基本结论

"模拟市场"定价是新的市场经济形势下完善定价机制的方式。我国现行的定价方式是成本加成法，由供给决定价格。我国水、电、煤气、天然气的管输价格等由政府定价，天然气和成品油的出厂价格则由政府指导定价。在这种情况下，资源市场供求达不到平衡，市场矛盾凸显，企业效率低下。据此，"模拟市场"为价格改革提出新的发展契机。本文在竞争充分、信号灵敏、传导机制顺畅、动态调整的"模拟市场"中，设计出"模拟市场"定价模型和上下游联动模型，以达到放松管制与激励性管制并存的目的，有效地发挥市场机制的作用，并提出了相关的配套措施保证"模拟市场"的健康发展。

在此基础上，本文以管道天然气为例来剖析"模拟市场"定价方式。成本定价法制定的价格不能体现天然气的市场价值，也不能激励企业降低成本。而"模拟市场"定价可以很好地解决这些问题，我们根据天然气产业链的上下游不同情况设置了不同的定价方式并建立了上下游联动定价机制以灵活的调整价格，以适应变化多样的市场，促进企业降低成本，提高企业经营效率。

（二）政策建议

1. 价格管制体制改革进程中应同时做好相关配套机制的改革

我国应在《价格法》的基础上，建立完善《能源法》、《自然垄断经营产品政府定价规则》、《天然气价格管理办法》等，对政府定价行业的市场准入退出、价格制定、竞争秩序等方面进行规范，修订出一部专门针对各种资源的法案，明确价格管制的内容及方法；建立专门的管制机构，成立新的含有专业性强的相关专家组成的政府管制部门；完善现行的价格听证会制度，不让价格听证会"走过场"、"逢听必涨"，而要发挥价格听证会的作用；要建立健全社会保障制度，对资源地区民要给予适当补贴，提高社会最低保障水平，以减少消费者因价格上涨而造成的不满。

2. 资源价格改革要与财政、税收体制改革结合起来

对于企业来说，因产品价格提高而增加的收益，要通过缴纳相应税收等方式收归政府财政收入，同时政府要真正用于资源开发、环境保护与治理、提高资源产区居民生活水平以及平衡相关利益关系，以增加整个社会的福利。

3. 针对不同用户、地区区别定价

由于不同地区的资源情况不同，发展情况也不同，各地政府应该针对本地区用户和气源结构特点，制定适合本地区管制体制改革的进程速度，不同地区的资源价格管制改革具体步骤要有所不同。针对不同地区城市、居民和非居民用户承受能力可制定不同的价格，建立合理的地区差价。对经济落后地区制定以较低的门站价格，在同一地区根据高峰低谷分别实施不同的价格政策，在低谷实施低价政策，在高峰实施高价政策。

4. 逐步放开上游市场促进竞争

政府应加快推进资源供应结构的积极变化，即由垄断供应向多元竞争性供应转变。政府可以逐步放开上游市场的规制，放松政策限制，有条件地引入民营资本和外资来创造高度竞争的市场环境，以促进我国资源的生产水平的提高，降低生产商的勘探开发和生产成本。

参考文献

［1］黄艳珠、卓丽华：《对"模拟市场"定价的几点思考》，《福建物价》2013 年第4 期。

［2］陈捷、胡晓军：《从"政府定价"走向"市场定价"——关于我国天然气价格改

革的思考》，《经营管理者》2010 年第 7 期。

　　[3] 刘环玉、宋岭：《我国资源价格改革的几个问题》，《经济纵横》2007 年第 9 期。

　　[4] 郭英：《我国天然气定价机制中的政府角色研究》，电子科技大学，2010 年。

　　[5] 王希茨：《基于公共产品理论的天然气定价机制研究》，重庆大学，2008 年。

　　[6] 汪瀛瀛：《城市管道天然气价格管制体制改革研究》，浙江工商大学，2012 年。

　　[7] 王行鹏、宋晓东：《论我国资源价格体系的合理构建及路径选择》，《中国物价》2008 年第 10 期。

　　[8] 彭勇：《天然气定价公式研究》，西南石油大学，2006 年。

　　[9] 刘清江：《自然资源定价问题研究》，中共中央党校，2011 年。

　　[10] 楚蓓：《基于模拟市场的价值链成本控制》，山东科技大学，2007 年。

　　[11] 董秀成、佟金辉、李君臣：《我国天然气价格改革浅析》，《中外能源》2010 年第 9 期。

　　[12] 崔民选：《天然气：市场定价是方向但非坦途》，《中国经济导报》2011 年第 B03 期。

　　[13] 姜玲玲：《我国天然气定价机制存在的问题及解决对策》，《科技传播》2012 年第 17 期。

煤矿安全与经济发展关系的研究
——基于辽宁省地区面板数据的实证分析

穆秀珍

摘　要　煤矿安全与地区经济发展之间是否存在必然联系？为了解释这个问题，本文选取 2001—2012 年辽宁省各地区的面板数据，以煤矿事故伤亡人数为被解释变量，以地区原煤产量、市场化程度、人均 GDP、产业结构和地区开放度为解释变量。首先进行理论分析。分析结果发现，第一，当原煤产量增加时，煤矿事故伤亡人数上升；第二，当人均 GDP 增加时，煤矿事故伤亡人数的升降取决于原煤生产对经济的贡献率；第三，当第二产业占比增加时，煤矿事故伤亡人数的升降取决于原煤生产对经济的贡献率；第四，当地区市场化程度增加时，民营资本所占比例增加，煤矿事故伤亡人数增加；第五，当地区开放度增加时，煤矿事故伤亡人数减少。其次建立固定效应面板模型对研究结论进行检验。研究结果发现，第一，煤矿事故伤亡人数与地区原煤产量有正向关系，与理论分析结果一致；第二，煤矿事故伤亡人数与当地人均 GDP 有反向关系，说明辽宁省原煤生产对经济发展的贡献率是下降的；第三，煤矿事故伤亡人数与第二产业所占比重有反向关系，说明辽宁省原煤生产在地区 GDP 中的比重下降；第四，煤矿事故伤亡人数与地区市场化程度有正向关系，与理论分析结果一致；第五，煤矿事故伤亡人数与地区开放度有反向关系，与理论分析结果一致。针对这个结论，本文提出了五个政策建议：一是设置适当方案控制原煤产量；二是发展地区经济；三是调整优化产业结构；四是控制民营资本进入；五是增加地区开放度。

关键词　煤矿安全　原煤产量　市场化　地区开放度

[作者简介] 穆秀珍，东北财经大学企业组织与产业组织中心，116025。
[基金项目] 国家自然科学基金项目"中国煤矿安全规制波动的形成机理、实证影响与治理研究"（71173032）和辽宁省科技厅软科学项目"和谐辽宁背景下的煤矿安全监管机制创新研究"（2008401035）

一　引言

　　辽宁省煤矿安全情况堪忧。据国家安全生产监督管理总局公布的数据，2013 年辽宁省煤矿安全事故伤亡人数占全国的 5.39%，这个比例比辽宁省煤矿产量在全国中的比重 1.76% 高出数倍。从具体数据上看，2001—2013 年，辽宁省由煤矿安全事故导致的死亡人数为 680 人，平均每年死亡 52 人，数目惊人。那么，如此频发的煤矿安全事故受到什么因素影响呢？和当地经济发展之间是否存在某种程度的关联？

　　为了预计煤矿事故死亡人数和当地经济发展的相关程度，不妨以辽宁省人均 GDP 代表当地经济发展，对二者之间的关系进行初步观察。本文就辽宁省 2001—2013 年煤矿事故死亡人数和地区的人均 GDP 作图。由图 1 可以看出，煤矿事故死亡人数的高峰出现在 2002 年，当年死亡人数为 141 人，是 2001 年的 3.62 倍，而这两年的人均 GDP 却是基本持平；2005 年，煤矿事故死亡人数为 51 人，比 2004 年下降 31.08%，而 2005 年的人均 GDP 却是增加的；2008 年煤矿事故死亡人数为 54 人，同比增加 22.73%，同年人均 GDP 也是增加状态；2010—2012 年，煤矿事故死亡人数和人均 GDP 同时增加。

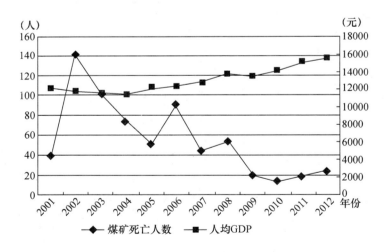

图 1　辽宁省历年煤矿死亡人数和人均 GDP

　　由此可见，辽宁省煤矿事故死亡人数和当地经济发展之间存在某种程度的关联，但它们之间不是简单的正向或是反向关系，二者之间的关系值得进一步探究。本文在这个基础上展开分析。

二 文献综述

关于工作场所安全和经济发展的关系，国内外的文献基本是沿着这样一个思路逐步深入：从开始意识到工作场所安全可以与经济因素有关，到工伤事故和经济周期之间的关系，再到区分不同行业对工伤事故和经济周期进行研究。就我国的情况而言，提高煤矿安全水平可以改善经济发展，交通安全事故与经济发展之间成反向变动。

工作场所的安全事故可能与经济因素有关。D. L. John 等（2006）选取美国劳动统计局的微观数据，研究美国工作场所风险和事故不平等的因素，这些因素有性别因素和种族因素；就特定职业而言，男性在工作场所遭遇的死亡概率是女性的两倍，黑人在工作场所比白人更容易遭遇死亡；没有特定证据表明男性在就业时偏好选择高事故率的行业、女性在就业时偏好选择低事故率的行业，那么同一职业、不同性别之间工伤事故率的区别可能与经济因素有关。Sanna Nenonen（2011）认为，未降低成本而进行外包会增加工作场所的意外风险，他通过比较 1999—2008 年芬兰的工伤事故，包括典型事故的原因和外包单位工伤事故的预防措施因素，研究发现，制造业外包业务最常发生事故；并且，文章发现了外包和内部运作之间的统计差异。

工伤事故与经济周期有一定的关系。Jan Boone 等（2006）验证了在经济衰退时期工伤事故率下降的结论，他们提出了新的理论来解释这一现象，该理论基于这样一个假设：如果企业上报工伤事故，这个报告会影响工人的声誉，并有可能导致他被解雇，而一旦被解雇，工人的损失会更大，因此上报的事故会减少。之后，他们选取 16 个 OECD 国家的工伤事故进行实证研究，结论是工伤事故的周期性波动与工人的行为有关，与工作场所安全性的改变无关。V. S. de la Fuente 等（2014）选取 2000—2009 年发生在西班牙的所有工伤事故数据，分析了经济危机对职业事故发生率和事故的严重程度的潜在影响，研究结果表明，西班牙的职业事故发生概率受经济危机影响已经大幅下降，这可能与劳动力市场上的"自然选择"有关，这种选择是指企业倾向于保持和拥有更多经验的工人签订长期合同，这就意味着工人的事故发生率大大减少。R. Daviesa 等（2009）研究了 1986—2005 年英国工伤情况的周期性波动，他们把工伤分为轻工伤和重工伤，建立了时间序列模型分析发现，轻工伤的变动和经济周期基本吻合，而重工伤与经济发展没有显著的相关关系，这可能是受轻伤的工人拥有和企业议价的能力有关。

不同行业的工伤事故和经济周期可能存在不同的趋势。A. Asfaw 等（2011）研究了经济周期和工伤、职场发病率之间的关系，他们选取 1976—2007 年美国劳工统计局公布的采矿业、建筑业、制造业、农业和贸易五个行业的非致死性工伤数据，建立时间序列回归模型进行测试，在采矿业、建筑业和制造业，工伤数据和经济发展趋势相同，而在农业和贸易领域却不是这样；在建造业、制造业和采矿业企业的经济扩张时期采取额外的预防安全措施，不同行业应该采取不同的预防策略。由于不同行业中工伤事故和 GDP 的关系不同，D. Soaita（2014）对罗马尼亚不同行业的工伤事故的结构性变化和该国 GDP 进行调查，探讨了工作场所事故的主要影响因素，理论分析表明，减少工伤事故最重要的措施是改变经济结构和失业率，而在工作场所采取的促进人员健康和安全的有效及高效的措施不是最主要的因素；随后的实证分析证明了他的结论，并进一步发现，在工作场所事故数量的周期性波动更多地与一个行业的衰退或增长有关，而不是与工作场所安全设施的改变有关。

企业盈利能力是国家经济发展的组成部分，企业事故发生率和盈利能力之间的关系在一定程度上解释了企业事故发生率和国家经济发展的关系。A. Asfaw（2013）研究了美国地下煤矿的事故发生率和盈利能力之间的关联，选择的是美国矿山安全与健康管理局公布 1992—2008 年的数据，包括煤炭销售收入、矿井年龄、劳动力工会的地位和来自美国能源信息管理局的采矿方法，研究发现，在控制了其他变量以后，每小时实际总收入增加 10% 对应的事故发生率为 0.9%。

就中国的情况而言，工伤事故和经济发展之间的关系有自己的特点。任英（2013）选取 2004—2010 年我国交通事故的面板数据，建立固定效应模型，分析我国交通事故死亡人数和经济发展之间的关系，研究表明，各地的交通事故伤亡人数和经济发展水平、人口结构、交通法规的完善程度和基础设施医疗条件成反向变动。中国每百万吨煤矿的事故死亡率和其他主要开采国家之间存在很大的差距，同其他行业的职业安全相比，煤矿安全与国民经济发展密切联系，她建立计量经济模型，指出了煤矿安全生产和经济发展之间的关系；同时，还指出，提高煤矿安全水平可以优化该模型。M. Hongyun、B. Xingli（2009）和 Jenissi 根据中国官方数据，2012 年由煤矿事故导致的死亡为 1384 人，比 2011 年的 1973 人大幅度下降，而最高纪录是 10 年前的数据了，这里的关键原因是经济发展、技术进步后，煤矿开采技术从地下转向露天开采，他们认为，随着经济的发展和技术的进步，煤矿事故伤亡人数可以超越现在的水平，并且力争实现事故率为零。

这些研究尝试区分不同行业对工伤事故的经济发展之间进行分析，但是，我国的现有文献并不多。截至 2014 年 3 月，就笔者得到的数据而言，我国煤矿安全领域尚未出现相关研究对工作场所安全和经济发展之间的关系进行测度，本文正是在这个方面进行尝试。首先对煤矿安全和经济发展进行研究；其次选择辽宁省分地区数据对二者之间的关系进行实证分析。

三　变量选择和理论分析

（一）变量选择

本文选取辽宁省十个地区煤矿安全指标、生产指标和经济发展指标，这十个地区是辽宁省主要的原煤生产地区，包括朝阳市、丹东市、抚顺市、阜新市、葫芦岛市、沈阳市、本溪市、铁岭市、辽阳市和锦州市。第一，煤矿安全指标是本文的被解释变量，选取了煤矿事故伤亡人数；第二，生产指标是本文的解释变量，选取了原煤产量；第三，经济发展指标是本文的解释变量，主要包括人均 GDP、产业结构、市场化程度和地区开放度四个指标。由于煤矿属于第二产业，这里的产业结构选择第二产业占地区生产总值的比例，市场化程度选取社会固定资产投资中民营资本的投入比重，地区开放度有两个层次：对辽宁省外的其他省市开放和对国外地区开放。基于这个考虑，地区开放度选择当地贸易总量与地区生产总值的比例，而当地贸易总量的衡量则选取各地区社会消费品零售总额和地区出口总额的加总。

（二）理论分析

理论分析主要围绕本文选取的生产指标和经济发展指标对煤矿安全指标的影响展开。

第一，当原煤产量增加时，煤矿事故伤亡人数上升。假定煤矿从业人数不变，当原煤产量增加时，人均作业时间增加，由于人的身体、生理等因素的限制，当人均作业时间达到一定程度时，煤矿工人普遍感到疲劳，疲劳作业导致事故伤亡人数上升。

第二，当人均 GDP 增加时，煤矿事故伤亡人数的升降取决于原煤生产对经济的贡献率。假定不考虑人口增加因素，当人均 GDP 增加时，如果原煤生产在地区生产总值中所占比重增加，即原煤生产对地区经济的贡献率增加，那么煤矿事故伤亡人数上升。反之，如果原煤生产在地区生产总值中所占比重减少，那么在人均 GDP 增加时，煤矿事故伤亡人数是下降的。这种情况可以通过一个简单的方程解释，设 y 代表原煤生产对经济的贡献率，表达式为 $y = chl/GDP$，当 GDP 增加、y 减少时，原煤产量 chl 是减少的，或者虽然增加但增加速度小于 GDP 的增加速度。

第三，当第二产业占比增加时，煤矿事故伤亡人数的升降取决于原煤生产对经济的贡献率。第二产业所占比例增加时，如果原煤产量对经济的贡献率增加，那么在当年 GDP 一定的情况下，原煤产量增加，在本文的假设下，原煤产量的增加必然引起煤矿事故伤亡人数的增加。反之，如果原煤产量对经济的贡献率减少，在当年经济发展一定的条件下，原煤产量减少，结合第一条结论，原煤产量的减少会引起煤矿事故伤亡人数的减少。

第四，当地区市场化程度增加时，民营资本所占比例增加，煤矿事故伤亡人数增加。假定国有煤矿的经营目标有煤矿安全和利润最大化两个，民营煤矿的经营目标只有利润最大化。在这个假定条件下，如果辽宁省煤矿中民营资本增加，那么煤矿企业中注重利润最大化的比重增加。在原煤产量不变的情况下，煤矿事故伤亡人数增加。

第五，当地区开放度增加时，煤矿事故伤亡人数减少。由于地区开放度选择贸易总量在 GDP 中的比重，地区开放度的增加包括同辽宁省外地区的贸易和国际贸易两个方面。当地区开放度增加时，省内外、国内外的人工、资本等资源加速流动，煤矿生产过程中的透明性增加。以人工为例，煤矿从业人员会优先选择事故率低、安全设施好的矿区工作，这种选择使得煤矿事故率降低。在不考虑原煤产量变动的情况下，煤矿伤亡人数减少。

四　数据来源和模型构建

（一）数据来源

本文选取 2001—2012 年辽宁省十个主要产煤地区的煤矿事故伤亡人数、原煤产量和经济发展的面板数据，主要来自有各地区年鉴、《辽宁统计年鉴》等。第一，煤矿事故伤亡人数，不同渠道的差异很大，考虑到数据的权威性和完整性，这里选择国家安全生产监督管理总局系统公布的数据。第二，各地区原煤产量数据主要来自各市年鉴、统计公报、经济普查公报等，由于少量年份没有直接数据，本文根据相邻年份的增减率进行推算，保证数据口径统一，相邻年份中仍然无法推算的极少数数据采取估计数，估计原则如下：笔者根据对多年已有数据的观测，发现相邻年份的各地市原煤产量在辽宁省中所占的比例相对稳定，所以，根据已有比例估算的数据近似接近当年的真实情况。第三，人均 GDP 来自《辽宁统计年鉴》，其中 2004 年无直接数据，是笔者根据当年 GDP 除以当年年末人口数计算而得。第四，第二产业比例直接来自《辽宁统计年鉴》，无须计算。第五，市场化程度来自《辽宁统计年鉴》，由于 2004 年和 2005 年出现社会固定资产投资衡量统计数据变化，本文在 2001—2004 年市场化程度用除国家预算内资金和外资后的社会固定资产投资除以总的社会固定资产投资衡量，2005—2012 年市场化程度用扣除国有资本和外资后的固定资产投资在总的社会固定资产投资中的比重衡量。第六，地区开放度直接来自《辽宁统计年鉴》。

（二）模型构建

由于无法判断不同个体之间是否存在显著性差异，也无法判断截面之间是否存在显著性差异，不妨先假设个体之间、界面之间都存在显著性差异。根据这个假定，显然，混合回归模型不适用，那么可以先设定为固定效应回归模型或随机效应模型。考虑到简便性，本文首先设定为固定效应回归模型，然后检验模型中是否存在随机效应以确定哪个模型更合适。基于这样的考虑，可以设定模型形式为：

$$shw_{it} = \beta_0 + \beta_0 Inch_{it} + \beta_0 Ingdp_{it} + \beta_0 chyjg_{it} + \beta_0 shchh_{it} + \beta_0 kfd_{it} + \varepsilon_t$$

其中，$i = 1, 2, \cdots, N$；$t = i = 1, 2, \cdots, T$。这里 N 代表了数据的截面，就本文而言，截面为 10；t 代表了时间长度，本文 $T = 12$. shw_{it} 代表地区 i 第 t 年的煤矿事故伤亡人数，$Inchl_{it}$ 代表地区 i 第 t 年原煤产量的对数，$Ingdp_{it}$ 代表地区 i 第 t 年的人均 GDP 的对数，$chyjg_{it}$ 代表地区 i 第 t 年的产业结构，$shchh_{it}$ 代表了地区 i 第 t 年的市场化程度，kfd_{it} 代表了地区 i 第 t 年的开放度指标。需要特别说明的是，由于这里只需要用到地区原煤产量和人均 GDP 的增长速度，而取对数后曲线的斜率直接反映这两个变量的增长速度，因此，在设定模型时对这两个变量取对数，取对数后的表达分别为 lnchl 和 lngdp。

五 实证结果分析

（一）描述性统计分析

针对选取的一个被解释变量和五个解释变量，在 Stata12.0 中进行描述性统计分析，结果见表 1。

第一，辽宁省煤矿事故伤亡人数最多的为 45 人，而均值只有大约 6 人，说明辽宁省各地区的煤矿安全情况差异很大。煤矿事故伤亡人数的最高值出现在 2006 年的阜新市，而许多年份特定地区的伤亡人数为零。

第二，原煤产量对数的最大值为 7.74，对应的原煤产量为 2289.5 万吨，出现在 2008 年的铁岭市。原煤产量的均值为 659.51 万吨。

第三，人均 GDP 的对数最大值为 9.86，对应的实际人均 GDP 为 19168.03 元，出现在 2008 年的沈阳市。实际人均 GDP 均值的对数为 9.00，对应的实际值为 9109.24 元。

第四，第二产业所占比例的最大值为 63.80%，出现在 2007 年的辽阳市。最大值比均值的 48.44% 高 15.36%。

第五，市场化的最大值为 96.15%，出现在 2004 年的铁岭，市场化均值为 75.31%。

第六，地区开放度的最高值为 63.32%，出现在 2001 年的阜新市，开放度均值为 37.72%，高出 25.60%。

表1   描述性统计分析

变量	观察值	均值	标准误差	最小值	最大值
原煤产量对数	120	5.86	1.14	3.15	7.74
人均 GDP 对数	120	9.00	0.49	7.91	9.86
产业结构	120	48.44	8.48	31.60	63.80
市场化程度	120	75.31	12.63	22.54	96.15
地区开放度	120	37.72	7.56	23.52	62.32
煤矿事故伤亡人数	120	5.58	7.56	23.52	62.32

（二）模型的检验及实证结果分析

由于面板数据可能存在固定效应或随机效应之分，这里分别设定固定效应模型和随机效应模型，然后通过模型检验确定最后选择哪一个模型。

1. 模型的检验

为防止出现误差，本文同时选择 Hausman 检验和 F 检验，结果表明，数据适合建立固定效应模型。首先，在 Stata12.0 里进行 Hausman 检验。检验结果见表2上半部分，$\chi^2 (5) = 18.86$，$Prob > \chi^2 = 0.0020$，说明在 95% 的置信水平上，面板数据模型不存在随机效应，也就是说，Hausman 检验的结果是拒绝随机效应。其次，在 Stata12.0 里进行 F 检验。检验结果见表2下半部分，$F (9, 105) = 2.88$，$Prob > F = 0.0045$，拒绝固定效应不显著的假设，也就是说，固定效应模型是显著的。

表2   **Hausman 检验和 F 检验的结果**

检验类型	检验结果	p 值
Hausman 检验	$\chi^2 (5) = 18.86$	0.0020
F 检验	$F (9, 105) = 2.88$	0.0045

2. 固定效应模型回归结果分析

在 Stata12.0 中建立固定效应模型，回归结果中，$F (5, 105) = 3.29$，$Prob > F = 0.0084$，说明固定效应模型的回归结果是显著的。根据回归结果（见表3），回归方程可以写为：

第一，煤矿事故伤亡人数与地区原煤产量有正向关系，与理论分析结果一致。从回归结果可以看到，地区原煤产量对数的系数为2.88，说明当地区原煤产量增加时，煤矿事故伤亡人数是上升的；并且在所有所列因素中，原煤产量对煤矿事故伤亡人数的影响排名第二，仅次于当地人均生产总值的对数对煤

表3   固定效应模型的回归结果

变量	系数	标准误差	t 值	P >
原煤产量对数	2.88	1.92	1.50	0.14
人均 GDP 对数	−21.44	8.47	−2.53	0.01
产业结构	−0.13	0.22	−0.58	0.56
市场化程度	0.03	0.08	0.44	0.66
地区开放度	−0.13	0.20	−0.64	0.53
常数	190.10	75.49	2.52	0.01

矿事故伤亡人数的影响。这个结论并不意外，因为在原煤生产技术不变的情况下，原煤产量的增加意味着从业人员工作时间的延长，工作时间的延长容易出现疲劳作业，更容易导致事故的发生，从而导致煤矿事故伤亡人数增加。

第二，煤矿事故伤亡人数与当地人均 GDP 有反向关系。结合理论分析的结论说明，辽宁省原煤生产对经济发展的贡献率是下降的。回归结果表明，当地人均 GDP 对数的系数为 −21.44，说明当地区人均 GDP 增加时，煤矿事故伤亡人数是下降的。这个结论是出乎意料的，一般认为，当地区人均生产总值增加时煤矿事故伤亡人数增加。这里的回归结果可能与以下原因有关：一是地区经济发展了，人们更倾向于从事低伤亡率的职业，从而放弃从事煤炭生产工作，这样就导致煤炭生产从业人数降低，减少了伤亡率的基数。二是地区经济的发展带动煤矿生产场所安全设施的改善，从而降低事故伤亡率。

第三，煤矿事故伤亡人数与第二产业所占比重有反向关系，说明辽宁省原煤生产在地区 GDP 中的比重下降。回归结果表明，地区产业结构的系数为 −0.13，说明地区第二产业所占比例增加时，煤矿事故伤亡人数是下降的。这里值得说明的是，表面看来，这个结论和第二个结论之间存在这矛盾，实际上，第二产业所占比重的增加说明的是辽宁各地区产业结构的调整；人均 GDP 的增加更倾向于说明排除人口增长因素的经济增长趋势。从这个角度看，二者并不矛盾。这个反向关系可能是因为煤矿产量在 GDP 中的比重变化有一定关联。

第四，煤矿事故伤亡人数与地区市场化程度有正向关系，与理论分析结果一致。回归结果表明，地区市场化程度系数为 0.03，说明地区市场化程度越高，导致煤矿事故伤亡人数越高。这是因为，煤矿的市场化和辽宁地区市场化程度是一致的，而辽宁地区的市场化程度导致国有煤矿减少。与国有煤矿相比，其他煤矿不考虑国家宏观目标，更加注重短期利润最大化，注重短期利润最大化的目标容易导致煤矿忽视安全目标，从而使得煤矿事故伤亡人数增加。

第五，煤矿事故伤亡人数与地区开放度有反向关系，与理论分析结果一致。回归结果表明，地区开放度系数为 -0.13，说明地区开放度增加时，煤矿事故伤亡人数是减少的，这可能与煤炭生产的公开、竞争有关。本文选取的地区开放度有两个层次：对辽宁省外的其他省市开放和对国外地区开放。当地区开放度增加时，煤矿生产的竞争增加，此时煤矿工人倾向于选择安全生产设施比较完善的地区工作，这样，减少了煤矿事故的发生，由此推出二者之间的反向关系。

六　政策建议

本文研究辽宁省煤矿安全和经济发展关系的目的在于，既能发展当地经济，又能降低煤矿事故伤亡人数。根据第四部分的研究结论，二者之间并不存在必然的对立关系，可以在一定的条件下并存。本文基于这个观点，结合前面的研究结论提出了几条政策建议：

第一，设置适当方案控制原煤产量。根据研究结论，原煤产量与煤矿安全生产之间是正向关系，如果要控制辽宁省各地区煤矿事故的伤亡人数，必然要从宏观上控制省内各地区的煤矿产量。控制原煤产量可以从以下几个方面展开：一是辽宁省总的原煤产量需要控制，这个总量的控制可以结合季节因素、地域因素和国际贸易因素综合考虑。当然，对此可以展开一系列定量分析，有待进一步展开。二是辽宁省各地市之间的原煤产量分配比例可以更加合理化，对安全设施配套更到位的地市，可以适当增加原煤产量；反之，对相关设施薄弱的地区，减少原煤产量。

第二，发展地区经济。地区经济和煤矿安全生产之间的反向关系说明，努力发展地区经济，可以促进煤矿的安全生产活动。发展地区经济的措施非常多，在此不再赘述。值得一提的是，越是煤矿安全事故多的地区，越需要发展经济。例如，在获取的2001—2012年数据里，阜新市2006年的煤矿事故死亡人数最高，为45人。可以很明显地看到，与本市其他年份相比，当年阜新市的实际人均GDP是最低的。同样，朝阳市2002年的煤矿事故死亡人数较高，为37人，与本市其他年份相比，实际人均GDP是最低的。这个例子可以为本条结论提供正面的例子。可以看出，越是经济不发达的地方，煤矿安全事故越多。因此，要降低煤矿生产事故，就要大力发展地区经济。

第三，调整优化产业结构。增加第二产业的比例，调整优化产业结构能有效地降低辽宁省的煤矿事故伤亡率。我国的第二产业中工业占比例不小，而煤炭在工业中占有一定比例。本文的产业结构调整包括产业结构合理化和高级化。产业结构调整是个非常广阔的领域，鉴于篇幅限制，这里只讨论设计煤矿安全生产的部分。为了加强煤矿安全生产，可以采取调整、优化产业结构的措施有：一是从供给和需求角度优化第二产业生产，尤其是原煤生产。二是转变原煤开采方式，从粗放型向集约型转变。三是推广国际先进技术，降低煤矿安全事故发生的比例。

第四，降低煤矿市场化，控制民营资本进入。根据前文的研究结论，煤矿的市场化增加了煤矿事故的发生。这里的煤矿事故既包括煤矿生产事故的频率，又包括单次煤矿事故的伤亡人数。民营资本的进入使得煤矿企业目标向利润最大化倾斜，显然不利于煤矿生产安全指标的完成。那么，可以从以下几个方面控制民营资本进入：一是在煤矿准入方面，严格控制把关，仅允许少量具备安全生产条件的企业进入，给予办理营业执照。二是在运营过程中，加强对民营煤矿进行监管，一旦发现安全隐患及时排除，对不能排除的企业予以及时停产关闭。三是对于关闭煤矿的法定代表人，设定一定的时间间隔控制其进入煤矿生产领域。

第五，增加地区开放度。根据前文的研究结论，增加地区开放度能有效地降低煤矿安全生产事故的发生，主要原因在于增加开放度能引入竞争，煤矿企业的竞争有利于行业的透明化。如果一个地区的煤矿企业透明程度比较高，可以引导工人选择更安全的煤矿工作。这里增加开放度的措施分为两个方面：一是为本地煤矿企业与外地企业的资金流动和人员流动提供便利条件，对省内外资本和人员一视同仁，引入竞争、增加透明度。二是鼓励辽宁省煤矿企业引进国外资金和先进技术，提高生产效率，减少煤矿事故的发生。

参考文献

［1］John, D. L., John Ruser, Safety Segregation: The Importance of Gender, Race, and Ethnicity on Workplace Risk ［J］. *The Journal of Economic Inequality*, 2006 (8).

［2］Sanna Nenonen, Fatal Workplace Accidents in Outsourced Operations in the Manufacturing Industry ［J］. *Safety Science*, 2011 (12).

［3］Jan Boone, Jan C. van Ours, Are Recessions Good for Workplace Safety? ［J］. *Journal of Health Economics*, 2006 (11).

［4］V. S. de la Fuentea, M. A. C. Lópezb, I. F. Gonzálezc, J. Oscar, The Impact of the Economic Crisis on Occupational Injuries ［J］. *Journal of Safety Research*, 2014 (2).

［5］R. Daviesa, P. Jonesb, I. Nunez, The Impact of the Business Cycle on Occupational Injuries in the UK ［J］. *Social Science & Medicine*, 2009 (9).

［6］A. Asfaw, R. Pana – Cryan, R. Rosa, The Business Cycle and the Incidence of Workplace Injuries: Evidence from the U. S. A. ［J］. *Journal of Safety Research*, 2011 (2).

［7］D. Soaita, Workplace Accidents Dynamics and Structural Changes in Economy ［J］. *Procedia Technology*, 2014 (12).

［8］A. Asfaw, C. Markb, R. Pana – Cryan, Profitability and Occupational Injuries in U. S. Underground Coal Mines ［J］. *Accident Analysis & Prevention*, 2013 (1).

［9］任英、彭红星：《中国交通事故伤亡人数影响因素的实证分析》，《预测》2013 年第 3 期。

［10］ M. Hongyun，B. Xingli，Research on the Relation between Coal Mine Safe Production and Economic Level of Development ［J］．*Management and Service Science*，2009（9）．

［11］ Vikas Dhoot，Number of mining accidents falls by 56% in last 7 years ［EB/OL］．http：//articles. economictimes. indiatimes. com/2013 − 06 − 14/news/39976492＿ 1＿ underground − mining − mining − industry − contract − workers.

上海市食品安全监管的政策网络分析

刘伟伟　李小沙

摘　要　上海市食品安全政策的出台受中央政策的指导，由国家食品安全委员会、卫生部、国家食品药品监督管理总局提出政策和监管措施，经全国人大通过指导地方政府出台相关地方性措施，上述机构组成政策社群。专业网络包括高等院校、科研机构的研究人员和监管机构、企业的专业人员。府际网络由上海市、区（县）两级政府和人大、政协组成。生产者网络由食品生产加工经营企业组成。议题网络包括居民、民间组织、媒体工作者等。生产者网络生产不合格产品，造成食品安全事故；通过议题网络曝光，引起关注，给府际网络造成舆论压力；专业网络积极建言；议题网络发表意见，促使政策社群尽快出台新的政策。

关键词　食品安全　监管　政策网络

一　引言

食品安全问题一直备受关注，从"染色馒头"到"地沟油"和"问题胶囊"，都从侧面说明我国的食品安全问题已经触目惊心。为此，上海市采取了一系列措施，对食品安全问题进行监管。

2011 年，上海市、区（县）两级政府设立食品安全委员会及其办公室，街道和乡镇设立食品安全综合协调机构，无缝衔接的食品安全监管体制、机制日臻完善。市人大颁布了《上海市实施〈中华人民共和国食品安全法〉办法》，市政府颁布了《上海市生猪产品质量安全监督管理办法》、《关于进一步加强本市食品安全工作的若干意见》、《关于进一步加强本市餐厨废弃油脂从严监管整治工作的实施意见》等规定，为食品安全工作提供了强有力的法律保障。同时，

［作者简介］刘伟伟，上海政法学院国际事务与公共管理学院，201701；李小沙，上海政法学院国际事务与公共管理学院，201701。

　　［基金项目］上海市教委科研创新项目（12YS177）、上海政法学院青年科研基金项目（QZ20121002）。

加强各部门间的协调，有效地处置食品安全重大事件，健全食品安全应急处置机制，加强舆情处置和食品安全信息发布工作，加强监测，完善食品安全风险评估和风险交流，从而不断提高食品安全质量，逐渐解除民众忧患。①

政策网络主要是解释特定的国家部门在特定政策领域的行为，是一种利益集团与政府关系分类的方法。② 本文即以政策网络为视角，对上海市食品安全监管的过程加以分析和探讨。

二 政策网络的分析框架

政策网络理论起源于美国，成长于英国、德国等欧洲国家，后来又在美国引发回归性研究。③ 其理论来源有二：一是盛行于20世纪六七十年代的组织社会学，尤其是组织间关系的社会研究；二是源于政治学领域，关于次系统和政策社群的研究，是20世纪五六十年代精英主义和多元主义关于权力讨论的产物。④

英国学者罗茨和玛希关于政策网络的界定得到了广泛认可，他们根据权力互赖的观点，认为政策网络是各个组织（包括国家行政部门）基于权力、资金、正当性、咨询、人员、技术与设备等资源的相互依赖而结成的一种联盟和利益共同体，其内部运作过程是一种资源交换过程。⑤

政策网络的构成要素为行动者、链条和边界。行动者可以被认为是一个单一的个体或者是作为共同行动者起作用的群体。在公共政策领域中，有大量公共和私人行动者，他们分布在政府和社会的各个层次及领域当中。⑥ 主要行动者是相对稳定的，可以是公共机构，也可以是私营部门；可以是个人，也可以是组织。⑦

政策网络的关系类型根据成员、整合程度、资源与权力的因素分为政策社群（地域社群）、专业网络、府际网络、生产者网络和议题网络。政策社群是指有权参与某种特定政策决策与执行过程的团体或个人形成的网络，如果这种政策社群所代表的是某种地域性的利益，又称为地域社群。专业网络是指以专业团体或人士为核心的网络。府际网络是一种以地方政府为代表性组织所构成的网络。生产者网络是以生产者为主要角色的网络。议题网络是指参与某种议

① 阎祖强：《上海市2011年食品安全工作情况汇报》，上海市食品安全委员会办公室，2012年2月17日，调研资料。
② 朱春奎：《政策网络与政策工具：理论基础与中国实践》，复旦大学出版社2011年版，第5页。
③ 石凯、胡伟：《政策网络理论：政策过程的新范式》，《国外社会科学》2006年第4期。
④ 朱亚鹏：《公共政策研究的政策网络分析视角》，《中山大学学报》2006年第2期。
⑤ 朱春奎：《政策网络与政策工具：理论基础与中国实践》，复旦大学出版社2011年版。
⑥ 保罗·A. 萨巴蒂尔：《政策过程理论》，生活·读书·新知三联书店2004年版。
⑦ 蒋硕亮：《政策网络路径：西方公共政策分析的新范式》，《政治学研究》2010年第6期。

题讨论，或者受到这种特定议题所影响的团体或个人为主体所构成的网络。这些政策网络中网络组合结构和互动方式影响政策结果。其中，府际网络、专业网络、生产者网络描述的是一般组织间的关系，而政策社群和议题网络表现的则是利益集团和政府间的关系。①

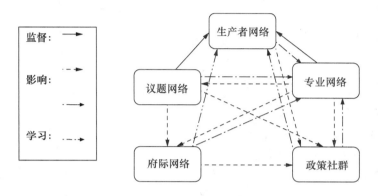

图1　政策网络分析框架下的食品安全监管

说明：本图以及图2均参考了朱春奎、沈萍《行动者、资源与行动网络：怒江水电开发的政策网络分析》，《公共行政评论》2010年第4期。

借鉴政策网络分析框架，可将食品安全监管过程制定以网络图（见图1）呈现：生产者网络由于受多种因素的影响而造成一系列的食品安全事故，在议题网络和专业网络的监督下通过多种方式曝光，从而引起各界广泛关注，使食品安全事故成为舆论焦点，激化国民情绪，给府际网络带来不小的舆论压力，为应对食品安全事故，预防悲剧再次发生，各网络间积极互动，建言献策，从而使政策社群更好地出台新的政策，为府际网络加强对生产者网络的监管提供有力依据。行动者与网络的互动形成政策结果，而政策结果也会反馈影响网络结构与网络中的行动者，并进一步影响政策的制定。

三　上海市食品安全监管体制的变迁

2004年12月，按照国务院的要求，上海市对食品安全监管体制进行了改革。2005年，上海开始试行分段监管的食品安全监管体制，与国家层面的分段监管模式虽然没有完全对应，但大同小异。同时，根据《国务院关于进一步加强食品安全工作的决定》和《上海市人民政府关于调整本市食品安全有关监管部门职能的决定》，将卫生部门的部分职责划归食品药品监管部门和质量技术监督部门，使分段监管中的部门模糊地带的监管主体得以明确。

2008年，上海市政府推行政府机构改革方案，市食品药品监督管理局改

① 朱春奎：《政策网络与政策工具：理论基础与中国实践》，复旦大学出版社2011年版。

由市卫生局管理，市、区县两级食品药品监管的垂直管理体制保持不变。2009年《食品安全法》实施后，上海市的食品安全监管体制又发生了变化。食品流通领域监管职责的承担部门由食品药品监管部门调整为工商部门，流通环节食品安全监督职能由食品药品监管部门转为工商部门，食品药品监管部门将继续承担餐饮服务许可和监管、综合协调等相关职责。①

2011年，上海市设立市、区（县）两级食品安全委员会及其办公室，街道和乡镇则设立食品安全综合协调机构，构建了无缝衔接的食品安全监管体制、机制。制定了《重大食品安全事故应急处置制度》，并抓紧修订《上海市食品安全事故应急专项预案》，建立系统的舆情监测、分析应急处置分析机制和新闻发言人制度，加强与媒体沟通。②

2013年，国务院启动新一轮机构改革，对备受争议的食品生产、流通、餐饮环节分段监管职能开展整合，明确新组建的国家食品药品安全监督管理总局负责除种植、屠宰环节以外，食品安全从生产线到餐桌的整链条监管。2013年3月22日，国家食品药品监督管理总局正式挂牌，国务院食品安全委员会办公室主任张勇任食品药品监督管理总局局长、党组书记。③ 上海也启动全市食品药品监管机构改革。2013年10月11日，上海市食品安全委员会第五次全体（扩大）会议传出消息，今后上海市食品从生产、流通到餐饮环节将由食药监局"一头"监管。市级层面监管人员划转已经到位，工商、质检部门中与食品安全监管相关的处室已经完整划转到食药监局下。到2013年11月底前，区县街镇的食品药品监管体制改革也将完成，并以此为契机落实属地管理责任，强化基层食品安全监管网络力量。与此同时，上海市还将鼓励浦东新区先行先试，探索食品安全综合监管体制的改革。据此，上海市食品安全监管将从"多头管理"向"一头管理"转变，对食品和药品的生产、流通、消费环节进行无缝监管。基于食品安全监管全新体制运转的新食药监局将于2014年亮相。④

四　上海食品安全监管过程中的网络、行动者及其互动

（一）网络及其行动者

政策网络是由多种参与者组成的，参与者之间互动的结果便是政策。没有任何一个参与者都拥有足够能力来决定其他参与者的策略行动，所有参与者都

---

① 李幸祥：《论食品安全领域相对集中行政处罚权：以上海市食品安全监管体制为例》，《法治论丛》2011年第4期。

② 《上海市食品安全监管情况》，《食品与生活》2012年第2期。

③ 潘晓亮：《国家食品药品监督管理总局今早正式挂牌》，新华网，http://news.xinhuanet.com/food/2013 – 03/22/c_ 124490001. htm2013年3月22日。

④ 唐闻佳：《上海新组建食药监局"三定"方案确定》，《文汇报》2013年10月12日。

有各自的目标与利益。但这并不意味所有的参与者都拥有相等的权力，每个参与者所依赖的是各自拥有的资源及其在政策过程中的重要性；行动者的数目决定网络的规模，行动者的类型影响网络的特性。上海市食品监管政策网络中的行动者主要有中央部委、全国/地方人大与政协、地方政府各部门、专家、学者、研究机构、媒体、企业、行业协会等。由于近几年食品安全事故频繁发生，给民众生活造成很大影响，食品安全监管迫在眉睫。

1. 政策社群：中央政府（各部委）、全国人大

依照我国的政治体制，政策社群包括行政机构和立法机构，即广义的政府部门。上海市食品安全政策的出台受中央政策的指导，由国家食品安全委员会、卫生部、国家食品药品监督管理总局提出政策和监管措施，经全国人大通过指导地方政府出台相关地方性措施。政策社群与专业网络、府际网络、生产者网络、议题网络均有相当程度的互动。政策社群需要从专业网络和议题网络中获取食品生产过程中所存在的问题及改革建议；府际网络中的地方政府是具体执行政策的机构，并且对当地食品安全状况更加了解，政策社群也需要地方政府的信息，两者通过交流协作促进食品安全监管政策的顺利出台。而生产者网络在服从政策的同时偶尔造成的新问题也会给政策社群带来新考验。

国务院对于食品安全监管的决定及政策在上海市食品安全监管政策制定过程中起到主导作用，是上海市食品安全监管的关键性行动者。《国务院关于加强食品安全工作的决定》提出了食品安全的阶段性目标，计划用三年左右时间使我国安全整顿治理工作取得显著成效。由于食品安全监管属于行政机构的政策，所以，上海市食品安全监管要服从上级领导和指示，依照中央及各部委的指示积极开展食品安全监管工作。

政策社群中的中央部委也对上海市食品安全监管起到了很大的作用。食品安全关系国计民生，因此各部委先后出台相关政策，积极推行食品安全监管的顺利开展。比如2012年10月19日，卫生部组织制订了《食品标准清理工作方案》，提出食品标准清理工作原则。农业部与卫生部2012年12月6日联合发布了食品安全国家标准《食品中农药最大残留量》，作为我国监管食品中农药残留的唯一强制性国家标准。① 多项标准的制定为上海市各部委制定符合自己地方性特征的标准策略提供了条件。

为尽快解决食品安全问题，全国人大多次对上海市食品安全监管进程进行监督检查，提出整改意见。2010年2月，全国人大常委会就食品安全法的实施提出了七个方面的问题和建议，希望国务院及有关部门继续采取积极措施予以解决和落实。经过2011年3—5月的食品安全检查工作后，全国人大检查组

① 冯并：《2013中国公共管理年鉴》，中国财政经济出版社2013年版，第426—427页。

再次提出了八个方面的问题和建议。①

综上所述，政策社群网络中的主要行动者主体包括全国人大、国家食品安全委员会、卫生部、国家食品药品监督管理总局等部门。政策社群中各行动者主体之间相互依存，彼此形成频繁且密切的互动关系，在上海市食品安全监管过程中起到了关键作用。

2. 专业网络：食品研究检测机构和相关专业的学者

专业网络包括各高等院校食品专业学者、食品安全研究院专业人员、食品安全监管机构和生产经营企业专业人员。专业网络内的各行动者从自己的专业领域出发，为政策制定者提供专业知识，从而使决策更加科学化。专业网络积极支持食品安全监管，与议题网络结盟，为他们提供专业的信息支持，并在专家咨询会这一政策社群和府际网络提供的参与平台上为民间组织代言。

上海市有多个食品研究检测机构。例如，上海市食品药品检验所是上海市食品药品监督管理局下属的技术支撑机构，具备对食品、药品、化妆品、医疗器械的专业检测能力，有专业技术人员 174 名，其中有 14 位享受国务院津贴的专家。② 又如，上海市食品研究所是上海市国资委系统的一所应用型研究所，是集食品领域科研开发、食品质量检验检测、行业技术服务三位一体的综合性食品科研机构。③ 此外，还有上海交通大学陆伯勋食品安全研究中心、上海海洋大学食品学院、上海市食品学会、上海市水产研究所、上海市农产品质量检测中心等多家相关机构。

在专业研究检测机构之外，上海市还设立了专家咨询委员会。2006 年 11 月 23 日，上海市食品药品监督管理局下发了《关于组建上海市食品药品监督管理局食品安全专家咨询委员会的通知》，聘请来自食品营养、流行病学、病毒研究、行政管理等相关领域的 17 位专家担任委员会首批特聘专家，对食品安全监管决策、食品安全风险评估和预警、重大食品安全事件查处等提供专业技术咨询服务。④

食品安全是一个涉及科学、技术、法规和政策的综合性问题，涉及理学、工学、农学、医学、法学和管理学等学科，其技术涉及传统分析技术和现代生物技术，其管理过程涉及法规、政策、文化和消费观念等。目前，有关食品安全的专业期刊已有很多，包括《食品安全法治》、《中国食品药品监管》、《中

---

① 路甬祥：《全国人民代表大会常务委员会执法检查组关于检查〈中华人民共和国食品安全法〉实施情况的报告》，中国人大网（http://www.npc.gov.cn/npc/xinwen/2011－07/01/content_1662436.htm），2011 年 7 月 1 日。

② 《上海市食品药品检验所（SIFDC）简介》，调研资料。

③ 上海市食品研究所简介，http://www.sfri.com.cn/a/gywm/aboutus.html，访问日期：2013 年 10 月 11 日。

④ 《关于聘任方有宗等 17 位同志为上海市食品药品监督管理局食品安全专家咨询委员会委员的通知》，上海市食品药品监督管理局网（http://www.shfda.gov.cn/gb/node2/node3/node4/node130/node543/userobject7i221.html），2008 年 8 月 8 日。

国食品学报》、《国外食品安全动态》、《中国食品卫生杂志》、《上海食品药品监管情报研究》、《食品与发酵工业》、《食品科学》，等等。此外，还有不少公共管理、法律、新闻传播相关期刊刊登了大量有关食品安全的研究论文。最近十年来，以食品安全为主题的文献大量增加，关键词涉及"食品安全体系"、"食品卫生监督管理"、"食品安全标准"、"食品召回制度"、《食品安全法》、"食品质量认证"、"食品追溯体系"、"食品供应链"、"食品安全危机管理"，等等。

专业网络中各学者之间的互动非常频繁，无论是国内学者还是国外学者都不断地发表关于食品安全监管方面的论文或者著作，他们相互学习、相互借鉴，不断提出食品安全监管过程中出现的新问题，寻找解决问题的新对策。提出问题、解决问题的过程不仅增加了专业网络与府际网络之间的密切联系，还为食品安全监管提供了理论支持和依据。

专业网络中行动者的专业背景及各自立场决定了他们之间的依赖和连接程度，也为政府和民间组织、企业、群体的沟通起到了桥梁作用，在整个食品安全监管的政策网络中起到了非常重要的辅助作用。

3. 府际网络：市、区（县）政府（各部门）和人大、政协

府际网络由上海市、区（县）两级政府和人大、政协组成。在单一制的政府体制下，中央政府的决策具有绝对权威，地方政府既是中央政策的执行者，又是食品安全监管的受益者。府际网络中的行动者与政策社群、专业网络之间存在着紧密关系，府际网络希望能够尽快出台好的监管政策，与此同时，将拥有专业信息的专业网络作为与政策社群沟通研讨的后援。

上海市委、市政府对食品安全十分重视。市委书记韩正多次视察食品安全监管工作。2014 年 1 月 2 日，市委书记韩正前往上海市食品药品监督管理局，听取汇报。会前，韩正和市委常委、市委秘书长尹弘来到上海杏花楼食品有限公司，察看食品生产线、食品检测中心，听取食品安全生产情况介绍。随后，市领导来到闵行区浦江镇食品药品监督管理所，与基层食药监执法人员亲切交谈，察看监控室、快检室，并了解食品安全网格化监管情况。①

2011 年 5 月，上海市人民政府决定成立上海市食品安全委员会，主任由分管副市长兼任，副主任 3 名，分别由市政府分管副秘书长、市食品药品监管局负责人、市食品安全委员会办公室主任担任，成员由市委宣传部、市发展改革委、市经济信息化委、市商务委、市农委、市工商局、市质量技监局、市卫生局、市食品药品监管局、市公安局、市财政局、市环保局、上海出入境检验检疫局、市绿化市容局（市城管执法局）、市监察局、市粮食局、市政府法制

---

① 《韩正听取市食药监局情况汇报：走群众路线，只有开始没有结束》，上海市食品药品监督管理局（http://www.shfda.gov.cn/gb/node2/node3/node253/node276/userobject1ai38859.html），2014 年 1 月 3 日。

办、市政府新闻办等有关部门负责人担任。市食品安全委员会下设办公室，挂靠市食品药品监管局，办公室主任为正局级。① 在市级食品安全监管部门以下，区县政府也进行了相应的机构设置。

作为广义上的地方政府的组成，人大、政协是上海市食品安全监管的积极支持者。为促进上海市食品安全监管的有效进行，上海市人大常委会检查组多次开展执法检查活动，主要以暗访为主，力求掌握客观真实的情况。集中听取相关监管部门的情况汇报，多渠道获取民意，并针对检查过程中存在的问题提出整改意见。例如，2013 年 11 月 11 日，市人大常委会举行第二十次主任会议。会议听取了关于市政府办公厅对市人大常委会会议有关本市贯彻实施食品安全法规情况审议意见的复函的评价意见，认为，近几个月来，市政府及相关部门按照市人大常委会审议意见要求，在完善食品安全监管体制机制、加强食品安全法制建设、推动落实食品生产经营企业主体责任等方面积极进行整改，取得了成效：已公布 3 批食品生产经营严重违法失信企业及有关责任人"黑名单"；上海市食品协会等 15 家食品行业协会组建了市食品安全工作联合会，发挥行业协会作用，促进行业自律；加强食品安全源头管理，推进餐饮企业食品安全追溯系统建设，全市目前已有近 3000 家餐饮单位注册使用，全市各中央厨房及配送中心、集体用餐配送单位、学校食堂、连锁餐饮总部及下属门店、大型级以上饭店年底前将全部使用该系统；指导餐饮服务单位规范食品安全操作流程，力争实现年内餐饮服务食品安全规范化管理覆盖学校食堂达到80%，连锁餐饮、集体供餐配送单位达到50%。②

表 1　　　　2008 年以来有关食品安全方面的书面意见和议案

	2008 年	2009 年	2010 年	2011 年	2012 年	合计
书面意见	7	9	16	16	12	60
议案	—	—	2	—	—	2
代表	7	13	65	60	12	157

资料来源：刘伟伟：《部分市人大代表对完善本市食品安全监管的建议》，2012 年 2 月 6 日，调研资料。

上海市人大代表和政协委员对本市食品安全监管非常关注。自 2008 年本届人大成立以来，共有 157 人次代表提出有关食品安全监管方面的书面意见60 件，议案 2 件。这些意见和建议归纳起来，主要涉及以下几个方面（见表

① 《上海市人民政府关于建立上海市食品安全委员会的决定》，中国上海网（http://www.shanghai. gov. cn/shanghai/node2314/node2319/node12344/u26ai27767. html），2011 年 5 月 27 日。
② 《持续加强食品安全监督，殷一璀主持主任会议，决定常委会会议 19 日起召开》，上海人大公众网（http://www. spcsc. sh. cn/shrdgzw/node4/node20/node29/u1ai54181. html），2013 年 11 月 11 日。

1）：建议食品安全立法，保障监管有法可依；建议统一监管平台，相对集中执法权；建议建立追溯机制，从源头上遏制问题；减少监管漏洞，提高监管能力。又如，2012 年 1 月 14 日，上海市政协 30 多名政协委员递交"关注儿童食品安全提案"，呼吁加强青少年和儿童食品的监管，提议仿照英国三色食品标签，给食品外包装安上"红绿灯"。①

4. 生产者网络：食品生产经营企业

整个食品安全监管的生产者网络所涉及范围非常广，食品、药品等生产加工经营企业均包括在内。生产者网络与府际网络之间是服从与被服从的关系，任何企业或公司甚至作坊和小摊贩都要服从政府监管，遵守政策社群所提出的政策或者人大通过的法律法规，若是违反，则需接受惩罚。2011 年 4 月 11日，上海质监部门在上海盛禄食品有限公司厂房内查获大量添加"柠檬黄"的玉米馒头。5 月 9 日，盛禄公司被依法吊销营业执照。②

据调查，全国大部分小型食品加工企业和小生产作坊大都没有卫生管理制度，食品加工偷工减料，粗制滥造，卫生质量达不到国家标准；食品添加剂使用混乱且严重超标，生产设备陈旧简陋，工艺落后，产品做不到批批检验合格后出场。此外，在牟取暴利驱使下，企业还会故意生产假冒伪劣食品。③ 从而促使食品安全事故的频繁发生。这也是我国政府采取以发证、检测、检查、执法为主要监管思路的原因。④

生产者网络违反监管政策造成食品安全事故，引起各界广泛关注，影响了府际网络、议题网络、专业网络和政策社群及其提出的一系列监管政策主张。

5. 议题网络：居民、民间组织、媒体

议题网络成员比较复杂，包括居民、民间组织、媒体工作者等。在这个松散的议题网络中，组织和个人都可以自由地表达其意见，其成员参与不受限制，整个议题网络都是食品安全监管的坚定支持者，他们通过媒体曝光，向食品药品监督局以及其他卫生部门举报等方式向监管部门提出意见，通过与专业网络相互联系，获得相关信息、专业知识。

上海市当地居民是食品安全监管过程中所有行动者中信息最为匮乏、意见表达渠道最少的主体。民间组织是协商和决策的影响者，他们只能间接地影响最终决策方案，但没有决策权。由于这些民间组织中不乏食品安全方面的专家、学者和志愿者，政府做决策时也会请他们参与讨论。2011 年 6 月，复旦大学历史地理学研究生吴恒和 33 位志愿者创立"掷出窗外"网站，汇集了八年来事关中国食品安全的各类信息，该网站迅速爆红，2012 年 5 月，他们还

① 李婷：《给食品外包装安上"红绿灯"》，《文汇报》2012 年 1 月 14 日。
② 徐立明、罗开卷：《"染色馒头"案的定罪量刑分析》，《上海审判实践》2012 年第 1 期。
③ 程义峰、刘蓁：《食品安全：我们为什么紧张》，《三联生活周刊》2004 年 6 月 10 日。
④ 刘亚平：《走向监管国家：以食品安全为例》，中央编译出版社 2011 年版，第 110 页。

受到了上海市食品安全委员会办公室的邀约进行座谈，为上海市的食品安全监管献策。① 2012 年 3 月 29 日，上海市食品安全投诉热线"12331"正式开通启用，依照"统一受理、方便群众、依责办理、协同沟通、共同高效"原则，向广大市民提供更加简单便捷的食品安全投诉举报受理服务。为鼓励食品对食品安全问题进行投诉举报，上海市制定完善了《关于进一步加强本市食品安全举报奖励工作的实施意见》，明确由市财政设立食品安全举报专项奖励资金，有关举报一经核实，最低给予 500 元奖励，最高奖励金额达到 20 万元。②

媒体是国家社会之间的关键连接，这一角色能够强烈地影响政府和社会在政策问题集中解决方案方面的偏好。媒体在报道问题时主要扮演批评建议和科普的角色，在议程设定中的角色具有重要意义。③ "染色馒头"事件是 2011 年由央视《消费主张》节目曝光。"问题胶囊"事件是 2012 年由央视《每周质量报告》曝光，由复旦复华子公司检出。2011 年央视《焦点访谈》曝光了"地沟油"事件。2012 年 1 月 18 日，上海电视台纪实频道《真实第 25 小时》栏目播出了《食品无罪》的专题节目，讨论包括转基因、食品添加等在内的热门话题。④ 上海电视台的《新闻夜线》栏目多次邀请专家点评食品安全问题。

议题网络是食品安全监管过程中参与者最广泛，水平依赖较有限的网络，虽然他们无法直接左右食品安全政策的制定，但是，可以通过舆论引导、游说等方式引起各界广泛关注，对监管政策制定施加影响。

（二）网络间的互动情况

政策网络中各行动者拥有的资源和权利是不平等的，但各个网络之间是有沟通的路径存在的，他们能利用自己的资源和采用的策略来影响最终做决策的政策社群。⑤ 从资源来看，政策社群、府际网络、专业网络无疑是政策制定过程中的关键角色，而政策社群和府际网络则是政策制定与执行过程中的关键角色。中央政府在政策制定过程中处于核心地位，是政策制定与执行的权威。地方政府所在的府际网络是地方政策制定的权威，是中央政策的支持者与执行者。专业网络具有丰富的食品安全方面的专业知识，在上海市食品安全监管政

---

① 冯翔：《有毒食品网创始者吴恒：我只想给历史留下一个横截面》，《南方都市报》2012 年 5 月 9 日第 AA40 版；蒋昕捷：《红了，瘫痪了，领导关心了：中国版有毒食品的"维基百科"》，《南方周末》2012 年 5 月 11 日"绿色"。

② 杜冰：《上海市在全国率先实现食品安全投诉举报"一号通"》，《上海食品药品监管》2012 年第 4 期。

③ 朱春奎：《政策网络与政策工具：理论基础与中国实践》，复旦大学出版社 2011 年版，第 42 页。

④ http：//v. youku. com/v_ show/id_ XMzQ0MzAyMzE2. html？f = 18383055，2012 年 1 月 18 日。

⑤ 朱春奎：《政策网络与政策工具：理论基础与中国实践》，复旦大学出版社 2011 年版，第 43 页。

策制定过程中具有发言权，能够使政策更加合理全面。议题网络中的民众及民间组织相对而言资源比较匮乏，只能在舆论上制造声势来影响政策社群所指定的意见。

1. 政策社群与府际网络

在中央政策出台后，地方政府需要加大与中央政府的互动，其主要的互动途径有：一是参加中央部委的相关研讨班子，通过合作再表达自己的意见；二是直接向决策者反映情况，获得权威支持；三是直接在全国"两会"上做发言或提案，引起决策者的重视。

在中央食品安全监管政策制定过程中，国家食品安全委员会是总牵头，国家发改委、卫生部等参与论证。在中央政策制定完结后，地方政府依照中央政策的指示，结合当地的实际情况与上海市食品安全委员会的相关部门制定地方性政策。为保证食品安全，保障公众身体健康和生命安全，根据《中华人民共和国食品安全法》、《中华人民共和国食品安全法实施条例》等有关法律、行政法规，结合上海市实际，上海市制定了《上海市实施〈中华人民共和国食品安全法〉办法》，于 2011 年 7 月 29 日上海市第十三届人民代表大会常务委员会第二十八次会议通过，自 2011 年 9 月 1 日起施行。[①]

在实施办法起草过程中，市食品药品监管局牵头调研、将草案报送市政府。随后，市政府法制办书面征求了市质量技术监督局、市工商行政管理局、市农业委员会、市城市管理行政执法局、市卫生局、市商务委员会、上海出入境检验检疫局等 16 家相关部门，浦东新区等 11 个区县，以及市政协、市高级人民法院、市律师协会的意见，分别召开了由食品生产、流通、餐饮环节的企业与行业协会，区、县食品安全协会，乡、镇人民政府和街道办事处，市人大代表，有关专家、学者等参加的座谈会和专家听证会听取意见，就食品生产加工小作坊和食品摊贩的监管进行了实地调研，广泛征求各方面的意见。其间，市政府法制办就草案的体例、基本思路、主要内容等问题，多次与市人大教科文卫委、市人大常委会法工委进行沟通、会商。根据各方面的意见，市政府法制办对草案做了进一步修改、完善，报市政府审核。[②]

2013 年 5 月 3 日，最高人民法院在公布《关于办理危害食品安全刑事案件适用法律若干问题的解释》的同时，还公布了食品安全犯罪的五起典型案例。其中一起是上海的李瑞霞生产、销售伪劣食品添加剂案件，涉及上海蒙凯化工有限公司，在生产小苏打过程中，以不合格产品冒充合格产品。被告单位和相关个人犯生产、销售伪劣产品罪而获刑。

---

① 上海市食品安全委员会办公室：《上海市实施〈中华人民共和国食品安全法〉办法》，中国食品科技网，2011 年 8 月 5 日。

② 王龙兴、吴勤民、阎祖强：《〈上海市实施《中华人民共和国食品安全法》办法〉解读》，复旦大学出版社 2012 年版，第 4—5 页。

2013 年 6 月 17 日，上海市高级人民法院召开媒体见面会，副院长邹碧华通报了上海高院制定的《关于贯彻"两高"司法解释、依法严惩危害食品安全犯罪的意见》有关情况，以及近年来上海法院审理危害食品安全犯罪案件的基本情况。对于危害食品安全的行为，上海法院将在定罪、量刑上从重处罚，尤其是财产刑的判处力度将加大，将彻底剥夺犯罪分子非法获利和再次犯罪的资本。上海近期制定 10 条实施意见贯彻 2013 年 5 月最高人民法院、最高人民检察院联合发布的《关于办理危害食品安全刑事案件适用法律若干问题的解释》。根据实施意见，全市法院将确保在法律上严惩，在经济上重罚危害食品安全违法行为：在定罪上从重，对于危害食品安全犯罪一般应以"生产、销售不符合安全标准的食品"罪和"生产、销售有毒、有害食品"罪两个罪名定罪处罚；对于危害食品安全犯罪行为同时又构成生产、销售伪劣产品罪、非法经营罪、侵犯知识产权犯罪等情况，依照处罚较重的规定定罪处罚；对负有食品安全监督管理职责的国家机关工作人员，滥用职权或者玩忽职守，同时构成食品监管渎职罪和其他渎职犯罪的，依照处罚较重的规定定罪处罚。在量刑上从重，加大财产刑的判处力度，彻底剥夺犯罪分子非法获利和再次犯罪的资本。对于犯生产、销售不符合安全标准的食品罪，生产、销售有毒、有害食品罪的犯罪分子，一般依法判处生产、销售金额两倍以上的罚金。对于适用缓刑的犯罪分子，同时宣告禁止令，禁止其在缓刑考验期限内从事食品生产、销售及相关活动。①

总之，政策社群与府际网络都是食品安全监管的积极支持者，因此，两者在政策过程中的合作与支持关系是非常明显的。

2. 政策社群与专业网络

政策社群在制定政策过程中需要专业者网络中的专家学者来提供专家意见，从专业角度分析食品监管的必要性，提高政策的科学性。各专家学者与政策社群的互动渠道比较多，通过实地考察、发表论文等方式参与和影响政策制定。政策社群也会积极邀请专家学者提供意见。前面专业网络中提到的上海市食品药品监督管理局食品安全专家委员会就是专门为政策社群提供咨询意见的。

2013 年 10 月 11 日，上海市食品安全委员会第五次全体（扩大）会议宣布上海食品安全智囊团成立。市食安委根据各方意见，遴选了 51 位国家和本市有关专家组建食品安全专家智囊团，广开言路，增强食品安全相关决策的科学性。② 上海交通大学陆伯勋食品安全研究中心作为从事食品安全研究的机构，积极宣传并提高食品从业人员食品安全意识，为科研机构、食品企业及相

---

① 《上海贯彻"两高"司法解释，危害食品安全行为将从重定罪》，《文汇报》，http：//whb. news365. com. cn/ewenhui/whb/html/2013 – 06/18/content_ 23. htm，2013 年 6 月 18 日。

② 唐闻佳：《上海新组建食药监局"三定"方案确定》，《文汇报》2013 年 10 月 12 日。

关政府监管部门提供食品安全管理技术和知识。2013 年 6 月 17 日，《食品安全必备方案和 HACCP 体系培训》开班典礼在上海交大农业与生物学院召开。该培训是上海交通大学陆伯勋食品安全研究中心与密歇根州立大学、Safe Sustainable Affordable Food Everywhere（SSAFE）合作，由世界银行全球食品安全合作伙伴关系（GFSP）项目出资举办。培训对学员完全免费。中心专程邀请两位来自美国密歇根州立大学从事食品安全研究的资深教授以及美国 KPS 资源有限公司的主管授课；内容包括良好制造实践、清洁卫生、危害分析和关键控制点等几大模块的知识；采取综合学习的方式，包括 1 个月的在线学习阶段（2013 年 5—6 月），以及现场培训阶段。学员们在导师的带领下进行食品安全必备方案和 HACCP 体系知识的现场培训。①

3. 政策社群与议题网络

在"染色馒头"、"问题胶囊"等事件中，首先是由民众举报，后来由媒体曝光，进而引起各界广泛关注，在媒体批评之后引起社会各界对于食品安全问题的强烈关注，从而加大了政策社群的决策压力，使得政策社群不得不尽快采取措施，使食品安全监管更加全面细致。

围绕食品安全执法体制变革，媒体进行了广泛建言和解读。例如，2013 年 3 月 11 日，《中国改革》杂志刊登文章《食品安全"大部制"的制度逻辑》，称："猜想中的体制改革将给监管工作带来实质变化：政策将更为一致、职能将更加互补、责任将更可追究。"② 2012 年，由于光明乳业在小小光明宝宝奶酪中违规添加含有乳矿物盐的食品添加剂，且未按规定向质监部门报告，9 月 20 日，上海市质监部门表示，已责令企业停止该产品的生产，将在进一步调查核实的基础上，对企业存在的违法行为，依据相关法定程序进行查处。围绕此事件，新华社、《南方周末》、《南方都市报》、《21 世纪经济报道》、《京华时报》等各家媒体进行了大量报道。③

上海市食品安全相关法律、政策出台前，都进行公开意见征集工作，并定期发布食品安全相关信息，提高市民满意度。国家统计局上海调查总队 2013 年发布的《上海市民食品安全知识知晓程度调查报告》显示，多数市民认同上海食品安全状况，认为上海食品安全状况"很安全"、"比较安全"和"一般"的市民合计达到 87.7%，比 2011 年提高了 1.4 个百分点。对食品安全现状的信任，很大程度上源自对食品安全情况的认知。2012 年上海市民食品安全知晓率总体得分达 80.1 分，自 2011 年起，连续两年达到 80 分以上。目前，上海市民最担心的食品安全问题是"出售病死牲畜肉"（占 20.1%）、"食物

---

① 《食品安全必备方案和 HACCP 体系培训在沪开班》，中国食品安全网，http://www.cfsn.cn/locality/shanghai/2013 - 06/20/content_ 131459. htm，2013 年 6 月 20 日。

② 胡颖廉：《食品安全"大部制"的制度逻辑》，《中国改革》2013 年 3 月 11 日。

③ 《光明"宝宝奶酪"添加乳矿物盐，上海工商要求产品下架》，南方周末网，http://www.infzm.com/content/81111，2012 年 9 月 19 日。

中毒"（占 17.1%）和"蔬菜中农药残留"（占 13.4%），他们最希望了解的食品安全知识分别是"食品营养"（占 58.1%）、"食品质量鉴别"（占 46.3%）和"食品添加剂"（占 38.6%）。认知程度的加深，还增加了市民参与食品安全问题监督的积极性。调查反映，80% 市民愿意主动参与食品安全工作。目前市民认为最应该加强重点监管的环节分别是"生产、加工环节"（占 62.3%）、"环境污染"（占 56.6%）和"种植养殖环节"（占 42%）。市民认为最有效的监管措施前三位分别是"加强监督执法"（占 32%）、"严厉查处违法者"（占 29.2%）和"提高企业自律和诚信"（占 26.4%）。① 市民的意见、建议对政策社群调整、完善政策起到了有益的作用。

4. 府际网络与生产者网络

府际网络中的地方政府与生产者网络生产企业存在着治理与被治理监督与被监督的关系，两者的利益角度不同。出于利益考虑，食品生产企业不会对自己和技术要求太高，甚至会出现以次充好、以假充真、掺毒等现象，对食品消费者的人身安全造成严重影响，也为地方政府的监管造成了很大的难题。地方政府处于一线，对于当地生产者网络中企业中所存在的问题相比其他网络要更了解，直接查处整治问题企业和产品。

根据 2013 年 2 月起施行的《关于本市食品安全信用体系建设的若干意见》，企业及有关责任人如有使用非食用物质和原料生产食品，违法制售、使用食品非法添加物，或使用回收食品作为原料生产食品等 11 种行为中的一种，将被列入"黑名单"。2013 年 6 月 19 日，首份食品安全"黑名单"由上海市食安办对外公布。上海云传添越餐饮管理公司、上海振江川菜馆两家违法餐饮企业和 13 名违法企业的法定代表人或主要负责人上榜，不仅将受到严厉的行政处罚和刑事制裁，还将长期被禁足于食品行业大门外，并因严重失信行为在年审年检、立项审批、财政扶持等至少 20 多个方面受阻。② 2013 年 1—6 月，上海市共受理审查起诉危害食品安全及相关职务犯罪案件 16 件 40 人，已提起公诉 9 件 24 人。③ 考虑到居民的生活需要，上海市也采取了食品摊贩的场地集中和认证管理的制度，并试点了放心早餐点和定点马路菜场的创新做法。

5. 议题网络与生产者网络

议题网络与生产者网络在食品安全问题方面是完全相背离的两方，议题网络坚决抵制有安全问题的生产者，而生产者网络对于议题网络的尖锐披露又极度反感。议题网络不断披露社会生活中食品安全方面存在的问题，以及面对这

① 《2012 年上海市食品安全白皮书发布》，上海市食品研究所，http://www.sfri.com.cn/a/View_2312.html，2013 年 2 月 6 日。

② 《申城首份食品安全"黑名单"公布，福辣火锅振江川菜馆等上榜》，《解放日报》2013 年 6 月 20 日。

③ 《本市检察机关加强食品安全犯罪法律监督》，凤凰网，http://news.ifeng.com/gundong/detail_2013_06/24/26748800_0.shtml，2013 年 6 月 20 日。

些问题政府应该如何应对和解决。生产者网络处于私利才会生产食品安全不达标的产品，若是产品本身的问题被议题网络完全披露就会导致政府对其采取监管措施，从而不利于其谋取私利，故生产者网络被议题网络所监督。以下（见表2）是议题网络对生产网络的监督状况。

表2 消费者向人大举报投诉的部分信息

时间	姓名	区县	事由	分类	处理情况	答复
2011年5月26日13:27	汪女士	普陀	GL路菜场中购买的GMF熟食店的鸭子，索要发票不给，态度很差，怀疑其进货渠道。	餐饮安全	经调查证照齐全，有进货凭证，对其态度问题进行批评	向举报人反馈，举报人表示满意。
2011年5月26日15:21	张女士	普陀	GX路购买的L品牌的蜂蜜冬天膨胀溢出，怀疑有问题。	其他	工商所将在近期对该蜂蜜进行抽样检验。	情况已电话回复张女士。
2011年5月30日11:51	左先生	浦东	YH路购买的黑豆泡水后变黑，缸也变色，不知这现象正常否。	豆制品	属于无照经营，工商所对其查处	调查情况向消费者反馈。

资料来源：《上海市人大投诉举报信息反馈情况汇总》（已做匿名处理），2011年5月，调研资料。

2013年3月，上海市黄浦江上游大量漂浮死猪。对此，全国各大媒体纷纷报道。例如，21世纪网通过实地调查发现，嘉兴大规模生猪死亡事件背后是尚未完善的死猪处理体系和死猪地下产业链，沉疴积弊、环环相扣。[①] 媒体的报道不仅揭露了生产者网络存在的问题，也为府际网络加强监管、政策社群制定政策提供了参谋。

6. 议题网络与专业网络

议题网络与专业网络在食品安全监管问题上是紧密相连的，以专家、学者等知名人士为主体的专业网络为议题网络提供专业知识，为议题网络了解食品安全问题的根源提供理论支持。议题网络通过与专业网络中揭露食品安全问题的专家结盟，从而促使府际网络发现问题，解决问题。

层出不穷的"添加剂"问题，搅扰得老百姓"不知吃什么好"。在2013年5月29日举行的第十二届"浦江学科交叉论坛"上，中国科学院上海生科院营养科学研究所研究员王慧澄清了几个认识误区：第一，"食品添加剂"并不是"非

① 李彬：《"猪三角"调查一：嘉兴7万头死猪背后的秘密》，21世纪网，http：//www.21cbh.com/HTML/2013-3-25/4NNjc1XzY0Nzl4Nw.html，2013年3月25日。

法添加物"，前者是经过科学验证，只要按照规定使用，就是安全的；而后者则根本不该出现在食品中。第二，滥用、乱用食品添加剂的现象，的确需要从生产、流通等渠道加强监管。王慧还透露，上海已着手建立膳食暴露量的数据库，尽管需要花费大量经费与劳动，但对中国营养研究和国民健康的意义很大，制定标准、发展有针对性的食品安全快速检测技术等，都需以此为基础。①

除了学术论坛外，专家还通过网络答疑解惑。2013 年 5 月 24 日，上海人大公众网邀请市人大代表、上海市食品生产监督所监督四科副科长刘震华，市人大代表、上海红刚青扁豆生产专业合作社党支部书记、总经理王黎娜，参加"人大网议日"，就"贯彻落实食品安全法规"这一议题，与广大网友进行在线交流。本期网议日收到网友提问 127 个，嘉宾共回答了 26 个具有代表性的问题，涉及乳制品监管、农药激素滥用、食品安全信用体系建设、食品安全信息公开、源头把控等。② 此外，在专家支持下，上海市还举办了食品安全法律知识网络竞赛，③ 宣传食品安全知识。

（三）政策网络阶段互动小结

如前所述，随着时间的推移，网络中行动者习得了新的沟通技巧，使得网络互动日趋多样，网络结构也逐渐成熟，如图 2 所示。

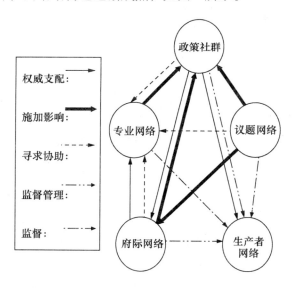

图 2　上海市食品安全监管的政策网络互动

---

① 《上海正着手建立膳食暴露量数据库，研究食物添加剂叠加危害》，中国政府网，http：//www. gov. cn/gzdt/2013－05/30/content_ 2414711. htm，2013 年 5 月 30 日。

② 《网议日：贯彻落实食品安全法规》，上海人大公众网，2013 年 5 月 24 日。

③ 《上海市 2012 年食品安全法律知识网络竞赛第 1 期试题及参考答案》，东方网，2012 年 7 月 12 日。

　　就发生在上海市的"染色馒头"事件而言，肇事者是馒头生产企业，经媒体暴露之后，引起民众、民间组织及各类媒体等议题网络的传播，为地方政府等府际网络造成不小的舆论压力，议题网络也积极地从专业网络当中的专家学者那里学习关于"染色馒头"对身体的危害及如何区分正常馒头与染色馒头。以地方政府为代表的府际网络在受到强大的舆论压力后也积极寻求应急对策，不断向政策网络寻求政策帮助。以上这些都对政策网络施加影响，因此，政策网络在专业网络的帮助以及听取议题网络意见的同时，及时制定出新的应急监管政策，为食品安全监管的具体落实进行分工。府际网络在政策网络的指导下，及时采取新的监管政策和措施，通过向专业网络学习专业知识，听取议题网络的意见和建议，因地制宜，对生产问题馒头的生产商加以制裁。

　　政策网络中各个行动者会不断根据不同阶段的发展变化进行政策学习，转变观念，适时地改变政策策略。议题网络与专业网络之间也在不断地互动，议题网络不断地向专业网络学习，寻求帮助，专业网络也不断地与议题网络进行合作。

　　在上海市食品安全监管过程中，府际网络是最为复杂、资源利用最丰富的一个。因为地方各级政府各部门负责人都要签署食品安全责任书，食品安全被纳入政绩考核指标，而政绩又与生产者网络相连。在与生产者网络进行博弈的过程中还需要政策社群与专业网络及议题网络的协助。活跃范围最广的应该是专业网络：政策社群在规划制定政策的过程中需要专业网络专业知识方面的指导；府际网络中也需要专业网络的指导，从而更好地对生产者网络中的生产商进行全方位监管；议题网络和生产者网络同样需要专业网络的支持与帮助；议题网络中的民众通过专业网络获得专业的食品安全知识；生产者网络为了贯彻执行国家安全政策的指导，生产过程中更需要专业人员的专门指导。

五　结　语

　　近年来，频繁发生的食品安全事故加快了政府对食品安全监管的步伐，通过制定一系列食品安全政策，加强监管来应对食品安全危机。运用政策网络的分析框架，我们能够观察食品安全监管的整个过程。

　　在上海市食品安全监管的过程中，食品安全事故并不是一两个孤例，而是间断性的、多次发生，由此导致食品安全监管中的政策不是一成不变的。行动者与网络的互动形成政策结果，而政策结果也会反馈影响网络结构与网络中的行动者，并进一步影响政策的制定。行动者在特定结构与政策结果中获取策略信息，采取相应行动，会进行政策学习。网络中的行动者的政策学习能力有助于提高其网络资源，影响政策的制定与执行。① 由此反复循环，致使食品安全监管的政策结果更加完善。

在上海市食品安全监管过程中，整个过程的参与者包括国务院到县级各级地方政府部门，人大、食品安全委员会、食品药品监管局、各媒体、民间组织等不同部门，其中发挥最大作用的仍是政府主管部门。但是媒体、组织、民众等议题网络的作用也显现出来。虽然在前文分析过程中提到食品安全事故被揭露有民众举报、公司自检、媒体曝光等多种方式，但是作为普通民众，大部分信息都是通过媒体获得的。所以，媒体在整个政策议程的设置与政策变迁过程中起到了很大的作用。此外，政府能够及时回应、公开征求民众或民间组织意见的创新做法也使上海市食品安全监管进程更加顺畅起来。

从政策网络角度研究食品安全监管，本文还属于探索性研究。在理论框架部分，政策社群与府际网络在地方层次的进一步厘清，五大网络彼此关联的进一步解读，不同网络对食品安全监管的有效性的进一步分析，等等，都有待继续研究。

---

① 朱春奎：《政策网络与政策工具：理论基础与中国实践》，复旦大学出版社 2011 年版，第62 页。

纵向分割质量标准管制

熊红星

摘　要　传统上纵向网络一体化经营的产业，往往存在某个经营环节具有自然垄断性质。这类产业结构重组的方向通常是在非自然垄断性环节引入竞争，并开放自然垄断环节的网络接入要求。但是，竞争、开放并不一定会提高社会福利水平。因为纵向分割引起各环节产品质量水平的变化，需要加强自然垄断环节的质量标准管制。

关键词　纵向网络　接入质量　管制

在垂直分离的网络产业，上、下游环节可能存在着一个具有自然垄断性质的网络，该网络与其他环节间存在纵向接入关系。最终消费者接受的产品（服务）实际上是所有环节上产品（服务）的集合。例如，长话与市话分离的语音服务，系统中，一个长途语音服务是主叫方本地网服务加上长话主干网服务，再加上被叫方本地网服务。一次长话服务的质量取决于这三个网络服务的综合质量。

一　网络纵向接入要求

表1简要地罗列了部分网络产业纵向接入要求。

表1　　　　　　　　　　　　**网络产业纵向接入**

产业名称	纵向业务接入
电信	长话网与本地网的接入
电力	高压输电与区域性低压配电的接入
铁路运输	铁轨网络与运输服务的接入
自来水	自来水管道网络与自来水销售
管道燃气	燃气管道网络与燃气销售

［作者简介］熊红星，浙江财经大学，310018。

在传统一体化产业模式被打破之后，政府可能强制性要求互联互通，保证纵向网络运行的完整性和稳定性。但是，由于经济主体多元化，纵向分割之后，消费者可选择的产品质量可能发生较大变化，缺乏管制的竞争也可能会降低社会福利水平。

二 纵向接入质量标准

假设消费者具有单位需求。如果购买，则单个消费者的消费者剩余函数为 $u = ms - p$，其中，u、m、s、p 分别代表该消费者的效用水平、该消费者对质量的效用评价、产品质量水平、产品价格；否则消费者的效用为零。为简便起见，假设所有消费者对质量的效用评价服从均匀分布，且在 0—1 之间。

假设某最终产品由一个上游环节产品和一个下游环节产品组成，例如电力传输与电力销售，且上下游产品按照 1:1 比例组合成最终产品。相应的，最终产品质量取决于上下游环节产品的综合质量。令 s_1、s_2 分别代表上下游产品的质量水平，假设最终产品质量 $s = s_1 + s_2$。假设总成本函数形式为 $TC = ns^2 q$，其中，n、s、q 分别代表成本参数、产品质量和产品数量。上游环节的总成本为 $TC_1 = n_1 s_1^2 q$，下游环节的总成本为 $TC_2 = n_2 s_2^2 q$。

假设上游环节具有自然垄断性质。纵向结构分割的结果是在下游环节形成竞争性市场，但是，所有下游厂商都必须兼容上游垄断厂商，实现产品兼容。

（一）管制

在产品质量垂直差异化市场上，管制机关不仅管制产品价格，还要管制产品质量。管制目标是追求社会福利最大化。社会福利采用消费者剩余与生产者剩余之和。

整体垄断市场上，厂商以价格 p^s 出售质量为 s^s（$s^s = s_1 + s_2$）的产品，生产总成本为 $TC^s = n_1 s_1^2 q + n_2 s_2^2 q$。

只有消费者剩余不低于 0 的消费者才会购买。假设无差异消费者为 m^s，他（她）购买与不购买的消费者剩余等于 0。购买与不购买该类最终产品无差异的消费者 m^s 符合下列条件：$u = m^s s^s - p^s = 0$，即 $m^s = p^s / s^s$。根据效用函数可知，当消费者面对相同的价格时，消费者对质量的效用评价越高，净效用越大，因此 $m > m^s$ 的消费者都会购买，而 $m < m^s$ 的消费者都不会购买。这样，需求函数为 $q = 1 - m^s = 1 - p^s / s^s$。

社会福利函数为：

$$SW = \int_{ms}^{1} (ms^s - p^s) dm + p^s q - n_1 s_1^2 q - n_2 s_2^2 q$$

经整理，社会福利函数变形为：

$$SW = (s_1 + s_2) q - (s_1 + s_2) q^2 / 2 - n_1 s_1^2 q - n_2 s_2^2 q$$

社会福利最大化的一阶条件分别为：

$$SW_q = （s_1 + s_2） - （s_1 + s_2） q - n_1 s_1^2 - n_2 s_2^2 = 0$$

$$SW_q = q - q^2/2 - 2n_1 s_1 q = 0$$

$$SW_q = q - q^2/2 - 2n_2 s_2 q = 0$$

经整理，可知社会福利最大化的最优产量、最优质量水平分别为：

$$q = 2/3；s_1 = 1/（3n_1）；s_2 = 1/（3n_2）$$

（二）整体垄断

纵向分割之前，某厂商同时垄断了上下游环节。该厂商以价格 p^m 出售质量为 s^m（$s^m = s_1 + s_2$）的产品。

同样，只有消费者剩余不低于 0 的消费者才会购买。假设无差异消费者为 m^m，他（她）购买与不够买的消费者剩余等于 0。根据效用函数可知，$m > m^m$ 的消费者都会购买，而 $m < m^m$ 的消费者都不会购买。其中 m^m 为：

$$u = m^m s^m - p^m = 0，即 m^m = p^m/s^m。$$

这样，需求函数为 $q = 1 - m^m = 1 - p^m/s^m$。反需求函数为 $p^m = s^m（1 - q）$。垄断厂商的总收益函数为 $TR = q p^m = s^m（q - q^2） = （s_1^m + s_2^m）（q - q^2）$。按照边际收益等于边际成本的原则，垄断厂商对产量、上游产品质量、下游产品质量的边际收益分别等于各自的边际成本，即：

$$MR_q = （s_1^m + s_2^m）（1 - 2q） = MC_q = n_1 s_1^2 + n_2 s_2^2$$

$$MR_q = q - q^2 = MC_q = 2n_1 s_1 q$$

$$MR_q = q - q^2 = MC_q = 2n_2 s_2 q$$

经整理，可知垄断厂商的最优产量、最优质量水平分别为：

$$q^m = 1/3；\quad s_1^m = 1/（3 n_1）；\quad s_2^m = 1/（3 n_2）$$

垄断厂商的最优价格、利润分别为：

$$p^m = 2/（3 n_1） + 2/（3 n_2）；\Pi = 1/（27 n_1） + 1/（27 n_2）$$

经比较发现，虽然垄断厂商的最优产量远低于社会最优水平，但是，垄断利润最大化的质量水平等同于社会福利最大化的质量水平，垄断并没有改变产品质量水平。

（三）上游厂商垄断下游厂商完全竞争

考虑纵向分离的市场结构，并引入市场竞争。由于自然垄断，上游环节保持垄断市场结构，开放下游环节形成竞争性市场。

在竞争性市场上，厂商没有市场势力，市场价格等于边际成本。同时，由于消费者对质量的评价不同，竞争性厂商还将展开产品质量竞争。在价格竞争和产品质量竞争均衡状态，产品质量分布在最低质量与最高质量之间[1]。假设技术上所能允许的下游产品最低质量水平为 s_2，则购买与不购买无差异消费者 m^d 符合下列条件：

$$m^d(s_1 + s_2) - p_1 - n_2 s_2^2 = 0$$

经整理，可知 $m^d = (p_1 + n_2 s_2^2)/(s_1 + s_2)$

上游垄断厂商的需求函数为 $q = 1 - m^d = 1 - (p_1 + n_2 s_2^2)/(s_1 + s_2)$，经整理，可知上游垄断厂商的逆需求函数为 $p_1 = (1 - q)(s_1 + s_2) - n_2 s_2^2$。垄断厂商的总收益函数为 $TR = q p = (q - q^2)(s_1 + s_2) - n_2 s_2^2 q$。按照边际收益等于边际成本的原则，上游垄断厂商对产量、产品质量的边际收益分别等于各自的边际成本，即：

$$MR_q = (s_1 + s_2)(1 - 2q) - n_2 s_2^2 = MC_q = n_1 s_1^2$$
$$MR_q = q - q^2 = MC_q = 2n_1 s_1 q$$

经整理，可知上游垄断厂商的最优产量、最优质量水平分别为：

$$s_1 = \{1 - 4 n_1 s_2 + [(1 - 4 n_1 s_2)^2 + 12 n_1(s_2 + n_2 s_2^2)]^{1/2}\}/(6 n_1)$$
$$q = 1 - \{1 - 4 n_1 s_2 + [(1 - 4 n_1 s_2)^2 + 12 n_1(s_2 + n_2 s_2^2)]^{1/2}\}/3$$

只有当 $s_2 = 0$ 时，$s_1 = s_1^s = s_1^m = 1/(3 n_1)$。可见，只要下游环节存在最低产品质量的限制[2]，与整体垄断的市场均衡相比，纵向分割后上游环节的产品质量将会发生变化，损害社会福利。

在整体垄断的市场上，上游环节降低产品质量，在最终产品价格不变的情况下，降低了消费者效用，减少了市场需求，减少了上下游的利润；同时，较低的产品质量对应着较低的成本，也可能对应着降低的市场价格和较高的市场需求量，又有利于提高厂商的利润。上游环节产品质量选择不仅考虑对上游环节利润的直接影响，还要考虑最终产品市场需求变化进而对上下游环节利润的间接影响。

纵向分割之后，上游环节产品质量选择仍然要考虑对上游环节利润的直接影响以及改变最终产品市场需求进而改变上游环节利润的间接影响，但是，上游厂商不再考虑下游厂商的利润。不论上游产品质量如何，下游环节竞争性市场上，下游环节行业利润总是接近于零。此外，下游环节放开市场进入之后，产品质量多样化的竞争性市场覆盖范围大于垄断市场，未被满足的潜在市场规模相对有限，上游产品质量变化对最终产品市场需求的影响较小，上游环节产品质量选择改变最终产品市场需求进而改变上游环节利润的间接影响也相对较小。这样，纵向分割之后，上游环节产品质量选择主要基于上游环节的边际成本和边际收益，较少考虑下游环节的影响。

---

① 参见斯蒂芬·马丁《高级产业经济学》第 107 页："一个企业选取最低的可能的质量水平。"

② 即使没有法律、技术上的限制，经济上产品质量为零的产品也可能在市场上无法获得正常利润，从而退出市场。

总之，纵向分割改变了市场对上游垄断厂商产品质量选择利润激励的方式和大小，改变了上游产品质量水平。

三 结 论

自然垄断产业纵向分割剥离出非自然垄断环节后，在非自然垄断环节放松进入形成竞争性市场，提高了该环节社会福利。但是，纵向分割也改变了市场对自然垄断环节厂商产品质量选择利润激励的方式和大小，可能会改变自然垄断环节的产品质量水平，在一定程度上降低了社会福利水平。因此，建议纵向分割之前，将垄断厂商对自然垄断环节制定的企业标准固定下来，形成强制性外部标准，要求纵向分割之后的自然垄断厂商执行原有的质量标准。

参考文献

[1] Besen, S. M., and Farrell, J., Choosing How to Compete: Strategies and Tactics in Standardization, 1994, *Journal of Economic Perspectives*, 8, pp. 117 – 131.

[2] 斯蒂芬·马丁：《高级产业经济学》，史东辉等译，上海财经大学出版社 2003 年版。

[3] 王俊豪：《中国垄断产业结构重组、分类管制与协调政策》，商务印书馆 2005 年版。

中国稀土出口管制的国际传导机制与效应研究

姜辉

摘　要　中国稀土出口管制产生了显著的国际连锁效应。本文从数量、价格和信息三个层面剖析中国稀土出口管制对国际稀土市场的传导机制，并提出稀土贸易的替代效应、创造效应和结构效应三个假说。通过构建稀土贸易结构变异系数，利用中国及其他 13 个主要稀土出口国和地区 2001—2012 年的稀土 4 分位出口数据，对比实施出口管制前后的指标差异，研究发现，中国稀土出口地区结构及世界稀土出口国别结构均发生了显著变化，澳大利亚、墨西哥和印度对中国稀土的替代效应尤为显著，中国香港和新加坡在承接稀土转口贸易中发挥着重要作用。本文最后从扩展稀土管制范围、促进产业结构升级及适时调整稀土出口配额等方面提出相应的对策。

关键词　稀土　出口管制　传导机制　连锁效应

一　引言

开放经济背景下，一国调整出口政策会在国际上产生系列的连锁效应，世界经济一体化和全球化趋势的不断加深对该效应具有放大作用，且对于出口大国而言，这种放大机制尤为显著。中国稀土储量占世界总储量的23%，提供世界稀土市场90%左右的供给，是典型的稀土出口大国。2007 年，基于限制战略资源出口和保护生态环境的目的，中国开始对国内的稀土产量进行限制，规定总产量不得超过 7.4 万吨。2009 年，通过出台《稀土工业发展的专项规划（2009—2015 年）》限定到 2015 年稀土每年出口不能超过 3.5 万吨。

稀土素有"工业味精"之称，在高科技领域具有广泛的用途，是较难替代

［作者简介］姜辉，中国计量学院经济管理学院，310018。

［基金项目］本文是 2012 年教育部人文社科青年基金项目（12YJC790078）和浙江省标准化与知识产权管理人文社科重点研究基地项目（SIPM3204）的阶段性成果，同时受浙江省哲社重点研究基地"产业发展政策研究中心"和浙江省人文社科基地"管理科学与工程"资助。

的重要战略资源。发达国家如美国、日本、欧洲等对稀土的进口需求依赖程度非常大。自中国对稀土这种战略性资源实施出口限制开始，国际社会对此保持高度关注，且反响强烈，少数国家甚至将此提交 WTO 的争端解决机构（DSB）。中国的稀土出口管制在国际社会上引发了持续而广泛的连锁效应。现有文献较多地从我国稀土出口现状及存在的问题入手，研究稀土出口管制的必要性、紧迫性、管制政策与 WTO 规则的合规性，即使涉及稀土出口管制政策的效果，也大多局限于探讨稀土出口管制对国内福利及国际价格的影响，较少从理论上剖析稀土出口管制的国际传导机制，也缺少从实证上检验稀土出口管制产生的连锁效应。本文拟围绕中国稀土出口管制的国际传导机制及连锁效应展开研究。

二　文献综述

（一）稀土出口的现状及存在的问题

中国稀土出口虽然具有总量上的"寡头"地位，但只能获得竞争性定价结果（孙泽生，2009），不仅压低了世界市场稀土价格，还间接地鼓励他国减少稀土开发，从而获得保护稀土资源和生态环境的收益（刘慧芳，2011）。中国由于长期处于稀土产业链低端，故而缺乏国际定价权（张鲁波，2010；张子潇，2011；廖泽芳，2011；李华，2011；张侃，2012；张许静，2013）。此外，利用出口潜力指数研究发现，中国对日本、荷兰和印度等国均存在过度出口倾向（潘安，2013）。可见，优化出口配额是实现资源性产品长期总体经济价值最大化的重要途径（金通，2011）。

（二）稀土出口管制的合规性

关于稀土出口管制的合规性问题，国内外学者存在显著相左的两派观点。国内学者普遍认为，中国稀土出口管制符合 WTO 体制安排（张红霞，2011；周竞良，2012），但应该进一步完善国内法律法规，并与 WTO 规则保持一致（杨文兰，2012）。尽管稀土出口管制问题被纳入 WTO 的争端解决机制，但稀土进口国家未必能够获得有利的裁决结果（Daniel，2011）。故而，国外学者常对中国稀土出口管制的合规性提出质疑。例如，中国稀土出口管制违背了1994 年《关贸总协定》第八、第十和第十一条，通过限制原材料抬高国际市场价格以谋求本国稀土产业竞争优势的做法将不利于稀土产业的可持续发展（Geert，2013）。为了解决稀土争端，中国应该增加管制的透明度及一致性，以更为理性的手段实施管制（Peng，2012）。继 2012 年美国、日本、欧洲将中国稀土出口管制诉诸 WTO 争端解决机构后，2014 年 3 月 26 日，WTO 专家组裁决中国稀土败诉使得中国稀土出口管制合规性问题的争论更趋白热化。可见，我国稀土出口管制任重而道远。

（三）稀土出口管制的影响

中国稀土出口管制产生了广泛而深远的影响。从对国内产生的效应来看，稀土管制有利于保护资源和生态环境（白晓慧，2012）和增加出口创汇额（周晓唯，2012），但作为报复措施，发达国家会减少稀土下游高技术产品的对华出口（邢斐，2012）。从对国际产生的效应来看，稀土出口管制不仅引发经贸关系冲突，也冲击了政治关系（Roderick，2010），以致推动少数国家如美国将稀土问题提高到国家战略层面，以确保长期获得大量的稀土供应（Steve，2012）。此外，稀土管制增加了美国、日本、欧洲稀土产品生产成本（胡建州，2013），并推动国际稀土市场的平均价格整体呈现上涨（刘慧芳，2013）。

三　中国稀土出口管制的国际传导机制及相关假定

开放经济条件下，一国经济政策的调整会对他国产生显著的连锁效应。世界主要稀土进口国长期以来对中国稀土产生了较强的依赖性。近年来，中国在稀土出口问题上的诸多政策调整无不对世界主要稀土进口国和出口国产生广泛而深远的影响。本节拟从价格、数量和信息三个层面剖析稀土管制对国际市场的传导机制。

（一）价格传导机制

中国稀土出口管制的价格传递机制主要通过提高出口售价来实现的，而导致出口售价上升的主要原因在于减少稀土相关产品的出口退税，以及对稀土出口征收出口关税。① 例如，2004 年，中国稀土出口均价为每吨 4019.93 美元，到 2010 年上涨至每吨 23611.01 美元。七年间的价格平均涨幅高达 52.44%。中国稀土出口价格的上涨通过价格传导机制对国际稀土供需市场产生了深远的影响。

由于稀土的开采和生产数量可以通过制定政策而有效地控制，所以假定稀土的国际市场供给富有弹性，此外，由于稀土作为重要的战略资源，是高技术产业所必需的中间投入品，很难在短时间内大规模地被替代，故而假定稀土的国际市场需求缺乏弹性。图 1 表现为供给曲线的斜率大于需求曲线的斜率。此外，由于需求缺乏弹性，故而，中国稀土出口价格的上涨主要影响国内供给曲线和他国稀土供给曲线的变化，对本国需求及他国需求的影响短期内忽略不

---

① 2004 年 1 月，中国将稀土金属、钇、钪及其混合物的出口退税从 17% 和 13% 下调为 5%，2005 年 5 月，取消稀土金属、稀土氧化物、稀土盐类等产品的出口退税。2006 年 11 月，针对稀土矿产品和化合物的出口加征 10% 关税。2007 年 6 月，对稀土金属等产品开征 10% 出口关税。

计，但是，由于国际市场稀土供给减少及价格的上升，会致使国际市场稀土需求减少。

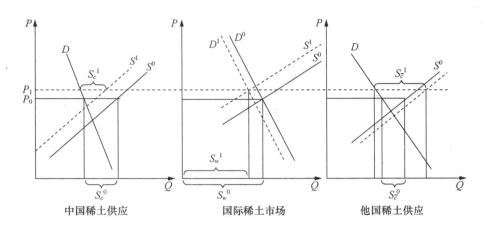

图1　中国稀土出口管制的价格传导机制

从图1可以看出，在中国实施稀土出口管制前，世界稀土的供应 S_w^0 等于中国稀土供应 $S-_c^0$ 加上他国稀土供应 $S-_c^0$，均衡价格为 P_0。一旦中国降低甚至取消稀土出口退税，以及征收稀土出口关税时，必然推动出口售价的提高，进而拉动国内售价的攀升。由此产生的连锁效应表现为他国稀土供应量开始逐步增加，国际市场上稀土总供应量和总需求量下滑，由 S_w^0 降至 S_w^1。此时，中国稀土的国际供应量由 S_c^0 降至 S_c^1，他国稀土的国际供应量由 $S-_c^0$ 增加至 $S-_c^1$。世界稀土均衡价格由 P_0 上升至 P_1。

（二）数量传导机制

在实施保护贸易的情形下，数量管制相比价格管制更具实效性这一论点早已被经典国际贸易理论所证实。在出口贸易中，实施数量限制的手段主要包括制定配额或发放许可证。中国早在1998年就对稀土出口实施配额管理，2004年限定稀土出口配额为65609吨，至2013年下降为31001吨。中国稀土出口管制的数量传导机制主要沿着产业政策—贸易政策—应对政策的路径行进，详见图2。

从图2可以看出，中国为了保护稀土这种战略资源和维护生态环境，实施保守的产业政策，通过许可制度严格限制稀土的开采量，导致中国稀土的总供给量由 Q_0 下降为 Q_1，稀土供给曲线由实线 S_G^0 左移至虚线 S_G^1，均衡价格由 P_0 涨至 P_1。在未实施限产前，中国提供给国际市场的稀土量为 E_0，世界对稀土的总超额需求为 D_E^0。

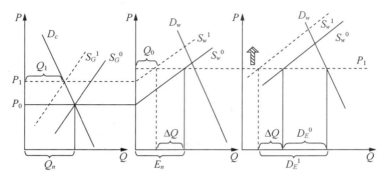

中国产业政策：开采许可　中国贸易政策：出口配额　国际应对政策：弥补担额需求

图2　中国稀土出口管制的数量传导机制

考虑中国对稀土实施出口配额管理的情形，假定规定每年的配额量为 Q_a，则相对于前一年度稀土出口的减少量为 ΔQ，此时中国对国际市场的稀土供给曲线由 S_w^0 左移至 S_w^1，在其他稀土出口国保持供给不变的假定下，世界稀土的总供给曲线由 S_w^0 相应地左移 ΔQ 个单位至 S_w^1，从而导致世界对稀土的超额需求由 D_E^0 增加至 D_E^1，稀土市场的需求饥渴状态最终推动国际稀土价格上涨，如图中阴影箭头部分所示，国际社会的理性应对之策表现为扩大稀土产能或寻求稀土的替代品以填补超额需求份额。

（三）信息传递机制

基于理性预期理论，当一国拟调整某项出口政策时，其他国家就提前做好应对之策。在中国拟对稀土进行出口限制之前，或实施出口管制的过程时，世界其他稀土出口国、潜在出口国以及进口国会利用中国传递给国际市场的信息形成对未来国际稀土市场的理性预期。但由于信息的不完善及决策者认知水平的限制，其他国家对国际稀土市场预期往往是不完全理性的，故而，除了实际价格及数量传递机制产生的连锁效应外，还存在因为预期的偏差而产生的副效应，该效应包括放大和平抑两种类型。

当预期超额需求大于实际超额需求时，除中国以外的其他稀土出口国会有扩大稀土供应的动机，而进口国则出于预防价格过度上涨目的大量进口，以进行战略储备，买卖双方共同作用下会推动稀土交易量的上升和价格下降。此时，基于即得信息而形成的预期机制具有放大交易量的效应，如图3中（a）所示。

假定 t 期时稀土国际价格为 p_t，存在超额需求 ED_t，世界交易规模为 E_t。中国稀土管制政策会给国际社会传递出稀土供应量将下降的讯息，进而形成超额需求将扩大的预期，即从 ED_t 向 ED'_t 趋近。在预期超额需求与实际超额需求一致时，价格由 P_t 涨至 P_{t+1}，交易规模由 E_t 增加到 E_{t+1}。但当预期超额需

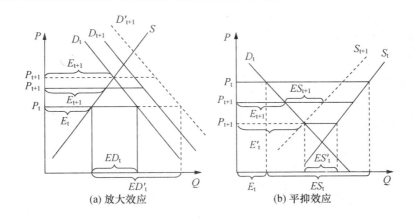

图3　中国稀土出口管制的信息传递机制

求大于实际值时，会推动需求曲线进一步右移至 D_{t+1}，即存在暂时性的过度进口情形。国际稀土价格由 P_{t+1} 上涨至 P'_{t+1}，交易规模由 E_{t+1} 继续扩大至 E'_{t+1}。此时，信息传递产生的预期偏误无论对价格还是交易量都具有放大效应。

然而，中国稀土出口管制政策会激发稀土储备国开发稀土的热情，一旦大量稀土投放国际市场就会出现过度供给的情形。如图3中的（b）所示，假定 t 期的超额供给为 ES_t，于是预期 $t+1$ 期的超额供给会下降为 ES'_t，由于预期价格会从 P_t 大幅度下跌至 P_{t+1}，所以进口国会暂缓或减少进口，出口国则会主动削减出口，最终致使预期的超额供给 ES'_t 小于 $t+1$ 期实际的超额供给 ES_{t+1}，实际价格也只下降到 p'_{t+1}，而不是 p_{t+1}，交易规模也只增加到 E_{t+1}，而不是 E'_t。可见，信息传导中产生的预期偏误平抑了价格下降和贸易规模扩张。

（四）相关假定

假定1：稀土出口国的贸易替代效应。

中国当前虽为主要的稀土供应国，但其他国家的稀土储量及供应国际市场的能力不可忽视。中国限制稀土出口的战略举措必然激发其他稀土出口国扩大稀土的开采量及增加出口规模，从而他国对中国的出口替代成为稀土出口管制连锁效应的重要表现。随着中国进一步限制稀土出口：一方面，已有的稀土出口国会加大出口量以弥补中国让渡的市场份额；另一方，潜在的稀土出口国会抓紧稀土资源的勘探及开发，并争取尽快加入稀土出口国行列。

假定2：稀土相关品的贸易创造效应。

在国际市场上，稀土供应的紧缺必然推动出口价格的快速上涨，进而导致对稀土替代品需求的增加，并扩大稀土替代品的贸易规模，由此给稀土替代品出口国创造了难得的贸易机会。

假定3：稀土产业链的贸易结构效应。

稀土作为中间投入品，其价格的上升及出口数量的下降必然推动上游产业价格的上涨及下游产品成本的增加，进而驱使部分国家将产业链进行跨国调整和转移，以规避因中国稀土出口管制而造成的不利影响。

四　中国稀土出口管制的连锁效应及检验

国际社会对中国稀土出口管制缘何产生如此大的反响，以至于美国、日本、欧洲联合将中国诉诸 WTO 争端解决机构。本节拟采用变异系数捕捉稀土贸易数量及结构的变化，进而剖析稀土管制产生的连锁效应。

（一）指标构建及数据来源

本文主要采用贸易结构变异系数，以中国出台管制政策的时间为分界线，采用对比分析方法探讨稀土出口管制前与管制后的差别，进而实证检验其连锁效应。稀土贸易结构变异系数的计算公式如下：

$$e = \sum_{i=1}^{n} | r_{t,i} - r_{t-1,i} |$$

式中，e 代表贸易结构变异系数，$r_{t,i}$ 和 $r_{t-1,i}$ 分别为 t 期和 $t-1$ 期某国对第 i 国的出口额占该国总出口额的比率。e 值越小，表明出口贸易结构变化不大；反之则表明出口结构出现较大的变异。如果两期出口结构完全一样，则该值为零。

本文所有数据都来自联合国商品贸易数据库，采用协调商品编码四分位标准（稀土 HS 编码为 2805），收集 2001—2012 年的出口数据，对 2007 年以前及以后的贸易情况进行对比研究。

（二）中国稀土进口国数量及结构变化

中国限制稀土出口政策产生的连锁效应表现为，短期内，从中国进口的国家数量减少，例如，2007 年从中国进口稀土的国家数量为 53 个，2008 年下降为 40 个。从长期看，稀土的短缺促使更多的国家从中国进口，例如 2012 年，从中国进口稀土的国家数量（CIN）增加至 70 个。从中国稀土的进口国别结构来看，2007 年前该指数波幅不大，平均值约为 0.2，但是，2008 以后，进口国结构变异系数（CIE）出现大幅波动，均值增加至 0.39。可见，中国稀土出口管制政策诱导了稀土进口国改变进口方向，更多的国家参与进口中国稀土，从而推动了中国稀土出口市场的多元化（见图 4）。

从图 4 可以看出，自 2008 年开始，从中国进口稀土国家的数量呈现快速增长的态势。这可从以下两方面加以解释：一是说明世界对中国稀土的依赖强度在短期内不能得到很大改善；二是出于预防动机或战略储备需要，许多国家

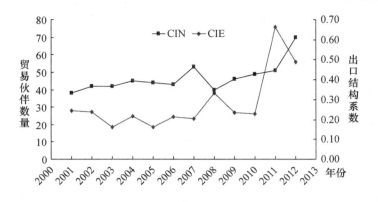

图4 中国稀土进口国数量及结构变异趋势

新加入到从中国进口稀土资源的国家行列。中国稀土出口管制释放出的信息推动国际市场上形成稀土需求饥渴的预期，故而，激发了大量的新稀土进口国。例如，2012 年相对于 2008 年新增进口国达 30 个。

（三）世界稀土出口国数量及结构变化

中国稀土出口管制对世界稀土出口国产生的连锁效应表现为：一方面，原有稀土出口国调整稀土供应量；另一方面，拥有稀土储量的国家基于国际稀土供应短缺和价格趋涨而成为新兴稀土出口国。世界稀土出口国数量（WEN）变化及结构变异趋势如图 5 所示。

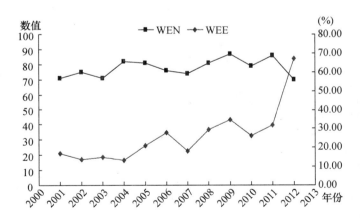

图5 世界稀土出口国家数量及结构变异趋势

2007 年前后，世界稀土出口国的数量变化不是很显著，其中出口国家较多的年份为 2009 年的 87 个和 2011 年的 86 个。这是因为，稀土出口供应受先天地理储备而决定。但是，从世界稀土出口结构变异系数（WEE）可以看出，

2007 年前后的系数值变化非常显著。2001—2007 年，系数均值为 0.18；2008—2012 年，系数均值为 0.38。这说明世界稀土出口结构发生了显著的变化。基于这种变化趋势，本文选取包括中国在内的世界 14 个主要稀土出口国家或地区①，以出口增长率及出口市场份额指标，对比在中国实施稀土出口管制前后各国稀土出口增长率出现的变化。

1. 出口增长率变异

世界稀土出口增长率异常值包括高倍增长和负增长两种。从异常高倍增长来看，2003 年澳大利亚稀土环比出口增长率高达 7986. 39%，2011 年印度稀土环比出口增长率达到 1145. 69%。此外，在中国 2007 年开始限制稀土出口的前一年（2006 年）和后两年（2008 年和 2009 年），世界主要稀土出口国大部分出现负增长情形。可见，中国稀土出口管制显著影响到世界稀土市场的走势。

2. 出口份额变异

本文以 2007 年为界，根据出口份额将主要稀土出口国家分为三组：第一组出口份额逐渐下降，第二组逐渐上升，第三组大致不变。研究发现，中国和俄罗斯稀土出口份额呈显著下降趋势，而澳大利、墨西哥、印度、新加坡和中国香港的出口份额呈现显著上升趋势，德国、意大利、日本、荷兰、西班牙、英国和美国的出口份额基本保持稳定（见表 1）。

从表 1 可以看出，俄罗斯作为稀土储备大国（约占世界总储量的 19%），在中国实施出口管制后，尽管其市场份额本身就很低，但其出口份额也随中国一同有大幅度下降。美国稀土储量位居世界第二，多年来在稀土出口市场占有较大的份额，但其稀土原矿的出口很少，主要涉及稀土类中间产品或最终产品的出口。

澳大利亚、墨西哥和印度三国具有较丰富的稀土储备，在中国实施稀土出口管制前，三国出口的份额变化不大，但是，自 2007 年以后，三国出口份额显著上升，尤其是印度 2012 年的稀土出口占世界总出口的份额陡增至 26. 49%。可见，这三个国家对中国的稀土出口具有显著的替代效应。

新加坡和中国香港虽然不具有丰富稀土储备，但是自 2007 年后，两个地区的稀土出口占世界总出口的份额呈现快速上升之势。究其缘由，此种变化应该可以归结于"转口贸易"，即由于中国限制稀土出口，所以，借助"自由港"先进口然后实施再出口。可见，中国香港和新加坡稀土出口的变化正好体现了中国稀土出口管制所产生的贸易转移效应。本文通过度量两地稀土出口份额和进口增长之间的相关程度，验证稀土贸易转移效应的存在性。

---

① 国别及代码如下：40 为 Austria；156 为 China；276 为 Germany；344 为 China, Hong Kong SAR；381 为 Italy；392 为 Japan；484 为 Mexico；528 为 Netherlands；643 为 Russian Federation；699 为 India；702 为 Singapore；724 为 Spain；826 为 United Kingdom；842 为 USA。该 14 国或地区 2000—2012 年出口总额占世界份额均值达 94. 3%。

表 1 世界主要稀土出口国或地区出口占有率的变化趋势

单位：%

国家和地区	2000 年	2001 年	2002 年	2003 年	2004 年	2005 年	2006 年	2007 年	2008 年	2009 年	2010 年	2011 年	2012 年
中国	49.30	44.65	43.04	44.03	43.62	45.95	57.27	62.05	52.28	40.77	50.17	57.72	27.81
俄罗斯	6.48	7.96	8.71	7.62	7.37	6.81	5.60	4.58	4.72	4.55	3.95	1.84	2.12
澳大利亚	0.02	0.04	0.02	1.27	1.14	0.79	0.60	0.78	1.34	1.38	1.08	2.23	1.56
墨西哥	0.01	0.04	0.16	0.02	0.01	0.05	0.05	0.10	0.24	0.38	0.28	0.80	1.98
印度	0.42	0.56	0.29	0.55	0.48	0.65	0.32	0.49	0.95	1.48	0.72	4.04	26.49
中国香港	0.85	0.24	1.89	2.52	3.08	2.22	2.27	3.61	1.81	1.36	2.39	3.08	3.32
新加坡	1.06	1.37	1.29	1.46	0.23	0.86	0.64	0.47	1.46	1.68	1.13	2.23	4.95
德国	6.64	7.16	8.01	7.81	7.09	6.16	3.77	2.18	3.48	5.54	4.17	2.93	2.14
意大利	0.32	0.50	0.95	1.05	1.68	3.72	1.05	2.66	1.38	0.62	0.76	0.24	0.00
日本	2.81	1.81	2.99	3.62	1.83	1.74	2.78	1.79	1.65	2.39	2.52	1.26	2.20
荷兰	1.22	1.62	1.53	3.53	3.90	3.95	4.23	3.01	2.88	5.86	3.48	2.47	2.72
西班牙	1.38	1.22	2.08	2.25	2.00	2.70	1.36	1.53	2.09	1.97	3.04	1.02	0.42
英国	1.51	2.45	2.18	1.18	0.97	2.36	1.37	1.23	0.79	0.84	0.70	0.43	0.32
美国	22.58	20.47	20.74	17.71	18.28	15.03	14.07	11.95	17.01	25.08	20.52	16.89	20.09

资料来源：根据 UNOOMTRADE 数据整理计算得来。

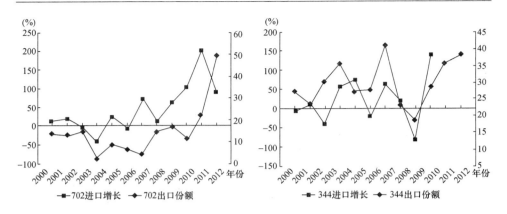

图6　中国香港（344）和新加坡（702）稀土出口份额和进口增长关系图

图6可以看出，中国香港和新加坡在国际市场上的稀土出口份额变化趋势与其进口增长保持了高度的一致。当进口增长率提高时，其稀土在国际出口市场的份额就增加；反之，当进口增长率下降时，相应年份的出口份额亦趋于下降。其中，2011年中国香港稀土进口出现井喷式增长，稀土环比进口增长率高达1891.15%。异常的增长致使2012年出现93.63%负增长。

五　结论及建议

中国稀土出口管制对国际社会所产生的影响可以从稀土原矿及相关产业两方面进行阐述。从稀土原矿出口来看，中国"限产"及"限出"政策确实减少了世界市场的稀土供应量，提高了稀土的出口价格，激励其他稀土储备较丰富的国家加大稀土出口量，从而部分替代中国稀土市场份额，例如，澳大利亚、墨西哥和印度的出口份额增加正好印证了替代效应是显著存在的。而作为主要的稀土进口国，借助中国稀土出口管制所传递的信息，必然形成未来稀土资源紧缺及市场需求饥渴的预期，从而加大稀土原矿的勘探及开采，抑或从中国以外的稀土出口国大量进口以用作战略储备，故推动稀土再出口和再进口的繁荣，此为中国稀土出口管制产生的贸易转移效应。正如前文研究发现，中国香港和新加坡的稀土出口份额在中国实施管制后发生的显著变化正很好地体现了贸易转移效应的存在。从稀土相关产业来看，中国稀土出口管制推动了稀土产业垂直专业化分工格局的改变：一方面，推动稀土需求国向稀土出口国转移出稀土初级加工的环节，由原来进口稀土原矿，转而进口稀土的初级加工品或半成品，以此避开稀土配额的限制；另一方面，稀土再提炼及再利用产业会因稀土原矿出口管制而逐步得以壮大，并促使富含稀土元素的废品进出口贸易快速增长。①

在尚未取得国际稀土出口定价权的情形下，中国应该充分考虑稀土出口管制对国际社会产生的系列连锁效应，针对已经显著存在的替代效应、结构效应及转移效应，笔者提出如下建议：

一是充分认识中国稀土出口被他国替代的程度，尤其是稀土储备较丰裕的国家在中国实施出口管制后可能采取的对策，如果这些国家借机扩大稀土出口，则势必影响中国稀土管制战略目标的顺利实现。所以，稀土配额的设置可依据他国对中国稀土的替代强度而适时做出调整。在国际稀土价格上涨的情形下，中国稀土出口配额尚有富裕②，这一方面是因为价格上涨而导致进口需求下降，另一方面则归因于其他稀土出口国对中国稀土供应的替代效应。

二是在对稀土原矿进行管制的同时，务必加强对稀土相关产品的管制。中国稀土出口管制所产生的结构连锁效应表明，稀土进口国从中国进口原矿的难度加大，会激励其进口稀土的初级加工品或中间产品，以及回收富含稀土成分的废品。虽然稀土简单加工品相对于稀土原矿来说能够给中国带来更多的附加值，但是，仍然不利于保护稀有的战略矿产资源及获取国际定价权。所以，稀土出口管制政策不仅包括稀土原矿，更应该纳入稀土产业链整个环节。

三是处理好稀土出口和内销的关系。当前，WTO 裁决中国稀土管制败诉的主要原因之一就在于国内售价和出口售价的巨大差距，从而授人以把柄。中国稀土出口管制导致出口价格快速上涨，不可避免地会拉动国内稀土价格的上升。国内以稀土作为原材料或中间投入品的相关产业的生产成本急剧攀升，从而对国内稀土产业链产生了较大的冲击。中国稀土管制的战略意图本在于维护国家利益，所以，建议合理处理好稀土出口和稀土内销的价差，对于满足国内稀土产业发展需求的部分实施管制低价，而对于用于出口的稀土则采取市场定价。为了区分出口和内销，有必要借鉴国外高技术或敏感物项出口管制的做法，采用"最终用户"和"最终目的地"认证办法，对内可以扶持稀土产业的持续健康发展，对外则提高出口价格以增加国家收益。

四是加快稀土产业结构升级，逐步减少稀土原矿及初级产品的出口，增加稀土类制成品的出口。要提高稀土出口的附加值，获得国际定价权，必须及时升级稀土产业结构，引进更多的技术，力争将更多生产和科研环节纳入中国境内，大部分增值发生在国内，这样，就可以提高稀土类产品的出口竞争力，最大化稀土出口的国家收益。所以，中国稀土出口管制的初级目标是提高出口售价和保护稀土资源，但高级目标应该是借助政府管制激发国内稀土产业的技术

---

① 例如倘若能够有效地回收利用生产永久磁铁的四种元素 praseodymium（Pr）、neodymium（Nd）、terbium（Tb）和 dysprosium（Dy），则可使永久磁铁的供应量提高四倍。

② 2007 年以前，中国的稀土出口配额高于国际市场需求。

创新，加速产业结构的升级，提高稀土产品出口的附加值以及赢得稀土国际定价权。

参考文献

［1］孙泽生、蒋帅都：《中国稀土出口市场势力的实证研究》，《国际贸易问题》2009年第4期。

［2］廖泽芳、刘可佳：《中国稀土的国际定价地位研究》，《国际商务》（对外经济贸易大学学报）2011年第3期。

［3］潘安、魏龙：《制度距离对中国稀土出口贸易的影响——基于18个国家和地区贸易数据的引力模型分析》，《国际贸易问题》2013年第4期。

［4］金通：《稀土出口管制和最优出口配额设计》，《浙江社会科学》2011年第12期。

［5］Fiott，Daniel，Europe and Rare Earths：Dependable Diplomacy or Strategic Scarcity？（July 20，2011）. Available at SSRN：http：//ssrn. com/abstract = 2169410.

［6］van Calster，Geert，China，Minerals Export，Raw and Rare Earth Materials：A Perfect Storm for WTO Dispute Settlement，and Sustainable Development（February 19，2013）. RECIEL – Review of European Community and International Environmental Law，Forthcoming. Available at SSRN：http：//ssrn. com/abstract = 2220786.

［7］Peng，Junlei，WTO Case Analysis，Suggestions and Impacts：China – Measures Related to the Exportation of Various Raw Materials（January 1，2012）. Global Trade and Customs Journal，Vol. 7，Issue 1，Winter 2012；University of Hong Kong Faculty of Law Research Paper No. 2012/21. Available at SSRN：http：//ssrn. com/abstract = 2008043.

［8］邢斐、何欢浪、金梦、易金超：《下游国的贸易报复与中国稀土出口政策》，《世界经济》2012年第8期。

［9］Kefferpütz，Roderick，Unearthing China's Rare Earths Strategy（November 16，2010）. CEPS Policy Briefs. ，Available at SSRN：http：//ssrn. com/abstract = 1711320.

［10］Dobransky，Steve，Rare Earth Elements and U. S. Foreign Policy：The Critical Ascension of REEs in Global Politics and U. S. National Security（2012）. APSA 2012 Annual Meeting Paper. Available at SSRN：http：//ssrn. com/abstract = 2106716.

［11］刘慧芳：《我国稀土出口贸易中利益相关方博弈分析》，《财贸经济》2011年第9期。

土地用途管制的环境法理论基础

王大鹏

摘　要　在小产权入市的冲动和农民利益保护的呼声不断高涨的同时，我们必须探究土地用途管制，它的正当性来源是否足以支持政府对土地的使用做出种种的限制。土地本身具有的资源属性，赋予了基本权利限制和行政权力扩张的理论新的内涵。环境资源时代的土地权利体系彰显出一种有别于传统自由市场经济时代作为财产的土地所呈现的特质。这也是世界上通行土地用途管制的原因。

关键词　土地用途管制　环境权　可持续发展

发轫于德国的"社会法"理念不仅突破了所有权独立的私法传统，它同时为国家行政权力的介入开辟了另外一块场域，在这里，政府不再满足于"守夜人"的消极角色，而是积极承担起维护利益平衡、增进社会福祉的责任。于是20世纪中期日本以及中国台湾学者提出了不同于以往公私划分的"第三法域"理论，也就是在公法与私法之间存在既非完全公法又非完全私法的法律现象。而属于经济法范畴的环境资源法无可争议的位列其中。受环境资源法调整的土地于此展现出了不同于财产属性的特质。土地不仅作为全人类的资源不可再生，而且并非所有的土地都可以归列入财产的范畴，在广袤的森林、荒凉的戈壁乃至宽泛意义上的河流湖泊那里"没有不动产"。现代土地问题进入环境资源法的调控是现代社会发展的必经之路，乃至于环境资源法的出现即是时代的使然。

一　环境伦理的时代背景

当人类的工业文明不断走向繁荣并在繁荣中迷失自我时，早已被科学理性所嘲笑并扫入角落的自然文明又以另一种方式重返人间。只不过，大自然的这次现身多少有点让人刻骨铭心，在曾经被人类的机械哲学战败的废墟上，一次又一次地滚过大地的灾难提醒着人们它的存在，并将潜在的威胁和未知的惩罚

　[作者简介] 王大鹏，北京航空航天大学法学院，100191。

变成现实：全球变暖、土地沙化、病毒蔓延、资源贫瘠……环境问题与人类社会与生俱来。当人类文明走进农耕社会之后，人类活动逐渐在自然环境上留下自己的印迹。恩格斯在《自然辩证法》中详细描述了希腊、小亚细亚、美索不达米亚等地的居民为了获取耕地而破坏森林，结果将这些地方变成了不毛之地的沉痛教训。然而，"工业文明的基本结构和运行机制决定了环境危机是工业文明的必然产物"。当人们痴迷于自己的理性而不自省乃至抱持一种"人定胜天"的信念而翻天覆地时，大自然也回馈了人类一种覆地翻天。

　　人类背离自然的图谋早在大规模的行动之前就已形成。人类将自己视为主宰，而自然界只具有满足人类欲望的"消费性价值"。康德将理性存在视为人的本质，"人是目的"并且"为自然立法"，"在全部被造物中，人所愿欲的和他能够支配的一切东西都只能被用作手段；唯有人，以及与他一起，每一个理性的创造物，才是目的本身。"黑格尔则从思想观念中取消了自在自然的独立地位，它只是绝对精神的对象、理性的附庸和它的异在，它没有自身的独立存在，也没有自身的内在价值。这些理念推动着人类以及模仿人类而生的机器向自然侵蚀，人在征服了自然的同时也异化了自己。马克思曾深刻地指出："资本主义生产使它汇集在各大中心的城市人口越来越占优势，这样一来，它一方面聚集着社会的历史动力，另一方面又破坏着人与土地之间的物质变换，也就是使人以衣食形式消费掉的土地的组成部分不能回到土地，从而破坏土地持久肥力的永恒的自然条件。这样，它同时就破坏城市工人的身体健康和农村工人的精神生活。"自然成为人类认识、改造、征服的对象，人与自然的关系变为主人与奴隶、主体与客体的对立。人类在丧失生存家园之前，就已经丢掉了精神家园。

　　如果说土地沙化、生态失衡、物种多样性灭失等似乎离我们太遥远而多少感觉有点耸人听闻的话，那么西方"八大公害"事件的出现却切切实实触动了人们的神经，"环境公害"迫使人们去重新认识自然并反思自己。美国和英国的光化学烟雾震惊世界，"雾都"伦敦变成了烟霾之城。第二世界大战后的日本为图"经济救国"，不惜牺牲周边环境来筑高经济数字，在五六十年代相继发生四次大的公害事件。旧的公害带来的灾难尚未远去，"新八大公害"又接踵而至，并逐渐展现全球化的特性和趋势。"新八大公害事件大多发生在以信息技术、生命科学技术、核技术、新能源新材料为代表的第三次浪潮之后的所谓信息化时代。"无论人类技术如何先进，自然界似乎总是魔高一尺道高一丈。

　　20世纪世界环境运动的奠基人之一蕾切尔·卡逊于1962年出版了划时代名著《寂静的春天》，把人们的视野从"环境公害"拓展到了"生态危机"。"'控制自然'这个词是一个妄自尊大的想象的产物，是当生物学和哲学还处于低级幼稚阶段的产物"，她严正控诉了现代科技在生态环境问题上造成的巨大破坏，揭露了科学技术所展现出的丑陋面目。之前被认为是相互独立的环境问题逐渐在人们眼中融合，各种民间团体如雨后春笋般出现，甚至许多保守党派和商业利益集团也汇集到环保的大旗之下。它们通过各种方式表达对现有环境政策的不满，并要求政府采取有效措施改善环境。

痛定思痛的人们开始向"不负责任的污染行为宣战"，并要求"政府应当拿出魄力来保护环境"。日本四大公害的解决最终走向法律程序，并由此掀开了环境权益大战。1970 年，日本通过了世界上第一部单行环境刑法《关于危害人体健康的公害犯罪制裁法》（简称《公害罪法》），"由此创立了一种运用刑法保护环境的新模式"。而在美国著名的"爱渠"事件发生后，美国政府不仅对受害居民做出了赔偿，并且促使国会通过了一项表明污染者责任的法律。"这一案例从根本上改变了我们对有毒废物的看法"，前美国环保局局长卡罗尔·布朗表示："自那以后，我们知道环境保护还关乎我们的社会、我们的邻里，还有我们的健康。"

1970 年 4 月 22 日，"现代环境运动"达到了顶点，当天有 25 万人聚集在华盛顿特区，在全美则有 2000 多万人参加了游行和演讲，这次运动被誉为第二次世界大战以来美国规模最大的社会活动，该日也被定为"地球日"。随后 1972 年 6 月 12 日联合国在斯德哥尔摩召开了《人类环境大会》，并由各国签署了《人类环境宣言》。环境保护成为各国的共识，环境运动的主体也由社会大众向环境团体转移，方式也从街头抗议转向日渐正式化和专业化的政治、法律手段。以美国为例，在这一运动的推动下，美国在六七十年代相继制定了《清洁空气法》、《清洁水法》和《濒危动物保护法》等法规，并成立治理环境的综合性专门机构国家环境保护局（EPA）。

与人们息息相关的环境问题在现代社会中始终占据着重要的位置，环境议题也成为现代公共事务议程中不可忽视的组成部分。现代环境议题的形成和其在人类社会中的位置，构成了土地发展权创立的时代背景。

二　环境议题下土地权利的反思

（一）人类中心主义的追问

正如麦金太尔所强调的："当社会生活发生变化时，道德概念也在变化。"人类中心主义源远流长，从托勒密的"地心说"将人立为宇宙的主宰开始，人类开始不断地认识自己，解放自己，并从自然与上帝中去魅。普罗泰格拉的"人是万物的尺度"成为 15 世纪开始那股文艺复兴思潮所不断回溯并为之追逐的至理名言。伴随着人的发现，自由理性、科学至上这些大写的真理一个个被毫无保留地接受，人类建立起无与伦比的高度文明。先进的工业生产力带来了大量物质财富，以绝对财产权为基础的政治法律制度为这些财富确立一种崇高的地位，骄奢淫逸成为一个人的自由而不再遭受公共道德的谴责。当人类不再有能力反抗自身堕落的时候，自然就会主持公道。于是，进入 20 世纪后，人们开始重新审视人类与自然、生物个体与生态系统整体、当代人与后代人之间的关系，并开始反思经济发展的模式和运行机制。

"把人放回到自然"，达尔文《物种起源》"摧毁了人类的自负"，并成为环境主义和环境伦理学的重要思想资源。当梭罗将静谧美丽、云雾氤氲的瓦尔登湖展现在我们面前时，那"感动过一个国家"的文字也完成了浪漫主义到环境伦理学的转折，那是"卓越的、对现代生态运动的颠覆性实践主义具有精神和先导作用的来源"。爱默生、缪尔、施韦泽等前赴后继，他们用细腻的文字赞颂自然界的和谐与完美，关注它们在迅速扩展的工业文明中的命运，并成为现代环境主义的先驱。生态哲学的开拓者罗尔斯顿在其代表作《哲学走向荒野》中提出了哲学的"荒野转向"："哲学界转向对人类与地球生态系统关系的严肃反思"，这一转向"比任何一次哲学上的转变都出乎人们的意料"。这里的荒野就是大自然，它"是一个神奇的生命支撑系统、资源系统和文化的基础。从科学、美学、辩证法、历史学、哲学和宗教的角度看，它更是一个神奇之地"。他为此总结了 14 类大自然的价值。法国思想家莫斯科维奇将近代认识论分为科学的机械哲学和浪漫的自然哲学，他痛陈现代科学的弊病：它令"实验与人完全脱离，人们只承认人造仪器所展现出的自然"。"技术主宰并塑造我们的世界，科学不再探索自然的奥秘，而是霸道地要求理性牺牲世代相传的鲜活知识，只留下自己作为真理的化身。"

无论是向自然的回归还是对科学理性的批判，都将矛头指向了传统的人类中心主义。虽然现代环境伦理的议题中"人类中心主义"与"非人类中心主义"的划分已初步达成共识。而对前者的诘难同时又被修订，以至于创生出"新人类中心主义"的论域，对以"动物福利论"、"生命中心论"以及"生态整体论"为代表的后者反戈一击。甚至有人认为，所谓现代的环境伦理只不过是一种"矫情"的宣泄，或者是掌握社会资源的中产阶级的一种绿色谎言，归根结底，还是各方利益的角逐。但是不可否认的是，现代环境问题带给人的忧思，以及随之而来的思想风暴，并非仅仅是蜻蜓点水，在带给人们认识的转变的同时，也将这种转变的观念付诸行动。

（二）可持续发展的关注

在"经济发展重于一切"的政治立场下，伴随着财产权至上的法理思想，个人以及企业的经济自由充分得到了保障和发挥，而周围的环境却从未进入考虑的范畴。乃至于环境问题被当作是经济发展的"必要之恶"，甚至是"经济繁荣与人类文明的象征"。1921 年，在英国提交的一份报告中就陈述道："很多人都错误地认为，烟的存在显示着繁荣，土地越黑、越脏，经济生活就越繁荣"，"我们的发展速度越来越快，但我们却迷失了方向"。20 世纪 70 年代，由意大利首都的一群实业家、商业顾问和公务员组成的罗马俱乐部发表了一份著名的报告——《增长的极限》（*The Limits to Growth*）。这份报告揭示了"工业增长的速率与地球资源的有限性及这一行星对人口增长及吸收污染的承受能力是不协调的"。社会影响和自然影响限制了地球承受经济持续发展和人口增长的能力，当前"人口、工业化、污染、粮食生产和资源衰竭"导致增长具有不可持续性。"可持续发展"这一术语最初在 1987 年联合国委托的一份报告《我们共同的未来》（*Our Common Future*）中使用，它由挪威首相布伦特兰夫人担任主席的世界环境与发展委员会提交，并对后来的国际政治和国际社会产生了深远的影响。布伦特兰会议将可持续发展定义为"既满足当前的需要，也不危及下一代满足他们自己的需要"，这一理念一经提出，就以其强大的生命力渗透到生态学、经济学、社会学、科学技术等多个领域，成为一个具有多方面属性的概念。

转变发展观念，不再将发展紧紧局限在人类物质层次的满足，丰富发展的价值理性的考量，将自然环境、后代幸福以及人的全方位发展列入发展的主题，是和谐可持续发展的必然。

（三）土地生态伦理认识的演进

"当今世界，环境问题是最攸关国计民生、人民福祉的问题。没有一个国家的土地政策不是以环境问题为中心的。"土地发展权最初于英国设立并发扬于美国，便承载着防止耕地流失、维护生态平衡等多重任务。这与土地在现代环境中所担当的角色是分不开的，人类对土地的观念与认识也因此演进。

土地即为财产，这一观念亘古未变。中国古代人地占有关系决定了王朝兴衰的走向，封建时代的欧洲，大小城邦的政治权力也是基建于此。如果说农耕文明时期土地的财产特质主要体现为占有土地以及使用土地而获取地租的话，那么进入工业革命时期，土地作为生产要素的比重大大降低，人地之间的直接联系慢慢被剥离，作为财产的土地进化为一种资本。原先土地所有权上的政治从属义务也被颠覆，取而代之的是土地财产的绝对和无可侵犯。工业化的飞速发展必然导致无序开发和肆无忌惮的掠夺，"美利坚巨人把土地潜力看成是用之不尽，取之不竭的……它认为谁抢夺的自然资源越多，谁就是最好的公民。这样，美德与财富就结成了并驾齐驱的伴侣"。这样，将土地视为绝对的个人财产，并成为投资的对象，为不断高涨的城市化进程推波助澜。当人们享受着城市的便捷与经济的滋养的时候，新的拐点也悄然出现。美国于 1982—1992 年期间，净损失粮食生产基地高达 240 万公顷。其中 2/3 的土地用于地方和城市发展，为此美国国家资源管理局忧心忡忡地指出，"我们已经没有可供浪费的土地了，我们必须妥善保护和利用每一英亩土地"。人们由此开始关注土地利用中的社会利益问题，土地的环境资源属性被重新挖掘。

被誉为"现代环境伦理学之父"的利奥波德在生前并不被认同，时值第二次世界大战过后经济复苏时期；人们信心满满地征服自然。然而，随着环境问题的出现，当人们开始反思自己的价值观念和发展理念的时候，利奥波德以及他的"大地伦理"获得了巨大的荣誉，他的遗作《沙乡年鉴》也被誉为"现代环境保护运动圣书"。利奥波德重新思考了人地关系，

"迄今还没有一种处理人与土地，以及人与在土地上生长的动物和植物之间的伦理观。土地，就如同俄底修斯的女奴一样，只是一种财富。人和土地之间的关系仍然是以经济为基础的，人们只需要特权，而无须尽任何义务。"

在人类对土地财产属性的无止境的控制和掠夺下，大地如同女奴一般匍匐在我们脚下。奴隶只是一种财产，人们只有经济利益的计算而毫无道德上的对错。利奥波德扩大了道德共同体的界限，它包括土壤、水、植物和动物，或者它们的集合——"土地"。他呼吁人类只是自然共同体的一部分，对每个成员都要给予尊重。"我不能想象，在没有对土地的热爱、尊重和赞美，以及高度认识它的价值的情况下，能有一种对土地的伦理关系。""像山一样思考"，利奥波德带给我们的不仅仅是从土地财产观念的痴迷中挣脱，甚至不单单只是土地之于人而言的环境价值，因为归根结底，这仍是一种站在人类自我中心的功利心态，更重要的是将土地纳入道德范畴，与人类融合成一个和谐的整体。

对于人类而言，土地的财产属性和资源属性分别对应着财产利益和生存利益。现代环境伦理的兴起重新诠释了人地之间的关系，将土地视为人类赖以生存的自然基础，转变原有的价值观念，认真对待土地的内在价值，在围绕土地利益不断争夺割据的庸碌中，寻找人类对土地的尊重，拾回人性中被蒙蔽的精神。法律视野中的土地也不再单纯当作一种财产，环境资源法的诞生正是人们重新评估这一关系的开始，土地自然价值的重塑也为土地发展权提供了伦理基础。

三　土地环境品质的法律规制

现代环境问题的出现颇具"后现代"的意蕴，这场"人类有史以来最为复杂的"思潮试图"使人摆脱这个机械的，科学化的，二元论的，家长式的，欧洲中心论的，人类中心论的，穷兵黩武的和还原的世界"。虽然"后现代主义并不是一个单一的哲学理论……相反，它是一场庇护的运动，庇护各种对事务的现代概念批判"。并且这些由这些质疑构成了后现代主义的特征。哲学、艺术、科学以及文学都在这一运动中对传统概念和体系进行反抗，新的问题需要新的方法来解决，新的历史体验也需要新的观点、理论来阐释。法学自不例外，考夫曼在《后现代法哲学——告别演讲》中宣告"现代已经终结，差不多是无可反驳的"，如今法学正在经历一场"范式转换"——一种"从现代向后现代的转换"。人们曾经深信不疑的那些作为现代法学基石的理念，如理性、个人权利、社会契约、正当程序等不再是无懈可击，它们在这场转型中主动迎合乃至被动解构。

"环境法学修正了传统法学视野中人与自然对峙的图景，崇奉与自然和谐相处；环境法学修正了传统法学将人视为经济动物，唯理性怪物的假设，通过树立'生态人'观念来修正传统法学的'经济人'观念，使人的形象日趋完整和丰满；环境法学的兴起还改变了传统法学视野中的动物图像，并区分资源与财产两种法律领域，发展'动物权利'理论和自然资源立法。"

环境权是伴随着现代环境问题而产生的权利概念，它的雏形追溯到土地相邻关系或地役权上。英美法系沿袭传统的"妨害行为"（Nuisance），拉丁语称之为"Nocumentum"。它是指"对他人的土地、或对与土地有关的权利行使和供给，有不法的干扰行为（如排放或不防止排放各种有害物）"，后来又分为"公益妨害"和"私益妨害"。大陆法系的德国立法中采用的是"干扰侵害"（Imission）的概念。其滥觞于《德国民法》第 906 条的规定：（1）土地所有人不得禁止对于瓦斯、蒸汽、臭气、烟、煤烟子、热、噪声、震动以及从另一块土地发出的类似干涉的侵入，但以该干涉不妨害或仅轻微地妨害其土地的使用为限。（2）在重大妨害由对另一块土地作当地通常的使用而引起，且不能被在经济上对于这类使用人可合理地期待的措施所阻止的限度内，亦同。土地所有人据此须容忍某一干涉，且该干涉超过合理地期待的限度，侵害对其土地作当地通常的使用或侵害其土地的收益的，土地所有人可以向另一块土地的使用人请求适当的金钱补偿。随着社会经济的发展和世界性环境问题的到来，传统民事权利的设计欠缺也逐渐显露。无论是相邻关系还是地役权，"性质上乃为所有权内容之限制或扩张……是为所有权社会化之具体表现，其基本理论乃在利用利益衡量之原理，使权利行使之间互相调和"。归根结底，尚属私人之间的权利义务的调整，而环境保护议题的兴起，使隐藏在基本权利中鲜为人知的"社会义务"显露出来。王泽鉴教授也认为，"近年来经济发展迅速，人口拥挤，公寓林立，住宅区内混杂商店工厂，资源过度利用，造成生活品质的恶化。为期改善，亟应加强公法规范……须赖私法及公法的协力，始能有效率地规范和谐的社会生活"。

环境权理论的兴起虽然来自私法领域，但对于环境保护而言，传统私法领域是既无"法"也无"意"解决的，所以不得不求助于政治国家的"有形之手"。环境权也成为一种基本人权，兼具公私特质。美国 1969 年制定的《国家环境政策法》被认为是对环境权规定最早的立法。它不同于美国在注重空气、水等单个环境因素的污染控制立法——如《清洁水法》、《清洁空气法》——而是对环境的整体立法。该法第 3 条强调：每个人都应享受健康的环境，同时每个人也有责任对维护和改善环境做出贡献。该法的制定，对其他各国环境权的法律化影响重大。日本著名学者松本昌悦曾指出，1972 年的《人类环境宣言》把环境权作为基本人权规定下来；环境权作为一项新的人权，是继法国《人权宣言》、苏联《宪法》、《世界人权宣言》之后人权历史发展的第四座里程碑。1974 年，南斯拉夫共和国第一次将环境权写入《宪法》：人有得到健康生活环境的权利。社会共同体为行使这一权利保证条件。美国各州的《宪法》也做出了积极的回应，据统计，美国至少有 16 个州的《宪法》中涉及广义的环境保护的条款。日本 20 世纪的经济腾飞也带来了严重的环境污染和生态破坏，引起了社会的普遍忧虑，从而推动了其环境立法的进程。1969 年《东京都公害防治条例》在其环境法律体系中规定了环境权。2005 年，法国国民议会通过了《环境宪章》草案，规定了公民享有环境的权利，同时规定公民负有保护环境的义务。据统计，到 1995 年，世界上有 60 多个国家在其《宪法》中增加了保护环境和自然资源的特定条款。同时自 20 世纪 60 年代以来，据统计，有 100 多个国家制定了综合性的环境法律。

四　行政权力的扩张

　　土地用途管制是国家行政权力进入土地领域的最主要，最重要的方式，也正是土地发展权的法律制度性前提。在自由经济时期，亚当·斯密的经济理论深入人心。人们认为，应在政府与市场之间划出一道分界线，让政府待在市场之外。然而，市场的内在缺陷以及经济人的利益失衡造成了"市场失灵"，市场失灵也为政府管制提供了必要的前提。土地兼具财产和资源两种属性，具有不可替代、不可再生以及稀缺等特性，完全市场的自由配置固然无法克服土地利用中产生的"外部性"、信息不对称等共有问题，而且受土地所承担的特殊公共环境利益，基于"经济人"假设的市场行为不愿也不能为整个社会生态环境所承担责任。"理性人"到"生态人"假设的转变，不仅要求改变人类对待自然的思考伦理，而且要求政府行政权力的主动担当。"行政权力的扩张与公民权利的发展是相辅相成的。行政权力的扩张历史表明了它的扩张必须以增进社会上的多数受益为前提，才能获得社会的支持。而公民权利的发展也从一个侧面检验了行政权扩张是否真正有利于达到满足社会全体的需求、消除了社会的不公、促进了社会的发展。"环境权的兴起为土地所有权人以及相关利益人带来相应的义务的同时也赋予了新的权利内容。公害问题的出现和生态问题的扩大，是私人之间和市场运行所不及的，传统的国家"守夜人"的理念必然要接受不断的冲击。那种视"人类社会和广阔的环境世界应当服从于经济利益，而不是经济应当被组织起来服从于人类与环境利益"的所谓经济理性，必然导致经济的无序发展，乃至环境问题被视为"必要之恶"。从国家理性到公民道德以及传统民法规制难以消化具有"工业文明的结构性特征"的环境问题。解决之道并非局限于私人之间，以及技术原因，它根本上已经成为一个关涉政治、经济、社会等全民的问题。它的解决需要一个主动的政府和积极社会。

　　环境议题下行政权的扩张不仅意味着行政触角的延伸，更预示着行政权力从消极走向积极的定位转换。传统的行政法的根本目的在于规范政府行政，控制政府权力，维护市民社会的自足。20 世纪 60 年代，美国展开了一场关于"公民要求保护环境，要求在良好的环境中生活的宪法依据是什么"的大讨论，密歇根大学的萨克斯教授提出了制定专门环境保护法的倡议，并在其著名的《为环境辩护》一文中，提出了"公共财产"与"公共信托"理论。他认为，空气、水、阳光等人类生活所必需的环境要素在当时遭受严重污染和破坏，以致威胁到人类正常生活的情况下，不应再视为"自由财产"而成为所有权的客体，环境资源就其自然属性和对人类社会的极端重要性来说，它应当是全体国民的"共同财产"，任何人不能任意对其进行占有、支配和损害。为了合理支配和保护这些"共有财产"，共有人委托国家来管理。国家作为全体共有人的委托代理人，必须对全体国民负责，不得滥用委托权。几乎在同时，日本学界也重新思考大气、水、土壤、文化性遗产等环境要素与不动产使用之间的关系。人人平等分配，众人共同拥有财产的"环境共有法理"在日本引发了环境权的大辩论。公共信托，不再局限于对危害行为的制止和调解，而要求政府发挥更积极的作用。从土地用途管制到土地规划管理，政府在全国土地利用和控制方面起着不可替代的作用。要完成土地资源保护和土地利用经济最大化的和谐，积极行政的权力乃至更需要专业化、管理化，遑论消极于幕后，甚至不恰当的判断与规制都要遭到问责。"这种积极行政归根结底是应对近代社会土地资源日益稀缺，人地关系日益紧张，而土地利用中的环境资源问题却日益严重的客观需要。"

五　结语

2013 年，中共十八届三中全会通过了《中共中央关于全面深化改革若干重大问题的决定》，作为新时期全面深化改革的纲领性文件，该《决定》对未来我国土地制度的改革提供了重要的政策方向："建立城乡统一的建设用地市场。在符合规划和用途管制前提下，允许农村集体经营性建设用地出让、租赁、入股，实行与国有土地同等入市、同权同价。"

其实，在十八届三中全会召开之前，围绕着"土地改革路线图"的猜测和争论一度引发人们的热议。尤其是"小产权房"转正的传闻，呼声最高，并引起市场一阵骚动。不过，结果并未如想象的那样，十八届三中全会以后，政府的种种举措和官员专家的解读很快击碎了这种传闻。国土资源部和城乡建设部纷纷祭出重拳，严厉打击违法建设、销售"小产权房"现象，并强行拆除部分违建建筑。2013 年 12 月 5 日，《人民日报》刊发了陈锡文同志的专访，全面回应了《决定》中提到的"城乡统一的建设用地市场"问题。他认为，农村集体经营性建设用地入市要掌握三个前提：第一，主体是农村集体经营性建设用地，而非所有的农村集体建设用地，更不是包括农用地在内的所有土地；第二，必须符合土地利用规划；第三，符合土地用途管制。

土地用途管制制度环境法理论基础的阐释，对我们举世瞩目的土地改革的设想不无裨益。正如陈锡文之前提到的："在土地管理方面，现代国家中从来都是用途管制超越所有权。不能因为土地是你的，你想怎么用就怎么用，土地的管理必须服从一切国家长远发展的需要。"

参考文献

［1］郑尚元：《社会法的特有属性与范畴》，《法学》2004 年第 5 期。

［2］谢增毅、刘俊海：《社会法学在中国：任重而道远——首届"中国社会法论坛"述评》，《环球法律评论》2006 年第 5 期。

［3］苏力：《这里没有不动产——法律移植问题梳理》，《法律适用》2005 年第 8 期。

［4］［美］尤金·哈格洛夫：《环境伦理学基础》，重庆出版社 2007 年版。

［5］［德］康德：《实践理性批判》，韩水法译，商务出版社 1999 年版。

［6］张景明：《和谐理念下环境法律关系研究》，山东大学，2012 年。

［7］［美］蕾切尔·卡逊：《寂静的春天》，吕瑞兰、李长生译，吉林人民出版社 1997 年版。

［8］［美］查尔斯·哈珀：《环境与社会——环境问题中的人文视野》，肖晨阳等译，天津人民出版社 1998 年版。

［9］吕欣：《环境刑法的反思与重构——以新型环境伦理为视角》，山东大学，2008 年。

［10］祖蘩：《危险的"爱渠"》，《中国环境报》2003 年 9 月 1 日。

［11］巩固：《环境伦理学的法学批判》，中国海洋大学，2008 年。

［12］［美］阿拉斯代尔·麦金太尔：《伦理学简史》，龚群译，商务印书馆 2003 年版。

［13］［美］罗德里克·纳什：《大自然的权利》，杨通进译，梁治平校，青岛出版社 1999 年版。

［14］［美］唐纳德·沃斯特：《自然的经济体系——生态思想史》，侯文惠译，商务印书馆 1999 年版。

［15］陈剑澜：《西方环境伦理思想述要》，《马克思主义与现实》2003 年第 3 期。

［16］［美］霍尔姆斯·罗尔斯顿：《哲学走向荒野》，叶平、刘耳译，吉林人民出版社 2000 年版。

［17］［美］霍尔姆斯·罗尔斯顿：《环境伦理学》，杨通进译，中国社会科学出版社 2000 年版。

［18］［法］赛尔日·莫斯科维奇：《还自然之魅——对生态运动的思考》，庄晨燕、邱寅晨译，于硕校，生活·读书·新知三联书店 2005 年版。

［19］［日］宫本宪一：《环境经济学》，朴玉译，生活·读书·新知三联书店 2004 年版。

［20］［美］威利斯·哈曼：《未来启示录》，徐元译，上海译文出版社 1988 年版。

［21］［英］安东尼·吉登斯：《社会学》，赵旭东等译，北京大学出版社 2004 年版。

［22］［美］D. 梅多斯等：《增长的极限》，于数生译，商务印书馆 1984 年版。

［23］世界环境与发展委员会：《我们共同的未来》，王之佳、柯金良译，吉林人民出

版社 1997 年版。

[24] 倪瑞华：《可持续发展的伦理精神》，中国社会科学出版社 2004 年版。

[25] 黄锦堂：《台湾地区环境法之研究》，月旦出版公司 1994 年版。

[26] 秦明周：《美国的土地利用与管制》，科学出版社 2004 年版。

[27] 世界观察研究所：《1996 世界环境报告》，杨广俊等译，山东人民出版社 1999 年版。

[28] 秦明周：《美国的土地利用与管制》，科学出版社 2004 年版。

[29] ［美］奥尔多·利奥波德：《沙乡年鉴》，候文蕙译，吉林人民出版社 1997 年版。

[30] ［美］大卫·格里芬：《后现代科学——科学魅力的再现》，马季方译，中央编译出版社 1998 年版。

[31] ［美］撒穆尔·伊诺克·斯通普夫、詹姆斯·菲泽：《西方哲学史》第 7 版，丁三东等译，邓晓芒校，中华书局 2005 年版。

[32] 王治河：《扑朔迷离的游戏——后现代哲学思潮研究》，社会科学文献出版社 1998 年版。

[33] ［德］阿图尔·考夫曼：《后现代法哲学——告别演讲》，米健译，法律出版社 2000 年版。

[34] 信春鹰：《后现代法学：为法治探索未来》，《中国社会科学》2000 年第 5 期。

[35] 侯佳儒：《环境法学——什么是你的贡献》，《清华法治论衡》2010 年第 1 期。

[36] 陈泉生等：《环境法学基本理论》，中国环境科学出版社 2004 年版。

[37] 《德国民法典》，陈卫佐译注，法律出版社 2006 年版。

[38] 谢在全：《民法物权论》上册，（台北）三民书局 1995 年版。

[39] 李建良：《论环境保护与人权保障的关系》，《东吴法律学报》2000 年第 2 期。

[40] 王泽鉴：《民法物权》，北京大学出版社 2009 年版。

[41] 吕忠梅：《环境法新视野》，中国政法大学出版社 2000 年版。

[42] ［日］奥平康弘、杉原泰雄：《宪法学——人权的基本问题》（日文版），转引自陈泉生等《环境法学基本理论》，中国环境科学出版社 2004 年版。

[43] 徐祥民等：《环境权——环境法学的基础研究》，北京大学出版社 2004 年版。

[44] 蔡守秋等：《环境资源法教程》，武汉大学出版社 2000 年版。

[45] 王学辉等：《行政权研究》，中国检察出版社 2002 年版。

[46] ［日］富井利安等：《环境法的新展开》，法理文化社 1995 年版。

[47] 杨惠：《土地用途管制法律制度研究》，法律出版社 2010 年版。

[48] 《北京小产权房价格翻倍》，《法制晚报》2013 年 11 月 12 日。

[49] 陈锡文：《健全严格规范的土地管理制度——在首届城乡土地管理制度改革滨海新区高层论坛上的发言》，《中国土地》2008 年第 11 期。

电子民主与国家安全：Web2.0
时代的制度发展与政治反思

王宁川　百里清风　邹宇泽

　　摘　要　网络自由意志论在 Web2.0 时代得以印证。不过，政府和公众在憧憬电子民主的同时，也对其负面影响产生了一定的焦虑。网络是否需要监管？本文通过对美国、德国等国的网络政策进行比较，并在此基础上探讨：（1）网络为何会成为受众青睐的信息交流平台和舆情阵地；（2）严格的网络监管是否能将"政治不正确"的信息隔离；（3）什么是积极的网络公共政策，既能维护社会稳定，国家安全，同时又能满足普通公民的利益诉求；（4）网络自由、民主管理和国家安全之间的关系；（5）对我国当前网络公共政策的启示。

　　关键词　网络自由意志论　Web2.0　网络政策　电子民主　国家安全

　　Web2.0 时代，互联网已成为重要的信息交流和舆情阵地。互联网的兴起不仅引爆了信息与技术革命，同时也为民众提供了一个更为广阔的交流空间，推动了舆情传播方式的变革。不少自由主义学者声称，"网络对政府管制具有与生俱来的免疫力，且加速了政府的'死亡'进程"。诚然，与其他媒体相比，作为一个点对点的交流平台，Web2.0 更具隐匿性、互动性、协创性、自主性和免责性，信息通过网络平台自由流动，不仅有利于提高公众的社会参与度，同时也可保护其隐私，进而在技术层面推动社会民主的发展，对公权实行更为有效的监督。的确，近十年来，无论是学界，还是政府，受众大多对网络的这种独立性和影响力表示认同，且对"电子民主"时代的到来充满希望。

　　不过，从当前的网络环境看，对"电子民主"的憧憬似乎过于乐观，因为尽管官方话语此时已不再一家独大，无法对受众意识进行垄断性掌控，但这

　　［作者简介］王宁川，华南农业大学珠江学院，510900。
Ronald J. Deibert, Dark Guests and Great Firewalls: The Internet and Chinese Security Policy. *Journal of Social Issues*, Vol. 58, No. 1, 2002, pp. 143 – 159.

不代表网络所建构的话语体系能一直保持客观中立，其中，各种传递"负能量"，危害公众身心健康，与政府充满政治对抗的话语也不在少数。这势必会影响到公共管理、社会稳定乃至国家安全。那么，公共政策该如何应对这一矛盾？网络到底是需要监管，还是依旧保持"独立"？

故此，本文通过对几个国家网络政策进行比较，并借此探讨以下几个问题：（1）网络为何会成为受众青睐的信息交流平台和舆情阵地；（2）严格的网络管制能否隔离"政治不正确"的信息，并确保社会稳定与国家安全；（3）什么样的网络政策才是积极的公共政策，能最大限度地保证公平与正义有原则地进行分配；（4）网络自由、民主管理和国家安全之间的关系；（5）对我国当前网络政策的批评与启示。

一

作为纽带，互联网将世界紧密地联系在一起，使"六度分隔"理论①在实践中成为现实。尤其进入 Web2.0 时代，互联网在模式上完成了从"读"到"写"、从被动接收信息到主动创造和"共同建设"的角色转换。这是一次从核心内容到外部应用的技术革命，使网民成为具有参与性、自主性、创造性、协作性的生产消费者，因此，2.0 时代的网络不仅赢得广大受众的青睐，同时也得到了不少国家官方的认可，甚至还在 2006 年当选为美国《时代》杂志的年度"人物"。②

目前，除了 Web1.0 时代专门的舆情网站，BBS、Web2.0 时代还包括博客、Linkedin、YouTube、MySpace、Facebook、维基、推特等，甚至还可以包括各种具有互动性的网游、"贴吧"、"跟帖回复"等。它们一般被理解为以网络为基础，以用户为驱动，具有协作、自助、互动、共创性等特点的社会软件，来自全球的网民都可以在此结成社区，亲切地交流思想，互换信息。同时，网民也可以通过注册、电邮、上诉、发表舆论、电子投票等方式，对相关的政治经济文化问题做出自己的判断。在某种程度上，这种充满自由主义色彩网络话语甚至可以影响政府决策者在一系列诸如全球气候变暖、跨国军事行动、经济管理、国际赈灾等问题上的决断。③ 也就是说，网络对社会的政治影响力，甚至可以左右政府的决策，这也恰如戈德文（Godwin）所言：这种网络结构，动态而实惠，意味着它有潜质发展成一个前所未有的大众传媒，赋予

---

① 小世界现象（又称小世界效应），也称六度空间理论、六度分隔理论（Six Degrees of Separation）。假设世界上所有互不相识的人只需要很少中间人（一般来说，不超过 6 个）就能建立起联系。

② Grossman, L. K., 2006, "Time's Person of the Year: You", *Time*, December 13. Available at http://www.time.com/time/magazine/article/0, 9171, 1569514, 00.html.

③ Lincoln Dahlberg, Reconstructing digital democracy: An outline of four'positions, *New Media Society*, 2011.13: 855.

彼此发声的权力，声音既有如报纸、电视般权威的影响力，交流群体间同时又兼具打电话般的亲昵和敏感的反应。

值得一提的是，互联网是全球化时代的产物，同时，它的诞生也推进了全球化的发展进程。网络在技术层面极具渗透性和超然性，可免受政治及地理等因素的束缚，这使任何一个政府对其都无法像对报刊、广播、影视一样进行全盘操控。也就是说，网络具有一个"无中心化"的特点，"在网络上没有哪个组织可以控制用户的接入，也没有哪一个中心点可以将任何私人网站或服务商从网络上驱逐出去"。① 与其他媒体相比，互联网能摆脱传统政治以及民族国家立法机制的羁绊，使网民获得了更多的自主权和知情权②，"创造并规划了新电子民主"③。

在某种意义上讲，这是一种去精英化、去中心化、去集权化、去政治化的民主，"有助于再度激活公民民主身份"。④ 例如，有研究发现，鉴于网络的互动性与协创性，它能鼓励并将长期孤立于政治活动之外，或对其漠然的群体，特别是年轻人，重新召回到公民和政治活动之中⑤，因为互联网及其相关技术能为网民提供新方式去探索特殊问题中的利害关系，并借此来刺激驱动网民的具体行动。⑥ 而这些网络公民的政治身份，学者哈特利（Hartley，1999）将其戏称为"DIY 式的民主公民"⑦：DIY 式公民是一种未来的公民身份，具有去中心化、后对抗性、国际性等特点。从身份到自我的点滴细节，它皆是基于个人的自主选择，而非源自政府之胁迫……种种如青年文化、品位选区、偶像文化、消费主权运动和将公共文化私有化等迹象表明，DIY 公民身份的民主化成功地进行了去政治化。

这种 DIY 式的民主，是以意志解放的、理性的、有辨别力的个体为主体，他们不仅明确地知道如何利用网络工具将自身的利益最大化，同时也能与其他个体在情感和权益上的诉求产生共情，并予以支持。⑧ 在形式上，这种民主是

---

① 《网络空间言论自由的法律界限初探》，http：//www. chinalawedu. com/news/16900/172/2003/10/zh572516453418201300266010_ 46587. htm。

② Hartley，J.，2006，"Uses of Creativity：Creative Content and the Creative Citizen"，Paper presented at the Association of Internet Researchers Conference 6. 0，Brisbane，September 28 – 30.

③ Grossman，L. K.，1995，*The Electronic Republic*. New York：Viking – Penguin.

④ Stephen Coleman，Digital Voices and Analogue Citizenship，Public Policy Research – December 2006 – February 2007.

⑤ Iyengar，S. and Jackman，S.，2004. *Technology and Politics：Incentives for Youth Participation*，Circle Working Paper 24，11.

⑥ Delli，Carpini M. X. and Williams，B.，2001，"Let Us Infotain You：Politics in the New Media Environment" in Bennett，W. L.，and Entman，R.（eds.）*Mediated Politics*，*Communication in theFuture of Democracy*. New York：Cambridge University Press：160 – 181. Delli Carpini，M. X.（2000）"Gen. Com：Youth，Civic Engagement and the New Information Environment"，*Political Communication*17：341 – 349.

⑦ Hartley，J.，1999，*Uses of Television*. London：Routledge.

⑧ Lincoln Dahlberg，Reconstructing digital democracy：An outline of four positions.

基于网民社区之间自觉形成的契约关系、网络礼仪，以及用户之间的喜好与倾向，而在理论上则与早期的网络自由意志论遥相呼应。早在 20 世纪 90 年代，北美便有大批政客与学者认为，作为一个传播民主与文化的虚拟空间，网络能脱离政府和其他集权形式进行自治，并为受众提供了一个完美的、免于官僚和其他行政管制的、可以"自由贩卖个人思想的市场"。① 也就是说，网络是完全以个人意志为基础所结成的契约关系，并拥有自身独立的、不受政府制约的司法体系和行为规则。网络节点可以自由地进行对撞，个人意志也因此而获得了解放，网民的交流不必局限于时空的束缚，在精神上完全超然于因政治、经济、地缘及生理等因素所构成阻碍交流的壁垒。因此，政府应尊重并认可互联网的自律性，而不必做无用功，试图通过行政或司法等手段予以管制。自然，网民在表达观点时，便可以直言不讳，无须忌惮任何政治与社会环境等因素。同时，他们也能从网络获取各种官方媒体所不能，或不敢报道的信息，并通过网络圈的舆论，以一种新的姿态，去看待种种有关权力、社会公正及意识形态等传统的政治问题。这种以网络为媒介驱动下的个人意志解放，在自由民主主义者看来，不仅标志着古典自由主义向自由意志论的转换，同时他们也认为，这即是"民主"。②

总之，Web2.0 时代的网络平台有以下几个"民主"特点：③（1）拓展言论自由，让越来越多的人发声，并能将各类问题置于公众的话语下进行讨论；（2）为公众创建一个商讨和争论公共问题的论坛；（3）依靠更为便利的动员，并发起各项运动，借此来增强民众话语；（4）提供新途径针对问题，而非仅仅依靠政府或国际机构。

当然，这些对于真正的民主国家也许仅是锦上添花，但对一些集权国家来讲，这种民主模式则显得尤为重要。由于其他媒体（如报刊、"广播"、影视等）一般多是掌控在官方手中，其话语多体现了统治阶层的政治与经济利益。政府通过舆论宣传、行为管制与行政监控，尽可能使公民成为顺从的、缺乏积极思考意识的主体。相比之下，作为一个新兴的媒体，网络则"独立于社会体制之外，敢于直谏强权，并督其莫渎公职"。④ 换言之，网络环境公正公开，不受强权制约，不仅能帮助网民摆脱集权政治掌控下的社会羁绊，并能有效地监督政府工作，提高公权使用的社会透明度，实现开明的民主理念；同时，互

① London，S.（1995）Teledemocracy vs deliberative democracy：A comparative look at two models of public talk，*Journal of Interpersonal Computing and Technology* 3（2）：33－35.

② 这种网络民主在美国备受赞誉，被认为是"基于个人至高权"的民主，拒绝了"政府回避自由病毒"的尝试，在明确自我利益的基础上，形成了独立自主的契约关系。Barlow，J. P.（1996）A Declaration of the Independence of Cyberspace. URL（consulted Sept. 2000）：http：//www. eff. org/pub/Publications/John_ Perry_ Barlow/barlow_ 0296. declaration。

③ Charles Leadbeater，Social software for social change. Retrieved at scholar. google. com.

④ Curran，James（2002）*Media and Power*，London：Routledge.

联网恰好也具有巨大的"赋予拓展公众获取信息和知识的能力，并鼓励其参与公共事务中去。"[1] 也就是说，网络民主，其实是一种自觉性的参与式民主，它在帮助公民获取真相的同时，也能助其成为具有创造力的思维主体，并积极地促使其转化为自我实现。难怪，赖斯曾高度赞誉互联网，认为它有可能成为"史上最伟大的维护民主与个人自由的工具之一"。[2]

二

不过，这种不受权力制约的 Web2.0 式民主也同样引起了官方的焦虑。因为它可能会被一些政治团体所利用，以此为纽带来结成反政府同盟。这种结盟，并非用来与执政党进行互动与协商，而是通过网络将各种激进的、反公众、反主流的话语结合在一起，形成一股能与政府进行对抗的力量。在西方，他们也被称为"反公众式"网络民主，通过串联、抗议、集会、结党、发起运动、集体抵制等激进的方式与政府进行对抗。可见，这不单涉及网络群体力量对官方话语权威性所带来的冲击，同时，鉴于媒体对道德的侵蚀力，也涉及网络信息的"政治正确性"是否会使受众对政府、社会以及国家政权原本所持的态度发生根本性的转变。近几年，埃及、突尼斯、利比亚等国的社会与政治剧变，就足以说明社会媒体对大众政治思维的影响力。也就是说，"政治不正确"的网络传播，可能会使受众的意识形态发生改变，进而危害政府管理、社会稳定乃至国家安全。

同时，也的确有实验表明，通过这种"网络交际圈"进行信息交流，能对网民产生以下三个方面的影响：（1）网络所传播的有关政策弊端的舆情信息会对其他受众的情绪造成持久而巨大的影响，甚至会影响其对政策的判断，而影响程度和持久度则与舆情内容和受众的政治敏感度有关。（2）有关政策潜在风险的舆情负面信息要比尝试缓解风险的正面舆论更有影响力。（3）当政策所存在的问题显著时，舆情传播对政治意识模糊的主体才有较大影响力，而在政策问题较为隐晦神秘时，只有政治敏感性较强的主体才能感受到舆情的变化。[3]

这个实验同时也说明了网络对个人思维在以下两个方面具有侵蚀力：（1）网络交流能有效地丰富并影响个体对政治的理解力；（2）在网络交流中，

---

① Beaird, Richard (2003) Remarks at WSIS Asia – Pacific Regional Conference, US Priorities for the World Summit on the Information Society, Tokyo, Japan, January 14 2003. Available at http: // 2001 – 2009. state. gov/e/eeb/rls/rm/2003/16762. htm. (Accessed March 25, 2010).

② Dobriansky, Paula (2008) Remarks to Broadcasting Board of Govenors. New Media vs. New Censorship: The Authoritarian Assault on Information, Washington D. C., September 10 2008. Available at http: // www. state. gov/g/rls/rm/109509/htm. (Accessed October 1, 2009).

③ Suzanne L. Parker, Glenn R. Parker, James A. McCann, Opinion Taking within Friendship Networks, *American Journal of Political Science*, Vol. 52, No. 2, April 2008, pp. 412 – 420

负面言论要比正面言论有影响力。当然，这并不意味着公众自身缺乏判断力，而是恰如一些舆情学者所言，如安东尼·道恩斯（Anthony Downs），获取政治信息的成本昂贵，公民多理性避之，但这种回避，却易造成公民理性的无知，而通过分享他人观点来获取政治信息的机制，恰恰又是有效降低这种潜在风险成本的有效方式之一。① 进而，又有研究发现，通过日常谈话或八卦的方式来传播政治信息，有利于丰富受众对政策的理解。② 那么，一旦网络成了获取信息的平台，分享他人"观点"也就成了大多数网民理解各种政治问题的捷径。从本质上讲，这种来自网络社群朋友圈的分享，不仅削减了获取政治信息的头脑成本，同时也让多数网民搭了无数次的"搭便车"。③

既然矛盾无法回避，那么，政府该如何应对？

一般来说，政府都会采取适当的措施对网络信息进行管制，在不侵犯公民基本权利的前提下，也能保证公共安全和国家利益不受损害。不过，对一些西方国家来说，尽管它们也并不推崇绝对意义的个人意志解放④，对网络信息也有监管，但对网民的言论，无论"政治正确"与否，则很少加以干涉，认为这事关人权，因此不在"反公众"的范畴之内。例如德国，它是对网络最早立法的国家。但是，该国的《多媒体法》并不涉及监管与官方思维有政治性对抗的话语，而主要是通过监控网络的色情信息，对青少年的身心健康进行保护。它首先对网络信息内容进行分级，就后再采取分阶段的方式对网民进行保护。第一阶段是禁止违反刑法和秩序法的网络产品与服务；第二阶段是通过技术处理，确保被联邦检查处，认为有害但并非法律禁止的网络产品与服务，传播者必须进行技术处理，确保不使青少年获得；第三阶段是供应商须尽义务对青少年进行保护，也就是说，德国政府把监管信息的责任下放给了网络机构。

显然，德国的法案更侧重于通过公司的"业界良心"对网络不良信息进行自主防范，而非对其"政治正确性"进行监控。⑤ 对德国政府来说，与其说这是个政治问题，倒不如说是个道德问题。政府先将信息进行分类，这便为网络公司能采取具体措施监控网络信息内容提供了便利，同时，政府也不会对公民的

---

① Downs, Anthony (1957) An Economic Theory of Democracy, New York: Harper and Row.

② Coleman, James A. （1990） *Foundations of Social Theory*, Cambridge, MA: Harvard University Press. Huckfeldt, Robert (2001) "The Social Communication of Political Expertise", *American Journal of Political Science* 45 （2）: 425 – 438.

③ Olson, Mancur (1965) *The Logic of Collective Action*, Cambridge, MA: Harvard University Press.

④ 该主张起源于 20 世纪 70 年代，随着有线电视的发展，一些未来学家，如 Alvin Toffler (1981, 439)，他们认为，电视是有史以来第一个，也是最原始的象征，预示着未来直接民主的到来，有教养的公民可以利用先进的传媒工具，直接进行决策，如选举等。参见 A. Toffler (1981) *The Third Wave*, London: Pan Books。

⑤ 尽管德国曾于 1996 年试图通过官方施压的方式阻止纳粹信息的网络传播，但是，最终的成功依旧是通过网络的自主监管和网民的协助监控，因此，与其说是政府的网络管制，倒不如说是网络的自觉性监管。

人身自由造成不必要的侵犯。其次，规定网络公司需预先进行"技术预防"并"聘请保护人员"，这是政府将权力下放，要求网络媒介依靠道德自律来调整技术方案。当然，除德国外，还有澳大利亚的"网络分级管理制度"① 和新加坡的"行业自律及用户自我负责的制度"，虽各具特色，但也与之类似。

美国也在 1996 年曾对此做出立法尝试，但却以失败告终。② 例如，最高法院曾为保护未成年人免于来自网络的性骚扰，颁布了《通信规范法》（Communications Decency Act CDA）（与之类似的还有《儿童在线保护法案》）。它隶属《1996 电信法》的一部分，规定：在网络交流中不得对 18 岁以下的未成年人使用有关性行为、排泄，以及生殖器官等方面的淫秽猥亵语言，否则即视为刑事犯罪，可被处以两年以下监禁和 25 万美元以下的罚款。尽管这一法案主要是针对网络淫秽内容的管制但却被普遍认为，该法案的真实意图十分明显，这是国会企图以保护未成年人的权益为借口做出的尝试，旨在最后像以往对广播电视一样，以立法的名义对其进行全盘掌控。因此，这一"投石问路"之举引起了很大的争议，此法案于次年便以违背宪法中"言论自由"为名废除，著名的 Reno vs ACLU 案便是导致该法案废除的里程碑事件。也就是说，尽管最高法院允许中立的网络立法，但网络信息管制在美国则被视作是违宪行为，即"任何网络内容管制之行为，无论其意图有多温和，都可能是小题大做"。③ 此外，加拿大信息高速公路建议委员会（IHAC）于 1995 年建议监控管制有关散布情色、种族歧视、仇恨、暴力等言论，但并无立法意向；而英国与美国态度类似，明确表示不应有类似 CDA 一样的法案。

目前，作为世界上民主制度最为完善的国家之一，美国对"网络信息自由交换"和"公众民主参与"所持的态度，是积极与肯定的。目前，通过一系列的案例表明，美国不仅没有再度意图对网络立法之心，而且还充分地利用 Web2.0 时代网络民主的协创性、参与性等特点，与网民进行亲昵互动，通过舆情为政府进行采集信息。例如，以推特为例，美国一些大城市（超过 30 万人口）的警方会通过"推特"与公民分享警务信息。这些城市的警方不仅通过"推特"发布犯罪及其相关信息，同时，他们也用其与市民分享各类社会信息，传播安全意识和犯罪防范等。④

再如，美国国会议员也充分利用推特向公众发布信息，报道工作动态，甚

---

① 澳大利亚也曾对网络进行立法，如 1998 年《隐私法》、2001 年《网络犯罪法》和《反网络赌博法》等，但却影响了正常的电子商务。

② 总体来讲，美国对网络监管较为宽松，目前的网络信息管制主要体现在知识产权的保护上，但却引起了不小的争议，因为这与美国推崇的互联网"信息自由流动"政治主张相悖。

③ Any content – based regulation on internet, no matter how benign the purpose, could burn the global village to roast the pig.

④ Thomas Heverin, Twitter for City Police Department Information Sharing, Retrieved at scholar. google. com.

至有的还包括衣食住行等日常活动。① 当然，国会议员与网民直接进行交流，可并不单纯是政治秀，或是为强化公众对政府的监督，因为于公于私，其政治回报都相当可观。这不仅能让公众积极地共同参与公共管理，为政府决策和立法工作提供民间反馈，同时也能提高政府工作透明度，进一步树立政府正面形象；而作为私人回报，也为其竞选连任做了一次长期但却成本低廉的自我推销。难怪有学者惊呼："谈话不值钱，但对国会却例外。"

可见，对美国、德国等发达国家而言，它们显然对自己的制度十分自信，并不担心政府的话语权会因网络信息自由流动而受到挑战；相反，为保障公民的知情权和言论自由权不受侵犯，它们多是采取较为温和而中立的网络监管政策。② 它们主要是以保障公民的"民主"与"人权"为出发点，并利用这两个准则建构起强有力的政治司法话语体系，包括网络价值观、行为准则及其内容所应包含的物质成分。通过这种话语体系，它们将网络的政治身份建构成一个道德的、公正的、进步的社会传媒，因此，它有义务保障公民的网络言论自由与信息自由交换。在这种话语思维的引导下，最大限度地给予网络自由，反对信息管制，自然也就顺理成章地成为这些国家的公共管理政策。

不过，与德国不同的是，自由意志论对美国各级政府的影响显然更大，因此，美国在推行网络民主时，也就更注重网络社群意见对自身所起的能动作用。这是一种群包式，或说集思广益式的政治参与，③ 充分利用了 Web2.0 范式下公众社群之间能相互分享信息，并通过社会性网络平台生成内容的特质，通过公开召唤等方式，"能动地促使公民参与公共事务规划的进程中"，④ 尽管他们本该属于少数业内精英，或说专家骨干的分内之事。当前，它不仅已被广泛应用到创造并强化集体知识和创新、社区建设、公民参与和集体资助等方面，⑤ 且近十年来，随着新媒体的蓬勃发展，在政策获取公众支持、电子民主，以及电子公共管理等方面，该模式在美国政府部门的使用也呈几何式增长。⑥ 这种鼓励各利益集团通过电子民主与政府代表集体协商和讨价还价的方式，确保了公众参与

---

① Golbeck, Jennife, Grimes, Justin M., Rogers, Anthony, Twitter Use by the U. S. Congress, *Journal of The American Society For Information Science And Technology*, 61 (8): 1612 – 1621, 2010.

② 就网络政策与法规的相关案例可参见陈一榕、徐远峰、梁陈剑译，吴贤伦校《澳大利亚 1999年广播及网上服务法》，钟新译《新加坡因特网行业准则》，载陈晓宁主编《广播电视新媒体政策法规研究——国外法规与评介研究》，中国法制出版社 2001 年版；Mohammed El – Nawawy, Government and Governance in the Networked Age: Can Cyberspace Really Regulated? Journalism and Mass Communication, Vol. 2。

③ Jayakumar Sowmya, Hussain Shafiq Pyarali The Effective Use of Crowdsourcing in E – Governance (Retrieved at scholar. Google. com).

④ Brabham, D. C. (2009) Crowdsourcing the public participation process for planning projects, *Planning Theory*, 8 (3), 242 – 262.

⑤ Esposti, C. (2011) Categorization proposed by Carl Esposti, Retrieved from www. crowdsourcing. org.

⑥ Shirky, C. (2008) Here Comes Everybody: The Power of Organizing Without Organizations (New York: Penguin, 2008), 106.

的政治合法性，不仅使各利益集团的功效得到最大化，同时，在这个充满竞争的政治环境中，也确保了个人意志的自由与充分表达。①

当然，这种"网络搭桥，公众参与，用户增值，政府受益"②的健康而民主的社会化公共网络氛围，尽管是以公民为中心，互动为导向，提议也极具个性化和针对性，但却也并非赋予个体对问题随意发挥的权力，而是基于参与者的客观、审慎与自律。也就是说，这种带有网络社群主义③色彩的话语范式也并非是绝对意义上的网络自由意志，而是一种理性而谨慎的、以群体为单位的协商式网络民主。④它需要个体首先理性地放弃一己私利，将自身需求转化为以公共利益为导向的思维主体，通过理性的辩论、反思、互惠以及包容等手段，⑤确保民众在公正而审慎的环境下达成共识，而非仅凭个人或群体意见的堆砌，这样才能保证对公共政策产生积极的引导与监督作用。⑥

此外，美国也将这种开明的网络政策融入对外政策，并得到了政府在资金和技术开发等方面的支持，如对其他信息封闭国家提供翻墙软件、基金资助等。⑦进而该主张被提升至国家战略层面，成为 Web2.0 时代美国建构外交话语权，宣扬"普世价值"的重要途径之一（Kennedy and Lucas，2005；White House，2006；Hughes，2007）。⑧不过，这与其他外交话语一样，依旧体现出美国政府的"后冷战"思维，因为它早已超越了"主权"的界限，以自身设定的道德标准，对民主与极权、开明与落后进行判断。

美国将 Web2.0 时代的网络交流与现实世界中的民主与人权问题绑定在一起，认为网络信息流动的顺畅与否，与衡量一个国家民主发展与人权状况的重

---

① Lincoln Dahlberg, Democracy via Cyberspace, *New Media Society*, 2001 Volume 3 (2): 157 - 177.

② Wirtz, B. W., O. Schilke and Ullrich, S. (2010) Strategic Development of Business Models: Implications of the Web 2.0 for Creating Value on the Internet, Long Range Planning 43 (2 - 3), 272 - 290. Bott, M. and Young, G., The Role of Crowdsourcing for Better Governance in International Development.

③ 该理论起源于 20 世纪 80 年代，新技术（如便携式摄像机等）推进地方群体组织对抗日益泛滥的个人主义、商业化和官僚主义。该理念主张志同道合的人应扎在一起，结成社群，共享各种价值和"好"想法，这才是民主可持续发展的基础。否则，单独个体无法与其他人进行主体共享，很难在社会结构起到作用。进而该主张认为，民主是为群体服务，而非为个人服务。参见 Lincoln Dahlberg. Democracy via Cyberspace。

④ 这是一种互动的双向民主，但需要个体放弃自我利益最大化的追求，理性地服从整体利益。

⑤ Graham, T. (2009) What's wife swap got to do with it? Talking politics in the net - based public sphere, Doctoral Dissertation, University of Amsterdam, Amsterdam School of Communications.

⑥ Lincoln Dahlberg, Reconstructing digital democracy: An outline of four positions.

⑦ Goldsmith, Jack, and Tim Wu (2006) *Who Controls the Internet? Illusions of a Borderless World*, Oxford: Oxford University Press.

⑧ Kennedy, Liam, and Scott Lucas (2005) Enduring Freedom: Public Diplomacy and U. S. Foreign Policy, *American Quarterly* 57: 309 - 333; White House (2006) The National Security Strategy. Available at http://georgewbush - whitehouse. archives. gov/nsc/nss/2006/ (Accessed March 25, 2010); Hughes, Karen. (2007) Foreign Press Center Briefing, New Strategic Initiatives and Multimedia Tools to Help Better Tell America's Story Around the World. December 10 2007. Avalable at http: //2002 - 2009 - fpc. state. gov/ 97861. htm. (Accessed July 20, 2009).

要参数，这不仅与《国际人权宣言》第 19 条（UNDHR）相符①，也与《国际法》的精神一致。② 也就是说，美国将国际人权宣言的保障范围从现实世界中的民族国家拓展至网络的虚拟空间，认为监控过滤网络信息是有悖国际法和人权标准的行为。因为"信息自由流动"可以确保公民的知情权和言论自由，二者恰恰是一个国家人权状况的重要体现。既然二者与人权有关，那么，这恰恰又是当代区分开明与落后、民主与集权国家的重要标志之一。③ 因此，互联网，作为一种成本相对低廉且受众面广的媒介，有能力，也有必要绕过集权监控，向信息闭塞的地区传递真相，对民众进行启蒙，有助于将落后闭塞的集权国家转化为开明民主的现代政权。

　　为了使这种话语更具说服力，美国又从历史文化角度为其合法性寻找道义上的支持。美国认为，信息自由流动是强化民主、确保国家安全的重要元素。这不仅是对人权保障的直接体现，更是美式民主的典型标志，是确保美国日益强大的重要条件。"真相是我们的武器"，正是依靠这种制度的优越性，美国最终战胜了纳粹德国、苏联、伊拉克等集权国家（La Feber，2000）。④ 进而自小布什执政时期始，它便作为一种美国对外政策话语，成为后"9·11"时代打击恐怖主义的战略武器。⑤

　　可见，网络言论自由，已成为美国评价一个国家民主和人权状况的重要参考指标。⑥ 当然，这也是美国站在自身立场上做出的战略决策。既然开明的网络政策体现了社会制度的优越性，那么美国就有义务让全世界人民都享受到该制度带来的福祉，因此，作为"软实力"的一部分，应在国际上大力推广。⑦于是，依据这种美国构建的话语思维、网络开放与国家监管程度，自然也就成为一块当代衡量国家民主与人权标准的"试金石"。

---

①　Article 19："Everyone has the right to freedom of opinion and expression；this right includes freedom to hold opinions without interference and to seek，receive and impart information and ideas through any media and regardless of frontiers." UDHR，http：//www. un. org/en/documents/udhr/.

②　US Department of Justice（2006）Progress Report on the Department of Justice's Task Force on Intellectual Property June 2006. Available at http：//www. justice. gov/criminal/cybercrime/（Accessed Feb. 25，2013）.

③　此处具体可参见 Daniel R. McCarthy，Open Networks and the Open Door：American Foreign Policy and the Narration of the Internet，*Foreign Policy Analysis*（2011）7，89 – 111。

④　LaFeber，Walter（2000）Technology and U. S. Foreign Relations，*Diplomatic History*24：1 – 19.

⑤　Edlestein，David M.，and Ronald Krebs（2005）Washington's Troubling Obsession with Public Diplomacy，Survival 47：89 – 104.

⑥　Dahlberg，Lincoln，Cyberlibertarianism 2. 0：A Discourse Theory/Critical Political Economy Examination.，*Cultural Politics*. Volume 6，Issue 3，pp. 331 – 356

⑦　Daniel R. McCarthy，Open Networks and the Open Door：American Foreign Policy and the Narration of the Internet.

三

　　网络政策，无论严厉与否，虽在形式上对立，但本体上却仍趋于一致。在参与者的作用下，所有技术设计都会带有一定程度的政治模糊性和偏见性，无论是倾向信息自由，还是主张技术监管，其实都是参与者做出的政治性选择，而非历史必然。也就是说，时值后现代，"包括身体和感知在内，一切都是社会建构的"，① 网络政策、内容以及意义的构建，自然也都不例外。因此，在这一背景下，如何解决政府监管与网络自由之间的矛盾，至今仍无定论，但有一点可以肯定，过度地坚持任何一端的最终结果，都必将走向极端。毕竟，从政府话语的社会影响力及其管制效果上看，无论初衷如何，过度"管制"就意味着胁迫（福柯），而"胁迫"的本身，就是对民主的限制和人权的侵犯；而过度地崇尚网络自由，则意味着网络民主也将面临着缺乏第三方监管的风险。网络自由意志论，不仅高估了网民的自律性，同时也低估了传统司法工具解决问题的能力。

　　就后者而言，戈德史密斯（Goldsmith, 1998）也认为，国际法已经开发出完备的法则用以解决各种冲突性的司法问题，网络问题自然也不是例外。② 尽管政府的网络政策不可能尽善尽美，但也不能说政府的管制非法、侵权或无效。那么，过度地崇尚网络自由，拒绝监管，若无其他颠覆性的政治目的，莫过于是想将网络变成一个独立于社会法制体系之外的"空间"，为犯罪免遭刑事制裁而在文化和技术上试图寻找的一个突破口。

　　毕竟，网络空间并非是自然状态下诞生的产物，而与政治文化和经济发展息息相关。这种有关技术进步、个人意志解放和政府决策之间的博弈，涉及自由、公平与利益之间的分配，并不单纯是一国之内政，同时也是个全球性问题，不仅关乎民主与人权，也关乎民主社会的建设与发展，甚至国家主权的安全。互联网时代，当监控与管制侵犯了公民隐私、危及民主社会的良性发展或当虚拟现实侵犯国家主权，甚至凌驾于主权之上时，这些矛盾该如何解决？国内的司法体系和公共政策是否能灵活地调整，及时地适应，也不与相关国际法相悖？网络，作为一种高科技的通信工具，尽管其本质仍待商榷，但若仅凭经验而言，它目前在国际政治冲突中所起到的中心作用，确是在技术革命之初万万不曾想到的。③

　　但有一点可以肯定，这是一种"以技术升级为媒介，推动受众积极参与"

---

① Synnott, Anthony (1993) *The Body Social: Symbolism, Self and Society*, London: Routledge.

② Greenleaf, G., An Endnote on Regulating Cyberspace: Architecture vs. Law, *University of NSW Law Journal*, 1998. Vol. 21 (2).

③ Manjikian, Mary McEvoy (2010) From Global Village to Virtual Battlespace: The Colonizing of the Internet and the Extension of Realpolitik, *International Studies Quarterly* 54: 381－401.

的民主，无论监控政策如何严厉，只要网络技术能不断保持升级换代，便都无法阻止网民与网络之间的协创与互动。这是任何一个政府都无法忽视，也无法单独控制的问题。假若我们将此矛盾归咎于意识形态和社会机制，也就是所谓的"国情"，这种惯性思维其实仍是在回避矛盾的本体。比如，我们无法断定网络自由主义就一定与社会主义民主相对立，因为马克思主义自制论同样也充分地肯定了网络自由给受众带来的民主理念，其主张甚至比纯粹的网络自由意志主义更激进。① 该理论认为，电子交流网络是一种政治革命，是能动的力，通过去中心化、资源公开、信息分享、资源分配、协作参与式点对点的网络化交流，民主决策便会因此而生。同时，它也促使受众以自我组织和包容参与的方式绕过集权政府和资本主义体制，后两者，他们自然认为是反民主的。② 也就是说，电子网络是让大众群体思想独立，享受"纯粹民主"的基础。③

我们应该清晰地认识到，任何社会格局都存在"共融"与"排斥"两种模式，且批判性话语其实也是对社会发展的"关切质问"④，会为主控意识形态提供一个反思空间，督促其对自身所存在的问题进行改进。这也与我党一直崇尚的"群众路线"、"开展批评与自我批评"等工作方针相一致。"想要民主，首先就要成为大众之一员"。⑤ 习近平总书记在执政之初，公开声明，我们党要容得下尖锐的批评，在 2014 年的"两会"开幕式上，俞正声同志也公开表示：我们党要鼓励尖锐但不极端的批评，对其不打棍子不扣帽子不抓辫子。因此，尽管我国审查制度较为苛刻，但也并非容不下其他的声音。

任何一个政党或个体，在发展过程中，都会或多或少存在缺陷，若不及时改良，就会成为政治冲突的导火线，因此，若想和谐稳定，共同进步，双方就必须要在一定程度上相互包容。

故此，既然社会主义民主文明与网络信息自由并不排斥，那么，政府在进行网络监管时，就要有区别地对待所谓的"负面"信息。一方面，政府在大力改良技术的同时，开发预警系统，用以识别危害公共安全的信息；另一方面，政府对来自网络的批评则不应多做干预，因为这并不代表民众与政府的对抗。相反，就目前的网络现状而言，民众对政府的负面评价，往往多是以娱乐

---

① 因为该理论不仅承认社群中个体思想的多元性与独特性，甚至也不主张对知识产权进行保护，认为盗版技术在网络的自由流动，其实也是网络民主的重要体现，是促使网络民主不断进化的重要方式。参见 Lincoln Dahlberg, Reconstructing Digital Democracy。

② Negri, A. (2008) *The Porcelain Workshop*: *For a New Grammar of Politics*, New York: Semiotext, p. 173. Hardt, M. and Negri, A. (2009) *Commonwealth*, Cambridge, MA: Harvard University Press.

③ Negri, A. (2008) *Empire and Beyond*, Cambridge, UK: Polity.

④ Habermas, J. (2006) Political communication in media society: Does democracy still enjoy an epistemic dimension? The impact of normative theory on empirical research, *Communication Theory* 16 (4): 411 –426.

⑤ Lessig, L. (2001) *The Future of Ideas*: *The Fate of the Commons in a Connected World*, New York: Random House.

的、调侃的形式出现，即便有时言语过激，实质上也并无恶意，而是在表达一种"恨铁不成钢"的情绪。这不仅体现了公民对社会发展关切，同时也为民众提供了一个发泄情绪的出气口，非但不会影响到社会稳定，通过广开言路，集思广益，反而会拉近民众与党和政府之间的距离，增强社会凝聚力，这不仅与罗尔斯"公平理论"和巴赫金的"狂欢理论"遥相呼应，同时，也是体现了习近平总书记所提出的政治文化主张：我们既要容得下尖锐的批评，在对制度自信的同时，也决不能故步自封。

四 结语与反思

一个国家的公共政策，与该国国情、社会制度以及所处的历史环境密不可分，只要决策者对自身的制度自信，即"政贵有恒，不能随便翻烧饼（习近平）"，不在根本性问题上犯颠覆性的错误，那么，我们自然也就没有必要依照西方标准去衡量自身的问题。也就是说，既然西方所设定自由民主体系并不是评判所有政治制度的终极标准，那么我们在建设社会主义民主时，就没有必要过多地探讨我国现行政策是否与之有相悖之处。

可是，我们却不能忽视大众情感和技术进步对政治决策，乃至国家安全的影响力。这不单纯是体制问题，更是决策者的认识问题。目前，我国改革已进入深水区，在这一背景下，网络政策也应适时地做出相应的调整，建构一个具有兼容性的网络管理模式，既能保证国家安全，又不损害公众的权益。只有二者和谐相处，才能使社会保持稳定。这并非是政府与公众之间的"妥协"，而是有关如何将"自由"与"平等"有原则地进行分配，这已不单纯是技术的复杂性问题，同时还涉及民主传播、公共安全、隐私保护、经营策略、资本流动、政策透明度、互联网商业化，以及网络人权自由等问题。

笔者认为，在制定网络公共政策时，政府需在公民角色身份、公众参与回报、基础设施及完善社会化网络建设等微观方面做进一步的努力，这事关政府诚信、公民价值，以及社会稳定、国家安全乃至中国梦的实现，而在宏观战略和视野上，不妨参照以下几项指标：

（1）凭借这种理念（或适时地经过改良），社会机制是否能顺应，或成功地适应社会历史的发展趋势。

（2）凭借这种理念，社会机制是否能维护社会整体的团结与稳定，而在维护这种整体稳定的同时，是否会引起激烈的冲突与斗争。

（3）凭借这种理念，公共决策是否能行之有效地解决社会问题，达到理想中的战略标的。

（4）凭借这种理念，在集体利益和个体利益、自身利益和他人利益相冲突时，个体（或弱势群体）和自身利益是否得到了最大限度的保护？

近年来中国政府的市场监管职能研究述评

沈费伟

摘 要 市场监管与宏观调控、社会管理、公共服务是中国政府自定义的四大政府职能。完善市场监管体系，促进市场经济的稳定健康发展是社会主义市场经济建设的核心内容之一。政府的市场监管职能在一定程度上有效地缓解了市场失灵引发的社会问题，维护了市场秩序，但是由于市场监管体制自身的弊端，使得政府监管职能常常处于低效或无效的状态。本文试图通过对我国政府市场监管职能的定义、监管领域、监管方式、监管行为、监管体制存在的主要问题及改革措施进行全面的考察，给出市场监管职能的全貌，旨在明确未来市场监管的研究方向及希望能对中国政府的市场监管职能的完善与改革提供有益的借鉴。

关键词 监管 市场监管 监管绩效 有效监管

自中共十四大提出建立社会主义市场经济体制的目标以来，我国市场经济不断发展，市场不断培育成熟，为我国经济的快速发展做出了巨大贡献。在取得成绩的同时，我们也看到了由于市场具有的自发性、盲目性和滞后性等缺陷，市场交易过程中频频出现一系列通过不正当的竞争行为和欺诈手段欺行霸市、制假售假、商业贿赂等现象，导致市场在配置资源中的低效或无效。

为了维护市场秩序，保障市场的公平与公正，市场监管职能应运而生。关于市场监管职能的研究已经持续了许多年，国外关于市场监管理论的研究成果主要有美国经济学家卡恩（Alfred E. Kahn）著的《管制经济学：原理与制度》、乔治·施蒂格勒著的《产业组织和政府管制》、丹尼尔·F. 史普博著的《管制与市场》、日本经济学家植草益著的《微观规制经济学》等。国内学者关于市场监管的研究，从 20 世纪 80 年代末 90 年代初才开始起步，主要是在借鉴国外管制经济学论著的基础上，结合本国实际，先后出版了许多著作，主要有余晖的《政府与企业：从宏观管理到微观规制》、张昕竹等的《中国管制与竞争：理论和政策》、王俊豪的《政府管制经济学导论》和《管制经济学原

[作者简介] 沈费伟，浙江工商大学公共管理学院，310018。

理》等、夏大慰的《政府管制：理论、经验与中国的改革》、陈富良的《放松管制与强化管制：论转型经济中的政府管制改革》等。

政府的市场监管职能在一定程度上有效地缓解了市场失灵引发的社会问题，维护了市场秩序，但是，由于市场监管体制的弊端，使得政府监管职能常常处于低效或无效的状态。本文试图通过对我国政府市场监管职能的定义、监管领域、监管方式、监管行为、监管体制存在的主要问题及改革措施进行全面的考察，给出市场监管职能的全貌。最后希望能对中国政府的市场监管职能的完善与改革提供有益的借鉴。

一　市场监管职能的定义

市场监管职能是中国政府公开定义的经济调节、市场监管、社会管理和公共服务四大政府职能之一。要想了解什么是中国政府的市场监管职能，首先必须明确什么是监管？"监管"一词是个舶来品，来自英文单词"Regulation"，英美国家通常将其译作"管制"，政府管制的目的主要是通过制度安排来实现更好的经济绩效，如美国经济学家卡恩在《管制经济学：原理与制度》中指出，管制的实质是政府命令对竞争的明显取代，作为基本的制度安排，它企图维护良好的经济绩效。[1] 丹尼尔·F. 史普博则认为，管制是行政机构制定并执行的直接干预市场配置机制或间接改变企业和消费者的供需决策的一般规则或特殊行为。[2] 诺贝尔经济学奖获得者乔治·施蒂格勒强调，管制通常是产业自己争取来的，管制的设计和实施主要是为受管制产业的利益服务的。[3] 而日本则习惯将其翻译为"规制"，如日本著名经济学家植草益在《微观规制经济学》中对规制所下的定义是：社会公共机构依照一定的规则对企业的活动进行限制的行为。这里的社会公共机构或行政机关一般被简称为政府。[4]

我国学者对于"Regulation"的译法没有进行深入的探究，在学术界用得较多的是管制、规制，而在政策层面或在实际部门中，通常使用监管。余晖沿用史普博的观点，对管制的一般定义是：管制是由行政机构制定并执行的直接干预市场配置机制或间接改变企业和消费者的供需决策的一般规制或特殊行为。[5]并且他将政府的职能定义为微观管制、宏观调控和微观管理，其中微观管制和微观管理有着本质的区别，前者是政府站在完全中立的立场上依据法律法规对

①　Alfred E. Kahn, *The Economics of Regulation*: *Principles and institution*, Cambridge: The MIT Press, 1998, 35 – 40.

②　丹尼尔·F. 史普博：《管制与市场》，余晖等译，上海三联书店、上海人民出版社 1999 年版，第 45 页。

③　乔治·施蒂格勒：《产业组织和政府管制》，潘振民译，上海三联书店 1989 年版，第 210 页。

④　植草益：《微观规制经济学》，朱绍文等译，中国发展出版社 1992 年版，第 1—2 页。

⑤　余晖：《政府与企业：从宏观管理到微观管制》，福建人民出版社 1997 年版，第 39 页。

微观经济主体实施的一种外部限制和监督（所以通常称为管制）；后者则是政府站在出资者立场上依靠行政命令或直接参与市场的方式对微观经济主体实施的一种内部管理，主要指国有资产运营管理、部分社会公益事业和部分城市公用事业的投资和直接管理活动。随着改革的深入，大部分政府微观管理活动将被取消，而大量被节约下来的行政资源应该用来充实和加强政府的宏观调控和微观管制，尤其是历来缺乏认识和不被重视的微观管制。[1] 曾国安则将管制定义为：管制者基于公共利益或者其他目的，依据既有的规则对被管制者的活动进行的限制。他还进一步阐述了管制的内涵：（1）管制的实质是管制者对被管制者的限制；（2）无论何种管制都是基于某种目的，或者是为了公共利益，或者是为了其他经济或者非经济目的；（3）管制的实施总是要依据既有的规则，无论这些规则是历史形成的，还是最近形成的，无论是由习惯形成的，由政府法规所规定的，还是由组织内部的规章所规定的，无论规则是合理的，还是不合理的，实施管制总要依据某种规则；（4）管制者可以是个人，也可以是企业组织，也可以是政府，以及其他组织。[2] 王俊豪在综合国内外学者对于管制的讨论的基础上，对管制归纳为三大要素：（1）管制的主体（管制者）是政府行政机关（简称政府），通过立法或其他形式管制者被授予管制权；（2）管制的客体（被管制者）是各种经济主体（主要是企业）；（3）管制的主要依据和手段是各种法规（或制度），明确规定限制被管制者的什么决策，如何限制以及被管制者违反法规将受到的制裁，等等。根据这三个基本要素，可将管制定义为：具有法律地位的、相对独立的管制者（机构），依照一定的法规对被管制者（主要是企业）所采取的一系列行政管理与监督行为。[3]

　　我国政府公开以法律文件的形式定义市场监管职能起始于党的十三大，但是市场监管职能逐步确立并开始发挥作用，却是在党的十四大提出建立社会主义市场经济体制目标开始的。中国作为一个从计划经济体制向市场经济体制过渡的转型国家，市场监管职能是在建立与完善社会主义市场经济体制过程中不断加强的一个政府职能。经过近 20 年的发展与完善，我国对于市场监管的领域、内容、形式、手段等各方面都在发生巨大的变化，2013 年《国务院工作规则》中对市场监管职能的要求为依法严格市场监管，推进公平准入，完善监管体系，规范市场执法，维护全国市场的统一开放、公平诚信、竞争有序；同年 11 月，中共十八届三中全会报告中进一步提出，建设统一开放、竞争有序的市场体系，是使市场在资源配置中起决定性作用的基础。要建立公平开放透明的市场规则，完善金融市场体系。

---

① 余晖：《中国的政府管制制度》，《改革》1998 年第 3 期。
② 曾国安：《管制、政府管制与经济管制》，《经济评论》2004 年第 1 期。
③ 王俊豪：《管制经济学原理》，高等教育出版社 2007 年版，第 4 页。

二　研究视角：理论假设

现有关于市场监管职能的研究，主要是建立在经济人和政治人两种假设之上来开展的。从经济人假设出发，考察市场监管的有效性问题，主要有市场监管成本与收益理论和市场监管供给与需求理论两种理论观点。从政治人角度出发，主要集中研究现有市场监管体制的缺陷问题、如何改革和完善现有监管体制、市场监管的法律制度问题、如何发挥市场监管机构的作用、垄断性行业的监管问题，等等。

（一）经济人视角

"经济人"也称"理性经济人"，即假定人思考和行为都是目标理性的，唯一地试图获得的经济好处就是物质性补偿的最大化。这种假设最早由英国经济学家亚当·斯密（Adam Smith）提出。他认为，人的行为动机根源于经济诱因，人都要争取最大的经济利益，工作就是取得经济报酬。

从经济人假设出发，围绕市场监管职能考察市场监管的有效性问题，主要形成了以下两种理论观点：市场监管成本与收益理论和市场监管供给与需求理论。市场监管成本与收益理论，主要研究政府是否要进行市场监管、如何判断监管的成本收益比、监管是否有收益、如何实现效益最大化的监管等问题。而市场监管供给与需求理论，主要关注如何寻求供给与需求的均衡状态，因为如果监管的供给超过需求，会导致监管的泛滥，事事都要监管势必会导致监管的低效与无效；而如果监管的供给小于需求，则会使许多应该监管的领域得不到监管，更会造成市场秩序的混乱无序。但是，现实生活中绝对的均衡状态是不存在的，因此，监管者所能做的就是尽可能减少政府监管的需求与供给不均衡的程度。在什么情况下应该进行监管、良好监管的"度"的问题上，许多学者给予了关注。

然而，从经济人视角研究市场监管职能也有它的缺陷所在，如它一味地强调追求经济利益，忽视社会公平问题；强调市场竞争，忽视市场主体的合作问题；追求监管数量，忽视监管质量，而且市场监管也会出现管制失灵问题。因此，我们引进政治人的研究视角来弥补经济人假设研究市场监管职能的缺陷，以求实现政府的良好监管。

（二）政治人视角

"政治人"假设的通常表达为"人是天生的政治动物"。"政治人"假设的基本内涵是：人是一种具有社会性的、具有利益协调能力的，并追求友善合作，追求社会至善和谐的动物。"政治人"假设最早由古希腊思想家亚里士多德提出。

从政治人角度出发，围绕市场监管职能主要集中研究现有市场监管体制的缺陷、如何改革和完善现有监管体制、市场监管的法律制度、如何发挥市场监管机构的作用、垄断性行业的监管，等等。从政治人假设出发研究市场监管职能，弥补了单单从经济人角度研究市场监管问题的限度，把市场监管职能纳入法律制度的框架内进行研究考察，可以从制度层面更深层次理解我国政府的市场监管职能，同时也为研究市场监管职能提供了一个全新的视角。

然而，从政治人角度研究市场监管职能，本因是政府从事市场经济管理的题中之义，但这方面对于市场监管的研究热度明显不及从经济人角度出发研究市场监管的热度，而且现有文献还仅仅停留在国家宏观层面，很少有涉及地方政府市场监管职能问题的研究；对于如何完善市场监管体制的分析虽有论述，但绝大多数学者都从借鉴发达国家的监管经验出发，以求完善本国的监管制度，从而实现良好监管，却很少从我国的法律制度层面出发寻找一条解决市场监管失灵问题的有效路径选择。

三 监管领域

在市场经济下，政府的监管职能主要包括市场准入监管、质量监管、市场竞争秩序监管、行政执法监管、行业自律监管、消费维权社会监督、完善市场监管法制、市场监管信息平台建设、食品安全监管和金融市场监管等方面。现有文献关于中国政府市场监管职能的研究领域主要有经济领域、社会领域以及自然垄断领域。经济领域包括价格、金融、证券、银行、会计、投资、企业、资本、国有资产、产品、彩票行业等；社会领域包括环境、食品药品、职业安全、健康安全行业等；自然垄断领域包括电力、电信、自然水、交通运输行业等。此外，网络监管、信息监管等方面研究文献也越来越增加。在这些领域中，现有研究指出，市场秩序、价格、质量、安全、环境保护、产权保护（包括知识产权）等领域必须要监管。

市场秩序与市场经济发展程度密切相关，维护市场秩序是现代政府的首要职责。政府对市场秩序的有效监管是建立良好的市场经济秩序，保证经济健康发展的一个重要条件。在对市场秩序监管的研究上，现有文献主要研究特定市场领域的秩序，从法律法规、监管机构、监管方式、方法与手段等方面进行研究。

价格监管是经济领域监管的核心内容，价格监管主要应用于对自然垄断产业定价水平的监管。现在，国际上存在两种最具典型意义的、有较大差别的价格水平管制模型，即美国传统的投资回报率价格管制模型和英国的最高限价管制模型，而至今中国的价格监管模型仍未建立。在价格监管问题上，围绕着制定最优的定价方法来进行市场监管，学者们从如何制定最优的定价方式、如何实现有效的价格监管，以及价格监管的方式与方法等方面进行研究。监管者在制定与实施监管价格时，需要考虑多种因素、存在多种目标，但从公共利益的观点来看，最基本的是以下三个目标：（1）促进社会分配效率；（2）刺激企业生产效率；（3）维护企业发展潜力。[①]

由于产品和服务质量水平与成本高度相关，如果不对产品和服务质量实行监管，企业就会产生降低产品和服务质量的刺激。因此，为维护并不断增进消费者利益，政府在实行价格监管的同时，还应该对产品和服务质量实行监管。[②] 质量监管的研究内容比较广泛，有产品质量、医疗质量、工程质量、教育质量、服务质量等方面。在这之中，主要研究质量监管的模式、体系、手段、法律等问题。

为了维护人民的生命财产安全，政府必须运用行政力量，对损害人民群众利益的方面进行监管。对于安全监管的研究，现有文献主要集中于食品、药品、煤矿、职业等方面，通过实证研究或数据模型分析，指出这些方面的危害程度，进一步提出规避危害，实现政府良好监管的政策建议。

环境监管是社会领域监管的重要组成部分，政府只有对环境保护进行有效监管，才能为人民创造一个健康优质的生活环境。对于环境监管的研究文献比较丰富，但绝大多数现有文献集中研究本国企业环境监管的有效性，主要围绕环境监管与企业经济发展的关系、企业环境监管政策的效率、环境监管对中国出口竞争力、最优监管强度等问题展开。

随着我国自主创新和建设创新型国家战略的推进，我国面临的产权保护问题也随之突出，特别是知识产权的保护，已成为一个国家竞争力的核心要素。现代产权理论是 1991 年诺贝尔经济学奖得主罗纳德·科斯提出的，他认为，没有产权的社会是一个效率绝对低下、资源配置绝对无效的社会。因此，对于产权，尤其是知识产权的有效监管，成为现代政府监管的重点领域。现有关于产权的研究主要强调两方面，分别是保护产权的重要性和如何对产权进行有效的监管。

四　监管方式

在市场经济体制下，政府在行使市场监管职能时，主要应用法律法规、行政权力、行政授权等方式对市场主体实施监管。

法律法规是政府进行市场监管所采用的最主要手段之一，市场监管法是调整市场监管关系的法律规范的总称，它并不是单指某一部具体的法律，而是特指一个法律体系。我国现有的市场监管法主要包括竞争法、产品质量法、广告

[①]　王俊豪、鲁桐、王永利：《发达国家基础设施产业的价格管制政策及其借鉴意义》，《世界经济与政治》1997 年第 10 期。

[②]　王俊豪：《管制经济学学科建设的若干理论问题》，《中国行政管理》2007 年第 8 期。

法、消费者权益保护法等，其中竞争法又包括反不正当竞争法、反垄断法等。现有文献对于政府运用法律法规来实施市场监管职能的研究居多，主要研究如何通过完善监管立法，建立与市场经济相适应的监管体制，从而实现政府的有效监管。①

政府运用行政权力进行市场监管，维护市场秩序，其通常采用的方式有实施行政许可；处理和裁决争议、纠纷；采取行政强制措施；实施行政制裁；调查统计和发布信息情报；等等。行政权力是政治权力的一种，它是国家行政机关依靠特定的强制手段，为有效执行国家意志而依据宪法原则对全社会进行管理的一种能力。行政权力的内容包括行政立法权、行政决策权、行政执行权、行政监督检查权、行政处罚权以及行政司法权等。政府应用行政权力实施市场监管职能，监督管理市场行为，查处经济违法活动，具有直接、快速的特点。

政府还可以通过行政授权的方式，协助和指导行业协会，发挥市场监管网络中的行业协会等自律组织的作用。行业协会与政府是相互依存、平等合作的伙伴关系，它们各自依靠自己的优势和资源，通过协商、谈判等方式，通力合作，共同提供公共服务，完成对市场的监管和治理，从而保障和增进公共利益。

五　监管行为

现有研究指出，由于现行市场监管体制的缺陷，政府在实行市场监管职能时往往会出现监管缺位与越位问题。政府监管行为的不当，直接影响市场监管的绩效，使得市场监管常常处于低效或无效的状态。

（一）监管越位

政府监管越位是指政府监管部门在履行自身职能过程中，承担了本该由其他监管部门承担的职能，行使了一些自己不能或不该行使的权力，造成不良社会后果的行为。政府监管部门对自己的监管职能定位不清楚，对法律法规的错误偏差理解或利益驱使等，都会造成监管的越位问题。政府监管越位的危害是非常大的，往往会导致监管的低效，有时甚至无效状态，不仅不利于对本行业的监管，还会严重阻碍相关行业的监管。有学者就指出，过度的"政府管制"是导致中国市场极高的 IPO 抑价的根本原因。②

---

①　单东：《加强对国有垄断企业的立法监管体制》，《经济学家》2007 年第 1 期；张铭洪：《网络经济下的反垄断与政府管制》，《管理世界》2002 年第 6 期；李健明：《强制性侦查措施的法律规制与法律监督》，《法学研究》2011 年第 4 期；叶泽、常新菊、龚国强：《规制承诺不确定条件下的电网投资效应及其政策设计》，《中国工业经济》2006 年第 7 期。

②　刘煜辉、熊鹏：《股权分置、政府管制和中国 IPO 抑价》，《经济研究》2005 年第 5 期。

（二）监管缺位

政府对市场主体进行监管时，有时会存在监管缺位问题。监管缺位主要是指政府监管部门在行政执法过程中，没有按照法定职责保证市场监管和行政执法职能的行使到位、该管的没有管、该制止的没有制止、该处罚的没有处罚、该许可的没有许可等应当依法作出行政行为，却不作出行政行为的行为。简言之，政府监管缺位即政府监管的不到位与不作为。监管人员的责任心不强、对潜在的风险隐患认识不够、监管体制和机制不适应等问题都会造成政府监管的缺位问题。政府对监管领域的不到位，有时不作为问题会严重影响其对市场监管的效率与效益问题。有学者提出由于上市公司股权结构及政府的立场、监督水平等原因，我国对上市公司大股东滥用股权的监管供给严重不足。①

（三）监管绩效

现有文献对于监管绩效的研究比较多，但主要集中研究制定有效监管的标准与原则和对于监管失败问题的探讨这两个方面。

在制定有效监管的标准与原则问题上，张成福认为，政府管制改革的目的在于实现良好的管制。良好政府管制的基本原则包括公共利益、必要性、可行性、开放性、法治、有效、协调、信息、比例、简明。② 杜钢建将政府规制能力的评估标准分为界定度、自主度、参与度、课责度、透明度、可预度、自由度和强硬度八个方面，每个方面又分为五个等级，根据上述标准对中国部分基础设施行业，如电力、煤炭、电信、自来水、铁路等行业规制能力进行了评估，结果发现，所有这些行业领域政府规制的得分普遍不令人满意。③ 郝旭光通过对监管部门进行问卷调研，提炼和归纳了判别监管有效性的六个标准，即综合性、针对性、严密性、前瞻性、权威性和及时性，并对中国证券市场的监管有效性进行了评估，结果发现，所有被调查者对中国证券监管效果的整体评价和对具体政策效果的评价都没有达到及格水平，得分最低的是前瞻性。④

在监管失败问题的探讨上，学者们应用了个案研究、实证研究、数据模型研究等方法来分析中国政府监管无效问题。肖兴志等学者研究了市场化背景下规制改革对城市水务产业发展的影响，结果发现，中国城市水务产业规制改革的效果并不理想。⑤ 陶然、刘明兴根据一项基于大样本、跨年度的实证研究的

① 段亚林：《监管控股股东滥用股权的博弈分析》，《中国工业经济》2000 年第 5 期。
② 张成福、毛飞：《论政府管制以及良好政府管制的原则》，《北京行政学院学报》2003 年第 3 期。
③ 杜钢建：《政府能力建设与规制能力评估》，《政治学研究》2000 年第 2 期。
④ 郝旭光：《中国证券市场监管有效性研究》，《中国工业经济》2011 年第 6 期。
⑤ 肖兴志、韩超：《规制改革是否促进了中国城市水务产业发展？——基于中国省际面板数据的分析》，《管理世界》2011 年第 2 期。

结果，对中国农村的税费问题进行考察，研究发现农民负担问题的根源在于政府对农村进行的各种管制。[1] 干春晖的研究发现，中国当前规制分权化背景下的地方规制机构与被规制企业之间存在着合谋问题，并且用计量方法对规制的效果进行了检验，结果表明，规制分权化没有显著的正面效应，即规制低效率。[2]

六　现行监管体制有哪些问题，如何改革？

在对现行监管体制问题研究上，学者们从市场监管制度、监管机构、监管法律法规、监管绩效等不同角度给予了关注，主要有以下几方面的问题：

（一）计划经济下的管制束缚影响依然存在

由于我国的市场监管职能脱胎于传统的行政体系，并且受到长期以来计划经济体制的束缚和影响，因此，即使现在处于社会主义市场经济体制下，仍然具有浓厚的计划管制的色彩。有学者提出，转型期间我国的政府监管体制由传统的计划经济发展起来的计划管制正在不断向法治化、规范化和制度化的市场经济下的政府管制过渡，虽然政府监管的面貌有了很大的改观，但依然存在许多问题，主要有政企不分，行政性垄断突出；价格形成机制不能刺激生产效率的提高；垄断经营使企业缺乏竞争活力；寻租行为导致社会福利的损失；规制机构的低效率等问题。[3] 在计划管制下，往往造成政企不分、政事不分的现象，严重混淆了监管者与被监管者之间的角色界分，成为侵蚀市场监管的中立性、阻碍监管权合理设立并公正行使的根源。

（二）多头监管，监管不协调问题严重

现行市场监管体制下，由于政府监管机构过多，监管职能不清，经常出现多头监管、监管不协调的问题。多头监管，往往造成政出多门、效率低下，导致大量相互扯皮、相互推诿现象。有学者指出，原有市场监管体系在为我国经济发展做出巨大贡献的同时，也在推进社会主义市场经济的过程中产生了种种弊端，比如，监管机构过多、分工过细，造成公共资源浪费；相关部门权责不清，职能重复交叉，造成政出多门、效率低下；各部门纵向分权不合理，造成监管能力弱化；组织体系发展不平衡，造成不同领域监管能力迥异；各监管部门大多采取"议行合一"制，造成制度层面的腐败；市场监管活动缺乏强有

---

[1]　陶然、刘明兴：《农民负担、政府管制与财政体制改革》，《经济研究》2003 年第 4 期。

[2]　干春晖、吴一平：《规制分权化、组织合谋与制度效率——基于中国电力行业的实证研究》，《中国工业经济》2006 年第 4 期。

[3]　胡税根：《论新时期我国政府规制的改革》，《政治学研究》2001 年第 4 期。

力的约束，这些问题严重限制甚至阻碍了经济的可持续发展。① 特别在食品安全监管领域，有学者发现，目前内地食品安全监管检测机构多头管理、部门分割、资源浪费现象严重，未能有效地履行支撑政府保障食品安全的职责。②

（三）监管的法律法规不健全

法律法规是政府进行市场监管所采取的最主要手段之一，法律法规的不健全会直接导致政府在履行市场监管职能时不能有法可依、有章可循。没有法律、法规、规章的规定，政府监管部门往往会做出影响公民、企业以及其他社会组织权益的决定。有学者在考察我国市场监管法律体系存在的缺陷及问题的基础上，指出我国市场监管法律体系存在的缺陷及问题主要有：一是规范性文件层次较低，导致规范间存在法律冲突；二是一些重要的领域存在无规范的盲区；三是只注重实体法，轻视程序法；四是不重视对监管者的再监管；五是没有真正树立与世界经济及制度接轨的紧迫感，与 WTO 规则的衔接尚不完善。③ 随着市场经济的不断发展，市场监管的领域在扩大，监管的结构在变化，因此，需要我国的市场监管法与时俱进，做出相应的变更，以适应当今市场经济不断发展壮大。我国现行的市场监管法规虽然经历了几次大的清理，但仍存在不适应社会主义市场经济发展的需要，亟待修订和完善。更为迫切的是，新的商品交换方式和各种新型市场出现以后，亟须新的法规进行相应规定，在这种情况下，市场监管法规的完善也是当前的迫切工作。④

（四）监管的低效率问题突出

政府监管的低效率问题突出，主要表现为市场监管资源没有得到有效整合，监管过度与监管真空并存，重复监管与放弃监管同在。监管机构的低效率、监管政策执行的无效性、监管人员素质参差不齐、监管设备严重不足等问题，往往是造成政府履行市场监管职能低效率的主要原因。监管的低效率在现行我国市场监管体制中表现得尤为突出，甚至有学者指出，我国从未建立起比较成熟的政府管制制度，对垄断性行业的政府管制处于无力、无效状态。⑤ 市场监管的这种低效与无效问题危害是巨大的，它不仅会造成昂贵的监管成本，导致监管效益的流失，而且一个没有效率的市场监管必然会造成整个市场资源

① 陈世良：《构建我国经济转型期市场监管新体制的思考》，《领导科学》2008 年第 8 期。
② 张晓涛、孙长学：《我国食品安全监管体制：现状、问题与对策——基于食品安全监管主体角度的分析》，《经济体制改革》2008 年第 1 期；查竞春：《香港特区政府食品安全监管检测体系对内地改革的启示》，《经济体制改革》2007 年第 2 期。
③ 苗延波：《论我国市场监管法律体系的构建与完善》，《河南师范大学学报》（哲学社会科学版）2006 年第 5 期。
④ 佘源：《中外市场监管比较研究及启示》，《学术论坛》2010 年第 11 期。
⑤ 王学庆：《垄断性行业的政府管制问题研究》，《管理世界》2003 年第 8 期。

配置的低效率。

（五）寻租问题更加剧了市场监管的软弱无力

政府垄断机构具有高度的行政垄断权力，是市场监管的立法者与执行者。企业为获得政府机构的庇护或获取高额垄断利润，往往会对市场监管主体进行寻租。现今，许多企业为了逃避政府监管部门的监管，而对其进行贿赂，官员经不起诱惑，有时甚至与商家合谋，以谋求高昂的经济利益，这更使得市场监管变得更加软弱无力。

面对上述市场监管体制出现的种种问题，现有研究都指出，要对现行的市场监管体制进行改革，建立和完善与市场经济相适应的政府监管制度。在如何进行改革的问题上，学者们从完善本国自身监管制度和从国外发达国家借鉴经验两方面来完善我国的市场监管体制。

首先，针对现有市场监管问题，提倡通过改革本国市场监管制度以求完善我国市场监管体制的研究主要有：李郁芳提出，治理转轨期政府规制制度缺陷的根本途径在于，加快推进政治体制和经济体制改革，其关键是政治体制改革。其一，积极推进行政体制改革，加快建立和完善政府规制机构；其二，培育独立、强大、成熟的企业主体和消费者主体；其三，在政府规制的全过程加强公开性，公开规制的立法、司法和执法全过程。[①] 曾国安指出，在市场取向的体制改革过程中必须对在计划经济中实行的政府管制制度进行根本性的改革，即建立新型的与市场经济相适应的政府管制制度，改变的唯一途径是建立法治制度：政府应该享有哪些管制权，管制权的分配等要纳入法治化的轨道，政府部门管制权的获得、管制权的运用都由法律来确定，管制权的变更也应该由法律来确定，不应该允许未经法律授权的管制权的存在，也不允许政府管制部门不履行法律要求的管制职责。[②] 王学庆认为，目前，政府管制要解决的最大问题，是建立适合我国国情的政府管制制度。建立适宜政府管制制度应以增进社会福利为目的，以促进发展效率和市场公平为目标，以引入竞争和规范管理为重点。从完善管制立法、建立规范的管制机构、构建新管制机构体系、出台新管制办法和改造管制对象五个方面进行改革。[③]

其次，提倡借鉴发达国家先进的监管经验，以求完善我国的市场监管体系的研究主要有：张红凤等学者将中国规制改革置于西方国家政府规制动态变革的背景中，从规制变革的轨迹、方式、动因和基础四个方面批判地吸收和借鉴其成熟的经验，进而站在整体战略构思的高度，从经济学、政治学和行政法学

① 李郁芳：《转轨时期政府规制过程的制度缺陷及其治理》，《管理世界》2004 年第 1 期。

② 曾国安：《政府经济管制模式比较》，《学术研究》2002 年第 11 期。

③ 王学庆：《垄断性行业的政府管制问题研究》，《管理世界》2003 年第 8 期。

三个视角来构建中国规制体制改革的框架。① 杜建钢在对中国、韩国和日本三国规制改革的基本情况进行了梳理和比较的基础上，提出中国政府要将规制改革作为转变政府职能的首要任务；依法推进规制改革；由专门机构统一负责，持续推行；制订规制改革计划，维护市场经济秩序；重视对规制成本和效益的审查；加强被规制者的参与；加强对规制的司法审查。② 陈富良在借鉴西方国家政府规制改革的经验，并结合我国转型经济实际的基础上，认为转型经济中的政府规制改革，应走松紧结合的道路，建立松紧相宜的规制制度，既要放松规制，也要强化规制。③

七　既有研究取得的基本共识

现有关于市场监管职能的研究，主要在以下几个方面取得了共识：

（一）市场失灵是市场监管的前提

在为何要进行市场监管问题的研究上，现有研究基本上都基于市场失灵的假设，认为由于市场失灵会造成市场配置资源的无效或低效，因此需要政府进行市场监管。但是，市场失灵是政府监管的起源的假设，并未获得实证研究的支持。有学者指出，市场监管之所以必要，原因在于以下六个方面：一是由人的本性决定的；二是社会公益的需要；三是自由需要监管；四是市场竞争需要监管；五是大众智慧的所能；六是实践证明监管是必需的。④ 因此，对于为何要进行市场监管研究，未来还需进一步深化。

（二）政府监管的目的是为了实现有效监管

在政府监管目的的研究上，现有研究指出，政府不管采取放松监管还是强化监管的方式其最终目的都是实现有效监管。有效监管是实现良好管制的前提。有效监管的实现与政府监管机构、监管政策、监管手段与方法等方面有着密切的联系。有学者认为，政府要实现有效的监管，需要充分发挥监管机构的作用。⑤ 也有学者认为，监管的方法与技术在有效监管中有重要的影响。⑥ 除

① 张红凤、杨慧、吕少华：《政府规制体制改革整体框架的构建：一个国际经验的视角》，《教学与研究》2008 年第 8 期。

② 杜钢建：《中国、韩国、日本规制改革比较研究（下）》，《北京行政学院学报》2002 年第 6 期。

③ 陈富良：《中国政府规制体制：改革路径与目标模式》，《改革》2001 年第 4 期。

④ 邱本：《论市场监管法的基本问题》，《社会科学研究》2012 年第 3 期。

⑤ 周汉华：《行业监管机构的行政程序研究：以电力行业为例》，《经济社会体制比较》2004 年第 2 期。

⑥ ［美］J. 罗伊思·古阿什、罗伯特·W. 汉恩：《规制的成本与收益：对发展中国家的寓意》，《经济社会体制比较》2004 年第 1 期；张成福、毛飞：《论政府管制以及良好政府管制的原则》，《北京行政学院学报》2003 年第 3 期。

此之外，还有学者认为，监管制度是实现有效监管的关键。[①]

尽管现有文献对于监管失败的案例研究远远多于有效监管的案例研究，但有效监管仍是监管者实施监管要达到的主要目的。现有研究对于有效监管的讨论只局限于字面含义，而对于有效监管的具体状态、达到什么样标准才算实现了有效监管等方面的研究比较少。

（三）政府对垄断领域行业要进行分类监管

在对垄断行业进行监管的研究上，传统规制理论认为，为了实现资源的最优配置，需要政府对自然垄断产业进行进入规制和价格规制乃至质量规制。有学者提出，目前的垄断性行业基本是与经济发展、人民生活息息相关的产业。这些行业的健康、快速发展，可以对整个国民经济发展发挥巨大的推动作用，而且能够直接改善人民的生活水平。但在目前，由于垄断而且管制不当，这些行业并未充分发挥其发展潜力，存在严重的利用垄断谋取垄断利益的问题。建立适当的政府管制制度，有利于垄断行业的健康发展。[②] 但是，对垄断行业进行监管的前提是区分竞争性产业和垄断性产业，在竞争性产业中要引入竞争，如特许经营权竞标、可竞争市场、标尺竞争、直接竞争等；在垄断性产业，政府要进行监管。因此，为了兼顾社会福利的最大化和企业利润的最大化，对自然垄断产业不能完全实现竞争治理，也不能实行全面管制，而需要竞争与规制两种资源配置方式进行互补。[③]

（四）市场监管职能不完善，要进行市场监管体制改革

在对政府监管体制的研究上，现有文献都指出，我国的市场监管体制存在着问题，如计划经济下的管制束缚影响依然存在、多头监管、监管不协调问题严重、监管的法律法规不健全、监管的低效率问题突出等，进而从完善国内市场监管制度和借鉴发达国家监管经验两方面提出了改革市场监管体制的路径。

八　进一步研究的方向

现有研究在研究方法、研究领域以及研究视角上还存在一些问题，有待深化。

在研究视角上，现有文献显示，从经济人角度研究市场监管的文献占了半壁江山，经济学者对于市场监管的研究最为深入、最为成熟，至今已经形成了

---

① 钟伟：《论货币政策和金融监管分立的有效性前提》，《管理世界》2003 年第 3 期；张红凤、周峰、杨慧、郭庆：《环境保护与经济发展双赢的规制绩效实证分析》，《经济研究》2009 年第 3 期。

② 王学庆：《垄断性行业的政府管制问题研究》，《管理世界》2003 年第 8 期。

③ 张红凤：《自然垄断产业的治理：一个基于规制框架下竞争理论的视角》，《经济评论》2008 年第 1 期。

"管制经济学"一个独立的学科。而从政治人角度出发研究市场监管的文献相比从经济人角度出发的研究还比较少，因此还有待深化。

在研究方法上，现有研究以经济学计量模型和数理统计的方法应用居多，而对个案研究以及比较研究的文献比较少，对单个行业或单个地区的市场监管研究，有利于深化对微观层面的考察，了解我国市场监管职能在局部地区的实施状况和取得的效果；应用比较研究可以发现不同行业、不同地区、不同领域甚至不同国家的监管现状，找出本地区或本国的监管问题，从而更能够"对症下药"，从而实现良好的监管。

在研究领域上，现有关于市场监管的研究，还主要集中于传统的领域，如金融、证券、环保、电力、电信等领域的文献居多，但随着社会的进步，经济的发展，网络监管、信息监管等新兴的领域应成为未来监管研究的重点领域。另外，从区域上看，对于城市的市场监管问题研究的颇多，而对于农村的研究相对较少，因此，未来对于农村的市场监管问题也是研究的重要领域。

参考文献

［1］Alfred E. Kahn, *The Economics of Regulation: Principles and Institution*, Cambridge: The MIT Press, 1998.

［2］丹尼尔·F. 史普博：《管制与市场》，余晖等译，上海三联书店、上海人民出版社 1999 年版。

［3］乔治·施蒂格勒：《产业组织和政府管制》，潘振民译，上海三联书店 1989 年版。

［4］植草益：《微观规制经济学》，朱绍文等译，中国发展出版社 1992 年版。

［5］余晖：《政府与企业：从宏观管理到微观管制》，福建人民出版社 1997 年版。

［6］余晖：《中国的政府管制制度》，《改革》1998 年第 3 期。

［7］曾国安：《管制、政府管制与经济管制》，《经济评论》2004 年第 1 期。

［8］王俊豪：《管制经济学原理》，高等教育出版社 2007 年版。

［9］王俊豪、鲁桐、王永利：《发达国家基础设施产业的价格管制政策及其借鉴意义》，《世界经济与政治》1997 年第 10 期。

［10］王俊豪：《管制经济学学科建设的若干理论问题》，《中国行政管理》2007 年第 8 期。

［11］单东：《加强对国有垄断企业的立法监管体制》，《经济学家》2007 年第 1 期；张铭洪：《网络经济下的反垄断与政府管制》，《管理世界》2002 年第 6 期；李健明：《强制性侦查措施的法律规制与法律监督》，《法学研究》2011 年第 4 期；叶泽、常新菊、龚国强：《规制承诺不确定条件下的电网投资效应及其政策设计》，《中国工业经济》2006 年第 7 期。

［12］刘煜辉、熊鹏：《股权分置、政府管制和中国 IPO 抑价》，《经济研究》2005 年第 5 期。

［13］段亚林：《监管控股股东滥用股权的博弈分析》，《中国工业经济》2000 年第 5 期。

［14］张成福、毛飞：《论政府管制以及良好政府管制的原则》，《北京行政学院学报》2003 年第 3 期。

［15］杜钢建：《政府能力建设与规制能力评估》，《政治学研究》2000 年第 2 期。

［16］郝旭光：《中国证券市场监管有效性研究》，《中国工业经济》2011 年第 6 期。

［17］肖兴志、韩超：《规制改革是否促进了中国城市水务产业发展？——基于中国省际面板数据的分析》，《管理世界》2011 年第 2 期。

［18］陶然、刘明兴：《农民负担、政府管制与财政体制改革》，《经济研究》2003 年第 4 期。

［19］干春晖、吴一平：《规制分权化、组织合谋与制度效率——基于中国电力行业的实证研究》，《中国工业经济》2006 年第 4 期。

［20］胡税根：《论新时期我国政府规制的改革》，《政治学研究》2001 年第 4 期。

［21］陈世良：《构建我国经济转型期市场监管新体制的思考》，《领导科学》2008 年第 8 期。

［22］张晓涛、孙长学：《我国食品安全监管体制：现状、问题与对策——基于食品安全监管主体角度的分析》，《经济体制改革》2008 年第 1 期；查竞春：《香港特区政府食品安全监管检测体系对内地改革的启示》，《经济体制改革》2007 年第 2 期。

［23］苗延波：《论我国市场监管法律体系的构建于完善》，《河南师范大学学报》（哲学社会科学版）2006 年第 5 期。

［24］佘源：《中外市场监管比较研究及启示》，《学术论坛》2010 年第 11 期。

［25］王学庆：《垄断性行业的政府管制问题研究》，《管理世界》2003 年第 8 期。

［26］李郁芳：《转轨时期政府规制过程的制度缺陷及其治理》，《管理世界》2004 年第 1 期。

［27］曾国安：《政府经济管制模式比较》，《学术研究》2002 年第 11 期。

［28］王学庆：《垄断性行业的政府管制问题研究》，《管理世界》2003 年第 8 期。

［29］张红凤、杨慧、吕少华：《政府规制体制改革整体框架的构建：一个国际经验的视角》，《教学与研究》2008 年第 8 期。

［30］杜钢建：《中国、韩国、日本规制改革比较研究（下）》，《北京行政学院学报》2002 年第 6 期。

［31］陈富良：《中国政府规制体制：改革路径与目标模式》，《改革》2001 年第 4 期。

［32］邱本：《论市场监管法的基本问题》，《社会科学研究》2012 年第 3 期。

［33］周汉华：《行业监管机构的行政程序研究：以电力行业为例》，《经济社会体制比较》2004 年第 2 期。

［34］［美］J. 罗伊思·古阿什、罗伯特·W. 汉恩：《规制的成本与收益：对发展中国家的寓意》，《经济社会体制比较》2004 年第 1 期；张成福、毛飞：《论政府管制以及良好政府管制的原则》，《北京行政学院学报》2003 年第 3 期。

［35］钟伟：《论货币政策和金融监管分立的有效性前提》，《管理世界》2003 年第 3 期；张红凤、周峰、杨慧、郭庆：《环境保护与经济发展双赢的规制绩效实证分析》，《经济研究》2009 年第 3 期。

［36］王学庆：《垄断性行业的政府管制问题研究》，《管理世界》2003 年第 8 期。

［37］张红凤：《自然垄断产业的治理：一个基于规制框架下竞争理论的视角》，《经济评论》2008 年第 1 期。

带用户预期形态下的双边平台
市场均衡结果配置

陆伟刚　常　蕾

摘　要　在本文中，我们研究了垄断和竞争的情况下，不同类型的预期对竞争性双边平台均衡配置结果的影响。平台开发商这边经常具有响应性预期。与此对应，另一边（消费者用户）可能具有更为复杂的预期形态——响应性预期和被动消极预期与存在于这两种极端之中混合预期或谨慎预期。我们发现，在一个具有先动者的竞争性平台，具有被动性预期的用户越多越有可能获得或者巩固其市场支配地位。相比之下，响应性预期用户越多，竞争性市场结构会因此而形成。这是因为，更多的响应性预期扩大了价格下降的影响，进一步强化平台偏离现有均衡的降价激励。对用户预期形态分类进行的扩展性研究，我们进一步地发现，在考虑了网络外部性情形下的市场均衡结果的配置取决于市场规模、平台差异化、用户预期分布型态等参数的门槛值设置。而且，可以改变网络效应对市场结构的影响。这一发现，再次证实市场结构的内生性特征。在这些发现的基础上，本文最后提供了带用户预期形态下双边平台竞争的若干应用。

关键词　市场结构　预期形态　均衡结果　配置　双边市场

一　引　言

互联网与基于互联网的电信产业，如谷歌与 iPhone、智能手机、电信网络运营商平台等均存在着显著的网络效应与间接交叉网络外部性。交叉网络外部性取决于平台各边对另一边的信念。在两边信念形成中，通常提供产品或服务的一边给定平台支付，能够计算出其所提供产品的响应能力，由此形成对平台

［作者简介］陆伟刚，西安邮电大学产业经济研究所，710061；常蕾，女，西安邮电大学经济与管理学院，710061。

［基金项目］国家自然科学基金项目"三网融合模式下的电信运营商竞争策略设计与公共政策：基于双边市场理论的研究"（71173172）。

支付的响应性预期，而用户尽管在很多消费场合享受低价与补贴，但用户并不能准确地计算出由市场同一边或另一边用户采用的价格产生的影响。因此，用户在制定预期时可能不需要将所有价格都考虑进去。而平台作为接入瓶颈的含义是，即使平台的参与者都知道所有的价格，两边或者多边用户仍不能拥有总需求的充分信息，总需求是由平台根据两边或者多边的每个需求对价格变化的响应能力计算得出。平台的设计与拓展，基于平台对两边或者多边用户（群）的需求协调，即两边或者多边用户对对方加入平台的预期的形态决定了平台的规模或竞争市场均衡结果的配置。随着互联网与基于互联网产业的竞争越来越激烈，用户对平台产品质量的关注也不断提升，决定相关平台运营商的竞争位势的用户边的预期因素的作用日益明显。成功经营的平台往往在于其用户的预期管理能够与它所处的竞争环境保持高度的相关性。最近几年，作为三网融合中的电信运营商的竞争环境发生了明显改变，而对用户预期的管理还没有跳出运营商定价、用户消费的垄断模式，导致平均每个用户的收益水平下降，同时又面对着越来越多的互联网运营商与潜在进入者的竞争威胁。

目前，大多数关于网络效应的平台定价方面的文献（单边或者双边），通常假定多边的用户知道关于价格的所有信息并且有能力推算出他们对平台采用的影响。即对用户预期的类型通常假设为响应性预期。这种方法来自 Katz 和 Shapiro（1985），他们研究的是不兼容技术和直接网络效应（单边）之间的数量竞争。I. Grilo、O. Shy 和 J. F. Thisse（2001）研究了在具有网络效应下产品差异时的价格竞争。双边市场竞争的最新文献，如 Armstrong（2006）、Armstrong 和 Wright（2007）、Caillaud 和 Jullien（2003）、Choi（2010）、Hagiu（2009）、Halaburda 和 Yehezkel（2013）、Rochet 和 Tirole（2003，2006）、Weyl（2010）等，通常都假设平台各边均为响应性预期。上述文献对平台竞争均衡实现机制研究所采用的方法或者是给定价格下去发现均衡的用户规模；或者是给定用户规模的情形下去发现均衡价格。事实上，这种转换研究方法由于在给定一个均衡价格水平下，平台的用户规模仍然拥有多个与之对应的均衡点，因而，并不能够真正发现平台竞争的均衡结果。为了解决转换研究方法的局限，Parker 和 Van Alstyne（2005）直接假定双边的需求由两边价格决定：$n_1 = D_1 (p_1) + \alpha_1 D_2 (p_2)$ 和 $n_2 = D_2 (p_2) + \alpha_2 D_1 (p_1)$，这里的 $0 < \alpha_1$，$\alpha_2 < 1$。Argenziano（2007）将全局博弈理论应用于双边网络竞争的研究当中。每个用户根据给定平台独立的价值接收到一个嘈杂的信号，她仍假定有能力根据平台价格为其他所有用户计算出最佳的采纳策略。Ambrus 和 Argenziano（2009）表示，多个非对称网络在代理商不同的情况下也可以平衡共存。在他们的模型当中，每个独立代理了解所有平台价格并且可以通过其他代理计算采用结果。这样，所有文献都以响应性合理预期为基础。

被动预期这一概念是 Katz 和 Shapiro（1986）在一篇关于单边网络效应的经济学文章中提出的。这也是第一篇把被动的合理预期和响应的合理预期明确区分开的文章。较早些时候，Katz 和 Shapiro（1985）研究 n 个具有直接网络效应的厂商之间的古诺竞争，给定每个厂商战略价格，他们分析了古诺均衡中的被动预期：每个厂商参考其他厂商做出自己产出决策，用户期望与厂商固定产出有关。而响应性预期下与厂商产出决策关联则是在附录中给出。但是，他们仅对大部分适用于这两种情况的情景做了分析，没有对比两种类型期望下平台厂商的均衡利润和价格，也没有研究一些用户是响应性预期另一些是被动预期这种混合情况。Economides（1996）也使用同样的古诺模型研究网络领军者对新进入追随者的竞争激励。

最近，有四篇文章明确指出，不同的用户期望（被动预期和响应性预期）在具有直接网络效应的市场上均衡分配上的影响。Evans 和 Schmalensee（2010）研究存在不完全网络效应的平台用户参与决策的动态调整。在他们的模型中平台价格固定，主要探讨平台得以存在的最小有效规模，并且重点在对正向程度上的不完全动态调整过程收敛条件（临界性）的确定。Griva 和 Vettas（2011）研究两个厂商横向纵向差异化时的价格竞争。他们发现，响应性预期下由高品质厂商组成的大市场的竞争往往更强烈。Hurkens 和 Lopez（2012）研究竞争对合作网络企业的影响。他们表示，用一个更合理的被动预期假定替换响应性预期的假定标准会促使厂商有不同的表现。特别地，考虑到消费者响应性预期，平台厂商更倾向于低的终端费用。同理，若消费者被动预期，厂商则倾向于高于成本的终端费用，这点也符合实际中移动运营商与监管机构之间的紧张关系。据我们所知，Gabszewicz 和 Wauthy（2014）建立了唯一的一个双边市场模型。此外，他们研究了被动预期和响应性预期在均衡产出方面的不同。研究中，由于间接网络效应的强度不同，两边用户的预期被区分开来。并分别考察了在不同市场结构中用户预期形态对均衡结果配置可能产生的影响。他们的研究证明了响应性预期能够促使平台吸引更广泛的用户参与。

本文在单边与多边对用户预期对竞争结果配置可能产生的影响的已有研究基础上，进一步考虑用户预期可能的形态，研究这些形态在不同的市场结构中对均衡结果配置的影响。本文的主要贡献在于受到理性预期的适应性预期理论与学习效应的启发，给出了居于对价格变化敏感与对价格变化不敏感两种绝对形态之中的谨慎预期和混合预期，并分析了这两种预期在垄断情形与竞争情形对均衡结果配置的影响。

二　研究设计

本文与 Griva 和 Vettas（2011）的研究工作着重于研究消费者预期形成对市场竞争结果配置的影响一样，只不过我们主要讨论双边市场情形。我们定义两边为"用户"和"开发商"（如手机操作系统、电子游戏控制台）。为了方便起见，我们假设开发商拥有完全的价格信息和考虑用户参与形成响应性预期。与之对应，我们认为，用户没有掌握开发商的价格，并且分析用户的形成机制与预期形态的累积分布对市场竞争均衡（即所有的用户预期均在均衡中实现）结果的配置可能产生的影响。

首先，依据本文的研究主题从网络产业的本质特性——网络效应与双边市场的本质特性间接交叉网络外部性出发，考察用户的预期形态对竞争结果配置的影响，我们注重于对比响应性预期和被动性预期对竞争结果的影响。若用户被告知开发商价格，并且将这种价格信息作为考虑因素来形成用户对有关开发商采用平台的预期，此时我们说用户形成响应性预期（正如开发商所做的那样）。相反，若用户无法得到开发商的价格信息，无法调整有关开发商采用平台的预期以响应任何的平台价格改变，此时他们形成被动预期。无论如何，用户总会依据被收费的价格来改变他们个人的对应策略。一般而言，用户缺乏开发商的相关价格信息，其实，这一点上基于双边市场角度考虑用户预期的题中之义。正是用户与开发商之间协调的问题才导致中间平台组织的出现，平台自身构成了用户的接入瓶颈。在通常情形下，终端用户与开发商比起来，信息处于劣势。由此，终端用户形成的预期通常是被动性预期。在极端的响应性与被动性预期之间，用户的预期形态会出现一些亚类状态。特别地，我们考虑一种包括响应性预期、被动性预期以及适应性（谨慎）预期用户的混合市场。若用户不观测开发商价格，便无法依靠平台对开发商的收费来调整他们的预期。然而，他们依据观察平台向用户索取的历史价格信息来调整他们对平台另一边开发商的预期。特别地，我们假定用户期望平台能从其自身角度出发，以被观察到的用户的收费为条件，对开发商收取最合适的费用。依照这些事后的信息，终端用户能够大致推测开发商提供产品的价格。这种预期形态我们称之为是谨慎预期或者随机混合预期。

对预期类型影响下的均衡结果配置的研究，我们采用 Griva 和 Vettas（2011）假定所有类型的预期都是合理的，即预期在均衡中得以实现这一规定。因此，我们不引入任何行为偏差。而且按照他们的研究假设，被动性预期和谨慎预期都是典型的偏离平衡路径的"错误"，只是谨慎预期偏离平台在二阶段博弈中的价格信息的错误要比被动预期少一些。

其次，通过对这些不同预期形成机制的研究，我们能更好地理解不同预期是如何影响市场均衡结果的配置。我们主要关注平台利润的变化，同时我们也讨论价格和数量的改变。特别地，我们发现，当所有用户均为响应性预期时，垄断平台的利润达到最大化，而当用户均为被动预期时，垄断平台的利润为最小化；当用户预期是谨慎预期或混合预期的情形下，垄断平台的利润介于两者之间。与之相比，有固定用户市场规模的对称双寡头垄断市场的平台利润的排列情况刚好完全相反。在被动预期下，平台的均衡利润达到最大，而响应性预期的平台利润为最小。在用户混合预期（部分用户是响应性预期，其他为被动预期）情形之下，垄断平台的利润随响应性预期用户的数量增多而增多，而双寡头垄断市场利润则减少。

上述分析会得到一个更有趣的平台用户预期管理的倾向性特征：有市场支配力的平台会选择更高响应的预期而不是低响应的预期，这也可以理解为一种对掌握更多信息用户的偏爱。相比之下，在激烈的竞争环境中存在着相反的偏爱：用户获得信息更少时他们获得的均衡利润更高。主要原因是更积极的响应性预期（或者更多的价格和需求结构的信息）放大了价格降低的影响。

再次，我们的分析与 Griva 和 Vettas（2011）及 Hurkens 和 Lopez（2012）比较起来存在着三个关键不同点：第一，所有的文章都以单边市场网络效应为基础，而本文则以双边市场的网络效应为基础。第二，他们只关注了双寡头市场，而我们感兴趣的是垄断市场和双寡头垄断市场不同预期的比较。这种分析关注的一个关键点是预期形成机制与市场结构之间的交互影响。第三，Griva 和 Vettas（2011）、Hurkens 和 Lopez（2012）只考虑了两种极端情况——所有用户都是被动预期和所有用户都是响应性预期，而我们建立的预期建立机制是处于两种极端之中：混合了被动预期与响应性预期和谨慎预期。这样，我们就可以研究用户期望很小的变动对市场均衡和厂商利润的影响。

最后，本文中的被动预期与垂直合约文献中被动信任的概念相一致：当 D 收到 U 的意外合约时，D 并不会因为给竞争对手提供的合约而调整自己的信任。而谨慎预期概念直接源自 McAfee 和 Schwartz（1994）与 Rey 和 Verge（2004）对谨慎信任的研究。在垂直合约中，若 D 收到了意外合约，而 D 会根据这份合约预测 U 也优化调整了对 D 竞争对手的合约，那么就称 D 为谨慎信任。在我们的研究中，若用户不观察双边市场平台对开发商收取的价格，当他收到报价 $p = a - q_h - q_n$ 时，会根据 p 来推测平台的价格 q_h 最大化平台的利润，那就称此用户为谨慎预期。

三　预期模型中的竞争性结果配置

（一）响应性预期 VS 被动预期

考虑某种垄断双边市场的情况：基于互联网的移动互联电信网络，它连接普通电话用户和游戏开发商。仿照 Rochet 和 Tirole（2003）与 Armstrong（2006）的建模思路，假设双边的线性需求为：

$$n_u = 1 + \alpha_u n_d^e (p_u) - p_u \quad n_d = \alpha_d n_u - p_d \tag{1}$$

因此，每一方的需求都积极地取决于对另一方参与的预期。用户期望 n_d^e 数量的开发商参与而开发商期望 n_u^e 数量的用户参与。用户从开发商参与那里而得到的外部性为 $\alpha_u > 0$，同时开发商从用户参与那里获得的外部性为 $\alpha_d > 0$。我们设定如下条件在本文中始终成立，它可以保证所有的最大化垄断问题有解：$\alpha_u + \alpha_d < 2$。

（1）式右边，我们列出了平台两边用户加入平台决策的差异：平台对每位用户的独立价值都标准化设为 1，但开发商无独立价值。独立价值与我们的结果无关，因此我们认为，只有用户方（u）有正的独立价值，得出方程可能的最简单形式。这也和我们要给予关注的移动互联网业务平台的实际相符：移动互联网平台可能为用户提供第一手的游戏、网页浏览和流媒体电影，但为一个没有用户的移动互联网平台编写游戏程序，这对开发商来说是毫无价值的。因此，我们不妨对移动互联网平台的开发商一边的预期做出如下特征性的刻画：本文中我们均假设所有的开发商对用户参与都持有响应性预期。换言之，他们完全了解用户价格 p_u，且对于用户参与的期望也总是符合用户参与的实际情况：

$n_u^e = n_u$ 适合所有给定价格组合（p_u，p_d）

相比而言，用户不了解开发商的价格，并且用户持有不同类型的响应性预期。在本文中我们特别比较此两极情况：

（1）用户持有响应性预期。在该情形下，平台用户一边对开发商提供的信息产品的价格变动具有足够的信息以支持用户加入平台并进行交易的决策。

（2）用户持有被动预期。在该情形下，用户加入平台并进行交易的规模通常依据原有的习惯，并不因为开发商一边的价格变动而对预期进行相应的调整。

后一预期是我们要关注的一个重点。部分原因是用户和开发商之间的价格信息不对称是现实存在的。游戏开发商通常知晓移动互联网平台价格，并且较了解用户的需求。另外，大部分用户对移动互联网平台和游戏开发商之间的版权合同了解、理解有限。移动互联网用户最有可能依据外来信息（比如新闻文章、外界传闻）形成对开发商参与的预期，而且并不会因平台实际收取的价格来调整这些预期。还有一个或许更为重要的原因是在三网融合的竞争环境下，运营商在面临平台构造的开发商一边的信息租金因为互联网其他运营商形成的先动者优势，运营商在打造双边或多边平台时遇到了平台设计中一个普遍的鸡蛋问题。这就是大量移动互联网用户普遍感觉到的流量要收费与下载应用端也要收费问题。而不像成熟的双边市场平台，用户一边通常可以无限下载应用。为了既保留客户又能获得收益，运营商制定了一系列资费套餐以供用户选择。这种名目繁多的资费套餐的目的是在竞争环境中形成用户的被动预期。

最后，值得强调的是，我们研究的所有类型预期都是理性的，即所有平台参与者的需求在均衡中实现。其关键性差异在于用户的不同预期类型对偏离均衡的价格反应不同：响应性预期用户的反应在其当期选择平台的决策中，而被动预期用户对偏离的反应则体现在未来收益的现值的实现中。这些差异类似于在垂直合约文献的上下游对对手的信任研究中的对称性信仰与非对称性信仰的区别。正是这种类似性，在我们对用户预期的研究中，考虑到平台信誉对竞争性均衡结果配置的影响。

1. 垄断情形

响应性预期的用户。在此情况下，所有用户都会观察开发商价格 p_d 并相应地调整他们的期望。所以，平台选择的每一对价格 (p_u, p_d) 都会有 n_d^e 符合开发商实际的参与期望 n_u^3。因此，（1）式中双边需求可以被写为：

$$n_u = 1 + \alpha_u n_d - p_u \text{ 和 } n_d = \alpha_d n_u - p_d$$

这一双边用户需求刻画是大部分研究双边市场最优定价文献中都会用到的方程。它仅为解决如下两个 (n_u, n_d) 关于 (p_u, p_d) 的函数方程：

$$n_u = \frac{1 - \alpha_u p_d - p_u}{1 - \alpha_u \alpha_d} \text{ 和 } n_d = \frac{\alpha_d - p_d - \alpha_d p_u}{1 - \alpha_u \alpha_d}$$

我们可以直接通过 (p_u, p_d) 来计算平台的利润 $p_u n_u + p_d n_d$，得到如下最大化利润的价格和需求：

$$p_u^* = \frac{2 - \alpha_d (\alpha_d + \alpha_u)}{4 - (\alpha_d + \alpha_u)^2} \text{ 和 } p_d^* = \frac{\alpha_d - \alpha_u}{4 - (\alpha_d + \alpha_u)^2} \tag{2}$$

$$n_u^* = \frac{2}{4 - (\alpha_d + \alpha_u)^2} \text{ 和 } n_d^* = \frac{\alpha_d + \alpha_u}{4 - (\alpha_d - \alpha_u)^2} \tag{3}$$

由此推算平台最佳利润：

$$\Pi_M^* (\text{响应}) = \frac{1}{4 - (\alpha_d + \alpha_d)^2} \tag{4}$$

被动预期的用户。在此情况下，用户不观察开发商价格，因此无法调整关于开发商参与 n_d^e 的预期，以响应任何的平台价格改变（p_d 或 p_u）。预期在均衡中实现。反过来，当平台设置好价格后，只能认定用户的被动预期 n_d^e 是固定的。从建模角度来看，被动响应等价于假设平台设置价格 (p_u, p_d) 之前用户就已形成固定的有关开发商参与的响应性预期 $n_d^{\tilde{e}}$。因此，从平台角度来看，双边实际需求现在不仅取决于价格，还取决于用户（固定的）被动响应 n_d^e，本文采用绝大多数双边市场文献均衡研究的流行算式：

$$n_u = 1 + \alpha_u n_d^e - p_u \text{ 和 } n_d = \alpha_d + \alpha_u \alpha_d n_d^e - p_d - \alpha_d p_u$$

我们可以通过 (p_u, p_d) 来计算平台的最优利润水平，并得到价格和实际需求构成的均衡组合：$p_u^*(n_d^e)$，$p_d^*(n_d^e)$，$n_u^*(n_d^e)$ 和 $n_d^*(n_d^e)$，在这一组合中，所有的待估参数值都取决于 n_d^e。仅当响应性条件 $n_d^*(n_d^e) = n_d^e$ 成立时，才能获得最后均衡。依据双边市场两边用户需求的流行算式，我们可以直接得到以下最优价格和需求：

$$p_u^* = \frac{2 - \alpha_d^2}{4 - (\alpha_u + \alpha_d)^2} \text{ 和 } p_d^* = \frac{\alpha_d}{4 - (\alpha_u + \alpha_d)\alpha_d} \tag{5}$$

$$n_u^* = \frac{2}{4 - (\alpha_u + \alpha_d)\alpha_d} \text{ 和 } n_d^* = \frac{\alpha_d}{4 - (\alpha_u + \alpha_d)\alpha_d} \tag{6}$$

得到的最优平台利润：

$$\Pi_M^*(被动) = \frac{4 - \alpha_d^2}{[4 - (\alpha_u + \alpha_d)\alpha_d]^2} \tag{7}$$

我们感兴趣的是，确定用户预期形态对竞争性结果配置的影响效果。对比（4）式与（7）式推知：

命题 1：相比被动预期，用户为响应性预期时垄断平台可以获得更高的利润。

此结果的解释如下：被动预期的用户不会因价格变动而调整他们的预期，因此他们对价格变化反应很小（双方均是如此）。这意味着，如果起初为响应性预期均衡，然后将所有用户从响应转变为被动，那么平台将会有意修改一个或两个价格，以最大限度地利用用户响应能力的缺乏。但是，用户事先在形成响应性预期时考虑到了这种行为，那么反过来会减少平台可以获取的利润。事实上，另一种解释这个结果的方式是，回想起被动预期的用户在建立他们预期时肯定忽略了平台价格的变化。因此，相对于价格影响用户预期时的响应性预期情况，用户的被动预期下平台的利润也会降低。这一结果对分析当前的中国电信运营商的资费套餐设计的种类对运营商平均每个用户收益的下降这一现象具有十分重要的意义。在文章的结论部分会对此做出更多的说明。

事实上可以证明，一般情况下（无须考虑需求函数的形状）所有响应性预期中实现了垄断平台利润的最大化。此时，最优的市场结构就是垄断平台形态。

命题 2：当双边双方所有代理为响应性预期时，垄断型双边平台在响应性预期均衡下实现最大化利润。

推出命题 2 的逻辑是显而易见的。因为预期实现均衡，在双方都为响应性预期时平台可以复制任何响应性预期市场配置。然而，相反的结论却不正确：如果预期不充分响应，那么一些响应性预期市场配置可能不会实现，这限制了平台达到最优结果的能力。

命题 1 和命题 2 的结果有很重要的含义。只要可行，垄断双边平台倾向于通知所有用户开发商的价格和开发商需求响应价格变动的方式。我们将要在下一节中看到，在竞争平台中相反情况是成立的。

2. 竞争情形

现在我们讨论两个对称平台之间竞争的情况。用户以密度为 1，按照 Hotelling 分布于 [0，1] 处，交通成本 t > 1。他们最多只能加入一个平台。从开发商角度来看，这两个平台是相同的，而开发商可以加入多个平台，也就是说，可以同时加入两个平台。加入不同平台的区别在于开发商承担的固定成本。无论开发商加入一个或两个平台，每个平台的固定成本都是相同的，即加入多个平台时不存在范围经济。

用户对平台 1 的需求为：$n_{u1} = \dfrac{1}{2} + \dfrac{\alpha_u(n_{d1}^e - n_{d2}^e) + p_{u2} - p_{u1}}{2t}$ （8）

用户对平台 2 的需求为：$n_{u2} = 1 - n_{u1}$ (9)

其中，n_{d1}^e、n_{d2}^e 分别为开发商参加各个平台时用户的预期。

开发商对平台 1 的需求为：$n_{d1} = \alpha_d n_{u2}^e - p_{d1}$ (10)

开发商对平台 2 的需求为：$n_{d2} = \alpha_d n_{u2}^e - p_{d2}$ (11)

为了保证所有的竞争平台最优化问题为有解，在此本文中设：$t > \alpha_u \alpha_d$。

用户为响应性预期。对于任何平台采取的价格，所有用户都会调整他们的预期 n_{di}^e 以符合开发商实际的参与 n_{d1}（$i = 1$、2）。

那么，双边市场需求为：

$$n_{u1} = \frac{1}{2} + \frac{\alpha_u \ (n_{d1} - n_{d2}) \ + p_{u2} - p_{u1}}{2t} \quad n_{d1} = \alpha_d n_{u1} - p_{d1}$$

$$n_u = 1 - n_{u1} \quad n_{d2} = \alpha_d n_{u2} - p_{d2}$$ (12)

以价格函数可直接解得用户需求为：

$$n_{u1} = \frac{1}{2} + \frac{p_{u2} - p_{u1} + \alpha_u \ (p_{d2} - p_{d1})}{2 \ (t - \alpha_u \alpha_d)}$$

两个平台同时选取价格至最大利润，$i = 1$、2 时，$p_{ui} n_{ui} + p_{di} n_{di}$。为计算对称均衡，对平台 i 的利润表达式中的 p_{ui} 和 p_{di} 一阶求导，可得如下均衡价格和需求：

$$p_u^* = t - \frac{3\alpha_d \alpha_u}{4} - \frac{\alpha_d^2}{4} \text{和} \ p_d^* = \frac{\alpha^2 - \alpha_u}{4}$$

$$n_u^* = \frac{1}{2}, \ n_d^* = \frac{\alpha^d + \alpha_u}{4}$$ (13)

均衡利润为：

$$\Pi_C^* \text{（响应）} = \frac{t}{2} - \frac{6\alpha_d \alpha_u + \alpha_u^2}{16} - \frac{\alpha_d^2}{16}$$ (14)

用户为被动预期。在此情况下，用户不会因平台价格的任何变动而调整他们的预期 n_{di}^e。平台 1 的利润简化为：

$$p_{u1} n_{u1} + p_{d1} n_{d1} = (p_{u1} + \alpha_d p_{d1}) \left[\frac{1}{2} + \frac{\alpha_u (n_{d1}^e - n_{d2}^e) + p_{u2} - p_{u1}}{2t} \right] - p_{d1}^2$$ (15)

这里视（n_{d1}^e，n_{d2}^e）为定值，对（p_{u1}，p_{d1}）取一阶求导，并设均衡对称条件 $n_{u1} = n_{u2} = \frac{1}{2}$ 和响应性预期条件 $n_{d1} = n_{d2} = n_{d1}^e = n_{d2}^e$，可得如下均衡价格和需求：

$$p_u^* = t - \frac{\alpha_d^2}{4}, \ p_d^* = \frac{\alpha_d}{4}, \ n_u^* = \frac{1}{2}$$ (16)

得出均衡利润：

$$\Pi_C^* \text{（被动）} = \frac{t}{2} - \frac{\alpha_d^2}{16}$$ (17)

对比均衡利润（14）式和（17）式可得出：

命题 3：对于伴随着固定用户 Hotelling 竞争的对称双寡头垄断均衡，与所有用户为响应性预期相比，所有用户为被动预期时平台的利润更高。

值得注意的是，这是相对于垄断平台情况相反的结果（转引自命题1），在该情况下平台在响应性预期下利润更高。其原因如下、当平台在至少一方中争夺市场固定份额时，若用户为响应性预期，则每个平台降低价格的诱因最强。事实上，这样的用户在两个方面响应价格降低：他们调整自己的需求，以及他们对开发商需求的预期——两者都会上调。这就产生了激烈的价格竞争。为被动预期时，价格竞争较缓和，这是因为，用户方面的价格削减的有效性更低。事实上，被动预期的用户只会考虑低价对自己参与的影响而忽略增加的参与用户对开发商参与的影响。

Griva 和 Vettas（2011）在单边市场框架的研究中得到了相似的结论：他们证明，在有单边网络效应的双寡头垄断市场中，从被动预期转向响应性预期往往会导致更激烈的竞争。

命题 3 意味着当用户对开发商价格不知情时，在至少一方市场规模固定的竞争平台状况更好——这与垄断平台的含义正好相反（命题 1 和命题 2）。那么有人可能会想到，在更一般的平台竞争模型中，当且仅当对用户的竞争足够激烈时，被动预期下的均衡利润应该会更高。

对此的理解，我们可以考虑一个双寡头垄断模型。在该模型中，用户市场由三部分组成：上方的 Hotelling 段和"腹地"两个对称段——每个平台各对应一个。Hotelling 段密度为 x，腹地垄断段密度（$1-x$），$x \in [0,1]$。开发商需求的结构保持不变，即每个平台都要面对开发商垄断者一样的行为。因此，对平台 1 的需求为：

$$n_{u1} = x \left[\frac{1}{2} + \frac{\alpha_u (n_{d1}^e - n_{d2}^e) + p_{u2} - p_{u1}}{2t} \right] + (1-x) \left[1 + \alpha_u n_{d1}^e - p_{u1} \right] \tag{18}$$

$$n_{d1} = \alpha_d n_{u1} - p_{d1}$$

对平台 2 的需求是对称的，用户为响应性预期时，$n_{d1}^e = n_{d1}$ 和 $n_{d2}^e = n_{d2}$。

参数 x 用来衡量两平台之间对用户竞争的激烈程度。实际上，可以将 x 解释为每个平台需要竞争用户的概率。当 $x=0$ 时，每个平台就像（1）式中的垄断者情形的结果一样；当 $x=1$ 时，就与有固定市场份额的竞争的情况（8）式一样了。

为了清楚起见，我们给出两个竞争性平台在用户不同预期情形下（响应性预期和被动预期）的平台均衡利润关于 x 的函数图像（见图1）。在该函数图像里，用户两种预期情形下的平台利润曲线都正如预料随着 x 下降，并在 $[0,1]$ 内相交于 x_0。当且仅当 x 小于交点 x_0 时，响应性预期的利润更高。换言之，用户为响应性预期时均衡平台利润随竞争强度 x 下降更快。这进一步证明了用户的响应性预期会导致平台之间更严重的价格竞争。

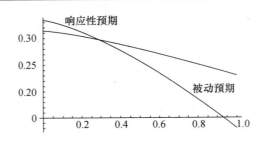

图1   响应性预期和被动预期下的平台均衡利润

说明：都是 x 的函数，求参数 $t=0.5$，$\alpha_u=0.4$，$\alpha_d=0.6$。

此分析证实，当且仅当对用户的竞争十分激烈时，被动预期下的均衡利润更高。上述分析我们可以得出这样一个基本观点：预期的形成机制对平台利润的影响方向取决于平台面临的市场结构。在竞争情形下，平台并不喜欢用户的响应性预期。与此结论相关的文献对竞争环境下的平台用户的预期管理已经做出了基于用户转换成本的分析，提供了一些增加用户黏性与在线时长的基本策略。

（二）谨慎预期

除对上述两个极端的被动预期和响应性预期的研究之外，用户可能会有很多种形成响应性预期的方式。本节中，我们关注谨慎预期。我们的谨慎预期的概念，直接改编自垂直合约文献（McAfee and Schwartz，1994；Rey and Verge，2004）中的谨慎信任。对于不观察开发商价格的用户，如果对于任何非均衡的价格 p_u，用户假设平台也会对开发商的价格进行调整以实现最大化利润 p_u，那么该用户为谨慎预期。这导致用户基于观察到的价格 $n_d^e(p_u)$ 来形成对开发商参与平台的预期。

如同被动预期，用户为谨慎预期时，他们被假设为对开发商价格不知情。其不同之处在于，用户为谨慎预期时，他们试图通过他们了解的可用信息（即 p_u）来尽可能推测出开发商价格。因此，从某种意义上说，谨慎预期介于完全响应性预期和完全被动预期这两个极端预期之间以响应平台价格。还可以将谨慎预期看作是用户信息或复杂度处于中间水平。由于这个原因，研究谨慎预期可以使我们更好地了解在预期形成中的不同程度的信息对结果（价格和利润）的影响。

1. 垄断情形

当所有用户都为谨慎预期时，双边市场需求为：

$$n_u = 1 + \alpha_u n_d^e(p_u) - p_u \quad n_d = \alpha_d n_u - p_d$$

其中，$n_d^e(p_u)$ 是用户关于开发商参与数量而建立的谨慎预期。不同于被动预期的地方是，现在 n_d^e 响应对用户收取的价格的变动。计算 $n_d^e(p_u)$ 时，考虑

到 p_u，用户会假设平台设置了最佳的 p_u。

谨慎预期用户参与的平台价格用 $p_d^e(p_u)$ 表示。因此，替换 p 的最大化利润 $p_u n_u + p_d n_d$ 决定了 $p_d^e(p_u)$ 和 $n_d^e(p_u)$（视 p 和 n 由外部给定），并设 $n_d = n_d^e$。换言之，谨慎预期的用户认为，一旦 p_u 固定，平台便不能影响他们的预期，但是，他们的预期是响应性的，即平台假设的优化导致的开发商需求必须与（等于）用户的预期一致。

平台利润可被表示为：

$$p_u n_u + p_d n_d = (p_u + \alpha_d p_d)\left[1 + \alpha_u n_d^e - p_u\right] - p_d^2 \tag{19}$$

对 p_d 一阶求导并令 $n_d = n_d^e$，得到：

$$n_d^e(p_u) = p_d^e(p_u) = \frac{\alpha_d(1 - p_u)}{2 - \alpha_u \alpha_d} \tag{20}$$

因此，用户预期的开发商参与水平随观察到的用户价格 p_u 下降。这并不意外，用户明白开发商需求随用户参与增大，进而导致向用户收取的价格下降。更有趣的是，用户期望平台收取开发商的价格 $p_d^e(p_u)$ 也随 p_u 下降。原因在于，对于固定的用户期望 n_d^e，平台的价格 p_u 和 p_d 是战略性替代的。有了用户谨慎预期的表达式，我们现在可以得出平台实际的最优化利润：

$$p_u n_u + p_d n_d = \frac{2(p_u + \alpha_d p_d)(1 - p_u)}{2 - \alpha_u \alpha_d} - p_d^2 \tag{21}$$

该平台 (p_u, p_d) 最大化，容易得出：

$$p_u^* = \frac{2 - \alpha_u \alpha_d - \alpha_d^2}{4 - 2\alpha_u \alpha_d - \alpha_d^2} \text{和} p_d^* = \frac{\alpha_d}{4 - 2\alpha_u \alpha_d - \alpha_d^2} \tag{22}$$

$$n_u^* = \frac{2}{4 - 2\alpha_u \alpha_d - \alpha_d^2} \text{和} n_d^* = \frac{\alpha_d}{4 - 2\alpha_u \alpha_d - \alpha_d^2} \tag{23}$$

特别注意到 $n_d^* = n_d^e(p_u^*)$，即谨慎预期是响应性的。由此得到的平台利润是：

$$\Pi_M^*(\text{谨慎}) = \frac{1}{4 - 2\alpha_u \alpha_d - \alpha_d^2} \tag{24}$$

将（14）式与（17）式和（24）式垄断情形下的利润对比，很容易得到命题：

命题4：所有用户为谨慎预期时的垄断利润低于所有用户为响应性预期垄断利润，而高于所有用户为被动预期时的垄断利润。

因此，用户为谨慎预期时的垄断利润介于响应性预期和被动预期之间。这个结果可以这样理解：注意到谨慎预期比被动预期更有响应性（形成预期时谨慎用户将价格考虑在内），但他们当然不如完全响应性预期更有响应性。结果证实了关于用户预期对垄断平台利润的影响的直觉推断，即垄断平台比竞争性平台更喜欢用户持有更多的响应性预期，因为他们倾向于扩大响应性预期下的市场分配，这种预期是垄断者可以实现的。

其次，注意到均衡双边市场价格不同于三个预期机制下的价格，并且和比较经济静态分析下的模型参数多少有些不同。这应该不足为奇：双边市场平台通常重新调整他们的二维定价结构（比如增高一个价格并降低另一个）以响应外部环境的变化（比如用户的期望类型）。对于所有这三种预期，他们各自的均衡需求（3）式、（6）式和（23）式都随着两个网络效应因子 α_u 和 α_d 而增高，这如预计一样。另外，对含有 α_u 和 α_d 的均衡价格（2）式、（5）式和（22）式的比较经济静态分析两个因子对均衡价格的影响则显得不那么明显。其总结见表1。

表1   预期形态下不同的比较静态分析均衡价格结果配置

预期形态	用户均衡价格 p_u^*	开发商均衡价格 p_d^*
响应性预期	如果 $2 < \alpha_d(\alpha_d + \alpha_u)$，则为负 若 $4\alpha_u > \alpha_d(\alpha_d + \alpha_u)^2$，与 α_u 同方向变动 若 $4\alpha_d > \alpha_u(\alpha_d + \alpha_u)^2$，与 α_d 反方向变动	如果 $\alpha_d < \alpha_u$，则为负 若 $(3\alpha_u - \alpha_d)(\alpha_u + \alpha_d) < 4$，与 α_d 同方向变动 若 $(3\alpha_d - \alpha_u)(\alpha_u + \alpha_d) < 4$，与 α_u 反方向变动
被动预期	如果 $2 < \alpha_d^2$，则为负 如果 $2 > \alpha_d^2$，与 α_u 同方向变动 如果 $4\alpha_d > \alpha_u(2 + \alpha_d^2)$，与 α_d 反方向变动	永远为负 与 α_d 同方向变动 与 α_u 同方向变动
谨慎预期	如果 $2 < \alpha_d(\alpha_d + \alpha_u)$，则为负 与 α_u 反方向变动 与 α_d 反方向变动	永远为正 与 α_d 同方向变动 与 α_u 同方向变动

这些不同有重要的实证意义。例如，面对谨慎预期用户的垄断双边市场平台绝不会补贴开发商，但面对响应性预期（当 $\alpha_u > \alpha_d$）用户时可能会这样做。此外，对不同 (α_u, α_d) 的比较静态分析表明，不同的预期形成机制下的网络效应参数的改变使均衡价格有不同的响应。因此，如果基于观察价格估计网络效应参数，其结果可能因不同的预期类型而不同。加入预期因子以后，使得我们同样基于外部性下对均衡价格的定价水平得出了与 Rochet 和 Tirole（2003）、Armstrong（2006）不一致的结论。

2. 竞争情形

现在我们关注 Hotelling 双寡头垄断，用户假设两个平台开发商价格，依照 (p_{u1}, p_{u2}) 和最优化（纳什均衡）而形成谨慎预期 n_{d1}^e 和 n_{d2}^e。基于预期 n_{d1}^e 和

n_{d2}^e，平台 1 的利润表达为：

$$p_{u1}n_{u1} + p_{d1}n_{d1} = (p_{u1}\alpha_d p_{d1})\left[\frac{1}{2} + \frac{\alpha_u(n_{d1}^e - n_{d2}^e) + p_{u2} - p_{u1}}{2t}\right] - p_{d1}^2 \tag{25}$$

对取一阶条件（这是用户产生假设时的平台最优化问题）得出：

$$p_{d1}^e = \frac{\alpha_d}{4} + \frac{\alpha_u\alpha_d(n_{d1}^e - n_{d2}^e) + \alpha_d(p_{u2} - p_{u1})}{4t} \tag{26}$$

平台 2 的 p_{d2} 同理。

在这些价格下，

$$n_{d1} - n_{d2} = \alpha_d(n_{u1} - n_{u2}) - (p_{d1}^e - p_{d2}^e) = \frac{\alpha_d\alpha_u(n_{d1}^e - n_{d2}^e) + \alpha_d(p_{u2} - p_{u1})}{2t} \tag{27}$$

最后，若响应性条件 $n_{d1} = n_{d1}^e$ 和 $n_{d2} = n_{d2}^e$ 成立，我们得到：

$$n_{d1}^e - n_{d2}^e = p_{d1}^e - p_{d2}^e = \frac{\alpha_d(p_{u2} - p_{u1})}{2t - \alpha_d\alpha_u} \tag{28}$$

因此，如同垄断情形下我们的分析结果那样，用户期望的两个平台开发商价格之间的不同随着相应的用户价格之间的不同而降低。这是因为，固定用户期望 n_{d1}^e 和 n_{d2}^e 下的每个平台的价格 p_{ui} 和 $p_{di}(i = 1、2)$ 是战略性替代的。

应用（28）式，我们可以将用户需求表达为只与价格相关的函数：

$$n_{u1} = \frac{1}{2} + \frac{p_{u2} - p_{u1}}{2t - \alpha_u\alpha_d}$$

现在可以将平台 1 的利润写为：

$$p_{u1}n_{u1} + p_{d1}n_{d1} = (p_{u1} + \alpha_d p_{d1})\left(\frac{1}{2} + \frac{p_{u2} - p_{u1}}{2t - \alpha_u\alpha_d}\right) - p_{d1}^2 \tag{29}$$

对 p_{u1} 和 p_{u2} 取一阶条件，并使对称平衡条件成立，我们得出：

$$p_u^* = t - \frac{\alpha_d\alpha_u}{2} - \frac{\alpha_d^2}{4} \text{和} p_d^* = \frac{\alpha_d}{4},$$

$$n_u^* = \frac{1}{2} \text{和} n_d^* = \frac{\alpha_d}{4}$$

得出均衡利润：

$$\Pi_C^*(wary) = \frac{t}{2} - \frac{\alpha_d\alpha_u}{4} - \frac{\alpha_d^2}{16} \tag{30}$$

对比（30）式与（17）式和（24）式得出：

命题 5：在 Hotelling 双寡头垄断中，所有用户为谨慎预期时的均衡利润低于所有用户为被动预期时的利润，而高于所有用户为响应性预期时的利润：

$$\Pi_C^*(被动) > \Pi_C^*(谨慎) > \Pi_C^*(响应)$$

正如我们对垄断的情况分析的那样，谨慎预期下的双寡头垄断均衡利润介于响应性预期和被动预期的均衡利润之间，只是其顺序相反。其解释很相似：

谨慎预期下的价格竞争激烈度落在响应性预期和被动预期两极端情况之间。如
垄断情况，均衡价格和这些价格的网络效应参数的比较经济静态分析是不同的
（见表2）。特别地，

$$p_u^*（被动）> p_u^*（谨慎）> p_u^*（响应）$$
$$p_d^*（被动）= p_d^*（谨慎）> p_d^*（响应）$$

表2   **比较静态分析的竞争性均衡配置结果差异**

	用户均衡价格 p_u^*	开发商均衡价格 p_d^*
响应性预期	如果 $t < (3\alpha_d\alpha_u + \alpha_d^2)/4$，则为负 与 α_u，α_d 反方向变动	如果 $\alpha_d < \alpha_u$ 则为负 与 α_d 同方向变动 与 α_u 反方向变动
被动预期	如果 $t < \alpha_d^2/4$ 则为负 与 α_d 反方向变动，α_u 下不变	总为正 与 α_d 同方向变动，α_u 下不变
谨慎预期	如果 $t < (2\alpha_d\alpha_u + \alpha_d^2)/4$，则为负， 与 α_d 反方向变动，α_u 下不变	总为正 与 α_d 同方向变动，α_u 下不变

比较静态结果的比较分析，再一次为我们观察到的被动预期和谨慎预期下
的开发商一方不会得到补贴，但响应性预期（$\alpha_u > \alpha_d$）时可能会得到补贴这
一基本的事实判断提供了实证意义。这些发现为双边市场的定价理论提供了基
于预期形态下的考量，而不只是仅仅依赖边用户的外部性大小而制定倾斜的价
格结构。在我们提供的分析中，如果平台一边的开发商为响应性预期，尽管用
户的网络效应大于开发商的网络效应，开发商也会得到补贴。

（三）响应和被动混合的预期

建立介于完全被动和完全响应之间的响应性用户预期的另一种不同的方
式是，考虑一种混合情况，在这种情况下有些用户为被动预期，而另一些用
户为响应性预期。事实上，到目前为止，我们只考虑了"纯"形式的用户
期望，即所有用户均为相同类型预期的情况。我们特别感兴趣的是了解平台
均衡利润如何响应某种用户期望类型中的小改变，也可以看作为用户掌握的
信息水平。

特别地，在此部分中，我们设响应性预期的用户为 λ，被动预期用户为
$1 - \lambda$。所有的开发商为响应性预期。

1. 垄断情形

先考虑垄断平台的问题。双边市场实际需求 (n_u, n_d) 为：

$$n_d = \alpha_d n_u - p_d$$

$$n_u = \lambda(1 + \alpha_u n_d - p_u) + (1 - \lambda)(1 + \alpha_u n_d^e - p_u) \tag{31}$$

其中，$(1 + \alpha_u n_d - p_u)$ 是响应性预期用户的需求部分，$(1 + \alpha_u n_d^e - p_u)$ 是被动预期用户的需求部分。实际需求可以表示为价格和被动预期的函数：

$$n_u = \frac{1 + (1-\lambda)\alpha_u n_d^e - p_u - \lambda\alpha_u p_d}{1 - \lambda\alpha_u\alpha_d} \text{ 和 } n_d = \frac{\alpha_d + (1-\lambda)\alpha_u\alpha_d n_d^e - p_u - \alpha_d p_u}{1 - \lambda\alpha_u\alpha_d} \tag{32}$$

我们可以使用这些表达式来最优化平台利润 $\Pi = p_u n_u + p_d n_d$，得到价格和实际需求 $p_u^*(n_d^e)$、$p_d^*(n_d^e)$、$n_u^*(n_d^e)$ 和 $n_d^*(n_d^e)$，而这些都取决于 n_d^e。设响应性条件 $n_d^*(n_d^e) = n_d^e$，可得出最后均衡。我们得出下列最优价格和双边市场需求：

$$p_u^*(\lambda) = \frac{2 - \alpha_d(\alpha_d + \lambda\alpha_u)}{4 - (\alpha_d + \alpha_u)(\alpha_d + \lambda\alpha_u)} \text{ 和 } p_d^*(\lambda) = \frac{\alpha_d - \lambda\alpha_u}{4 - (\alpha_d + \alpha_u)(\alpha_d + \lambda\alpha_u)} \tag{33}$$

$$n_u^*(\lambda) = \frac{2}{4 - (\alpha_d + \alpha_u)(\alpha_d + \lambda\alpha_u)} \text{ 和 } n_d^*(\lambda) = \frac{\alpha_d + \lambda\alpha_u}{4 - (\alpha_d + \alpha_u)(\alpha_d + \lambda\alpha_u)} \tag{34}$$

得出最优化平台利润：

$$\prod_M^*(\lambda) = \frac{4 - (\alpha_d + \lambda\alpha_u)^2}{[4 - (\alpha_d + \alpha_u)(\alpha_d + \lambda\alpha_u)]^2} \tag{35}$$

推出下述命题：

命题6：若响应性预期用户为 λ 而被动预期用户为 $1 - \lambda$，垄断平台最优利润和实际需求随 λ 增加。

因此，垄断平台的经济状况总是当较多用户为响应性预期、较少用户为被动预期时比较好。这个结果进一步证实了在对比 $\lambda = 0$（被动预期）和 $\lambda = 1$（响应性预期）的极端情况产生的直觉推理。

λ 对平台最优价格的影响是微妙的。相比被动预期的用户，响应性预期用户对价格降低响应更多，这是因为，后者不仅考虑价格下降对自己需求的影响，还考虑到了开发商的需求。因此，在某种意义上，λ 增加类似于用户需求弹性增加，所以有人可能认为最优化价格应该更低。这种直觉在双边市场是站不住脚的。其原因在于，平台可以重新调整它的价格结构：降低一边的价格而增加另一边的价格。事实上，若 $\alpha_u > \alpha_d$，那么 $p_u^*(\lambda)$ 增加，$p_d^*(\lambda)$ 减小；若 $\alpha_u < \alpha_d$ 而 $\alpha_d(\alpha_u + \alpha_d) > 2$，那么结果相反：$p_u^*(\lambda)$ 减小而 $p_d^*(\lambda)$ 增加；若 $\alpha_u < \alpha_d$ 而 $\alpha_d(\alpha_u + \alpha_d) < 2$，那么 $p_u^*(\lambda)$ 和 $p_d^*(\lambda)$ 都减小。

不过，正如预期，用户—开发商相互作用的平均价格随 λ 的增大而降低：

$$\frac{p_u^*(\lambda) n_u^*(\lambda) + p_d^*(\lambda) n_d^*(\lambda)}{n_u^*(\lambda) n_d^*(\lambda)} = \frac{4 - (\alpha_d + \lambda\alpha_u)^2}{2(\alpha_d + \lambda\alpha_u)}$$

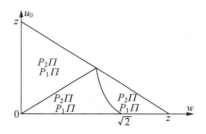

图 2   变量 λ 对用户持有响应性预期的平台最优价格的影响

这一结果对市场结构与市场绩效的产业组织的解释给出了非常有意思的结论（见图 2）：垄断的市场结构通常并不会导致哈布格三角，即社会福利的净损失。在具有用户的预期调整对价格变动敏感响应的情形下，价格通常会由此而下降，垄断平台可以扩大因价格下降带来的业务基础。这一结论与经典的拉姆齐定价高度一致。

2. 竞争情形

现在我们转向固定规模用户市场中的两个对称平台之间的 Hotelling 竞争。平台 1 的用户需求表示为：

$$n_{u1} = \lambda \left[\frac{1}{2} + \frac{\alpha_u (n_{d1} - n_{d2}) + p_{u2} - p_{u1}}{2t} \right] + (1 - \lambda) \left[\frac{1}{2} + \frac{\alpha_u (n_{d1}^e - n_{d2}^e) + p_{u2} - p_{u1}}{2t} \right]$$

（36）

平台 2 的用户需求为：n_{u2} 为 $1 - n_{u1}$。

开发商需求为：$n_{d1} = \alpha_d n_{u1} - p_{d1}$ $n_{d2} = \alpha_d n_{u2} - p_{d2}$

接着，以价格（p_{u1}，p_{d1}，p_{u2}，p_{d2}）和固定预期（n_{d1}^e，n_{d2}^e）的函数求解竞争性平台的两边用户（n_{u1}，n_{d1}，n_{u2}，n_{d2}）最优规模就很容易了。给定（n_{d1}^e，n_{d2}^e），平台同时选择得到最大化利润的价格。最终均衡可以被假设响应性均衡条件 $n_{d1}^e = n_{d1}$ 和 $n_{d2}^e = n_{d2}$ 来表示。我们得出对称均衡的特征为下列价格和需求：

$$p_u^* (\lambda) = t - \frac{3\alpha_d \alpha_u \lambda}{4} - \frac{\alpha_d^2}{4} \text{和} p_d^* (\lambda) = \frac{\alpha_d - \alpha_u \lambda}{4}$$

$$n_u^* (\lambda) = \frac{1}{2} \quad n_d^* (\lambda) = \frac{\alpha_d + \alpha_u \lambda}{4}$$

均衡利润：

$$\prod_c^* (\lambda) = \frac{t}{2} - \frac{\alpha_d^2}{16} - \frac{6\alpha_d \alpha_u \lambda + \alpha_u^2 \lambda^2}{16}$$

（37）

由此推出：

命题 7：若响应性预期用户为 λ 而剩余被动预期用户为 $1 - \lambda$，固定用户市场规模下的对称竞争均衡平台利润随 λ 增大而严格减小。

这一结果与垄断情形下的均衡配置结构相反，在那里平台利润随 λ 增加。

如果平台竞争至少一边的市场份额固定，当更多的用户为响应性预期时，出于获取均衡结果最优配置位势的考虑，个体降低价格的倾向性更强，这是因为，这些用户对价格降低更有响应性。这就带来更强烈的价格竞争，又因用户市场不会扩大，导致更低的均衡平台利润。同时，我们还要注意到两边的均衡价格都随 λ 减小，这一点不像垄断情况，垄断情况下，其中一边的价格可能会增加。这一命题可在中国电信网络竞争融合下平均每单位用户收益（ARPU）下降中得到经验性支持。

考虑到之前的结果，很自然地期望在更一般的平台竞争模型中，均衡利润可能不随 λ 单调变化。因此，平台 1 的用户需求可以写为：

$$n_{u1} = \lambda \left\{ x \left[\frac{1}{2} + \frac{\alpha_u (n_{d1} - n_{d2}) - (p_{u1} - p_{u2})}{2t} \right] + (1 - x)(1 + \alpha_u n_{d1} - p_{u1}) \right\}$$

$$+ (1 - \lambda) \left\{ x \left[\frac{1}{2} + \frac{\alpha_u (n_{d1}^e - n_{d2}^e) - (p_{u1} - p_{u2})}{2t} \right] + (1 - x)(1 + \alpha_u n_{d1}^e - p_{u1}) \right\} \quad (38)$$

开发商需求为：$n_{d1} = \alpha_d n_{u1} - p_{d1}$。

平台 2 的需求可对称得到。

为了弄清均衡结果的配置结构，在这里，我们简单地强调以下几点：当 $x = 1$ 时，模型等价于上述固定用户市场规模的竞争情况：均衡平台利润随 λ 减小；当 $x = 0$ 时，模型等价于两个独立的双边市场垄断情况，所以均衡利润随 λ 增加。当 x 从 0 到 1 增加时，均衡利润 $\Pi_C^*(x, \lambda)$ 先上升，然后出现极值，然后再随 λ 减小，如图 3 所示。

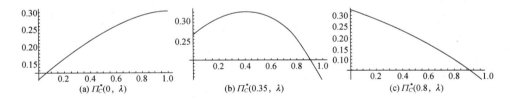

(a) $\Pi_C^*(0, \lambda)$ (b) $\Pi_C^*(0.35, \lambda)$ (c) $\Pi_C^*(0.8, \lambda)$

图 3　利润作为 λ 的函数（给三个不同 x 的值，$t = 0.5$，$\alpha_u = 0.5$，$\alpha_d = 0.7$）

从（38）式不难发现，对于 $x \in (0, 1)$，λ 部分用户对平台竞争有两个相矛盾的影响：通过 Hotelling 腹地用户市场扩展倾向于随 λ 增加以满足两个平台的最小有效规模要求或者增加其网络效应，而在 Hotelling 段的内部对用户的可获得性竞争倾向于随 λ 的增加而减小（增加了竞争压力）。

四　结论与若干应用

本文探讨了在有间接网络效应的市场中形成预期的各个机制的不同之处及对平台定价行为，进而对竞争性平台均衡结果配置及市场结构构造型态的影响。本文分析得出的相关命题的主要结论与主张如下：

第一，依据我们分析得出的 7 个主要命题，从平台视角，表明用户的预期
类型基于市场结构的不同而影响特定市场结构下平台的利润。换句话说，从用
户视角，用户预期形态的不同决定了市场结构的特殊形态。一般来说，有市场
支配力的平台喜欢更多的响应性预期；而固定市场规模的平台竞争有相反的偏
好：用户为较少响应性预期时，他们可得到更高的利润。主要原因是较多的响
应性预期放大了价格降低的效应，这对于有市场支配力的平台来说是一个好消
息，因为他们可以获得更多的需求用户，取得更高的利润；对于竞争平台，更
多的响应性预期通常意味着坏消息，因为他们加剧了价格竞争，而更多的被动
预期可以避免平台之间的价格竞争，当对手提高价格时，最优反应也是提高价
格而不是降低价格，总的价格水平会因用户的被动预期的概率分布情况而发生
调整。

第二，加强用户的预期管理是平台竞争优势的关键。这一结论性的主张来
自命题 1 到命题 7。网络经济的一个显著性特征就是需求方的规模经济，用户
对平台的需求来自平台为用户所能提供的价值，这一价值除单独产品本身的自
网络效应所拥有的独立价值以外，一个吸引用户最为重要的方面是来自不同产
品由于互补而形成的直接或者间接交叉网络外部性。作为消费者用户，无法去
测度网络外部性的大小，消费者加入平台的预期形态取决于用户掌握的采纳平
台并进行交易的信息。在带有网络效应的双边平台，平台厂商的用户预期管理
就成为平台商业模式能否获得成功的决定性因素。这一管理的具体方式既取决
于平台厂商的风格也取决于对市场竞争环境的把握或者说是对平台交叉网络外
部性的信念。对富有攻击性的平台，偏好于市场的激烈性的变化以捕获新的发
展机遇，用户预期的管理偏重于如何增大被动预期，这往往对用户规模偏小的
平台比较有利；对倾向于保守的平台厂商，则偏好于市场的缓慢平稳性变化以
保持在现有的竞争性均衡结果配置的基础上寻求处于 Hotellng 段的竞争优势，
用户的预期管理偏重于相关信息的及时发布，增强用户的响应性预期。一个典
型又通常的做法是原有版本的免费升级。本文对用户在不同竞争环境下的不同
预期对平台竞争性均衡结果的配置的影响的研究隐含着一个用户预期管理策
略的相机抉择安排，即依赖决定平台获利能力相关主要参数值的设定。在形成
有网络效应的市场预期时，存在着其他建模方法来表示不同的用户信息和复杂
度。我们的目标是走出区分不同机制的第一步，而恰恰是这些机制在经济结果
方面形成了平台对用户需求的预期。因此，在具有网络效应的经济中，市场结
构的最终特殊形态很大程度上是由用户预期决定的，而用户预期显然是一种对
现有市场信息在需求形成中的一种反映，平台的用户信息管理就成为平台获取
最优竞争位势的关键。谷歌等互联网企业的成功就在于充分挖掘用户的信息，
搜索市场的竞争排名机制其实就是通过价格信息向终端用户提供加入平台并进
行交易的有用信息，以保证用户预期处于响应性预期状态。

对以上结果的总结，也可以被理解为描述平台对知情用户有多大程度的偏好。这表明未来的工作可能更内化研究预期的性质（或混合），并使之由平台行为而影响用户预期（即通知或教导用户有关市场另一方的价格和需求），以减少信息偏在情形下用户的错误预期。其政策含义是明显的：互联网等具有网络效应的产业政策关注的重点应是市场信息透明化，开发商有义务向平台另一侧需求用户发布或预告相关信息，提高平台用户之间的对称性信息水平。

第三，命题 7 表明，在市场规模既定的情形下，响应性预期的用户规模越大，在竞争性均衡结果配置中的地位就越弱。因而，平台业务能否顺利有效地拓展对平台最为关键。平台拓展的关键在于解决平台各业务之间的替代性与互补性。新业务的拓展必须依赖于现有业务战略相互协同，协同程度决定了平台边之间据此获得的网络效应的大小。在多边市场的环境下，平台边与边之间的关系错综复杂，与某一边具有正向协同性的业务并不必然与其他相关边之间同样具有战略协同性。对于网络融合中的电信运营商进军互联网业务而言，能否获得成功取决于拓展的互联网业务与传统电信业务之间的关联是战略性替代还是战略性互补。中国移动的飞信业务之所以未能在即时通信市场（OTT）获得预期的收益，一个根本问题是飞信业务与现有的增值业务（手机短信）及语音业务之间是替代关系。而腾讯的微信业务与原有的 QQ 业务则具有战略互补性，或者腾讯的一系列业务都是基于即时通信市场的数据挖掘。在后电信时代，互联网、电信网、广电网之间的竞争越来越激烈，相应的基于信息公开的管制也越来越严，免费升级与语言程序共享，消费者用户的响应性预期能力越来越高，因此，相关平台运营商的业务拓展包括相应的商业模式设计将显得尤为迫切。

第四，强化平台的交易匹配功能，保障平台对用户需求的成功协调。作为具有间接交叉网络外部性的平台，一个基本功能是对具有不同效用价值的边用户的需求进行协调，平台作为边用户的接入瓶颈源于科斯定理的失效。本文的研究表明，消费者一边的信息源比较有限，消费者加入平台的决策建立在以往交易历史基础上去推测平台另一边索要的价格信息。从本文与其他相关文献所给出预期定义，消费者预期大多数为被动预期，在消费者效用函数中缺少来自信息源的价值。在平台为消费者提供平台另一边信息的同时，平台对消费者应采取更多的补贴，主要途径是平台的价格结构倾斜，以吸引平台消费者的加入。但当我们放松本文中关于开发商一边的完全价格信息假设，开发商同样存在多种预期形态，其中也存在不确定性或者风险，在此情形下，移动互联网平台运营商可以考虑的方案之一是在平台多边之间建立起业务发展的平行设计系统。在现有的软交换技术与智能化终端情形下，这一点对电信运营商的意义上不言而喻。苹果业务的引入并未成为运营商的业务成长点的一个原因是缺乏边之间的战略协同。当然，作为平台的开发商一边同样面临着用户需求的诸多不确定性，开发商在用户需求信息或者用户需求类型偏好分布的情形下，对一些新的应用开发缺乏足够的激励。此时，平台可考虑与开发商实现收益分担的分成合约以降低开发商的研发风险。电信网络在网络融合中保持既往的中心角色，能否协同各边用户的需求是关键。

第五，平台的声誉与承诺。这一结论性的主张直接来自命题1。网络效应的基础上最小有效规模，增强用户的黏性是网络效应的基础。用户的黏性来自转换成本，而转换成本取决于用户的价值，用户的价值越高其转换成本就越高，相应的网络黏性就越高。在用户的价值维度里，重要的测量值是平台给予用户交易的历史信息而不只是当前价格。因此，平台声誉机制的建立可以确保平台在多边竞争情形下采用合适的定价政策。声誉与承诺在双边平台的意义与在所有的纵向垂直合约中基于上下游之间的信念一样，决定平台合约关系的稳定性并避免用户的多平台接触，从而影响平台对边用户的成功协调。进一步地，声誉攸关重复博弈，这之间的重复又是平台交叉网络外部性能否得以持续的重要决定因子，也是这用户得以形成各种不同预期的决定性因子。对于电信运营商而言，终端用户的资费套餐设计不宜过于复杂与频繁调整。这是引发终端用户对平台服务批评最多的因素。电信运营商通常在与客户签订的合约中存在事前隐瞒信息的道德风险，而在合约履行中又存在着过多的隐藏行动风险，如免费流量与免费短信和免费通话的服务质量偏离消费者在既有价格信息调整下的预期太远，导致逆向选择。最终使得运营商的资费套餐设计不能有效地实现差别定价，而反倒成为终端消费者进行流量套现的工具。价格合约履行机制缺损，潜在的政策含义是价格管制应由价格水平或价格结构管制转向为价格承诺管制。

参考文献

［1］ Katz, M. L. and C. Shapiro, Network Externalities, Competition, and Compatibility [J]. *The American Economic Review*, 1985, 75 (3): 424 –440.

［2］ Grilo, I., Shy, O., Thisse, J. F., Price Competition When Consumer Behavior Is Characterized by Conformity Or Vanity [J]. *Journal of Public Economics*, 2001, 80: 385 –408.

［3］ Armstrong, M., Competition in Two – Sided Markets [J]. *Rand Journal of Economics*, 2006, 37 (3): 669 –691.

［4］ Armstrong, M. and J. Wright, Two – sided Markets, Competitive Bottlenecks and Exclusive Contracts [J]. *Economic Theory*, 2007, 32 (2): 353 –380.

［5］ Caillaud, B. and B. Jullien, Chicken and Egg: Competition among Intermediation Service Providers [J]. *Rand Journal of Economics*, 2003, 34 (2): 309 –328.

［6］ Choi, J. P., Tying in Two – Sided Markets With Multi – Homing [J]. *The Journal of Industrial Economics*, 2010, 58 (3): 607 –626.

［7］ Hagiu, A., Two – Sided Platforms: Product Variety and Pricing Structures [J]. *Journal of Economics & Management Strategy*, 2009, 18 (4): 1011 –1043.

[8] Halaburda, H. and Y. Yehezkel, Platform Competition under Asymmetric Information [J] . *American Economic Journal: Microeconomics*, 2013, No. 3: 22 – 68.

[9] Rochet, J. – C. and J. Tirole, Platform Competition in Two – Sided Markets [J] . *Journal of the European Economic Association*, 2003, 1 (4): 990 – 1029.

[10] Rochet, J. – C. and J. Tirole, Two – Sided Markets: Where We Stand [J] . *Rand Journal of Economics*, 2006, 37 (3): 645 – 666.

[11] Farrell, J. and G. , Saloner, Standardization, Compatibility, and Innovation [J] . *The Rand Journal of Economics*, 1985, 16 (1): 70 – 83.

[12] Weyl, E. G. , A Price Theory of Multi – sided Platforms [J] . *American Economic Review*, 2010, 100 (4): 1642 – 1672.

[13] Parker, G. and M. W. Van Alstyle, Two – Sided Network Effects: A Theory of Information Product Design [J] . *Management Science*, 2005, 51, 1494 – 1504.

[14] Argenziano, R. , Differentiated Networks: Equilibrium and Efficiency [J] . *Rand Journal of Economics*, 2007, 39 (3): 747 – 769.

[15] Ambrus, A. and R. Argenziano, Asymmetric Networks in Two – Sided Markets [J] . *American Economic Journal: Microeconomics*, 2009, 1 (1): 17 – 52.

[16] Katz, M. L. and C. Shapiro, Technology Adoption in the Presence of Network Externalities [J] . *Journal of Political Economy*, 1986, 94 (4): 822 – 841.

[17] Economides, N. , Network externalities, complementarities, and invitations to enter [J] . *European Journal of Political Economy*, 1996, 12 (2): 211 – 233.

[18] Evans, D. and R. Schmalensee, Failure to Launch: Critical Mass in Platform Businesses [J] . *Review of Network Economics*, 2010, 9 (4): 1 – 26.

[19] Griva, K. and N. Vettas, Price Competition in a Dierentiated Products Duopoly Under Network Effects [J] . *Information Economics and Policy*, 2011, 23, 85 – 97.

[20] Hurkens, S. and A. L. Lopez (2012) "Mobile Termination, Network Externalities, and Consumer Expectations [EB/OL] . http: //www. NETinst. org, 2012.

[21] Gabszewicz, J. and X. Wauthy, Vertical Product Differentiation and Two – Sided Markets [J] . *Economics Letters*, 2014, 123 (1): 58 – 61.

[22] McAfee, P. R. and M. Schwartz, Opportunism in Multilateral Contracting: Nondiscrimination, Exclusivity, and Uniformity [J] . *American Economic Review*, 1994, 84, 210 – 230.

[23] Rey, P. and T. Verge, Bilateral Control with Vertical Contracts [J] . *Rand Journal of Economics*, 2004, 35 (4): 728 – 746.

企业间所有权、国际卡特尔与中国
进口钾肥定价权缺失

于　左　付红艳　贾希锋

摘　要　本文研究中国进口钾肥定价权缺失的形成原因，结合国外和国内钾肥市场实际，构建了中国进口钾肥谈判博弈模型，证明了在国内外企业间具有所有权关系情况下，中国进口钾肥价格被抬高，钾肥国际卡特尔容易维持；本文实证分析发现，全球钾肥市场存在很多有利于合谋的条件，国外主要钾肥企业扩大产能，控制产量，钾肥价格严重偏离生产成本，利润率过高；本文提出，中国反垄断执法机构应该对国内外主要钾肥企业进行反垄断调查，努力构建全球反垄断体系；中国应进一步实质放开钾肥进口谈判权。

关键词　进口钾肥定价权　企业间所有权　国际卡特尔　反垄断进口谈判权

一　问题提出

中国耕地质量退化严重，耕地退化面积占全部耕地面积的40%以上。耕地土壤养分失衡严重，缺钾面积达60%。

中国耕地缺钾与钾肥价格高有关。国内钾肥产量有限，50%的钾肥依赖进口。中国进口钾肥价格过高，2005—2008年，中国进口钾肥离岸价（FOB）上涨了近3倍，上涨至576美元/吨。2009年，中国进口钾肥价格回落至350美元/吨，但至2011年，钾肥价格又涨了120美元，两年时间上涨了34%。粮价上涨速度不及钾肥涨价速度。

　　［作者简介］于左，东北财经大学产业组织与企业组织研究中心，116023；付红艳，东北财经大学产业组织与企业组织研究中心，116023；贾希锋，东北财经大学产业组织与企业组织研究中心，116023。

　　［基金项目］国家自然科学基金项目"企业间部分所有权的竞争效应与反垄断政策"（71173033）和教育部规划基金项目"中国进口铁矿石等大宗商品定价权缺失的形成机理和对策"（10YJA790237）。

　　①　有效钾含量小于50mg/kg。

中国作为全球最大的钾肥进口国，在进口钾肥价格谈判中理应具有较强议价能力，但事实上并没有。中国为何缺少进口钾肥定价权？本文尝试对此进行理论分析。

二　文献综述

针对中国大宗商品定价权问题，江山（2010）提出，在国际市场上，几乎没有中国企业能够掌握定价权。司晓悦、娄成武（2006）提出，中国是铁矿石资源需求量最大的国家，在铁矿石谈判过程中虽然拥有话语权，但却没有获得最大买家应有的定价权。于左、彭树宏（2010）针对中国进口铁矿石定价权缺失问题，构建了企业间部分交叉所有权下合谋的理论模型，通过对澳大利亚必和必拓和力拓的案例分析，对理论模型进行了检验，研究发现，"两拓"的部分交叉所有权有利于其合谋，进而也有利于其与巴西淡水河谷合谋；"两拓"及其与淡水河谷合谋，实施超高定价是导致中国进口铁矿石定价权缺失的根本原因；提出国际金融巨头对铁矿石等企业的部分交叉所有权安排及其隐蔽的限制竞争行为应当引起反垄断当局的重视。周洁卿（2010）提出，中国在争取黄金定价权方面已具备了一定的基础条件，伦敦作为黄金定价中心的地位正在削弱，中国应抓住时机，创造条件，提高黄金定价权。丁泉（2007）提出，中国作为全球大宗能源、原材料及农产品的进口国，存在较为突出的定价权缺失问题，通过对石油进口、消费、汇率以及市场投机等因素的分析，提出了完善石油进口合约及战略联盟、完善中国期货市场、改革和完善市场体制、加强外汇储备的运用等建议。郝赢赢、贾建华（2012）提出，中国在国际石油市场上的定价权与石油进口量极不相称。针对国内石油市场现状，从石油进口成本出发，分析了中国石油进口定价权缺失的原因。杨丽君（2012）提出，跨国公司垄断、国际期货定价、国内粮食仓储体系不健全等因素影响中国进口粮食的国际定价权。为了稳定国内粮价和保护国内粮食安全，亟须通过期货定价和加快产业链整合等措施提高进口粮食定价权。

针对中国进口钾肥资源定价权问题，王秀兵（2012）从默契合谋角度分析了中国钾肥定价权缺失的原因，并提出了政策建议。贾希锋（2012）对钾肥市场出口卡特尔和主要出口企业行为进行了分析，发现出口卡特尔是导致中国进口钾肥定价权缺失的主要原因，并提出了反垄断政策建议。

从已有研究成果看，针对原油、铁矿石、黄金、粮食等定价权问题的学术文献较多，但针对中国进口钾肥定价权的文献很少，仅有几篇文献虽然对中国进口钾肥资源定价权缺失问题进行了理论与案例分析，但相关理论分析和实证研究仍很薄弱，尤其是在理论模型构建时，对现实中的市场竞争和企业间股权关系状况等考虑不足，在实证分析中，缺乏对国际主要钾肥企业之间的所有权关系、企业行为与经济绩效的经验证据和逻辑关系研究。本文对中国进口钾肥定价权缺失问题进行理论探讨和实证分析，力争提出有针对性的政策建议。

三 理论探讨

本文首先基于现实中国钾肥市场结构、进出口格局和企业间股权关系构建理论模型。

（一）全球钾肥资源分布、生产与销售格局

从储量看，2011 年，世界探明钾肥资源储量约为 95 亿吨（以 K_2O 当量计），其中，加拿大占 46%，俄罗斯占 35%，白俄罗斯占 8%，约旦占 8%，以色列占 8%，巴西占 3%，中国占 2%，德国占 1.5%，美国占 1.4%，智利占 0.5%。

从产量看，2011 年，全球钾肥资源产量大约为 3640 万吨（以 K_2O 当量计），加拿大占 30%，俄罗斯占 18%，白俄罗斯占 15%，中国占 10%，德国占 8%，以色列占 5.4%，约旦占 3.8%，智利占 2.7%，美国占 2.7%，巴西占 1.2%[①]。从产能看，全球 80% 产能集中在前几家钾肥企业。全球钾肥产能（以 K_2O 当量计）CR_5 为 73%，CR_{10} 为 89%。

从销售看，全球钾肥出口市场形成了 Canpotex（包括 Potash、Mosaic 和 Agrium）和 BPC（包括 Belaruskali 和 Uralkali）两大销售联盟。（1）Canpotex 公司是由加拿大的 Potash、Mosaic 和 Agrium 合资组建，三家钾肥企业拥有相等的股权，Canpotex 公司负责将三家企业的钾肥销售到海外市场。加拿大 PCS 公司和 Agrium 公司不仅在国内销售还向国外出口。加拿大 PCS 公司和它的美国子公司 PC 是世界上最大的钾肥生产企业；美盛和美盛肥料公司是世界第三大钾肥企业集团。Agrium 公司和 Agrium 美国公司是加拿大公司和其在美国的全资子公司。（2）BPC（Belarusian Potash Company）由俄罗斯 Uralkali 和白俄罗斯 Belaruskali 合资组建，俄罗斯的 Uralkali 持有 50% 的股份，白俄罗斯的 Belaruskali 持有 45% 的股份，白俄罗斯铁路协会持有其余 5% 的股份。白俄罗斯钾肥公司运作模式与 Canpotex 公司相似。乌拉尔钾肥（Uralkali）是总部设在莫斯科的一家合资企业，是全球第二大钾肥生产企业，持有白俄罗斯钾肥公司 BPC50% 的股份，白俄罗斯钾肥公司是乌拉尔钾肥的主要经销商。Belaruskali 是白俄罗斯的一家企业，是白俄罗斯钾肥公司（BPC）另外 50% 股份的持有者，同时，BPC 是 Belaruskali 钾肥排他性经销商。

（二）中国钾肥资源生产、进口与销售格局

中国钾肥资源匮乏。首先，中国钾肥资源已探明储量少。2011 年，中

---

① 以上数据根据美国地质调查局矿产品概要（2013 年 1 月）的数据计算得出。

国钾肥储量占全球钾肥储量的 2.2% 。中国钾肥资源主要分布在青海查尔汗盐湖和新疆罗布泊盐湖地区。2011 年，中国进口钾肥资源 640 万吨，进口依存度为 50% 。中国进口钾肥主要来自加拿大、俄罗斯和白俄罗斯等国家。

中国有多家企业具备钾肥进口资质，但除从事边境贸易和一部分企业仅限于自用外，实际拥有钾肥进口权的企业很少，钾肥进口权由中化、中农所把持。如中国每年与 BPC 的钾肥进口谈判，中化、中农之外的 8 家钾肥进口企业可推荐 1 个企业代表参与。每年针对中国的钾肥谈判由白俄罗斯 BPC 出面，提出不合理的报价，随后其他钾肥出口企业以不低于中国从 BPC 的进口价与中国签订钾肥进口合同。

盐湖钾肥是国内垄断性生产企业，中化持有其 24% 的股份。PCS Sales 持有中化 22% 的股份。中化化肥与 Canpotex 公司之间存在连锁董事。此外，PCS 公司还持有 SQM32% 的股份，ICL 14% 的股份，持有 APC 的 28% 股份。

基于钾肥生产与销售企业之间的所有权关系，全球钾肥销售形成两大板块：一是加拿大板块。三家钾肥生产企业组成销售合资企业，其中 PCS 还设有单独的全资销售子公司，另外参股或控股以色列、约旦和智利的钾肥企业。二是俄罗斯和白俄罗斯板块。Uralkali 和 Belaruskali 成立销售合资企业，由 Uralkali 控股，Uralkali 还设有全资销售子公司 Uralkali Trading。2011 年，两大板块合计出口量约占全球出口量的 71% （见图 1）。

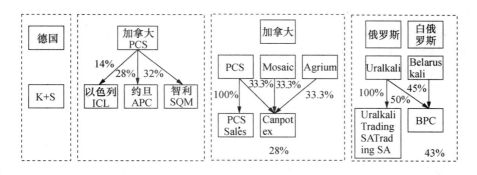

图 1　国外主要钾肥生产与销售企业股权关系示意

说明：箭头代表持股关系；出口份额数据为 2011 年数据。

中国主要的钾肥生产和销售企业之间具有所有权关系，而加拿大钾肥企业 PCS 与中国钾肥企业之间也具有部分所有权关系，如加拿大钾肥企业 PCS 持有中化化肥 22% 的股权（见图 2）。

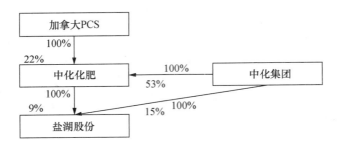

图 2 中国钾肥（资源）生产与销售企业和加拿大钾肥企业之间的所有权关系

企业间所有权将中国钾肥生产与销售企业、加拿大钾肥生产与销售企业、俄罗斯和白俄罗斯钾肥生产与销售企业、中东（以色列、约旦和智利）钾肥生产与销售企业紧密地连接起来，它们虽然是竞争者，但因为企业间存在股权关系（全部所有权或部分所有权），因而成为利益共同体。共同利益使全球主要钾肥企业容易形成国际卡特尔。

国外主要钾肥生产企业合资设立销售企业，并且持有中国钾肥进口企业股份，同时中国钾肥进口企业持有中国钾肥生产企业股份，因为这种特殊的所有权结构下，商务部虽然部分放开了钾肥进口权，但国外主要钾肥出口企业并不与中化、中农以外的任何一家企业签约。在企业间特殊所有权结构下，全球及中国的钾肥企业非常容易形成国际卡特尔，竞争企业间的所有权关系使得国际卡特尔具有内在的稳定性。

（三）钾肥企业形成国际卡特尔的理论假设

根据以上全球主要钾肥生产与销售企业份额及其所有权关系，中国进口钾肥的主要谈判格局可进一步抽象概括如图 3 所示，加拿大板块的钾肥由中化独家销售，俄罗斯和白俄罗斯板块的钾肥由中化与中农共同销售。中东板块的钾肥因加拿大 PCS 是其股东，因此其行动在一定程度上与加拿大板块具有一致性。

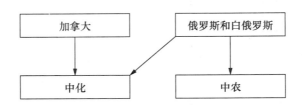

图 3 中国进口钾肥主要谈判格局

假定中国进口钾肥行业有中化和中农两家企业①，它们销售的钾肥依赖从俄罗斯、加拿大等国进口。为简单起见，假设消费者对这两家企业产品的需求

---

① 事实上，从加拿大板块、俄罗斯和白俄罗斯板块进口钾肥的企业主要有中化和中农。

函数是：

$$p = a - q_h - q_n$$

式中，p 代表中国市场钾肥的销售价格，q_h、q_n 分别代表中化、中农的销售量，a 反映了市场规模。

由于中化不仅可以从加拿大进口钾肥，还可以从俄罗斯进口钾肥，而中农只能从俄罗斯进口钾肥。因此，假设进口钾肥其他成本为零，中农的进口钾肥价格为 f_1，而中化的进口钾肥价格取决于其从加拿大与俄罗斯进口钾肥的分配比例。假设中化从俄罗斯进口的钾肥数量为 λq_h，从加拿大进口的钾肥数量为 $(1-\lambda)q_h$，参数 λ 取值在 0—1 之间。

博弈过程：第一阶段，中化、中农与俄罗斯和白俄罗斯钾肥板块进行谈判，谈判后形成的进口钾肥价格 f_1，适用于两家企业；第二阶段，中化与持有其股份 γ 的加拿大钾肥板块的销售商进行谈判，达成的钾肥进口价格为 f_2；第三阶段，中化与中农进行产量竞争。

说明：进口钾肥资源的价格由纳什谈判理论来确定，我们采用倒推法求均衡解。

给定钾肥进口价，中化与中农的古诺均衡产量和中化的利润分别是：

$$q_h = \frac{1}{3}\left(a + f_1 - 2\lambda f_1 - 2f_2 + 2\lambda f_2\right)$$

$$q_n = \frac{1}{3}\left(a - 2f_1 + \lambda f_1 + f_2 - \lambda f_2\right)$$

$$\pi_h = \frac{1}{9}\left[a + (1-2\lambda)f_1 - 2(1-\lambda)f_2\right]^2$$

对于加拿大钾肥板块来说，其收益为钾肥出口总额与从其持股企业中化的利润分红之和，即 $f_2(1-\lambda)q_h + \gamma\pi_h$。钾肥进口价格 f_2 由加拿大钾肥板块与中化谈判达成，具体来讲，f_2 是下列极大化问题的解：

$$\max \pi_h \times (f_2(1-\lambda)q_h + \gamma\pi_h)$$

利用前面关于销售量和利润的结果，上述极大化问题等价于：

$$\max \frac{1}{81}\left[a + (1-2\lambda)f_1 - 2(1-\lambda)f_2\right]^3\left[a\gamma + \gamma(1-2\lambda)f_1 + (1-\lambda)(3-2\gamma)f_2\right]$$

从相应的一阶必要条件，并结合二阶条件很容易得到纳什谈判达成的钾肥进口价格为：

$$f_2 = \frac{(3-8\gamma)\left[a + (1-2\lambda)f_1\right]}{8(1-\lambda)(3-2\gamma)}$$

很显然，$\dfrac{\partial f_2}{\partial f_1} = \dfrac{(3-8\gamma)(1-2\lambda)}{8(1-\lambda)(3-2\gamma)}$。因为参数 λ 取值在 0—1 之间，并且加拿大 PCS 持有中化 22% 的股份，所以有：当 $\lambda < \dfrac{1}{2}$ 时，$\dfrac{\partial f_2}{\partial f_1} > 0$。

这意味着，如果中化选择加拿大作为其最主要的钾肥进口渠道，那么俄罗斯一旦提高向中国出口钾肥的价格，加拿大就会跟风提价，钾肥市场存在合谋。

进一步地，将谈判结果代入市场需求函数中，计算得到我国市场上钾肥的销售价格：

$$p = \frac{a\,(9-8\gamma) + (9+6\lambda-8\gamma)\,f_1}{8\,(3-2\gamma)}$$

显而易见：$\dfrac{\partial p}{\partial f_1} = \dfrac{9+6\lambda-8\gamma}{8(3-2\gamma)} > 0$。

这表明，无论中化在加拿大与俄罗斯之间如何分配钾肥的进口额，中化和中农代表行业与俄罗斯谈判达成的进口钾肥价格必然居高，国内钾肥售价也因此被推高。

由于中农只能从 BPC 进口钾肥，为了保证进口量，中农不得不接受高价格。而 PCS 持有中化的股份，中化的进口数量与代理资格取决于加拿大钾肥出口企业，国内盐湖钾肥的价格与从加拿大进口的钾肥价格相关，中化为了保证自身利益会接受加拿大钾肥企业的报价。从与国外主要钾肥企业设定的谈判规则看，每年几乎都是俄罗斯与白俄罗斯板钾肥企业先跟中农谈，然后再跟中化谈，在这种情况下，谈判的结果是国际两大钾肥销售联盟都出高价，国内中化和中农接受高价，国外与国内钾肥生产与销售企业组成国际卡特尔，共同抬高了中国进口钾肥价格。国内与国外不当的体制与制度安排，尤其是横向竞争者之间、纵向生产者与销售者之间的所有权关系使得全球钾肥国际卡特尔得以稳固维持，存续多年。国际卡特尔是导致国内钾肥价格过高的根本原因。值得注意的是，在国外钾肥企业、国外钾肥企业与国内钾肥企业间具有所有权关系的情况下，即使某个企业表面上宣布退出出口卡特尔，但因实际存在的利益纽带和短期内钾肥市场供应量没有明显改变，合谋仍然会发生。

四　实证分析

本文从钾肥市场有利于形成合谋的市场条件和企业行为与经济绩效等方面对上述理论假设进行实证分析。

（一）易于形成钾肥卡特尔的市场条件

1. 产品同质性

钾盐是指钾的矿产和化学的盐，从自然中开采出来，包含易溶于水的钾的成分，主要用于农业肥料，也用于生产玻璃、陶瓷、肥皂和用于动物催肥。最常见的形式是氯化钾，氯化钾主要作为肥料使用。氯化钾通常是其他形式钾肥和复合肥的原料。钾肥是同质商品，一个制造商供应的钾盐可以与另一个制造商供应的钾肥交换，钾肥的同质性导致购买者选择供货商主要基于钾肥的价格。

2. 市场结构

钾肥资源具有稀缺性，市场进入受资源约束。钾肥市场集中度较高。世界钾肥资源集中在少数地区。全球超过一半产能位于加拿大俄罗斯及白俄罗斯，且被很少量的一组企业所控制。2008 年前 7 家企业钾肥的产量占世界的 71%。2012 年，俄罗斯两大钾肥企业 Uralkali 和 Silvinit 合并成为新的 Uralkali。谢尔维尼特公司（Silvinit）过去并不属于 BPC，只是在钾肥谈判时跟随 BPC 的合同报价，这意味着全球钾肥垄断程度进一步提高。

3. 企业间所有权

全球钾肥生产与销售企业之间具有所有权关系。钾肥主要生产企业合资成立销售公司，销售合资企业将钾肥生产企业联系在一起。中国钾肥销售企业中化与钾肥生产企业盐湖股份之间具有所有权关系，加拿大钾肥销售企业与中国钾肥销售企业中化化肥之间具有所有权关系。竞争者之间具有所有权关系容易形成合谋①。

全球主要的钾肥供应者成立合资企业，有利于协调行动。PCS、Agrium 和 Mosaic 合资成立 Canpotex 公司，它们各持有合资公司 1/3 股份。通过合资企业的形式，这三个企业可以相互获得敏感的产量和价格信息。成立合资企业后，Canpotex 加入俄罗斯和白俄罗斯钾肥企业合作性划分市场的协议。通过这样的交易，Canpotex 同意在北美和欧洲之外划分乌拉尔钾肥市场。这些钾肥生产企业通过 BPC 协调销售，划分市场。

4. 企业间信息交换

除了主要钾肥企业之间具有所有权关系外，还有其他一些有利于合谋的机会。钾肥生产企业基本都是国际肥料工业协会（IFA）的成员，它们会定期举行会议。会议中 PCS、Canpotex、Mosaic、Uralkali、Belaruskali 和 Silvini 的关键参与者，基本都是总裁层面的。会议给这些钾肥企业提供交流敏感信息的机会。另外，在一些交流项目中，一个企业的高级管理者参观另一个高级管理者所在企业。会议和行业组织为钾肥企业交换信息和协调行动提供了便利。

5. 进入障碍

钾肥资源主要集中在现存氯化钾生产商，新进入市场需要有钾肥资源。随着矿业资源开采对环境、安全等的规制越来越严格，钾肥资源开采业成本提高。一些在位企业通过扩大产能的方式形成了过剩产能，竞争者市场进入难度

---

① 即使企业宣布退出其所在国政府公然允许或暗地里支持的出口卡特尔，事实上，只要企业间具有所有权关系，仍然有利于形成合谋（默契合谋），于左、彭树宏（2010）的研究发现，这种合谋具有稳定性，反垄断执法机构对此应当重视。Merlone（2001）研究发现，企业间连锁董事有利于默契合谋。

更大，钾肥行业存在较高进入壁垒。

6. 需求与需求弹性

世界耕地面积有减少趋势，增加钾肥施用量有助于增加粮食产量。人们的饮食对蛋白质需求量增加，需要更多的饲料，玉米种植需要钾肥用量较高，现实中钾肥需求增加。钾肥是农作物种植不可缺少的肥料，需求缺乏弹性。

（二）企业行为与经济绩效

1. 成本与价格

近十年来，钾肥企业生产成本上涨。以加拿大 PCS 公司为例，2002—2007 年，生产成本在 50—70 美元/吨，2008 年上涨至 94 美元/吨，2011 年上涨至 112 美元/吨。与钾肥生产成本相比，钾肥价格过高，仍以加拿大 PCS 公司为例，2002 年价格为 86 美元/吨，2011 年上涨到 413 美元/吨，每吨钾肥价格与生产成本差由 2002 年的 35 美元扩大到 2011 年的 301 美元。再以 Uralkali 公司为例，每吨钾肥生产成本由 2006 年的 48 美元上涨到 2011 年的 103 美元，成本上涨了 55 美元；与此同时，每吨钾肥价格由 171 美元上升到 406 美元，价格上涨了 235 美元；每吨钾肥价格与生产成本差由 123 美元扩大到 303 美元。价格与生产成本之差过大，若不是钾肥企业实施了超高定价，是很难解释的。

全球主要钾肥企业在 2003 年中时开始提价，到 2008 年，钾肥价格至少上涨了 600%。肥料消费（钾肥是其中重要成分）在此期间没有多大变化。需求在 2008 年有一定程度的下降，2009 年恢复正常。对钾肥企业的反垄断指控说钾肥生产成本只增加了 1.2 美元，但每吨钾肥的价格却增加了 100 美元，这也表明了对钾肥的需求是无弹性的，钾肥的价格上涨完全脱离了成本。钾肥价格不断上涨并且居高不下，在其他肥料价格下降时，钾肥价格依旧上涨。根据世界银行统计，肥料平均价格指数从 1.0 上涨到 2.2，然后在 2008 年下跌到 1.0，而钾肥价格指数从 1.0 上涨到 2008 年年末的 3.5。

2010 年，乌拉尔钾肥等公司受到了反垄断起诉。俄罗斯联邦反垄断局（FAS）调查发现，氯化钾生产成本为 80 美元，2009 年，乌拉尔钾肥公司对复合肥生产企业的钾肥售价为 132 美元/吨，俄罗斯联邦反垄断局认为，合理价位应为 125 美元/吨，且 2010 年也应在这个价位。而在 2010 年第一季度，俄罗斯境内氯化钾价格为 158 美元。乌拉尔钾肥在国际市场和国内市场实行不同的价格，如 2010 年，国内售价为 149 美元/吨，出口为 352 美元/吨；2011 年，国内平均售价为 204 美元/吨，出口价格为 438 美元/吨，属于典型的出口卡特尔。

2012 年，中化进口钾肥的平均单价为 473 美元/吨，中农为 468 美元/吨，中国化工进出口总公司进口单价为 468 美元/吨，华垦国际贸易有限公司进口单价为 472 美元/吨，深圳赤湾港航股份有限公司进口单价为 463 美元/吨，而从事边境贸易的绥芬河市龙生经贸有限责任公司、二连浩特市天宇商贸有限责任公司、绥芬河开元经贸有限公司、绥芬河市广成经贸有限责任公司和黑龙江联合石油化工有限公司进口的钾肥平均单价分别为 436 美元/吨、436 美元/吨、436 美元/吨、437 美元/吨和 434 美元/吨，从事边境贸易的钾肥进口企业的钾肥进口价格普遍远远低于中化和中农钾肥进口价，这进一步说明了中化、中农进口钾肥价格过高。

2. 利润率

全球主要钾肥企业利润率过高。自 2004 年以来，全球主要钾肥企业生产成本毛利润率超过 100%，2008 年高达 300%—600%，2009 年虽然有所回落，但 2011 年，Agrium 生产成本毛利润率仍高达 175%，PCS 高达 268%，Uralkali 高达 294%（见图 4）。若不是实施了垄断高价，很难想象钾肥企业生产成本毛利润率会如此之高。

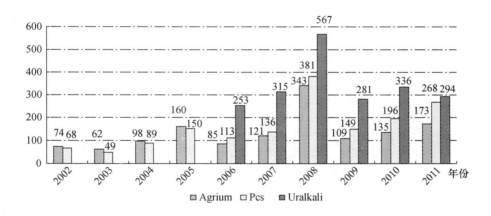

图 4 主要钾肥企业生产成本毛利润率（单位：%）

说明：Uralkali 的数据从 2006 年开始。

资料来源：根据公司年报整理。

从与其他肥料的利润率比较看，钾肥行业的利润率过高。以 PCS 公司为例，2004 年，氮肥生产成本毛利润率为 25%，磷肥为 2%，钾肥为 89%；2011 年，氮肥生产成本毛利润率为 68%，磷肥为 35%，钾肥为 268%，钾肥生产成本毛利润率远远高于其氮肥和磷肥生产成本毛利润率（见图 5）。再以 Agrium 公司为例，2004 年，氮肥生产成本毛利润率为 45%，磷肥为 31%，钾肥为 98%；2011 年，氮肥生产成本毛利润率为 90%，磷肥为 50%，钾肥为 173%，钾肥生产成本毛利润率也远远高于其氮肥和磷肥生产成本毛利润率（见图 6）

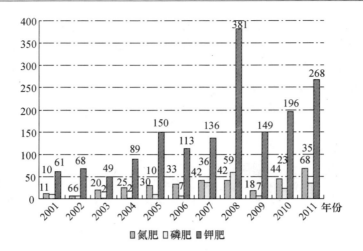

图 5　PCS 公司氮磷钾生产成本毛利润率（单位：%）

资料来源：根据公司年报整理。

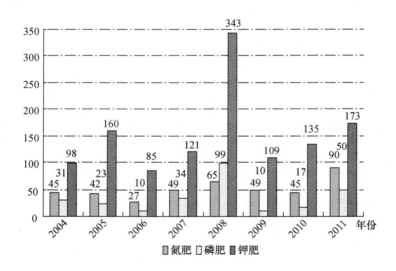

图 6　Agrium 公司氮磷钾生产成本毛利润率（单位：%）

资料来源：根据公司年报整理。

3. 产能与产量

2005 年，全球钾肥需求下降，钾肥价格本应下降，但 PCS 在 2005 年 11 月以"控制库存"名义关闭 3 个矿，减少了 134 万吨钾肥产量。随后美盛公司宣布削减 20 万吨钾肥产量，这两个公司协调减少产量持续到 2006 年。2006 年第一季度，PCS 公司将产量由 240 万吨削减至 130 万吨。乌拉尔钾肥公司削减了 20 万吨钾肥产量，白俄罗斯 Belaruskali 公司削减 50% 的出口量（约 25

万吨)。2006 年第二季度,Silvinit 削减了 10 万吨钾肥产量。上述三个企业2006 年早期削减的钾肥产量超过 500 万吨。2009 年,全球钾肥消费量下跌了9%,但产量减少了 39%,装运量减少了 43%,贸易量减少了 51%。加拿大PCS 公司钾肥产量由 2008 年的 870 万吨减少为 2009 年的 341 万吨,2009 年,其产能利用率仅为 26%。开工不足,产量减少,钾肥价格自然上涨。与此类似,Agrium 公司 2008 年产量为 176 万吨,2009 年为 88 万吨,产能利用率仅为 43%。

钾肥同行企业得益于俄罗斯和白俄罗斯钾肥企业的增加产能行为,"对于钾肥需求下降,这些钾肥制造商在很多年前就已经注意到了,但他们寻求继续扩大产量,使市场形成过剩产能"。过剩产能对市场进入形成强力威慑,形成进入障碍。Uralkali 在 2007 年 11 月自夸说:"对全球的竞争者,他有能力以最低成本增加巨大的产能。"钾肥巨头企业通过过剩产能,维持较低的开工率,进而使钾肥价格保持高位,获得垄断利润。过剩产能为钾肥企业提供了逼真的便于欺骗的机会。过剩产能具有迷惑反垄断当局和形成进入威慑的双重作用。中国是国际钾肥卡特尔的特定目标。Uralkali 和 PCS 通过供给限制造成钾肥短缺迫使中国在 2006 年上半年接受钾肥价格的上涨,之后,全球价格上涨。类似的行动还发生在 2007 年。国际主要钾肥企业在 2003—2009 年中期的期间存在大量过剩产能。例如 PCS,产能利用率仅为 54%—69%。保持过剩产能、限制产量使卡特尔维持垄断高价。

4. 协调与操纵行为

钾肥企业通过定期参加会议交换信息和协调行动,在 2005 年 10 月参会后,PCS 和 Mosaic 于 2005 年 11 月宣布重大的产量削减计划,其他企业在2006 年就跟随着削减产量。全球主要钾肥企业是国际肥料工业协会(IFA)和化肥学会(TFI)的会员,在 2007 年土耳其会议期间宣布再次提价。2008 年 4月 15 日,BPC 公司对中国出口钾肥的合同价格较 2007 年上涨了 400 美元/吨;次日,PCS 公司也将价格提到 400 美元/吨,而 PCS 公司的平均成本只有不到120 美元/吨。钾肥价格居高不下,说明有人为操纵因素。1999—2010 年,全球钾肥产量平均增长率为 4.7%,而钾肥进出口量平均增长率为 8.2%,由此必然导致钾肥价格上涨。

五　结论与政策建议

中国耕地缺钾源于进口钾肥定价权缺失所致的进口钾肥价格过高。中国进口钾肥价格过高主要是因为钾肥企业形成了国际卡特尔,实施了超高定价。

本文的理论分析表明,当竞争者之间具有所有权关系时,所有权成为利益纽带,竞争者之间竞争性减弱,合作性加强,很容易出现合谋。国外主要钾肥生产企业组建合资企业销售钾肥,形成出口卡特尔,并且签订排他性销售合同。

中国的钾肥进口企业本应采取有效措施，降低钾肥进口价格，但国内资源垄断和进口没有完全放开，国内钾肥生产企业与销售企业之间具有所有权关系，国外主要钾肥生产企业（PCS）与中国钾肥销售企业（中化）之间具有所有权关系，国外主要钾肥生产企业持有中化的股份并进入董事会，中化持有盐湖钾肥的股份并进入董事会，这种所有权安排容易使国内和国外钾肥生产和销售企业协调行动，共同抬高钾肥价格。国内钾肥进口企业采取牺牲消费者和竞争者利益的做法，经常接受较高的进口钾肥价格，其损失从自身的钾肥生产和销售中得以弥补，而国内依赖钾肥资源的竞争者的发展受到了抑制。

本文实证分析发现，近十年来，国外主要钾肥企业的钾肥生产成本与价格之差日益增大，2011 年每吨钾肥的生产成本与价格之差超过 300 美元。国外主要钾肥企业的成本利润率（生产成本毛利率）过高，2011 年为 150%—300%，而这些企业的氮肥成本利润率位于 60%—90%，磷肥位于 30%—50%。国外主要钾肥生产企业扩大产能，协调控制产量，既阻碍竞争者的市场进入，又提高了钾肥售价，他们在钾肥价格谈判前经常限制产量，提高价格（在 2008 年体现最为明显），通过协调一致操纵价格，获得过高的利润。

竞争者之间具有所有权关系，容易引发合谋和限制竞争效应，反垄断执法机构对此应引起高度重视。2011 年 6 月，中国商务部曾附条件批准了乌拉尔开放型股份公司吸收合并谢尔维尼特开放型股份公司①，如果真正考虑到国际主要钾肥企业更容易形成国际卡特尔，抬高中国进口钾肥价格，类似的合并案不应被中国的反垄断当局批准，即使从其他方面考虑批准了这起并购，至少也应附加更为严格和更有约束力的条件。

中国的反垄断执法机构应当对国内外主要钾肥企业进行反垄断调查。对于国外企业在国外实施的对中国造成实质损害的垄断行为，积极行使反垄断法域外管辖权。对于加拿大和俄罗斯等国家反垄断执法部门对其出口卡特尔的纵容或支持行为，应尽快通过反垄断执法双边合作加以解决。一些国际卡特尔收益由东道国获取，但损失由他国承担，东道国反垄断当局没有动力起诉卡特尔，例如加拿大和俄罗斯，从逻辑上讲，他们更乐于从他国获取经济租金，他们本国高价使用钾肥的损失可从高价出口钾肥所获的收益得以弥补。因此，出口卡特尔经常被一国的反垄断法豁免。从利国利民、利于中国和世界经济健康发展的角度，中国反垄断当局应与更多国家签订反垄断双边或多边协议，积极倡导并率先建设全球反垄断执法体系，在全球反垄断执法体系中禁止"以邻为壑"的出口卡特尔，加强对境外垄断行为的反垄断执法。即使钾肥国际卡特尔某个成员可能因担心中国行使反垄断法域外管辖权，提前宣布退出国际出口卡特尔，或实施更加隐蔽的行为，但因中国是全球最大的钾肥进口国，钾肥国际卡

---

① 谢尔维尼特（Silvinit）是俄罗斯的钾肥企业，在全球销售钾肥。IPC 是另一家俄罗斯公司，是谢尔维尼特公司的独家经销商。

特尔给中国的化肥企业和农民造成巨大的损失，中国反垄断执法部门也应对其积极执法，以便为中国的企业和消费者追回部分损失，并借此形成强力持久的威慑，维护国内与国际市场公平竞争秩序。

本文理论分析的假设是基于中国进口钾肥采取集中式谈判的现实，而从提高中国进口商品或服务定价权和谈判效果看，竞争者集体谈判不如分散谈判，为此，中国应进一步实质放开进口钾肥谈判权及更多商品的进口谈判权。

参考文献

［1］江山：《对夺取国际市场定价权的探讨》，《中国软科学》2010 年第 10 期。

［2］司晓悦、娄成武：《关于提升我国铁矿资源对外谈判定价权的思考》，《金属矿山》2006 年第 12 期。

［3］于左、彭树宏：《部分交叉所有权、默契合谋与中国进口铁矿石定价权缺失》，2010 年中国产业组织前沿论坛会议文集，2010 年。

［4］周洁卿：《应加快构建我国黄金定价权的国际地位》，《财经科学》2010 年第 11 期。

［5］丁泉：《关于"国际定价权"缺失的思考》，《石油化工技术经济》2007 年第 2 期。

［6］郝赢赢、贾建华：《谈中国石油进口定价权缺失及对策建议》，《经济研究导刊》2012 年第 6 期。

［7］杨丽君：《我国粮食进口国际定价权问题分析》，《改革与战略》2012 年第 4 期。

［8］王秀兵：《默契串谋与中国进口钾肥定价权缺失》，《大连海事大学学报》2012 年第 2 期。

［9］贾希锋：《中国进口钾肥定价权缺失问题研究》，硕士学位论文，东北财经大学，2012 年。

［10］林平：《集体谈判的战略劣势：DVD 专利费高昂的可能原因探究》，《产业组织与政府规制》，东北财经大学出版社 2006 年版。

［11］Merlone, Ugo, "Cartelizing Effects of Horizontal Shareholding Interlocks" [J]. *Managerial and Decision Economics*, 2001, Vol. 22, No. 6: 333 – 337.

互联网产品和 SSNIP 测试的适用性
——3Q 案的相关市场界定问题研究

黄坤

摘　要　3Q 案被誉为中国互联网反垄断第一案。最高人民法院将该案的争议归纳为 22 个问题，其中 9 个问题与相关市场有关。该案的独特性在于即时通讯软件、微博和社交网络等涉案的互联网产品不同于普通产品。因此，本文首先分析了互联网产品的技术经济特征，然后考察 SSNIP 测试这一主流的相关市场界定范式是否适用于 3Q 案，最后采用假定垄断行为测试界定 3Q 案的相关市场。研究表明：（1）互联网产品具有免费、网络效应、锁定效应、平台竞争和多归属等技术经济特征，对这些特征的不同理解是本案有关各方争议的根源。（2）SSNIP 测试不能直接用来界定 3Q 案的相关市场，因为即时通讯软件等涉案产品具有免费和平台竞争等特性。（3）3Q 案的相关市场应该为中国大陆的即时通讯软件市场。互联网平台市场不构成本案的相关产品市场。本文对有关各方在涉及互联网产品的反垄断案件中更准确地界定相关市场具有重要的现实意义。

关键词　互联网产品　相关市场　SSNIP 测试　3Q 案

一　问题的提出

2013 年 11 月 26 日，最高人民法院开庭审理了奇虎 360 诉腾讯公司滥用市场支配地位案，并以电视和网络直播方式实时发布审理情况。该案被誉为"中国互联网反垄断第一案"，其审理结果可能会蕴含中国互联网领域反垄断审查的基调，因此备受互联网行业从业人员和反垄断领域专家学者的关注。最高人民法院将该案的争议归纳为 22 个焦点问题，其中 9 个问题是关于如何界定本案的相

［作者简介］黄坤，北方工业大学规制与竞争研究中心，100041。
［基金项目］国家自然科学基金青年项目"双边市场的相关市场界定方法及应用研究"（713030008）和国家社会科学基金重点项目"垄断认定过程中的相关市场界定的方法比较与应用研究"（12AZD099）。

关市场的。关于本案焦点的争议根源于即时通讯软件、微博和社交网络等涉案的互联网产品的独特性。互联网产品具有哪些技术经济特征呢？这些特征会使现有的相关市场理论失效吗？具体来说，SSNIP 测试这一主流的相关市场界定范式是否可以用来界定 3Q 案的相关市场？如果答案是否定的，那么应该采用何种方法来界定本案的相关市场？关于互联网行业的相关市场界定问题的文献，主要分为两类：第一类集中研究免费产品对相关市场界定提出的挑战。Evans（2011）指出，如果采用传统方法来界定涉及免费产品的反垄断案件的相关市场可能会犯第一类和第二类错误。第二类主要研究双边市场的相关市场界定问题。Emch 和 Thompson（2006）、Filistrucchi（2008）、Evans 和 Noel（2008）在不同的假设条件下，针对不同类型的双边市场，尝试推导出双边市场的临界损失分析的判断条件。此外，Evans（2013）指出，不同的互联网平台之间可能存在关注力竞争。也就是说，从用户角度看，互补品之间也可能存在关注力竞争。总的来说，这些文献都在一定程度上指出，现有的相关市场理论并不能直接适用于涉及互联网产品的反垄断案件。但是，他们的分析不够深入，也不全面。

本文首先深入分析互联网产品的技术经济特征，接着考察 SSNIP 测试的适用性，最后以 3Q 案为例研究互联网产业反垄断审查中的相关市场界定问题。

二 互联网产品的技术经济特征

虽然互联网产品之间的差别较大，比如即时通讯和网络安全可谓是风马牛不相及，但是，它们却具有许多共同的技术经济特征：免费、网络效应、锁定效应、平台竞争和多归属等。

（一）免费

目前，通过免费产品积累用户，然后通过广告和增值服务来营利已经成为互联网行业通行的商业模式。微软提供免费的浏览器，Google 提供免费的搜索服务，腾讯提供免费的即时通讯服务，新浪提供免费的微博，奇虎公司提供免费的杀毒软件，等等。张昕竹和黄坤（2013）认为，虽然这些产品都是免费的，但是它们背后的经济学逻辑是不同的。根据企业收回免费产品成本的方式不同，免费产品主要分为互补配对类产品、体验类产品、多边平台类产品和开源软件类产品。互补配对类产品背后的经济学逻辑非常清晰，即通过免费产品吸引消费者，从互补品销售中获得利润。而体验品主要通过免费的体验品来吸引消费者，然后将一部分体验者转化为正式商品的消费者。体验品的成本类似于一种广告费用。多边平台类产品一般向一边用户提供免费产品，向另一边或多边用户收费。比如 Google 向搜索用户提供免费的搜索服务，向投放广告的企业收取广告费。对于平台类产品，免费用户相当于平台企业的资产或者将免费用户的服务成本看作是获得广告收入的一种投资。对于软件类产品，不同的情形下它们分别与以上三种免费产品类似。

（二）网络效应

一种产品或服务（以下统称为产品）具有网络效应①的特征是指该产品的消费者（用户）从消费该产品中获得的效用随着消费该物品的人数的增加而增加（Katz and Shapiro，1985；Liebowitz and Margolis，1994；Werden，2001；Shy，2011），也就是说，用户从消费某种物品中获得的效用水平取决于同一网络中其他用户的数量。比如，电话网络中的用户越多，电话网络对用户的价值越大。从本质上看，网络效应是新增用户对现有用户的影响，主要体现在产品价值的提升、互补品种类的增加、互补品价格的降低。如果该影响不能通过市场的手段内部化，那么该影响则称为网络外部性。

如图 1 和图 2 所示，根据网络效应的来源不同，网络效应通常分为直接网络效应和间接网络效应。② 直接网络效应源于同一个网络中消费者之间的直接贸易收益。比如，随着电话用户的增加，网络中每个用户都可以享受到与更多的人进行通话的收益。举个例子，假设目前网络中有 10 个用户，用户之间可以进行 90 个通话。如果增加一个用户，用户之间将可以进行 110 个通话。也就是说，增加 1 个用户，使得现有用户可以多呼叫 10 个电话，多接听 10 个电话。这 20 个通话的收益就是新增一个用户的直接网络效应。从本质上看，直接网络效应是指新增用户通过提升产品价值，来提高现有用户从消费该产品中获得的效用水平。

图 1　直接网络效应

图 2　间接网络效应

---

① 20 世纪 90 年代，许多文献中经常采用“网络外部性”一词。学者们经常混用网络效应和网络外部性。Liebowitz 和 Margolis（1994）认为，网络外部性和网络效应是有区别的。他们特别指出，网络外部性是一种特殊的网络效应：在均衡的时候，网络参与者之间可以通过交换获得额外收益。简而言之，网络外部性是一种无法通过市场手段将网络效应内部化的一种网络效应。

② 根据网络效应的反馈方向，网络效应也分为正网络效应和负网络效应，根据网络效应是否会导致市场的非效率均衡，网络效应也可以分为金钱上的网络效应和技术上的网络效应。

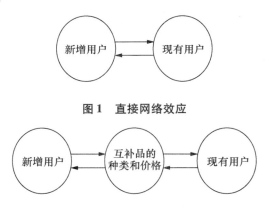

间接网络效应源于与市场另一边用户贸易机会的增加（Farrell and Klem-
perer，2007）。比如，操作系统的用户越多，软件开发者就会开发出更多的基
于该操作系统的应用软件；反过来，应用软件越多，用户选择该操作系统的可
能性越大。举个例子来说，假设某操作系统有 100 万个用户，有 1 万个应用软
件，如果增加 10 万个用户，可以增加 1000 个应用软件，那么原来的 100 万个
用户就可以额外享受到 1000 个应用软件的好处。从本质上看，间接网络效应
是指新增用户通过丰富的互补品的种类和（或）降低互补品的价格，来提高
现有用户从消费该产品中获得的效应水平。

网络效应的存在并不一定会导致垄断的市场结构。即使存在一边倒现象，
出现垄断的市场结构，垄断者也不一定会有反竞争行为，因为它可能面临其他
平台的竞争或潜在竞争。

（三）锁定效应

由于网络效应的存在，市场出现一边倒现象，最终市场上只有一个网络或
一个标准。如果该标准或网络在选择时并不是最优的，偶然因素使之成为最后
的事实标准，那么该标准或网络用户就被锁定在次优标准或网络上。这就是通
常所说的锁定效应。由于网络效应的存在和集体行动的困难，单个消费者很难
"逃离"该标准或网络。此时，网络效应是锁定效应存在的前提条件。

另外，学者们在研究耐用品市场问题时也经常使用锁定效应这个概念。一
般来说，耐用品的价格比较高，消费者的购买频率比较低。如果在购买耐用品
后，发现该耐用品的维修服务或配件比较昂贵，并且不能自由更换维修服务商
或购买不到其他品牌的配件，那么该消费者就被锁定在某种耐用品或某个品牌
的耐用品上。此时，锁定效应与网络效应无关。用户之所以被锁定是因为转换
成本太高，其转换与否完全是个人行为，对其他消费者不会产生影响。

如果一种产品既具有耐用品的特征，又具有网络效应的特征，那么上述两
种锁定效应可能都存在。因此，分析该产品市场中的锁定效应问题时要格外
小心。

从本质上看，锁定效应是转换成本过高的一种表现形式。不管出于何种原
因，消费者被锁定意味着消费者无法转换到其他产品。在现实中，没有替代品
的产品是很少的。消费者之所以没有发生转换，无非是转换成本太高而已。

（四）平台竞争

平台竞争，也称为系统竞争（Katz and Shapiro，1994）。计算机硬件和软
件组成一个平台或系统。操作系统软件和应用软件可以组成一个平台或系统。
一个网络应用或产品也可以组成一个系统或平台。比如，即时通讯、搜索引擎
和微博都是常见的平台产品。它们一边连着网民，另一边连着广告商。比如，
即时通讯、搜索引擎、社交网站、微博、门户网站和电子邮件之间同时在平台

两边展开竞争：一边争抢用户，另一边在广告和增值服务市场进行竞争。

一般来说，平台产品都具有网络效应（主要是间接网络效应）。由于网络效应的存在，在某一边或双边具有竞争优势的平台会变得越来越大，而处于劣势的平台会越来越萎缩，最终市场可能只剩下一个网络，即出现一边倒现象。当然，由于技术原因或消费者的异质性，或者市场容量较大，最终也可能形成寡头市场结构。比如即时通讯软件市场。

另外，由于网络效应的存在，每个平台的消费者都在一定程度上被锁定在该平台上，这增加了其他平台挖走其他平台用户的难度，换句话说，市场进入壁垒较高。

（五）多归属

在日常生活中，为了与不同群体的朋友沟通交流，消费者往往拥有多个即时通讯软件账号、微博账号和社交网站账号，甚至同时使用这些产品。比如，网民同时登录 QQ、阿里旺旺和 MSN 等即时通讯软件。众多消费者为了享受多家银行的优惠活动，经常持有多家银行的信用卡。为了查询不同的信息，消费者可能同时使用百度和 Google 搜索引擎。Caillaud 和 Jullien（2003）、Rochet 和 Tirole（2003）将这些行为称为消费者的多归属性。

用户的多归属性会降低转换成本。假设 A 产品和 B 产品是具有紧密替代关系的两种差异化产品，两种产品的用户都具有多归属性。当 A 产品价格上涨时，A 产品的部分用户只需停止购买或使用 A 产品即可，几乎不用花费任何成本。由于它可以降低转换成本，从而提高转移率，所以用户的多归属性会在一定程度上约束这类产品提供者的涨价行为，促使企业进行非价格竞争。

用户的多归属性会弱化竞争，给企业带来无法内化的成本。在多归属情景下，消费者面临的不再是非此即彼的产品选择，也就是说，产品之间不再是存亡之争。一般来说，选择多归属的消费者很难被转化为某种产品的忠实消费者。因此，用户的多归属性在某种程度上会降低产品之间的竞争强度。Doganoglu 和 Wright（2006）认为，消费者的多归属性并不能很好地替代产品之间的兼容性。换句话说，与兼容情景相比，为了同时服务不同群体的用户，多归属情境下，企业可能要付出额外的、无法内化的成本。

三　SSNIP 测试的适用性

SSNIP（Small but Significant and Nontrasitory Increase in Price）测试，是美国《横向并购指南》（1982 年）提出来的一种抽象的、界定相关市场的分析范式，其暗含的假设有：产品市场是单边市场；假定垄断者在备选市场外没有产品；备选市场上产品之间是相互替代的。3Q 案中，被告的产品线非常丰富，拥有腾讯 QQ、腾讯微博、QQ 邮箱和 QQ 空间等多款产品，并且这些互联网产品具有免费、网络效应、锁定效应、平台竞争和多归属等特征。另外，3Q 案是一个滥用市场支配地位的案件。一般来说，网络效应、锁定效应和多归属等特征主要影响用户的转移率，对相关市场界定的方法选择基本没有影响。因此，下文将从非并购案件、免费产品、双边市场和多产品企业四个方面来分析 SSNIP 测试的适用性。

（一）假定垄断者测试与非并购案件

对于并购案与非并购案是否应该采用相同的相关市场界定方法和相关市场的判断标准，学术界曾有过激烈的讨论。Adelman（1961）认为，市场是一个客观存在的东西，不应该因为案件的性质不同而采用不同的方法和判断标准。Keyes（1961）、Turner（1956）和 Posner（1976）认为，并购案与非并购案的性质不同，不管是否采用相同的界定方法，它们的相关市场判断标准应该不同。White（2005）认为，并购案与非并购案的性质差别较大，应该建立一套新的专门用于非并购案的相关市场界定范式。Werden（2000）和 Baker（2007）认为，在大多数滥用支配地位案中，假定垄断者测试方法仍然是适用的。如果违法行为是前向的，即在调查时尚未实施，此时可以用假定垄断者测试来界定相关市场；如果违法行为是后向的，即在调查时已经发生，此时假定垄断者测试将不再适用。黄坤（2013）认为，所有的反垄断案件，包括并购案与非并购案，都应该适用同一个原则，即不管采用何种方法，最终都要识别出能有效约束所关注企业的全部约束力量。

目前，假定垄断者测试是相对比较成熟的相关市场界定范式，其思想独立于案件的性质，被世界各国反垄断当局和有关各方普遍认可。欧盟《关于为欧洲共同体竞争法界定相关市场的委员会通知》、英国《相关市场界定——理解竞争法》和中国《关于相关市场界定的指南》中都提到了假定垄断者测试。由于这些指南是独立于案件性质的，所以至少这些国家的反垄断当局认为假定垄断者测试可以应用于所有的反垄断案件。

（二）假定垄断者测试与免费产品

由于免费产品的价格为 0，0 乘以任何数都等于 0，表面上看，假定垄断者测试无法直接应用于免费产品。实际上，转换一下思路，涉及免费产品的反垄断案件仍然可以采用假定垄断者测试来界定相关市场。具体来说，有如下三种转换思路：

1. 隐性价格

对于通过广告盈利的平台企业，消费者免费享受平台服务（如即时通讯服务）的同时往往受到各类广告的打扰。如果将广告对消费者带来的负面影响看作是消费者支付平台服务的价格，即隐性价格，那么在执行 SSNIP 测试时就可以考察假定垄断者将隐性价格提高 5%—10% 是否是有利可图的。

2. 影子价格

对于免费产品，企业在不改变商业模式的前提下，可以通过降低产品质量的方式来降低成本。如果将产品质量（即影子价格）的降低看作免费产品价格的变相提高，那么在执行 SSNIP 测试时就可以考察假定垄断者将影子价格提高 5%—10% 是否是有利可图的。

3. 假定垄断行为测试

假定垄断者测试仅考虑价格这一个指标，对免费产品显得力不从心。如果将假定垄断者测试的思想稍微修改一下，考察假定垄断者实施某种假定的垄断行为是否是有利可图的。将价格以 SSNIP 的方式上涨只是其中一种假定的垄断行为。换句话说，假定垄断者测试是假定行为测试的一个特例，或者说，假定垄断行为测试是假定垄断者测试的一种推广。

从理论上看，采用隐性价格和影子价格执行 SSNIP 测试的思路是可行的。不过，在具体案例中，一般很难获得一种被有关各方都认可的隐性价格或影子价格。假定垄断行为测试的分析思路非常清晰，也是可行的。但是，目前它还缺少像临界损失分析之类的简便的执行方法。

（三）假定垄断者测试与双边市场

与单边市场不同，双边市场向两组不同的群体提供相同或相异的产品或服务。也就是说，在双边市场上，当备选市场上即使只有一种产品时，假定垄断者也面临多种价格选择：（1）将 A 边的价格提高 5%；（2）将 B 边的价格提高 5%；（3）将两边的价格同时提高 5%；（4）先将 A（B）边的价格提高 5%，然后将 B（A）边的价格提高 5%；（5）将 A 边的价格提高 X%，将 B 边的价格提高 Y%。当备选市场上有两种产品时，假定垄断者将面临更加复杂的选择。另外，双边平台企业不仅面临同类型平台企业的竞争，还面临某一边单边企业的竞争。也就是说，双边市场条件下的替代模式也非常复杂。以搜索引擎平台为例，Google 不仅面临 Bing 的强有力竞争，在广告侧还面临 Facebook 的激烈竞争。此时，Google 的紧密替代者是 Bing，还是 Facebook？这是一个值得研究的问题。此外，平台两边的群体之间通常是相互影响的，具有正反馈或负反馈效应。这意味着假定垄断者的利润函数具有一定的动态性，比单边市场的假定垄断者的利润函数复杂得多。

目前，学术界基本已经达成共识：假定垄断者测试无法直接应用于双边市场。Emch 和 Thompson（2006）以支付卡市场为例，假设假定垄断者将总体价格（两边的价格之和）以 SNNIP 的方式提高，两边价格通过交换费自由调整，通过该方式将假定垄断者测试应用于双边市场。在假定垄断者仅提供一边产品的假设条件下，Filistrucchi（2008）推导出了双边市场条件下临界损失分析的计算公式。不过，其假设条件比较严格，且与现实不太相符。Evans 和 Noel（2008）在一系列假设条件下也推导出双边市场背景下临界损失分析的计算公式。不过，该公式中的损失为绝对损失，而不是通常意义上的相对损失。

综合以上分析，假定垄断者测试不能直接应用于双边市场。目前，学者们已经开始探讨如何在双边市场上执行假定垄断者测试。但是，至今尚没有一种公认的、相对比较完善的双边市场的相关市场界定方法。

（四）假定垄断者测试与多产品企业

Kate 和 Niels（2012）认为，现实中许多企业都生产多种产品，这与假定垄断者测试暗含的假定垄断者提供的产品都在备选市场内的假设是矛盾的。他们进一步指出，如果备选市场外的产品是备选市场内产品的替代品，直接执行假定垄断者测试会界定过宽的相关市场；如果备选市场外的产品与备选市场内的产品之间是互补关系，那么直接执行假定垄断者测试会界定过窄的相关市场。为了解决假定垄断者测试与现实脱节的问题，他们提出了一种新的思路，即将互补品也纳入备选市场，在一系列假设条件下，推导出单一价格上涨和统一价格上涨情景下新的相关市场判断条件。

实际上，假定垄断者测试本身并没有问题，可以直接应用于多产品企业的情形。只是在实际操作中要格外谨慎。假设市场上有 X 和 Y 两家企业、A 和 B 两种产品，A 和 B 互为替代品，X 企业的品牌为 A1 和 B1，Y 企业的品牌为 A2 和 B2。当备选市场上只有 A 一种产品时，假定垄断者将产品 A 的价格提高 5% 后，实际转移率应该是从产品 A 转到产品 B 的转移率。但是，现实中我们获得的通常是从 A1 到 B1 或 A2 到 B2 的转移率。Kate 和 Niels（2012）的意思是说，如果采用了错误的实际转移率数据，那么将界定过宽或过窄的相关市场。为了防止该错误的发生，他们重新计算了临界转移率，然后将新的临界转移率与现实中通常得到的实际转移率进行比较，最终得到相关市场的判断条件。

总的来说，假定垄断者测试可以直接应用于多产品企业情景，但是要格外小心。当然，在多产品企业情景下，有关各方也可以采用 Kate 和 Niels（2012）提出的分析思路，进行相关市场界定。

四　3Q 案的相关市场界定

（一）案件简介

2011 年 11 月 15 日，北京奇虎科技有限公司（以下简称"奇虎公司"）向广东省高级人民法院（以下简称"广东高院"）起诉腾讯科技（深圳）有限公司、深圳市腾讯计算机系统有限公司滥用市场支配地位。具体指控包括：（1）限制交易。2010 年 11 月 3 日被告拒绝向安装有 360 软件的用户提供相关的软件服务；采取技术手段，阻止安装了 360 浏览器的用户访问 QQ 空间。原告认为，这些行为构成了限制交易。（2）捆绑销售。原告认为，被告将 QQ 软件管家与即时通讯软件相捆绑，以升级 QQ 软件管家的名义安装 QQ 医生，构成捆绑销售。

2012 年 4 月 18 日，此案开庭审理，控辩双方围绕"腾讯 QQ 即时通讯软件所涉及相关市场如何界定"、"腾讯是否处于市场支配地位"、"腾讯是否滥用市场支配地位"等问题激烈辩论了近 7 个小时。本文只分析第一个焦点问题，其他问题将另撰文分析。原告认为，相关市场是中国大陆地区的综合性即时通讯软件市场。被告认为，本案的相关产品市场至少包括即时通讯软件服务、电子邮箱的即时通讯服务（如 Gmail）、SNS 社交网站的即时通讯服务（如开心网）、微博的即时通讯服务（如新浪微博）、其他网页形式的即时通讯服务（如赶集网）、移动即时通讯服务（如米聊）。此外，被告还试图将互联网应用平台界定为本案的相关市场。相关地域市场为全球市场。

经审理，广东高院认为，即时通讯软件与社交网站、微博服务属于同一相关市场的商品集合。相关地域市场为全球市场。2013 年 3 月 28 日，广东高院宣布判决结果：（1）驳回奇虎公司的全部诉讼请求；（2）奇虎公司支付本案的全部诉讼费用 796800 元。奇虎公司不服上述判决，已经向最高人民法院提出上诉。2013 年 11 月 26 日，最高人民法院审理了此案，但目前尚未宣判。

（二）中国互联网行业现状

1. 网民规模和结构特征

据《第 32 次中国互联网络发展状况调查统计报告》统计，截至 2013 年 6 月 30 日，我国网民规模达 5.91 亿人，其中，农村网民占 27.9%，规模达 1.65 亿人。69.5% 的网民通过台式电脑上网，78.5% 的网民通过手机上网。从性别结构看，男女网民的比例为 55.6∶44.4。从年龄结构看，40 岁以下的网民占 78.8%，50 岁以上和 10 岁以下的网民只占 8.5%。从学历结构看，高中（包括中专和技校）及以下学历的网民占 79.8%，本科及以上学历的网民占 10.9%，且有下降的趋势。从职业结构看，学生群体占 26.8%，个体户/自由职业者占 17.8%，无业、下岗和失业人员占 11.2%，公司一般职员占 10.6%，其余群体的占比均不足 10%。从收入结构看，月收入在 1000 元以下的网民占 35.9%，月收入在 2001—5000 元的网民占 35.6%。月收入在 5000 元以上的网民占 11.2%。总的来说，学历低、收入低、年龄小的学生群体是我国网民的主力军。

另外，网民的上网时间稳步增长。周均上网时长从 2002 年的 8.3 小时飞速增至 2004 年的 13.2 小时，又迅速增至 2006 年的 16.9 小时。接下来的五六年，网民上网时长保持缓慢增长的态势。2011 年微信的出现再一次点燃人们的上网激情，2012 年和 2013 年上半年网民周均上网时长分别达到 20.5 小时和 21.7 小时。

2. 网民互联网应用状况

根据 2009—2013 年《中国互联网络发展状况调查统计报告》统计，研究发现：（1）网民上网的主要目的是与朋友交流，获取知识，听音乐。近五年来，即时通讯、搜索引擎、网络新闻和网络音乐一直是网民使用最广泛的互联网应用，使用率均超过 70%。（2）互联网应用的推陈出新速度较快。电子邮箱的使用率从 2009 年的 56.8% 快速下降至 2013 年的 41.8%，三年半的时间下降了 15 个百分点。2010 年微博的使用率仅有 13.8%，2011 年微博的使用率跃升至 48.7%，之后保持平稳增长态势。

总的来说，网民常用的互联网应用比较集中。2009—2013 年，即时通讯、搜索引擎、网络新闻、网络音乐、博客、网络视频和网络游戏等应用的使用率均超过 50%。从 2011 年开始，即时通讯一直雄踞互联网应用第一位，2013 年上半年其使用率高达 84.2%。

（三）相关产品市场

1. 涉案产品

涉案产品是指与本案相关的产品。这些产品可能在相关市场之内，也可能在相关市场之外。这取决于相关市场的界定结果。一般来说，涉案产品主要包括涉案企业的主要产品或焦点产品。比如，本案中的即时通讯软件。从本案的判决来看，相关市场界定的焦点在于微博和社交网站是否在相关市场之内。因此，下面将重点介绍这三类产品。

第一，即时通讯软件。即时通讯软件是指互联网上用以进行实时通讯的系统服务，允许多人使用，并实时传递文字信息、文档、语音以及视频等信息流。即时通讯软件分为综合性即时通讯服务（如 QQ）、跨平台即时通讯服务（如飞信）和跨网络即时通讯服务（如 Skype）。

艾瑞咨询研究表明，即时通讯软件的用户具有青年人多、收入低、学历高等特点。据艾瑞咨询统计，2010 年 50% 的即时通讯用户年龄在 18—30 岁，近半数的即时通讯用户的月收入在 2000 元以下，大学专科和本科学历的用户约占总体用户的 3/4。目前，国内主要的即时通讯软件主要有腾讯 QQ、阿里旺旺、飞信、MSN 和 YY/歪歪等。它们的使用情况如表 1 所示。

从表 1 可以看出：（1）即时通讯软件市场存在一家独大的局面。腾讯 QQ 的各项指标都遥遥领先于位居第二位的阿里旺旺。（2）第二集团之间的竞争比较激烈。第二、第三、第四名之间的差别较小。近些年来，飞信和阿里旺旺分别借助中国移动和阿里集团雄厚的用户基础及强大的实力扩张非常迅速。MSN 则逐步走向衰亡。

表 1　　　　　**2010 年中国主要即时通讯软件使用情况**　　　单位：亿小时、%

	月均覆盖率	总有效使用时间	总有效运行时间占比	偏好度
腾讯 QQ	96.81	294.40	87.60	72.70
阿里旺旺	32.04	14.76	4.40	7.00
飞信	23.87	8.72	2.60	5.40
MSN	13.51	7.82	2.30	4.70

资料来源：根据艾瑞咨询《中国即时通讯年度监测报告（2010—2011）》整理所得。

第二，微博。微博是一个基于用户关系的信息分享、传播以及获取平台，用户可以通过 WEB、WAP 以及各种客户端组建个人社区，实现即时信息分享。根据用户群体的性质不同，可以分为个人微博、企业微博和政务微博等。与本案密切相关的是个人微博。目前，尚没有个人微博用户属性的权威分析结果。从大体上看，年轻的白领和在校学生是微博用户的主要群体。目前，国内主要的微博产品有新浪微博、腾讯微博、搜狐微博、百度微博和网易微博等。根据艾瑞咨询的监测结果，中国主要微博产品的运行数据如表 2 所示。

表 2　　　**2011 年 7 月至 2012 年 2 月中国主要微博产品的运行情况**

单位：万（人、次、页、小时）

	月均覆盖人数	月均访问次数	月均浏览页面	月均有效浏览时间
新浪微博	27480.43	189133.25	972725.50	20520.70
腾讯微博	31466.14	65207.00	176638.00	2692.24
搜狐微博	6443.26	9951.38	2114.50	244.37
百度微博	4056.56	8094.25	15693.25	105.47
网易微博	3289.31	4739.38	8745.38	119.95

资料来源：艾瑞咨询的微博监测数据整理所得。

从表 2 可以看出：（1）腾讯微博用户数最多。依托腾讯 QQ 雄厚的用户基础，腾讯微博的月度覆盖人数位居第一，达到 3.15 亿人，新浪微博月均覆盖人数为 2.75 亿人，仅次于腾讯微博。搜狐微博、百度微博和网易微博则处于第二集团，月均覆盖人数均不足 1 亿人。（2）新浪微博最受欢迎。从访问次数、浏览页面数和有效浏览时间三项最能体现用户实际使用情况的指标看，新浪微博完胜腾讯微博。新浪微博的月均访问次数、月均浏览页面数和月均有效浏览时间分别是腾讯微博的 2.9 倍、5.5 倍和 7.6 倍。（3）百度微博、网易微博和搜狐微博的实际使用情况和覆盖人数非常不相称。新浪微博的月均覆盖人数分别是百度微博、网易微博和搜狐微博的 6.77 倍、8.35 倍和 4.26 倍，而新浪微博的月均有效浏览时间分别是百度微博、网易微博和搜狐微博的 194.56 倍、171.08 倍和 83.97 倍。换句话说，百度微博、网易微博和搜狐微博徒有虚名。

第三，社交网络。社交网络（Social Network Service，SNS）是指以"实名交友"为基础，基于用户之间共同的兴趣、爱好和活动等在网络平台上构建的一种社会关系网络。根据用户使用社交网络的目的以及各社交网站的定位，艾瑞咨询将社交网络分为休闲娱乐类社交网络（如人人网）、婚恋交友类社交网络（如世纪佳缘）、商务交友类社交网络（如优士网）和其他社交网络。与本案密切相关的是休闲娱乐类社交网络。艾瑞咨询监测发现，19—30 岁的白领和大学生（包括本科和专科）是休闲娱乐类社交网络的主要用户群体。2010 年 19—30 岁的用户占社交网络用户的 54.6%，75.8% 的用户具有大学学历（大学本科和大学专科），用户中白领和在校学生的比例分别为 67.2% 和 21.2%。目前，国内主要的社交网络有腾讯空间、人人网和开心 001 等。根据艾瑞咨询监测，2011 年上半年这些主流社交网络的运行数据如表 3 所示。

表 3   **2011 年 1—6 月主要社交网络运行情况**   单位：万小时、亿人

	月均浏览时间	月均覆盖人数
腾讯空间	139128.03	3.20
腾讯朋友	15961.58	1.52
人人网	8443.58	1.01
豆瓣	6939.85	0.77
开心 001	937.95	

资料来源：根据艾瑞咨询《中国社交网络用户行为研究报告（2010—2011）》整理所得。

从表 3 可以看出：（1）腾讯社交网络（包括腾讯空间和腾讯朋友）的月均覆盖人数和月均浏览时间都大幅度领先于其他社交网络。2011 年上半年，腾讯社交网络的月均覆盖人数和月均浏览时间分别为 4.72 亿人和 15.51 亿小时，分别是第二名人人网的 4.68 倍和 18.37 倍。（2）覆盖人数和浏览时间不成正比。2011 年上半年，人人网的月均覆盖人数是开心 001 的 2.45 倍，而人人网的月均浏览时间是开心 001 的 9 倍。这表明，人人网和开心 001 之间的差距远比覆盖人数之差要大。

2. 假定垄断行为测试

在具体案例中，理论上有关各方应该从被告或并购企业的每一种产品为起点进行相关市场界定。在具体操作过程中，为了节约执法成本，提高执法效率，执法机构通常围绕案件的焦点产品进行相关市场界定。本案中，尽管被告

的产品线非常长，但是，原被告双方和各级法院都围绕即时通讯软件这一焦点产品进行相关市场界定。

目前，世界各国的反垄断执法机构主要采用假定垄断者测试及其执行方法来界定相关市场。由于即时通讯软件是免费的多边平台产品，所以，本案无法直接采用假定垄断者测试来界定相关市场。鉴于本案的隐性价格和影子价格很难确定，双边市场的临界损失分析尚不成熟，下面将采用假定垄断行为测试来界定本案的相关市场。假定垄断行为测试与假定垄断者测试的主要区别在于：后者考察价格以 SSNIP 方式提高后假定垄断者是否有利可图；前者考察假定垄断者采用某种假定垄断行为是否是有利可图的。

像进行假定垄断者测试一样，采用假定垄断行为测试界定相关市场时，首先要选择一个恰当的分析起点。鉴于本案中原被告双方基本认可即时通讯软件在同一个相关市场内，下面将以即时通讯软件为起点，考察微博和社交网络是否应该被纳入相关市场。基于以下理由，本文认为，微博和社交网络并不是即时通讯软件的紧密替代品，不应该被纳入本案的相关市场之内：

（1）从产品功能上看，微博是一种自媒体，主要用来发布或传播、获取信息，是一种大众化的舆论平台。社交网络是一张强关系网，主要用来与同学、同事和家人等进行自我展示或者交流沟通。为了方便微博博主与粉丝的交流、社交网络成员之间的沟通，微博和社交网络服务的提供商陆续推出了具有即时通讯功能的微博和社交网络客户端。但是，这些客户端的即时通讯功能远逊于 QQ 等成熟的即时通讯软件提供的即时通讯服务。

（2）从用户规模上看，截至 2013 年 6 月底，即时通讯、微博和社交网络的网民规模分别达 4.97 亿人、3.31 亿人和 2.88 亿人。假设微博和社交网络的用户都使用即时通讯软件。当即时通讯软件市场的假定垄断者采用某种垄断行为（比如类似于被告的"二选一"行为）时，至少有 33.34% 的用户无法转移到微博，至少有 42.05% 的用户无法转移到社交网站。也就是说，从即时通讯软件到微博和社交网络的转移率最多分别为 66.66% 和 57.95%。

（3）从用户群体看，即时通讯、微博和社交网络的活跃用户群体不同。从总体上看，这些网络应用的用户群体主要是年轻的白领和在校学生，但是，他们的群体特征差异还是非常明显的。即时通讯用户比较喜欢聊天，微博用户热衷于传播信息，社交网络用户倾向于在熟人圈内展示自己。在这种情况下，即使即时通讯软件市场的假定垄断者采用某种垄断行为，他们通常也不会轻易改变自己的习惯或爱好。换句话说，从即时通讯软件到微博和社交网络的转移率应该不会很高。

（4）网络效应和锁定效应的存在大大降低了即时通讯用户的转移率。如图 3 所示，假设即时通讯平台有 A、B、C、F、G 和 H 6 个用户，QQ 平台有 B、F、G 和 H 4 个用户，微博平台有 A、E、D、M 和 N 5 个用户，社交网络平台有 C、L、K 和 J 4 个用户。A、B 和 C 3 个用户之间是铁三角关系。当即时通讯市场的假定垄断者采用某种垄断行为时，A、B、C 3 个用户觉得忍无可忍，决定转移到其他平台上。除了用户 B 和用户 C 外，用户 A 的好友都在微博平台，所以，用户 A 建议转移到微博平台。用户 C 的社交网络好友多于即时通讯好友，所以，他建议转移到社交网络平台。在用户 A 和用户 C 各执一词的情况下，再加上用户 B 的好友都在即时通讯平台，他同时说服 F、G 和 H 3 个用户同时转向某个平台的难度比较大，此时用户 B 可能建议大家再忍一忍，暂时不转移到其他平台。

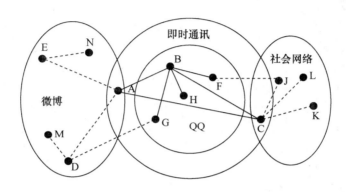

图 3　平台产品的网络效应和锁定效应

（5）网络平台用户的转移一般表现为暂时停止使用，而不是注销用户。当假定垄断者的垄断行为（一般与价格无关）停止后，可以很快恢复使用。在传统产品市场，价格上涨后一般很难降下来，消费者一旦转移，一般不会再回来了。传统市场的转移率一般为永久转移率，而互联网产品的转移率通常为暂时转移率。换句话说，互联网行业的永久转移率通常较低。

3. 互联网平台是否构成本案的相关市场

被告认为，互联网平台可能会构成一个相关市场，理由是即时通讯、互联网安全、搜索、新闻门户和微博等平台的商业模式雷同——通过广告和增值服务营利。原告则认为，微博和社交网络与即时通讯软件的功能差异性较大，彼此之间不具有竞争关系，所以，互联网平台并不构成本案的相关产品市场。广东高院对此未置可否。基于以下理由，我们认为，互联网平台不应该构成本案的相关产品市场：

（1）从用户注册看，网络平台之间不存在竞争关系。目前，网络平台的用户注册都是免费的，也不是排他的。现在，很多网民都有多个网络平台账号，比如，同时拥有 QQ 号码、新浪微博账号、人人网账号和网易邮箱等。另外，一个网民可以在一个网络平台上注册多个账号。比如，一个网民有多个 QQ 号码、多个免费电子邮箱。

（2）从平台功能看，网络平台之间主要是互补关系。即时通讯、微博和社交网络可以满足网民不同的互联网需求，它们之间主要是互补关系。这一点可以从大多数网民同时拥有即时通讯、微博和社交网络账号的事实得以证实。如果它们之间是相互替代的，那么网民就没有必要费心去注册和管理这些账号了。

（3）从浏览时间看，网络平台之间也不存在竞争关系。根据中国互联网络信息中心统计，中国网民的周均上网时长从 2002 年的 8.3 小时，增至 2013 年上半年的 21.7 小时。即时通讯的网民数和使用率分别从 2009 年的 2.72 亿和 70.90% 稳步增至 2013 年上半年的 4.97 亿和 84.2%，也就是说，2009 年微博的推出既没有减少即时通讯的网民数，也没有降低即时通讯的使用率。

（4）从广告和增值服务看，网络平台之间存在一定的竞争关系，但竞争并不激烈。从表面上看，通过广告和增值服务的网络平台，一方面在"争夺"用户，另一方面竞争广告和增值业务。实际上，它们之间的竞争是非常有限的，因为广告商的需求也是多种多样的，对网络平台有不同的需求。比如，奶粉广告放到育儿类网站比较合适，放到中华英才网就不合适。不可否认的是，综合性平台之间的确存在一定程度的竞争。比如新浪、腾讯和搜狐的门户之争。在本案中，即时通讯、微博和社交网络的用户有较大差异，所以，针对不同群体的广告商之间的竞争是有限的。

（四）相关地域市场

相关市场一般包括产品和地域两个维度，有时也包括时间维度。理论上说，相关产品市场、相关地域市场和相关时间市场是一个紧密的整体，无法分割。但是，在实践中，为了方便理解，一般先界定相关产品市场，然后再界定相关地域市场。

在本案中，原告认为，相关地域市场为"中国大陆的即时通讯软件市场"，被告认为，相关地域市场为全球市场。显然，原告没有搞清楚相关地域市场的含义。原告的表述是相关市场而不是相关地域市场。我们认为，本案的相关地域市场为中国大陆，理由如下：

1. 语言是一种天然屏障

被告的用户主要居住在中国大陆，用户之间使用简体中文进行交流。如果中国大陆即时通讯软件市场的假定垄断者采取某种垄断行为，这些用户一般不会因为该行为移民到国外。由于中国的即时通讯用户主要为年轻的白领和在校学生，对英文和繁体中文一般不太熟悉，所以，他们通常也不会转到专门为英语国家和繁体中文地域设计的即时通讯软件。

2. 网络效应和锁定效应的存在使得中国大陆的即时通讯用户很难转移到其他国家或地区的即时通讯软件

值得注意的是，中国大陆用户选择境外经营者提供的即时通讯服务（如 MSN、ICQ 和 Skype 等）的事实只能说明这些产品之间具有替代关系，不能表明中国大陆和境外经营者所在国家或地区之间存在竞争关系。

五 结语

相关市场是反垄断政策的基石。假定垄断者测试及其执行方法是目前主流的相关市场界定方法。假定垄断者测试是 1982 年美国《横向并购指南》针对传统产品提出的一种分析范式。本文研究表明，互联网产品具有免费、网络效应、锁定效应、平台竞争和多归属等技术经济特征，这使得 SSNIP 测试不能直接应用于涉及互联网产品的反垄断案件。为了解决这个问题，本文提出了一种新的相关市场界定范式——假定垄断行为测试，并将其应用于 3Q 案的相关市场界定。假定垄断行为测试与 SSNIP 测试的唯一区别是考察假定垄断者的某种垄断行为是否是有利可图的。案例研究结果表明，中国大陆的即时通讯软件市场可以构成本案的相关市场。被告主张的互联网平台市场并不能构成本案的相关产品市场。

自 2008 年 8 月 1 日《中华人民共和国反垄断法》颁布实施以来，商务部、发改委和工商总局，以及司法部门已经审理了大量反垄断案件。除了 2013 年 4 月广东高院在 3Q 案和 2013 年 8 月上海高院在锐邦诉强生固定转售价格案等少数案件的判决书中公布了详细的审理信息外，绝大多数案件的审查或审理过程都不透明，公布的资料也非常少。因此，学者们很难评估执法机构的执法状况。仅从广东高院在 3Q 案的一审判决书中公布的信息来看，有关部门的执法水平尚有待提高。比如，广东高院在分析"关于（本案）是否可以采用假定垄断者测试分析方法的问题"时，提到"本案依然可以考虑如果被告持久地（假定为 1 年）从零价格到小幅度收费后，是否有证据支撑需求者会转向那些具有紧密替代关系的其他商品，从而将这些商品纳入同一相关商品市场的商品集合"。这显然是对假定垄断者测试精神的误读，因为从免费到收费不是价格以 SSNIP 方式上涨，而是商业模式的巨大变化。为了提高有关部门的执法水平，减少或避免第一类和第二类执法错误，在相关市场界定方面，本文拟提出如下建议：

（一）重视经济学和经济学家的地位和作用

在本案中，有关各方争论的焦点从表面上看是相关市场界定和市场支配地位评估的问题，其本质是经济学问题，因为本案的独特之处在于互联网产品具有免费、网络效应、锁定效应和平台竞争等技术经济特征。因此，要正确界定本案的相关市场并评估腾讯公司是否具有市场支配地位，有关各方首先必须搞清楚免费产品的经济学逻辑，以及网络效应、锁定效应、平台竞争和多归属等经济学概念的内涵和相关的经济理论。由于学术界对这些经济概念和经济理论并没有统一的认识，所以，有关各方聘请的经济学家各执一词。也就是说，目前关于本案焦点的争论根源在于有关经济理论的不成熟和不完善。由此可见经济学和经济学家在反垄断审查中的重要性。

（二）厘清相关市场界定、市场支配力测度和竞争效应评估之间的关系

在本案中，原告在上诉到最高人民法院的诉状中声称，广东高院在没有明确界定相关市场的前提下做出被告不具有市场支配地位的结论的做法是错误的。这充分暴露了原告对相关市场界定和市场支配力测度之间关系的错误认识。在反垄断审查中，执法机构最终的目的是评估涉案企业的某种行为是否具有反竞争效应。目前评估竞争效应主要有两种思路：一是直接评估（如并购模拟方法和 UPP 方法）；二是间接评估。间接评估的前提是评估涉案企业是否有市场支配力。如果答案是肯定的，那么通常认定其行为具有反竞争效应，除非它能提出反驳的证据；如果答案是否定的，则认为其行为不具有反竞争效应。同样，市场支配力测度也有两种思路：一是直接测度（如勒纳指数）；二是通过市场份额和市场集中度等指标间接测度。计算市场份额的前提是界定相关市场。从以上分析可以看出，相关市场界定并不是市场支配力测度和竞争效应评估的前置条件。值得注意的是，目前世界各国的反垄断当局主要采用间接思路（即相关市场界定—市场支配力测度—竞争效应评估）来测度市场支配力和评估竞争效应。这也就是为什么许多学者认为相关市场界定是反垄断审查的必经之路的原因所在。

（三）适时修订《关于相关市场界定的指南》

随着互联网经济的兴起，再加上互联网行业容易出现一边倒现象的特性，可以预计未来几年互联网行业的反垄断案件将会大幅度增长。如前文所述，目前主流的相关市场界定方法——SSNIP 测试无法直接应用于涉及互联网产品的反垄断案件。为了做到有法可依，有关当局应该适时启动《关于相关市场界定指南》的修订工作。之所以没有提出"尽快修订"是因为目前有关各方尚没有完全掌握"简单"的 SSNIP 测试。在此背景下，修订《关于相关市场界定的指南》可能会收到适得其反的效果。更重要的是，执法机构应该学会灵活执行 SNNIP 测试，并且在执法过程中敢于创新，比如提出假定垄断行为测试的简化执行方法。

参考文献

［1］ Evans, D. S., The Antitrust Economics of Free ［J］. *Competition Policy International*, 2011, 7 (1).

［2］ Emch, E. and S. T. Thompson, Market Definition and Market Power in Payment Card Networks ［J］. *Review of Network Economics*, 2006, 5 (1).

［3］Filistrucchi, L. , A SSNIP Test for Two – sided Markets: The Case of Media ［EB/OL］.
Oct. 2008, NET Institute Working Paper No. 08 – 34. Available at SSRN: http: //ssrn. com/abstract
= 1287442.

［4］Evans, D. S. and M. D. Noel, The Analysis of Mergers that Involve Multisided Platform
Businesses ［J］. *Journal of Competition Law and Economics*, 2008, 4 (3) .

［5］Evans, D. S. , Attention Rivalry among Online Platforms ［J］. *Journal of Competition
Law and Economics*, 2013, 9 (2) .

［6］Katz, M. L. , C. Shapiro, Network Externalities, Competition, and Compatibility ［J］.
American Economic Review, 1985, 75 (3) .

［7］Liebowitz, S. J. , S. E. Margolis, Network Externality: An Uncommon Tragedy ［J］.
Journal of Economic Perspectives, 1994, 8 (2) .

［8］Werden, G. J. , Network Effects and Conditions of Entry: Lessons from the Microsoft
Case ［J］. *Antitrust Law Journal*, 2001, 69 (1) .

［9］Shy, O. , A Short Survey of Network Economics ［J］. *Review of Industrial Organiza-
tion*, 2011, 38 (2) .

［10］Farrell, J. , P. Klemperer, Coordination and Lock – In: Competition with Switching
Costs and Network Effects, in Armstrong, M. , R. Porter ed. , *Handbook of Industrial Organiza-
tion* ［M］. North Holland, 2007.

［11］Katz, M. L. , C. Shapiro, Systems Competition and Network Effects ［J］. *Journal of
Economic Perspectives*, 1994, 8 (2) .

［12］Nilssen, T. , Two Kinds of Consumer Switching Costs ［J］. *Rand Journal of Econom-
ics*, 1992, 23 (4) .

［13］Caillaud, B. , B. Jullien, Chicken and Egg: Competition among Intermediation Serv-
ice Providers ［J］. *Rand Journal of Economics*, 2003, 34 (2) .

［14］Rochet, J. C. and J. Tirole, Platform Competition in Two – Sided Markets ［J］. *Jour-
nal of the European Economic Association*, 2003, 1 (4) .

［15］Doganoglu, T. , Wright, J. , Multihoming and Compatibility ［J］. *International
Journal of Industrial Organization*, 2006, 24 (1) .

［16］Adelman, M. A. , The Antimerger Act, 1950 – 1960 ［J］. *American Economic Re-
view*, 1961, 51 (2) .

［17］Keyes, L. S. , The Bethlehem – Youngstown Case and the Market – Share Criterion
［J］. *American Economic Review*, 1961, 51 (4) .

［18］Turner, D. F. , Antitrust Policy and the Cellophane Case ［J］. *Harvard Law Review*,
1956, 70 (2) .

［19］Posner, R. A. , *Antitrust Law: An Economic Perspective* ［M］. Chicago: University of
Chicago Press, 1976.

［20］White, L. J. , Market Definition in Monopolization Cases: A Paradigm Is Missing
［EB/OL］. New York University Law and Economics Working Papers, No. 35, 2005, Available
at http: //lsr. nellco. org/nyu_ lewp/35.

［21］Werden, G. J. , Market Delineation under the Merger Guidelines: Monopoly Cases and
Alternative Approached ［J］. *Review of Industrial Organization*, 2000, 16 (2) .

［22］ Baker, J. B. , Market Definition: An Analytical Overview ［J］. *Antitrust Law Journal*, 2007, 74（1）.

［23］ Kate, A. , Niels, G. , The Hypothetical Monopolist in a World of Multi－Product Firms: Should Outside Companions be Included in His Basket? ［J］. *Journal of Competition Law and Economics*, 2012, 8（4）.

［24］张昕竹、黄坤：《免费产品的经济学逻辑及相关市场界定思路》，《中国物价》2013 年第 12 期。

［25］黄坤：《企业并购审查中的相关市场界定：理论与案例》，社会科学文献出版社2013 年版。

平台反垄断规制及其匡正

王红霞

摘　要　平台经济适用反垄断法遭遇重重困境，其根源在于平台的商业模式和运营逻辑与反垄断法的立法假定显著不同。规范平台行为应首先揭示平台及其竞争的本质：平台的结构并非均衡的双边市场，而应明确为嵌套式的单边市场；平台间的竞争是用户即生产要素的争夺；平台竞争的核心力量不是市场份额，而是技术应用和商业模式创新。平台规制应遵循民事法律适用优先、反垄断法兼抑的原则。首先应通过建构通信权与传播权等健全权利系统，明定中立义务和开放义务以完善义务体系来规范平台经营活动。当反垄断法确有介入必要时，应以促进有效竞争为宗旨，并区别平台类型和成长阶段分而治之。在立法尚未能在权利设定和义务补齐上获得进展而反垄断法又不宜适用时，可透过民法诚实信用原则和消费者权的解释适用作为权宜之计。

关键词　平台　双边市场　反垄断法　规制

一　平台经济发轫与反垄断规制的困惑

信息和通信技术的迅速发展及快速应用，全面地改变了人类的生产和生活方式，其中以互联网的出现和广泛普及所引发的变革最为引人注目：它创造了新的市场和行业，冲击并引发商业模式的改进升级。平台经济迅速崛起即是此一大浪潮下具有分水岭意义的变革。平台媒介两组（或两组以上）的特定群体，提供群体间的互动机制以满足各群体的需求，并巧妙地从中获利。平台在传统经济中已经展露端倪，现代商品经济中如购物中心、媒体广告以及电信等都具有平台性质。借互联网蓬勃发展的契机，互联网平台商业模式以难以置信

[作者简介] 王红霞，中南大学法学院，410012。

[基金项目] 教育部人文社会科学研究项目"经济转型与法律变革之关联与互动"和国家法治与法学理论研究项目"产业融合—监管融合—法制融合：我国三网融合的制度困境及其克服研究"。

的速度和规模席卷全球：网络门户平台、搜索引擎平台、操作系统平台、网络社交平台、网络游戏平台、电子支付平台、移动终端平台……以互联网技术为支撑的平台企业和运营模式迅速渗透到人们日常生活的方方面面，并成为最具成长力的新经济典范。信息时代的经济发展正在呈现出传统经济运行模式向互联网平台经济运行模式升级乃至转变的"平台化"趋势。

与平台化趋势相伴随的是市场营销花样翻新，竞争方式日益复杂，兼并此起彼伏，纠纷不断增加，诉讼旷日持久，牵连线上线下用户动辄以亿计。其中，以平台反垄断规制问题尤为引人注目。继20世纪全球范围内影响最大的微软案以来，在国外，谷歌、雅虎等在美国、欧洲频频遭诉，一系列涉平台的合并审查不断挑战执法机关的智识；在中国大陆"唐山人人诉百度"案、"奇虎诉腾讯垄断案"，在中国台湾"点钻案"……反垄断法在上述案件的适用中遭遇重重困境，引起学界和实务界高度关注和持续热议。这至少突出表现在如下三个方面：

第一，如何界定相关市场。任何竞争行为均发生在一定的市场范围内，是经营者在一定时期内就特定商品或服务的交易机会的争夺。界定相关市场是对竞争行为进行分析和适用反垄断法的逻辑起点。

第二，由于平台经济往往呈现出跨界竞争的样态，涉案运营商往往在其产品或服务上缺乏明显的可替代性，甚至看似毫不相关，竞争关系无从描述。以饱受热议的百度案为例，有主张搜索引擎服务市场；有主张互联网广告市场；有主张搜索广告市场；有主张不存在一个市场；也有主张不存在单独的搜索引擎市场，不存在相关的广告市场，二者共同构成了典型的双边市场。与之伴随的，是平台企业市场支配地位难以确定。有关市场支配地位具有显著性指标即市场份额。但由于相关市场难以形成共识，市场份额就无从计算。也由于在反垄断民事诉讼中需要由原告方对被告方的市场支配地位举证，此一难题进一步加大了举证的难度。

第三，平台经营行为是否是对市场力量的滥用不易明析。反垄断法本身对滥用的标准和识别就是困难的，加之互联网平台运营往往涉及商业秘密或知识产权，则究竟是市场支配力的滥用，还是经营者权利的正当行使、精明的竞争、合理的阻断，正当防卫，执法和司法机关都实难准确界定。

研究者和实务工作者透过两类途径应对上述问题。一是干脆跳脱相关市场的界定。各国反垄断司法实践表明，相关市场的界定总是呈现广泛的分歧和高度的模糊性。Baker（2007）主张，当市场份额并不能作为企业市场支配力或反竞争效果的证明，却有充分的证据证明反竞争效果时，市场界定的作用微小而缺乏必要。美国联邦贸易委员会发布的2010年平行合并指南明确指出，不要求对每一起平行合并案件都进行相关市场界定。二是寻求方法上的改进。蒋岩波（2012）主张："应该从互联网产业双边市场的特性出发，客观对待互联网企业所提供产品（服务）功能的差异，基于利润来源确定相关市场的范围，并考虑双边市场的交叉网络外部性对垄断力量的传递效果。"经济学研究者提出了共同分析法、EH 测定法、临界弹性分析法、临界损失分析法、价格上涨压力测试法等具体改进方法。诚然，通过更科学的分析方法固然可能更加准确地揭示平台企业经营行为的经济影响，从而对其行为性质做出科学的定性和在此基础上的反垄断法的准确适用。但问题在于，反垄断法首先作为一部法律，其调整社会关系的方式在于透过合理规则的明确确定使行为人有效获知行动的合法性边界，进而从事合法行为或在违法时承担不利的法律后果。反垄断法固然有比较民商法等传统部门法更高的模糊性，但依然要相当程度地保持法的安定性、可预见性的基本品格。如果一个行为需要透过一般人所无法掌握的高度复杂的分析方法进行研判后方能得出其合法与否的结论，那如何指导市场主体的日常经营活动。在高度不可知的法制环境，能否将更多市场行为纳入合法的轨道未为可知，反倒是极易因动辄得咎而人人自危，造就"法律恐怖主义"。而这与反垄断法维护社会整体经济福祉并促进经济永续发展的基本宗旨南辕北辙。

根本上说，平台模式改造了市场主体间价值关系，由此改变了市场规则预设的博弈结构。而反垄断法是以经典的单边市场作为样本假定来开展制度建构，平台的商业模式和运营逻辑与反垄断法的立法假定显著不同。这是反垄断法适用困境的根源所在。由此，规制平台竞争活动的首要问题在于揭示平台经济的组织特性和运营逻辑，并据此寻求系统性的规制策略与路径。

二 平台的实质：嵌套的单边市场

（一）平台经济的基本内涵

平台是一种存在于现实世界或虚拟网络的空间或场所。该空间透过某种服务吸附，进而引导或促成双方或多方用户之间的交易或交互，并通过有效的价格结构从中获利。研究者将平台从多个角度做了进一步划分。从功能视角看，可以划分为市场制造者，即制造交易机会，使不同市场方的成员相互交易、受众制造者（如匹配广告商和受众）和需求协调者（即制造能够引起两个或多个市场方客户间的间接网络外部性的产品和服务）。从媒介对象关系看，可以划分为纵向平台（即促进卖家和买家形成交易的平台，如银行卡）、横向平台（即促进同类成员间的交互，如电子邮件），以及受众平台［即通过给予受众（免费）服务和商品来捕捉目标客户］。此外，还有许多其他角度的分类方式。

归纳起来，平台具有三个典型特征：其一，平台两个或两个以上的存在需求依赖的用户群体。平台为两组相对独立的用户群体提供服务，且两组用户之间存在现实或潜在的交易或交互可能。平台运营的价值在于媒介或便利两组用户的交易和交互。因此，平台的两组用户必然存在需求的相互依赖或互补性。

其二，平台具有交叉网络外部效应。传统的网络效应主要用于描述同类群体，即当同质或同一边的市场群体的用户规模增长时，将会对群体内其他用户的效用产生正向或负向影响。交叉网络外部效应又称跨边网络效应，是指平台一组用户数量的增加会影响另一组用户使用该平台的效用。其三，平台定价采整体平衡策略。传统的产品定价应遵循成本加合理利润的原则，秉承边际成本定价法则。受需求的相互依赖性和交叉网络外部效应的影响，平台运营必须确保各组用户同时接入平台。由于不同用户群体对价格的敏感度差异较大，平台往往通过对局部采取倾斜性价格政策来保证整体上的持续盈利。通常表现为对一边用户免费，而对另一边用户收费；或对基础服务免费而对增值服务收费的总体平衡策略。

平台企业的特殊结构和运营规律导致其在市场行为上表现出不同于一般经营主体的特殊逻辑和策略，因此，对其市场行为的正当性评价及规制提出了诸多新挑战。平台对反垄断法适用带来的冲击突出地反映在具体的价格行为的认知和总体上的市场竞争结构的判断两个方面。在价格方面，平台的局部倾斜、整体平衡的定价策略导致平台企业的各边价格并不反映边际成本，其非中性的价格结构也不必然表示垄断势力和掠夺性定价的存在，广泛存在的交叉补贴不能径行确认为不正当竞争。在市场方面，竞争的加剧并不必然导致更加有效、平衡的价格结构；平台同质化的竞争，可能反而会降低社会效率，实质性违背反垄断法初衷。

（二）平台是嵌套的单边市场

经济学通过参与主体多边性来解释平台，将平台化约为双边市场，主张双边市场是平台的基本构成，复杂平台也是由基本的双边模式搭建而成。法学研究者基本上是直接接受经济学的研究结论，其基本结构如图1所示。

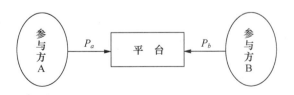

图1 双边市场的基本构成

然而，双边市场这种称谓方式和分析结构将平台企业与各群体之间的关系扁平化，双边用户群似乎处于平等和对称的地位，由此容易导致市场分析复杂化。实践中，传统反垄断分析工具在面对这一结构时也确实陷入了前述的种种困局。

笔者主张，平台是市场结构的进化，其实质是嵌套式的单边市场。平台确实存在两个乃至以上的用户群，但各用户群，以及用户群和平台企业的关系表现为：平台企业首先向终端用户提供产品或服务，汲取资源，再向另一边用户提供资源，满足另一边用户与终端用户的交易或交互的需求。亦即平台企业通过开发终端用户，进而在另一边市场开展真正的经营及竞争活动。虽然这与此前的各种论述似无二致，但重点在于，终端用户本身对于平台企业的意义与一般市场中的交易对象有实质性不同：终端用户群是平台的资源或生产要素。终端用户之所以会成为生产要素在于无法将其对平台使用产生的外部性内生化，这又恰恰是平台企业获利的源泉。准确地说，终端用户群的外部性是平台企业的生产要素。平台企业面向终端用户市场的一切行为不应理解为交易行为而应视为是资源开发活动。（基于联系方式与获利关系，为有效区别，笔者将终端参与边称为用户，将获利边称为客户）平台和各参与方的关系不应简化为二维单层"价格—需求"关系，而应表征为"平台—客户"的外部主线关系和"平台—用户"的内部关系，其结构如图2所示。

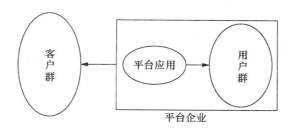

图2   客户—平台   用户的关系

（三）终端用户是生产要素

平台是当下产业融合整体趋势下的重要方面。产业融合突破了产业分立的限制，使行业界限划分不明确，行业和市场边界变得模糊甚至消失，改变了产业竞争格局。在平台竞争中，原先属于不同产业、不同市场的企业因为融合而成为竞争对手。对此，应予明确，平台之间的竞争其实聚焦在用户资源的争夺。无论平台开发何种应用或提供怎样的服务，其目的都在于获得更广泛和持续的用户群这一生产要素，以使其在为平台客户提供广告或增值服务过程中获得更多的利润。用户作为生产要素与一般要素有显著不同。传统经济的运营中，企业通过采购方式获得其所需资源，并因所有权转移而获得生产要素的完整控制权。企业与其生产要素之间是确定的、封闭的和稳定的所有权关系。对于平台用户，首先不可能通过购买获得所有权，平台是透过免费或低价提供各类互联网应用或服务来吸附海量端点用户的，不存在产权式的封闭特性；虽然用户往往需要通过注册方能使用平台，这一过程往往需签署（同意）某种使用协议，但由于平台几乎均采取免费或准免费的策略开发用户群，平台和用户的契约关系极弱，理论上说，用户几乎可以不受任何约束和限制地自由进入或退出。这意味着平台与自身生产要素的关系呈现为既非产权也非契约的松散特性。平台的开放性大大限制了平台企业实施垄断行为的能力。"除非买卖双方被锁定在平台中，如果不考虑市场另一边用户的需求而试图从某一边用户中获取超额利润的策略都将是自我毁灭的过程。"

（四）平台竞争的核心在于创新

平台企业的竞争核心在于两个方面：一是技术创新，即用户体验或说服务品质竞优，用以保持终端用户的黏着性；二是商业模式创新，这是平台获利的关键。

对于获利边即"平台—客户"关系而言，平台提供的并非产品，而是用户使用的频密度（包括用户数量和使用频率），这实质上是一种对客户有价值的潜在消费者的管理维护，其背后是平台的一整套商业运营模式。商业模式的竞争是平台竞争的重要内容。对开发边即"平台—用户"关系而言，平台提供诸如搜索引擎、即时通讯软件等产品或服务。由于此类互联网应用具有强大的技术驱动性，产品与技术更新周期短，创新速度快。互联网领域的创新密集使产品表现出高度的差异化，用户因此更加注重产品的性能而非价格。而创新带来的用户体验的改进会透过发达的信息传播工具以几何级数迅速使用户得知，并且由于往往免费，至少在理论上说，只要不存在特别障碍，用户将迅速用脚投票做出选择。可见，传统经济的市场份额在动态竞争的互联网平台中并不能成为对竞争加以限制的有效力量。垄断即便是平台运营商的目标，但实际上往往难以企及也难以为继。

三　平台竞争的规制策略与路径

反垄断本是生产高度社会化导致市场失灵引发的严重的社会后果，而传统民商法无法解决时，政府对自由市场经济的介入和干预，旨在排除竞争障碍，保障促进竞争。因此，反垄断法是一种高级法，它是对民商法对市场经济关系调整基础上的再调整，仅在弥补其不足或矫正其不公。循此逻辑，当新问题出现时，应先选择和穷尽民法的调整手段，从民事权利或民事法律行为等方面入手，思考侵权责任与违约责任等基本民事责任的适用。只要初始权利得到全面妥当的安排，市场机制在很大程度上能够有效地实现公平效率的结果。当且仅当存在市场失灵、民商法制度缺失或调整结果异化时，才有动用反垄断法的必要。亦即反垄断法应保持其谦抑性特征。

（一）完善权利体系

转型时期是一个权力泛滥和权利不足并存的二元时代。一方面，一些不存在的利益或难以纳入法律调整视野的利益被权利话语不适当地包裹，不假区分地称谓；另一方面，诸多新利益随着经济社会和科技的发展而不断析出、独立，需要法律加以调整，乃至超越法益路径的强保护模式，后者尤其表现在信息领域。权利进路着眼于深层秩序的构建，它实际上是对互联网经济深层秩序的反思与建构、内生利益关系的识别与表达。

1. 通信人格权（号权）

由于交往空间无限延展和个体管理交往潜力有限之间的矛盾导致的通信媒介集中，使即时通信工具成为具有通信基础设施意义和海量端点吸聚效应的互联网应用。由于交往的主体间性和通信本身对及时、快捷的需求，为确保信息数字化传递下的关系的维系和拓展可能，对同质性技术载体的要求日增。另外，随着人的社交范围无限扩展，人的记忆力和注意力相对稀缺性越发提高。上述使实践中社交关系的管理和维系在技术可能的前提下不断地向单一的通信工具汇集。即时通讯工具首先是一种通信工具，它是人们信息传递和间接交往的载体。由于新技术手段的应用对通信工具带来的巨大改进，使交往主体的交往能力得到极大增强，交往的空间领域和对象范围获得多维度的扩展及无限延伸。由于通信交往极大限度地满足人们对信息传递本身的及时、快捷的需求，因此已成为现代人社会交往非常重要的方式。但通信交往本身具有媒介性特点，并随着通信工具的发达日益呈现深度技术依赖性。在通信网络系统中，主体拓展、维系或变更通信网络中的社会交往关系的自由，有赖于基础网络运营商和通信业务（软件）运营商的持续稳定服务。笔者将这种自由界定为通信社交利益，并主张因其独特性、独立性和易损性，需要设权保护。此一通信权（又称号权）具有专属一身的特质，性质上是一种人格权。正如一切市场交易应以科学、明晰的权利配置为前提，通信中的新兴利益的有效揭示和权利化保护是通信领域市场交易的前提。明确通信人格权，则相关运营商应承担持续服务义务、替代措施义务和告知义务等，能够直接有效地解决当下多种互联网平台纠纷难题，避免了舍近求远地适用反垄断法及因此陷入更大的困扰。

2. 一般传播权

互联网时代是一个信息爆炸和泛滥的时代。截至 2012 年 12 月底，中国网页数量为 1227 亿个，比 2011 年同期增长 41.7%。面对浩瀚的信息海洋，搜索引擎作为互联网的基础应用，是网民获取信息的基础性工具。"没有搜索引擎，网络毫无意义。"实践中，许多案件的法官和研究者已经注意到搜索引擎的独特性。传播学大师麦克卢汉准确地揭示："每一种旧媒介都是另一种新媒介的内容。"搜索引擎绝不仅仅是某种互联网应用，它构成了互联网时代的元媒体：面对搜索引擎，其他应用、平台、管道都沦为搜索引擎的内容。元媒体具有巨大的权力。"在一个无限选择的时代，统治一切的不是内容，而是寻找内容的方式。"元媒体作为管道，有控制和截断信息的力量。面对作为元媒体的搜索引擎，应确立其他主体的一般传播权。传播权是传播学上的媒介近用权转化而来。1967 年，美国学者巴隆在《接近媒介——一项新的第一修正案权利》一文中首次提出了受众的"媒介近用权"概念。1973 年，巴隆对受众的媒介接近权和参与权进行了较为系统的论述。传播权源在于信息自由与言论自由等基本人权。传播利益的主体不仅限于公民，其他组织也可享有"商业言论自由"，从而有发布广告及其他信息被大众获知的基本权利，元媒体基于其信息基础设施的性质，在无正当理由时，不得阻碍上述权利的行使。

（二）明确平台运营的核心义务

除设权保护外，透过明确的赋予义务也可以有效保护用户权益，应对诸多现实纷争。平台企业的特殊义务主要包括两个面向：平台中立义务，主要是针对客户而言的；平台开放义务，主要是针对用户而言的。

1. 平台中立义务

平台中立要求平台在自身运营领域不得不当地排挤其他用户、应用平台或使用本平台。设立平台中立义务的必要性在于，一旦平台将相当数量的某类用户群吸附于其上，将意味着传统的行销方式所能够抵达的目标受众大大缩小。原有的客户边经营者不得不透过平台与目标受众接触，即使这种接触确实在某种意义上带来了行销上的便利，此时平台已呈现出公共性。如果平台以非正当理由拒绝或以较高门槛限制正常使用，就将极大地损害用户利益。平台中立是仿照网络中立提出的。欧盟是网络中立原则的积极倡导者。欧盟并不直接应对具体的纠纷和矛盾，而是以网络中立为抓手，保护相关者利益，维持互联网公平。

在讨论平台中立义务时，应剥离具有基础设施意义的平台。具有基础设施意义的平台，是指具有强大的网络效应和自然垄断特点，具有准公共性和用户的强吸附效应。典型如即时通讯和搜索引擎为核心业务支撑的平台。统计数字表明，两者持续稳居各类互联网应用的使用率的第一、第二名。对于此类平台，具有更为严苛的中立义务要求。例如，搜索引擎作为元媒体，其本身具有信息整合功能。在海量数据时代，有价值的信息需要经搜索引擎的运算加工才能浮现。此时，搜索结果本身已形成了一种简明的新闻，具有高度的公共性。因此，其更应负担搜索中立义务。目前，搜索引擎主要提供两类广告服务。对于关键字广告，由于广告显示位置与搜索引擎一方面需以用户能够有效识别的方式划分广告和搜索结果；另一方面不得扭曲、不当干涉搜索结果或植入广告，确保信息的客观中立。结果的摆放界限往往相当模糊，用户难以分清所点击的是一般的搜索结果还是广告。因此，搜索引擎竞价排名实质是平台中立义务的违反，是元媒体控制权滥用，而非市场力的滥用。

2. 平台开放义务

活跃用户群是平台的资源和生产要素，但平台并不拥有它。对此，平台运营总是想方设法地采取各种措施将用户吸附在其平台上，增强用户黏着性。良好的用户体验、有效的互联网应用是吸引用户的正当途径。但这有赖于创新和精明的运营，具有相当难度。另一种方式则是采用契约、软件插件等方式限制、捆绑消费者，透过"苍蝇纸策略"公开或暗地以各种手段锁定用户。有鉴于此，平台应明定其开放义务，保障用户的自由选择，尊重用户的多属栖息。从另一侧面而言，平台的开放和用户的自由进入及退出是促进平台开展创新和竞争的最好途径。

（三）促进竞争与慎用反垄断

平台经济尤其是信息平台的技术与专业复杂性和科技的日新月异，使法律几乎没有置喙余地；技术的快速应用所带来的商业模式急速变动与市场的迅速变革又使其充满未知或不确定。应对平台经济，如何既要保护消费者福祉和经营者的权益，又要顺应科技进步促进信息产业的永续经营？如何避免规制反致竞争妨碍和产业遏制？其所挑战的根本性问题，绝非在细节问题的就事论事，更在于平台规制的战略选择。对此，笔者主张，法律管制应着力于促进平台经济的有效竞争。这是因为，回应平台的本质，特别是对技术创新的要求，应该说，其必然伴随着市场演进乃至市场结构、产业样态的改变。而促进竞争的规制策略，远比对具体行为垄断的定性与制裁更能够释放科技进步的力量，并防止反垄断本身就包含的不确定性及其对新经济适用时犯错。具体来说，首先，应对平台基于成长阶段进行区分。对于一般平台而言，往往具有自然垄断的特点，特别是当突破了用户积累临界点后，平台将步入良性循环，在马太效应下展示大者恒大的强大竞争优势。因此，对于成长中平台的规制应采取宽松规则策略，对于成熟平台则应采严格规制策略。其次，应区分平台竞争的事前规制和事后规制。平台经济竞争可能涉及反垄断法适用处主要表现在滥用市场支配地位和经营者集中两类。对于滥用市场支配地位，属事后规制，应当谨慎判断，并依前文所述的检索顺序，待穷尽私法途径和权利义务调整可能空间后再审慎适用。对于经营者集中，属于事前规制。互联网平台由于进入门槛较低，创新速度快，企业合并后固然有提价可能或基于用户资源的更多圈定而迅速进入成熟平台行列，但也可能因此实现便利研发和推广新产品及应用。对此，反垄断规制适宜采保守态度，避免过于严苛。但对于成熟平台，应尽量考虑到促进竞争和结构保护问题，要确保存在可竞争者，或使潜在竞争者得以进入和中小平台有成长空间。对于涉及基础设施性质的平台如搜索引擎的横向合并及混合合并，基于前述对元媒体在信息时代的强大力量的担忧，建议本着媒体多元思想，尽量维持现有市场结构；如无从阻碍其合并，至少应多透过合并审查附款等方式来强化平台的中立、开放义务和用户权益保护。

四　规制平台竞争的权宜之计：代结语

　　互联网的发明与广泛使用造就了信息存储与交换方式的革命，深刻地影响了人类经济与社会的组织与运作基础，带来了无穷无尽的商业模式。平台模式无疑是其中最典型和当下应用最为广泛的商业模式之一。平台的兴起和经济的平台化趋势带来了一系列变化。在这个过程中，市场结构和企业关系从垂直的、线性的产业链向产业价值网络转变，竞争思维从封闭、控制、垄断向以开放来获得成长、以合作来获得竞争优势转变，产业组织形式从金字塔式层级结构向基于平台的对等协作转变。上述为法律规制提出了重要的挑战。

　　本文在揭示平台运营逻辑实质基础上，主张以完善民事权利和充实运营商义务为平台规制的首选策略，慎用反垄断法。上述规制涉及法律的修改，特别是新设权利议题迄今在学术圈仍属首次提出，至充分论证、达成共识乃至形成法律文本都还有漫长道路和未知因素。但现实的运营活动一刻不曾停息，各种层出不穷的创新营销每时每刻都在酝酿和实践。因此，在立法缓不济急之时，如何对平台竞争妥为规制，实是较高瞻远瞩的系统筹谋及更加实际和紧迫的议题。为此本文建议，在既存法律制度格局下，可通过民法上的诚信原则的丰富解释空间来进行调整；对于不存在契约关系的潜在用户的利益的维系，可通过消费者权益保护法中的消费者公平交易权和自由选择权进行解释调整适用，将平台中立义务和平台开放义务等问题置入其中。循此，反垄断法在大多数情形下依然无须登场。

参考文献

　　[1] J. Wright, One – Sided Logic in Two – Sided Markets [J]. *Review of Network Economics*, Vol. 3（No. 11），2004

　　[2] McLuhan, M., *Understanding Media：The Extensions of Man*, New York：McGraw – Hill. 1964. p. 23.

　　[3] 陈威如、余卓轩：《平台战略》，中信出版社 2013 年版。

　　[4] 于馨淼：《搜索引擎与滥用市场支配地位》，《中国法学》2012 年第 3 期。

　　[5] 李剑：《双边市场下的反垄断法相关市场界定——"百度案"中的法与经济学》，《法商研究》2010 年第 5 期。

　　[6] 仲春：《互联网行业反垄断执法中相关市场界定》，《法律科学》2012 年第 4 期。

　　[7] 北京市高级人民法院（2010）高民终字第 489 号民事判决书。

　　[8] 王先林：《中国反垄断法实施热点问题研究》，法律出版社 2011 年版。

　　[9] 余东华：《反垄断法实施中相关市场界定的 SSNIP 方法研究——局限性其及改进》，《经济评论》2010 年第 2 期。

　　[10] 黄民礼：《双边市场与市场形态的演进》，《首都经济贸易大学学报》2007 年第

3 期。

　　［11］王红霞：《号权初论——通讯社交利益的形成脉络与设权逻辑》，《法商研究》2013 年第 5 期。

　　［12］王红霞：《再论号权：利益逻辑、现实需求、权利渊源及制度建构》，《社会科学研究》2014 年第 4 期。

　　［13］［美］克里斯·安德森：《长尾理论》，乔江涛等译，中信出版社 2012 年版。

　　［14］张春朗、周怡：《受众参与的深入与媒体活动的勃兴——从传播学角度分析传媒大型活动的兴起》，《国际新闻界》2006 年第 12 期。

　　［15］程贵孙、陈宏民、孙武军：《双边市场视角下的平台企业行为研究》，《经济理论与经济管理》2006 年第 9 期。

　　［16］蒋岩波：《互联网产业中相关市场界定的司法困境与出路——基于双边市场条件》，《法学家》2012 年第 6 期。

"二元性"特征与反行政垄断的现实困境

陈 林 王业雯

摘 要 自 2008 年《反垄断法》正式施行以来,我国反行政垄断的工作开展一直停滞不前。为此,本文通过剖析行政垄断与市场经济之间的理论关系,发现了二者既有兼容统一,也有矛盾对立的"二元性"特征;然后通过厘清《反垄断法》、《行政许可法》等法律法规与行政垄断权力之间的法律关系及监督机制,揭示行政法与《反垄断法》之间的矛盾冲突,归纳出行政垄断在法律制度方面的另一个"二元性"特征。本文认为,行政垄断的两个"二元性"特征是造成我国反行政垄断工作举步维艰的根本原因,并据此提出了关于反垄断法制建设与今后理论研究方向的建议。

关键词 反垄断 行政垄断 反垄断法 市场经济

一 引言

反行政垄断是当前反垄断工作中不可或缺的一环。作为"经济宪法",《中华人民共和国反垄断法》(以下简称《反垄断法》)以整个第五章对行政垄断进行规制,可见反行政垄断是我国经济制度中的关键环节,对经济社会发展具有重要意义。有学者(王晓晔,2009;Chan,2009)认为,反行政垄断是整部《反垄断法》的重中之重,没有反行政垄断的条款,反垄断法就会变成"无牙老虎"。

然而,《反垄断法》于 2008 年生效至今,反行政垄断工作开展得甚为缓慢,行政垄断案件数量寥寥无几,甚至找不到原告胜诉的案例。较典型的案例

[作者简介] 陈林,暨南大学产业经济研究院,510632;王业雯,中国社会科学院经济研究所,100836。

[基金项目] 2012 年度国家自然科学基金青年项目"行政垄断产业的政府管制体系研究"(71203078)、2013 年度中国博士后科学基金第 53 批面上项目"自然垄断与行政垄断的产业规制研究"(2013M530812)、2011 年度国家自然科学基金面上项目(71172225)、广东省普通高校人文社科重点研究基地项目(52702497)和 2013 年度国家自然科学基金重点项目(71333007)。

是，北京兆信公司等四家防伪标识企业于《反垄断法》生效当天起诉国家质检总局。原告提出，国家质检总局颁布的部门规章违反了《反垄断法》的反行政垄断条款，损害了原告的法人权利和经济利益。但北京市中级人民法院却依据《行政诉讼法》规定的三个月行政诉讼期限，以"超过法定起诉期限"为由，驳回原告的起诉申请，不予受理该案。司法机关并没有援引《反垄断法》的法律条文，而是沿用行政法条文驳回原告的起诉。在一宗涉及经济纠纷的案件中，司法机关却依据行政法进行判决，而非已然生效的"经济宪法"《反垄断法》。不难看出，反行政垄断的推进举步维艰。

国家为何"坚决反对"行政垄断，却又会在反行政垄断的实际推进中遇到困境？这是我国推进反垄断工作与垄断性行业体制改革，乃至完善社会主义市场经济体制过程中的重大现实问题。

本文认为，反行政垄断出现困境的根本原因是：行政垄断的两个"二元性"特征。其一，行政垄断与市场经济之间的矛盾既有统一性，也有对立性，即行政垄断的市场经济"二元性"；其二，行政垄断同时受行政法和经济法规制，这些法律之间的矛盾既有统一性，也有对立性，即行政垄断的法律制度"二元性"。在王俊豪和王建明（2007）提出的垄断性行业的垄断"二元性"基础上，本文将上述两个特征归纳为行政垄断的"二元性"。

为此，本文将从经济学角度出发，通过剖析行政垄断与市场经济之间的对立统一性，厘清《反垄断法》、《行政许可法》等法律法规与行政垄断权力之间的法律关系及监督机制，分析这些法律法规之间的对立统一性，从而揭示反行政垄断工作遇到困难的根本原因，为我国的反垄断法制建设与垄断性行业改革提供理论支撑。只有彻底解决这个困难，《反垄断法》才能对涉嫌违法的行政垄断行为进行强有力的实质性制衡，从而保护企业的合法权利与市场机制的有效运行，进而实现社会主义市场经济的完善。

二　行政垄断的市场经济"二元性"

王俊豪和王建明（2007）提出的垄断性行业的垄断"二元性"，得到了国内产业经济学界的广泛好评。所谓垄断的"二元性"，即我国垄断性行业普遍出现了自然垄断与行政垄断共存的现象。该文据此提出：破除行政垄断就必须根据垄断性行业的垄断"二元性"的特征，有针对性地制定分类规制手段。

行政垄断指的是行政机关使用行政权力限制竞争（张维迎、盛洪，2001；胡鞍钢，2001）。而竞争和交易正是市场经济的两大基本特征，如《易经》解释汉字"市"的说辞"致天下之民，聚天下之货，交易而退，各得其所"。行政垄断通过限制竞争，阻碍资源遵从市场规律流动，从而干扰市场在资源配置中的基础性作用。因此，行政垄断与市场经济存在一定程度的对立性。但由于渐进转轨的国情约束和国有经济主体地位的历史任务，社会主义市场经济容许行政垄断的长期存在，二者还存在统一性。

沿王俊豪和王建明（2007）的思路，本文将行政垄断与市场经济之间对立性和统一性并存的现象，称为行政垄断的市场经济"二元性"。

行政垄断的这种"二元性"将长期影响反垄断法制建设，同时对垄断性行业的体制改革产生深远影响。而且，行政垄断市场经济的"二元性"往往更多地表现在理论层面，时刻影响着政府、企业和个人对行政垄断的思维与行为模式，对反行政垄断工作的开展产生了不可估量的潜在作用。

（一）行政垄断与市场经济的统一性

行政垄断限制了竞争，它似乎走到了市场竞争的对立面。没有竞争，市场就不能把资源配置到最高效率的企业和最需要这种产品的消费者手上，社会的资源配置效率自然受到损害；没有竞争，市场也不能促使企业采用最有效的生产技术，并保持最低的成本和价格水平。

行政垄断确实损害了市场的竞争活力，但在社会主义市场经济中，合法的行政垄断却是政府干预市场的重要手段，也是我国市场经济区别于资本主义市场经济的重要特征。因为，我国的市场是建立在"公有制为主体、多种所有制经济共同发展的基本经济制度"（党的十八大报告）之上，可以保证国有经济主体地位的行政垄断自然与社会主义市场经济并行不悖。

行政垄断与市场经济的统一性不止于此。从历史经验来看，激进转轨国家在改革之初就通过立法、司法彻底消灭行政垄断，反行政垄断是国有经济改革的孪生儿；渐进转轨则不然，它允许行政垄断的长期存在。根据陈林和朱卫平（2012）的经济史研究，我国的行政垄断制度演化与国有经济发展史基本同步，行政垄断在新中国成立之初便与国有经济共生共存。改革开放以来，行政垄断制度也没有随国有经济改革和私营经济发展而消失，反而日渐成熟。可以说，当前中国行政垄断制度是行政机关、企业家、政协、人大乃至整个社会共同参与协商的公共选择结果。

转轨时期的行政垄断制度是国家"以公有制为主体、多种所有制经济共同发展的基本经济制度"的重要组成部分，将在很长的一段时期内保持不变，与国有经济的主体地位相辅相成。这是今后我国反垄断法制建设与垄断性行业改革中的主要路径依赖。

总之，行政垄断与市场经济长期共存，二者之间的矛盾存在统一性。

（二）行政垄断与市场竞争的对立性

一方面是限制竞争，另一方面是社会合意，行政垄断与市场经济的矛盾是对立统一的——损害市场竞争活力的行政垄断却有益于社会主义市场经济。在如此独特的逻辑底下，我们到底该如何看待行政垄断规制下的市场竞争？本文对此的基本判断是，行政垄断下的市场并非市场的常态，尽管社会主义市场经济容许行政垄断的存在，其理由如下：

行政垄断离不开行政权力，它是一种基于行政权力的政府干预。政府干预在亚当·斯密刚发现市场这只"看不见的手"的年代几乎不存在。当时，人们一直认为，市场运行得那么完美，企业、消费者之间的自由竞争与交易使个人利益和社会福利达到高度统一。到了19世纪中叶，随着人们难以理解、更无法解决的市场问题的出现，社会对市场的赞美与信仰一下子变为抱怨与害怕。人们奔走相告：市场失灵了。现代西方经济学经过多年研究的确发现：不完全信息、外部性和公共物品等客观存在且难以克服的经济现象既是市场失灵的具体表现，也是市场失灵的主要原因。市场似乎不再完美。自19世纪下半叶开始，支持政府干预市场以克服市场失灵的思潮不断涌现，政府干预正式登上经济学史的大舞台。

关于"市场失灵"的定义和衡量标准，西方经济学已达成基本共识。厉以宁（2000）认为，对于市场机制在某些领域不能起作用或不能起有效作用的情况即市场失灵。一些经济学教科书对市场失灵做出更为明确（从数学上）的界定——对资源配置不能最大限度地满足社会需求，价格 P 大于边际成本 MC 的市场（麦克康耐尔，2000）；损害经济效率的市场（曼昆，2009；斯蒂格利茨，2006）；阻碍资源有效配置的市场（萨缪尔森和诺德豪斯，2008）。从国内外常用的经济学教科书中，我们不难归纳出市场失灵的确切定义：当一个市场实现不了完全竞争状态下的 P = MC，该市场产生的社会总福利（消费者剩余加企业利润）必然小于完全竞争市场，市场的经济效率受到损害；完全竞争市场所能实现的社会总福利在我们已知的所有市场形态中最大，一旦偏离这样的最优状态，市场便失灵了。

完全竞争市场不仅需要完全信息和零外部性，它更需要众多企业参与竞争。曼昆（2009）指出，完全竞争市场上必须有许多买者和卖者，以至于每个市场参与者对价格的影响微乎其微。企业数量无限多，价格 P 才会接近边际成本 MC，社会总福利才得以最大化。然而，各行各业都在不断地发展与创新，它们往往未能等到足够多的企业进入这个市场，就已经步入衰退期，完全竞争直至产业消亡还未能出现。完全竞争与绝对垄断（一家企业、没有竞争）一样，都是市场极其罕见的极端情况，绝大多数市场都以某种程度但不完全的竞争为特征（斯蒂格利茨，2006）。甚至可以说，完全竞争只是市场本身永远实现不了的理想状态，现实中的市场一定是不完全竞争市场。

不完全竞争损害了社会总福利，不具有完全竞争市场所具备的全部社会合意性。但这种无效率是模糊且难以衡量的，也难以解决——政府干预不可能改善这种市场结果（曼昆，2009）。对于市场竞争，我们关注的不应该是它能否把社会福利和总产量提升到极致，而是如何在市场"天生"失灵和竞争"天生"不完全的情况下，使社会资源实现最优配置。有限家企业参与竞争并获取一定的经济利润（P > MC）的不完全竞争是市场常态。

或许会有人据此推断：既然有限家企业参与竞争的市场是合理的，那么以控制在位企业数量、限制市场竞争为目标的行政垄断自然也是一种合情合理的产业规制手段。本文对此不以为然。

诚然，市场做不到出现无限多竞争企业的完全竞争状态，但市场本身是"天生"地往"好"的方向发展。只要存在超额经济利润（价格 P 大于在位企业的边际成本 MC），市场上就必然会有趋利的企业家、投资者创办企业，进入这个有利可图的市场。在位企业不断增多，市场竞争越加激烈，市场价格不断降低，单个企业的经济利润日益减少。社会总福利从绝对垄断的最小值逐渐往完全竞争的最大值靠拢。自由进入或者说自由竞争，是市场"天生"具备的竞争活力——经济利润导致新企业进入市场，竞争加剧反过来减少企业利润，趋利的市场进入行为成为经济利润的自动调节器和社会总福利最大化的催化剂。

一旦出现限制竞争的行政垄断干预，这条市场发展的必由之路就被外生打断。在行政垄断保护下，无论市场价格多高，不管在位企业攫取了多少经济利润，甚至只有一家国有企业专营专卖，潜在进入企业也只能眼睁睁地看着唾手可得的大量利润擦肩而过。缺乏选择余地的消费者同时只能接受高价格。新企业不能加入市场，市场因而缺乏竞争活力。这一切并非因为那只"看不见的手"出现失灵，而应该归责于另一只"看得见的手"限制了市场竞争。

政府控制了在位企业数量和市场竞争的激烈度，使竞争本来就不完全的市场更加缺乏竞争，市场竞争活力受到了进一步的损害。这意味着：行政垄断只会加剧市场失灵，而非克服市场失灵。如果把企业可以自由进入的不完全竞争市场比作一个考试总不能拿到满分的学生，那么行政垄断下的市场则是一个被强迫交出一份 60 分甚至不及格答卷的学生。竞争市场尽管不能实现完全竞争这一"满分"的理想状态，但新企业不停地加入竞争行列，致使市场带来的社会总福利不断提升。竞争市场总是向着人类社会的理想状态（社会福利最大化的完全竞争状态）发展。行政垄断却杜绝了市场往如此"好"的方向发展的可能性，使坏的更坏，使本来可以更好的好不了。既然不完全竞争是市场的常态，常态下的市场又"天生"失灵，我们这个社会怎么能够因为市场实现不了一个不可能实现的理想状态而反对它，怎么能够因为市场拿不出满分答卷而消灭它？更不幸的是，以行政垄断限制竞争只会使市场竞争更加不完全，行政垄断只会在后天进一步加剧市场失灵。

总之，行政垄断损害了市场的竞争活力，它与市场经济存在一定的对立性。

（三）行政垄断与社会公平的对立性

"效率优先、兼顾公平"是社会主义市场经济的基本原则。行政垄断却与市场经济的公平原则产生了冲突，甚至直接损害了社会公平。

一个社会必须关注公平，但不代表实施行政垄断就可以得到公平。反倒是市场经济有能力给人类社会带来公平。自古以来，人们在市场中自由地选择职业和社会分工，你情我愿地进行交易，在同一市场规则下参与公平竞争。市场从来不会强迫某人必须从事指定职业，更不会禁止人们生产某种产品。因为只要生产者提供的产品或服务足够价廉物美，就一定可以找到属于自己的交易对象。市场本身永远不会限制竞争。市场竞争因而会给社会带来公平——每个人都在竞争市场中体现自我价值，在同一游戏（博弈）规则下平等地争取利益最大化。

为保护市场的竞争活力和公平竞争，世界各国的反垄断法都致力于消除经济性进入壁垒、限制兼并、分拆寡头企业。促进竞争、维护公平竞争是俗称"经济宪法"的反垄断法所必须具备的本分职责。即使是转轨国家，其反行政垄断的力度也不容小视。如乌克兰反垄断委员会仅在 1994 年就依据《禁止垄断和企业活动中不正当竞争行为法》查处了 22 起行政垄断案件，其中就包括国家铁路管理局限制私营企业进入货物运输市场的行政垄断案件（王晓晔，1998）。而俄罗斯联邦反垄断局则依据《竞争法和限制商品市场的垄断活动法》，分别在 1994 年、1997 年和 1998 年查处了 881 件、1400 件、1737 件行政垄断案件，大概占全部垄断案件的 1/4 左右（郭连成和刁秀华，2007）。

正因市场经济的竞争性与反垄断法的公平性，我国才会出台旨在"保护市场公平竞争"的《反垄断法》。反观限制竞争的行政垄断，它不可能创造公平，反而会损害公平。过高的市场价格和额外的经济利润只造福少数受行政垄断权力保护的在位企业，伤害的却是全体消费者与没有特权的企业及其职工。根据吴敬琏提供的数据，2008 年我国垄断性行业员工占全国就业人数的 8%，而工资却占全国工资总额的 50%，最高行业平均收入与最低行业平均收入的差距的高达 15 倍。关于行政垄断对社会公平的危害，主要研究包括刘小玄（2007）、姜付秀和余晖（2007）、张原（2009）等，本文在此不作赘述。

总之，行政垄断损害了社会公平，与以公平为原则的社会主义市场经济存在一定的对立性。

三　行政垄断的法律制度"二元性"

在现行法制体系中，行政垄断同时受行政法（如《行政许可法》、《行政诉讼法》及《行政复议法》等）与经济法（主要为《反垄断法》）的规制。这两个法律体系具有目标一致性——规范行政行为，限制行政权力的滥用。但实际上，两个法律体系在具体司法操作中，却出现了很多矛盾与冲突。尤其是《反垄断法》的法律效力受到一系列行政法的干扰，导致其法律位阶低于行政法，是近年来行政垄断案件几近于无、反行政垄断工作停滞不前的根本原因。

对于行政垄断，行政法与《反垄断法》之间的矛盾同时存在统一性和对立性，本文将之归纳为行政垄断的法律制度"二元性"。

（一）赋予行政垄断合法性的行政法体系

2004 年前后，我国行政法体系随陆续出台的《行政诉讼法》、《国家赔偿法》、《行政处罚法》、《行政监察法》、《行政复议法》等日渐成熟，行政权力的使用逐渐从"无法可依"到"有法可依"。尤其是由全国人大制定的《行政许可法》在 2004 年 7 月正式生效。

对于行政垄断，这种冲击或者说变化尤为明显——行政垄断开始受到法律保护。《行政许可法》从法律的高度给行政垄断赋予合法性。该法第十二条规定，"涉及国家安全、公共安全、经济宏观调控、生态环境保护以及直接关系人身健康、生命财产安全等特定活动"、"有限自然资源开发利用、公共资源配置以及直接关系公共利益的特定行业的市场准入"、"企业或者其他组织的设立"等事项，行政机关可以设定"行政许可"。

几乎在《行政许可法》生效的同一时间（2004 年 7 月），国务院出台了行政规范性文件《国务院关于投资体制改革的决定》。该政策及其附件《政府核准的投资项目目录（2004 年本）》规定了我国哪些产业、项目属于"重大和限制类固定资产投资项目"，其市场准入必须进行行政审批。2004 年 9 月，国家发改委"依据《行政许可法》和《国务院关于投资体制改革的决定》"，制定了部门规章《企业投资项目核准暂行办法》及详细的行政审批制度。

公民或法人若要在《政府核准的投资项目目录》指明实行核准制的产业投资项目或进入市场，就必须按《国务院关于投资体制改革的决定》的规定，"向政府提交项目申请报告"。国务院投资主管部门（国家发改委）和地方政府投资主管部门（地方发改委）依据部门规章《企业投资项目核准暂行办法》进行行政审批。企业如果要进入《政府核准的投资项目目录》以外的产业，也必须向地方政府发改委申请"备案"，而"备案制的具体实施办法由省级人民政府自行制定"。而外资企业的市场准入同样必须严格遵守《指导外商投资方向规定》等法规，由投资主管部门进行审批。

此外，《国务院关于投资体制改革的决定》还规定，"国家法律法规和国务院有专门规定的项目的审批或核准，按有关规定执行"，即所有法律法规都可以设置行政垄断。

综上所述，在《行政许可法》的基础上，国务院先后颁布了《国务院关于投资体制改革的决定》及其附件《政府核准的投资项目目录》和行政法规《指导外商投资方向规定》，国家发改委也相应地制定了部门规章《企业投资项目核准暂行办法》、《外商投资项目核准暂行管理办法》以及《外商投资产业指导目录》，对行政审批制度进行配套完善。

依据上述行政法规和部门规章，对企业进入特定产业参与竞争进行行政审批，是各级"投资主管部门"依法实施行政垄断的行政权力。

（二）行政法与《反垄断法》的矛盾冲突

2008 年《反垄断法》生效后，《反垄断法》本应成为监督和制衡行政垄断权力的关键性法律。但《反垄断法》第五十一条"行政性限制竞争行为的法律责任"却规定："法律、行政法规对行政机关和法律、法规授权的具有管理公共事务职能的组织滥用行政权力实施排除、限制竞争行为的处理另有规定的，依照其规定。"即《反垄断法》规定：在行政垄断案件中，其他法律和行政法规适用优先。如果单纯从行政垄断的角度上看，《行政诉讼法》、《行政复议法》、《行政许可法》等行政法与《指导外商投资方向规定》等行政法规都成了《反垄断法》的"上位法"。从某种意义上来讲，这似乎是我国法制体系中行政法与《反垄断法》之间的效力位阶关系——《反垄断法》的法律效力低于行政法。

在中国反行政垄断第一案"北京四企业起诉国家质检总局"中，由于《行政复议法》规定，"对国务院部门或者省、自治区、直辖市人民政府的具体行政行为不服的，向作出该具体行政行为的国务院部门或者省、自治区、直辖市人民政府申请行政复议。对行政复议决定不服的，可以向人民法院提起行政诉讼；也可以向国务院申请裁决，国务院依照本法的规定作出最终裁决"，因此，法人或个人对国务院各部委的行政垄断行为提起诉讼前，应该先经过行政复议。北京兆信等四家企业对行政垄断行为的不服没有经过行政复议程序，因而没有进入行政诉讼程序的资格。

但问题是，北京兆信等四家企业是依据经济法《反垄断法》提起的诉讼，有没有提起行政诉讼的资格应该不影响这起经济纠纷案件的法律程序。最后，北京市中级人民法院依据《行政诉讼法》规定的三个月行政诉讼期限，以"超过法定起诉期限"为由，驳回原告的起诉申请，不予受理该案。我们尽管没有看到该案的卷宗以及司法机关的相关解释，但根据《反垄断法》第五十一条规定，司法机关援引《反垄断法》的"上位法"《行政诉讼法》驳回原告的起诉，该判决的合法性是理所当然的。

在行政垄断权力与当前法制体系下，公民在特定产业中创设企业和企业（法人）进入市场参与竞争的权利被严格限制，在"禁止投资产业"甚至被完全剥夺。被行政行为约束的公民（企业家）和法人代表（企业或其他组织）即为行政相对人，掌握行政权力的行政机关则是行政主体。假如我们能够保证行政机关对行政权力的使用绝对适当，行政行为就必定合情合理更合法。对于这样的行政权力，那些即将进入"核准"程序的企业自然无须担心会否受到不公正待遇，那些审批不过关的企业也没必要抱怨自己的合法权利受到侵害。但是，由于行政权力的管理领域广、自由裁量度大以及强制性特点，决定了它是最容易违法或被滥用的一项国家权力（孙广厦，2007）。现实中的行政权力完全有可能被滥用或使用不当。

为此，《反垄断法》才会用整个第五章专门规制行政机关"滥用行政权力排除、限制竞争"。由此可见，我国并不否认行政权力被滥用的可能性，尤其是用于限制竞争并涉及部门、地方及企业的经济利益的行政垄断权力。然而，行政法与《反垄断法》之间的矛盾对立性，对反行政垄断的司法工作产生严重的影响，以至于行政垄断案件基本上无法立案。《反垄断法》的法律效力受到损害，其反行政垄断功能当然也被束之高阁。

总之，现行的行政法体系与"经济宪法"《反垄断法》存在很多立法冲突，反行政垄断自然举步维艰，困境重重。本文认为，由于行政法与《反垄断法》的对立性，行政垄断与法律制度产生了"二元性"特征，这将成为今后推进反行政垄断工作的根本性制约。

（三）缓和行政法与《反垄断法》对立性的有效途径

无论是在经济学理论中，还是在经济运行中，竞争是市场最关键的要素之一。"为了预防和制止垄断行为，保护市场公平竞争"（《反垄断法》第一条）也正是我国出台《反垄断法》的根本原因。但《反垄断法》正式施行至今已将近三年，它对行政垄断权力的制衡作用和对市场竞争的保护作用似乎还不够明显。在现行行政法体系、行政立法权、行政司法权的制约下，《反垄断法》能在反行政垄断中发挥的积极作用较为有限。

其实，关于我国的反垄断法应否规制行政垄断的争论在法学界由来已久，部分学者认为，反行政垄断是宪法、宪政和政治体制的问题（陈秀山，1995；史际春，2001；沈敏荣，2001；温观音，2006）。诚然，以上途径固然可以彻底解决行政垄断问题，但所需的时日可能很漫长（王晓晔，2009）。本文认为，法制建设的当务之急是如何利用好已经完成立法的《反垄断法》，去保护公民从事经济活动和企业参与竞争的合法权利，并保证公民和法人免遭不合理、不公正的行政垄断权力之侵害。

一直以来，我国的司法机关一直缺乏对行政行为的公诉权。为此本文建议，国务院反垄断委员会既然作为《反垄断法》的执法机构之一，理应获得对国务院各部委及地方政府的违法行政垄断行为的公诉权。例如，乌克兰中央政府"反垄断委员会"依据《反垄断委员会法》的授权，具有高于其他行政机关的权力。该委员会在1994年就曾查处国家铁路管理局的行政垄断行为（王晓晔，1998）。当然，如果检察机关可以在《宪法》赋权下，获得对所有行政机关的公诉权，司法体系就会出现针对行政垄断的"双重"司法监督。

本文同时认为，《反垄断法》第五十一条必须予以修正，行政法和由行政机关自己立法的行政法规不应该作为《反垄断法》裁决行政垄断案件时的"上位法"。行政垄断是现阶段垄断的最主要表现形式，只有修改《反垄断法》第五十一条，才能让《反垄断法》真正发挥出"经济宪法"的重要作用。也只有让《反垄断法》的执法机构国务院反垄断委员会和传统意义上的司法机关检察院参与行政垄断案件，我国才会出现更多敢于维权的法人和公民，这种"扭曲竞争机制，损害经营者和消费者合法权益"（安建，2007）的行政垄断行为才能得到有效的遏制，反行政垄断的法制工作才会稳步推进。

四 结语

行政垄断同时与社会主义市场经济、当前法律制度存在对立统一的矛盾，这是我国反行政垄断遇到实际操作困境的根本原因。其中，前一个矛盾的理论性更强，也更为复杂，并具有一定的长期性。因此，我国难以在短期内消弭行政垄断与市场经济之间的对立性。对于今后的经济学研究，如何在"以公有制为主体、多种所有制经济共同发展的基本经济制度"上，科学有序地推进反行政垄断工作，是值得经济学界探讨的重大理论问题。

行政垄断与法律制度的矛盾，更多地表现为关乎今后反垄断法制建设与经济体制改革成败的重大现实问题。这意味着，在试图解决行政垄断的这两个"二元性"矛盾时，轻重缓急显而易见——完善反行政垄断的法制体系，减轻行政法与《反垄断法》之间的对立性，提高《反垄断法》的法律效力与司法效率是当务之急。正如张曙光和张弛（2007）所言："通过反对行政垄断来推进改革"，反行政垄断法制体系的完善必将推动垄断性行业的体制改革进程。

当然，本文只涉及反行政垄断的经济学层面，仅为管中窥豹。行政垄断理论其实具有多种社会科学属性，如法学、经济学及行政学等。张曙光和张弛（2007）曾从行政学角度为反行政垄断提出建议：要设置一个合理的反垄断机构，"一个可行的办法是，把现行的国家发展和改革委员会（即现阶段主管并执行《政府核准的投资项目目录》、《指导外商投资方向规定》、《企业投资项目核准暂行办法》、《外商投资项目核准暂行管理办法》等行政垄断法规的投资主管部门）改造成国家反垄断委员会"。如此提法不无道理，国家发改委正是当今国务院反垄断委员会的主要成员单位，其主任一般兼任反垄断委员会副主任。

行政垄断理论与反行政垄断工作在中国才刚刚起步，各界学者都应在其中"百花齐放、百家争鸣"。本文仅为引玉之砖，对这一交叉学科的进一步探讨有待学界共勉。

参考文献

［1］安建、黄建初：《中华人民共和国反垄断法释义》，法律出版社2007年版。

［2］陈林、朱卫平：《经济国有化与行政垄断制度的发展——基于制度变迁理论的经济史研究》，《财经研究》2012年第3期。

［3］陈秀山：《我国竞争制度与竞争政策目标模式的选择》，《中国社会科学》1995年第3期

［4］郭连成、刁秀华：《转轨国家的竞争政策与立法研究——以俄罗斯为例》，《财经问题研究》2007 年第 4 期。

［5］胡鞍钢：《在社会主义市场经济体制下反行政垄断也是反腐败》，《经济参考报》2001 年 7 月 11 日。

［6］姜付秀、余晖：《我国行政性垄断的危害——市场势力效应和收入分配效应的实证研究》，《中国工业经济》2007 年第 10 期。

［7］厉以宁：《西方经济学》，高等教育出版社 2000 年版。

［8］刘小玄：《收入不平等的政府根源》，《中国改革》2007 年第 11 期。

［9］麦克康耐尔、布鲁伊：《经济学》，李绍荣等译，中国人民大学出版社 2008 年版。

［10］曼昆：《经济学原理》，梁小民等译，北京大学出版社 2009 年版。

［11］沈敏荣：《法律的不确定性——反垄断法规则分析》，法律出版社 2001 年版。

［12］史际春：《关于中国反垄断法概念和对象的两个基本问题》，《中国反垄断法研究》，人民法院出版社 2001 年版。

［13］孙广厦：《宪政视野下中国行政权力的制约与监督》，《甘肃行政学院学报》2007 年第 2 期。

［14］王俊豪、王建明：《中国垄断性产业的行政垄断及其管制政策》，《中国工业经济》2007 年第 2 期。

［15］王晓晔：《依法规范行政性限制竞争行为》，《法学研究》1998 年第 3 期。

［16］王晓晔：《经济体制改革与我国反垄断法》，《东方法学》2009 年第 3 期。

［17］温观音：《产权与竞争：关于行政垄断的研究》，《现代法学》2006 年第 6 期。

［18］萨缪尔森，诺德豪斯：《经济学》，萧琛译，人民邮电出版社 2008 年版。

［19］斯蒂格利茨：《经济学》，黄险峰等译，中国人民大学出版社 2008 年版。

［20］谢琳、李孔岳、周影辉：《政治资本、人力资本与行政垄断行业进入——基于中国私营企业调查的实证研究》，《中国工业经济》2012 年第 9 期。

［21］张曙光、张弛：《扩大开放与反行政垄断并重》，《决策与信息》2007 年第 4 期。

［22］张维迎、盛洪：《从电信业看中国的反垄断问题》，季晓南：《中国反垄断法研究——反垄断法研究系列丛书》，人民法院出版社 2001 年版。

［23］张原：《行政垄断的收入分配效应：理论及中国的经验研究》，博士学位论文，浙江大学，2009 年。

行政垄断行业如何进行竞争化改造
——以机车车辆业为例

刘　健

摘　要　本文以垄断行业的属性判定理论为指导，以机车车辆业的技术经济特征为基础，以机车车辆业的历史演变为条件，以机车车辆业的国际经验为借鉴，对机车车辆业的垄断属性进行理论判定。在此基础上，以机车车辆业目前存在的问题为出发点，阐述机车车辆业改革的必要性与紧迫性，并提出机车车辆业进行竞争化改造的具体措施和对策。

关键词　行政垄断　机车车辆　改革

无论在实业界还是在理论界，垄断行业改革的着重点都放在了电力、电信、石油、民航、铁路、邮政等传统的自然垄断行业，而对机车车辆行业改革的关注很少。同时，在垄断行业如何改革问题上，关注点基本上都放在如何引入竞争、放松规制、提高效率等具体操作层面上，缺少对行业的垄断属性及成因的具体分析与判定。具体到每一个行业，行业改革和发展的历史与现状如何？行业的技术经济特征有哪些？行业的垄断属性区分，即该行业是属于经济的集中垄断、自然垄断还是行政垄断？行业改革目前仍存在哪些尚未解决的问题？这些都是垄断行业改革应该弄清楚的基本问题。本文以垄断行业的属性判定理论为基础，从机车车辆业的发展进程入手，具体分析机车车辆业的技术经济特征，结合国际机车车辆业发展的经验，判定机车车辆业的垄断属性，在此基础上，以机车车辆业改革尚未解决的问题为出发点，提出机车车辆业进行竞争化改造的具体措施和对策。

一　垄断行业的属性判定理论

深化垄断行业改革首先必须对其垄断的形成基础进行深入分析和研究，在对行业的垄断属性进行理论判定的基础上有的放矢地确定改革方向和目标，系统地规划和设计改革的模式与路径，这样，才能确保改革少走弯路，使我们能

[作者简介] 刘健，首都经济贸易大学工商管理学院，100070。

从问题重重的现实"此岸"成功地通往风光无限的理想"彼岸"。

　　一般来说，垄断按其成因可以分为经济集中垄断、自然垄断和行政垄断。经济集中垄断、自然垄断和行政垄断在本质上都是经济垄断——经济上的、经济领域的、以经济为内容和目的的垄断，在内容和概念上都是指单个或少数的市场主体为了经济目的通过构筑市场壁垒等手段对某一特定目标市场施加排他性控制所形成的垄断结构或垄断状态。但这三类垄断结构的形成基础和成因完全不同，资源配置的机制也不同，市场效率的表现也不一样，在政策含义和取向上更是相去甚远，因而应该采取分类治理的办法。

　　经济集中垄断结构是通过市场竞争机制形成的，是维持资源优化配置和促进经济效益的组织载体和制度安排。企业之间经过激烈的市场竞争，通过优胜劣汰、兼并重组，最终形成经济集中的垄断结构，这种市场结构是"适者生存"、"强者恒强"的市场经济原理的体现，是基于竞争之上的规模经济、范围经济、关联经济的实现。经济集中垄断企业通过规模经济机制实现生产效率的提高，通过范围经济实现市场交易费用的节约，通过研发投入机制和专利保护机制实现技术创新效率的提高，通过累计产出增长机制实现经验曲线效应，这四种机制相互作用、相互强化，最终实现市场效率的最大化和资源配置的最优化。在竞争基础上产生的经济集中垄断结构将强化竞争，促进竞争的进一步扩展并把竞争引向高级化，从更长的时间跨度和更广的空间范围来看，经济集中垄断结构使竞争更为激烈。因此，基于提高市场效率和社会整体福利的考虑，我们应该对经济集中垄断采取扶植政策。

　　自然垄断是与行业的技术经济特征相联系的，其形成的基础和成因与行业的规模经济、范围经济、成本次可加性以及网络经济相关。当产出的增长比例高于要素投入的增长比例而呈线性增长或指数化增长时，所产生的规模经济构成为自然垄断赖以成立的必要条件；而且仅在网络经济条件下，单一网络所带来的网络经济效益高于多网并存下的竞争机制所产生的效益，即单一网络的垄断所产生的效益高到无法竞争的程度时，才构成自然垄断赖以成立的充分条件。也就是说，在技术水平、市场需求、资源限制等条件下，由单个或少数几个企业经营某一行业所产生的效益高于自由竞争的效益时，或者说，由单个或少数几个企业经营某一行业才能实现行业的网络经济、规模经济和范围经济时，自然垄断就产生了。随着行业技术的创新和改进以及市场需求的扩大，自然垄断的边界就会缩小，原有自然垄断行业的效率就会小于引入竞争所带来的效率。因此，自然垄断行业的改革或治理是一个动态的演进过程，涉及社会、行业、公众、消费者等各个层面，涉及产权、治理、运营、竞争、价格、规制等各个模式，是一个整体的改革系统。自然垄断行业改革的关键在于对自然垄断业务（环节）与可竞争业务（环节）的区分。现有的技术经济条件适用自然垄断业务（环节）的，可以维持自然垄断，而由于技术改进后原有自然垄断业务（环节）演变成可竞争业务（环节）的，要打破自然垄断，引入竞争机制。维持自然垄断还是引入竞争机制，关键在于衡量何种制度安排更能产生效率和收益，也就是说，效率准则、发展准则和社会福利最大化准则是自然垄断行业改革的指导思想和原则。

行政垄断也是一种为实现经济目的而采取的垄断结构，但是，其形成的基础既不是市场竞争也不是行业的技术经济特征，而是行使权力的结果，是行政机关或其授权的组织滥用行政权力、限制竞争的结果。我国作为传统的高度集权国家，历来存在着国家政权对市场的强大干预，但这种干预实际上是由各个主管部门和地方政府分别行使的，国有企业隶属于不同的行业主管部门和地方政府。如果部门和地方政府出于各自利益的驱使，滥用行政权力，超出其权限范围运用于市场关系中，对企业和市场进行直接干预，如行政强制交易、行政部门干涉企业经营行为、行政性公司滥用优势行为等，从而实现其自身利益的最大化，那么企业间的竞争则实质上会变成部门间和地方政府之间的竞争。行政垄断企业往往依托行政部门的特权，政企合一，官商一体，既当运动员，又当裁判员，同时还是规则的制定者。因此，行政垄断企业不是表现为企业组织的垄断，而是政企合一的垄断。据统计，行政垄断构成了目前中国最严重的腐败形式，其造成的损失已经远远超过官员贪污受贿造成的经济损失。因此，对于行政垄断行业的改革，我们必须清醒地认识到其危害性，坚决打破行政垄断体制，通过系统的改革规划和设计，使行政垄断行业回归到竞争性行业的本位，重新焕发企业的生机活力，打造行业的国际竞争力，从而提升市场效率，实现社会整体福利的最大化。

应该指出的是，在现实生活中，自然垄断与行政垄断往往是难以区分的。自然垄断不是天生的，也不是人为的，也是市场竞争的自然结果，其产生的基础是市场经济。因此，在没有经过市场竞争检验之前，无论是经济学家还是政府，无论是企业还是消费者，事先都不能准确地判定某个产业、环节或业务是否是自然垄断的。现实经济中的行政垄断产业、环节或业务可能是自然垄断的，也可能根本就不是，只是出于部门利益或其他原因，打着自然垄断的幌子而已。因此，在特定时期内，对于任何可能是自然垄断的产业、环节或业务，在未能准确判定之前，首先应该采取竞争方式，如果市场竞争证明了自然垄断性，才考虑采用自然垄断治理方式，而必须克服首先采取国有化或规制方式、迫于无奈时才引入竞争机制的做法。

二 机车车辆行业的改革与发展概述

政企合一的企业是借助于行政保护手段而形成的垄断结构。行政垄断可以说是不公平竞争和低效率的代名词，对经济发展和整个社会的危害都极大。首先，行政垄断直接导致以行政权力或者行业优势地位配置资源，妨害自由竞争机制的形成和发展，扰乱市场秩序，降低整个经济的运行效率。其次，行政垄断阻碍统一、开放、竞争、有序的现代市场体系的形成，导致市场壁垒重重，商品及生产要素流通受阻，各地、各企业的比较优势难以发挥。再次，行政垄断损害经营者自由经营的合法权益，限制消费者自由选择商品和服务的权利，导致垄断价格和服务质量低下等问题。最后，行政垄断容易滋生腐败，损害政府形象。垄断导致政府主管部门行为企业化，产生大量收费和审批项目，加重企业及个人负担。这种腐败实质上是制度腐败，它比个人腐败更为隐秘，危害性更大。

机车车辆业是我国重要的制造业生产部门，按照《国际标准行业分类》划分，属于机械制造业中的交通运输装备制造业。机车车辆业一般是指以外来电源或以蓄电池驱动的，或以压燃式发动机及其他方式驱动的、能够牵引铁路车辆的动力机车、铁路动车组、城轨地铁车辆的制造，以及用于运送旅客和用以装运货物的客车、货车及其他铁路专用车辆制造的生产部门。

（一）机车车辆业的技术经济特征

我们从规模经济、范围经济和网络经济三个层面考察机车车辆业的技术经济特征。

从规模经济来看，机车车辆业属于技术密集型、资本密集型和劳动密集型的"三密集型"产业，由于机车车辆产品的制造、组装、测验等工作要依靠高技能的操作人员手工完成，而且技术的创新和发展在产品制造中起着非常重要的作用，因此该行业不像大批量生产、标准化程度高的制造业那样能实现生产的自动化、机械化、智能化。于是，虽然随着产出的增加，平均不变成本逐渐下降，但是平均可变成本呈递增趋势，且平均可变成本占平均总成本的比例较大，导致平均总成本随着产出的增加而下降的幅度很小，或者由于技术或人才的重要性呈递增趋势。也就是说，机车车辆产品的边际成本较高，机车车辆业的规模经济效用并不显著。

从范围经济来看，机车车辆业注重技术的归核化与生产的集约化，核心技术领域的机车车辆制造企业为了构建自身的核心竞争力，往往只专注于核心技术产品的生产和研发，也就是说，只专注于脑袋产业，而将车体等技术含量较低的产品和零部件生产变由低成本企业承担，实现脑袋产业与躯体产业的分离，非核心技术领域的机车车辆制造企业进一步以成本节约为中心，实现基于分工社会化和专业化的协作模式。因此，机车车辆业的范围经济效用也不显著。

从网络经济来看，机车车辆产品的使用周期一般都在20年以上，具有耐用品的属性，从生产、销售、使用到维修都需要专业技术和专门人才，机车车辆产品的需求部门，一般来说，不具备使用、维护和修理产品的专门技术和知识。因此，机车车辆企业需要建立完善的服务和维修网络来支撑产品的销售。但是，机车车辆产品的维修和服务网络属于物质型网络，而非虚拟型网络，相对于电力输电网络、电信和有线电视网络、铁路路网来说，所需投入的固定成本并不是很高，多建一个网络的成本投入与回收期限可以为企业和社会所接受，从而具有弱网络经济效益的特点。

（二）机车车辆业改革的国际经验

与世界船舶工业、汽车工业、航空工业和军事装备工业相比，铁路运输装备的市场不算太大，但是，目前从事铁路牵引动力制造和经营活动的企业，为数众多。20世纪80年代末以来，世界机车车辆市场竞争异常激烈，尽管整个机车车辆的制造技术在不断发展，但国外机车车辆工业生产能力过剩的局面一直长期存在。以加拿大庞巴迪、法国阿尔斯通、德国西门子为代表的跨国机车车辆企业为了减少亏损或力争多盈利，一方面在适当缩小经营规模的同时，加速新产品开发，以提高核心技术的竞争力；另一方面不断进行机构的重组与并购，以实现集约化制造与经营。

同时，为适应更加激烈的市场竞争，世界机车车辆制造巨头更加倾向于结成战略联盟来共担成本和风险，促进技术创新，缩短产品的研发周期。如美国GE和阿尔斯通的联合属于资源重新配置的战略联合；美国GM和西门子合作提供交流传动机车所用的牵引电动机属于技术优势互补的联合；阿尔斯通和西门子共同投标中国台湾高速铁路项目则属于共同利益促使下的战术联合。

可以认为，国际机车车辆巨头企业的发展是一部竞争走向集中的历史，是"宽松的竞争环境—自由的进入与退出—新企业大量涌现—过度竞争—兼并重组—寡头垄断"的演进历程，国际机车车辆业目前形成了经济集中型的寡头垄断市场结构。

（三）机车车辆业改革的历史、现状与问题

表1   中国机车车辆行业改革与发展历史进程

时间（年）	发展阶段	市场结构	问题	改革与调整措施
1949—1952	生产恢复和发展阶段	全国（不包括台湾省）共有铁路工厂35个，其分布地区是东北7个，华北7个，中南8个，华东8个，西北2个，西南3个	工厂管理分散，没有专业分工，装备落后	为了调整布局，适当集中使用设备能力和技术力量，撤销合并了一些工厂，划转了少数工厂给其他工业部门，最后归铁道部领导的有20个工厂，分别属于机车车辆制造局和修理局管理

续表

时间(年)	发展阶段	市场结构	问题	改革与调整措施
1953—1980	机车车辆工业体系初步形成阶段	组建大同机车厂、长春客车厂和株洲车辆厂、成都机车厂、兰州机车厂等十多家工厂，到 1980 年铁道部直属工厂 33 个，研究所 4 个，机车车辆工业体系基本建成	专业化分工薄弱，行业结构和产品结构不合理	调整行业结构和产品结构，对 20 个老厂多次进行改造，提高机车车辆工业的生产能力，同时从 1954 年开始组建新的机车车辆工厂
1981—1990	强化改造、扩大产能阶段	组建中国铁路机车车辆工业总公司	中国铁路运输能力增长落后于国民经济增长，铁路运输能力不足一直是制约国民经济快速发展的突出问题，而机车车辆工业又成为铁路内部突出的薄弱环节	铁道部逐步加大对机车车辆工业的投资，同时国家利用国内军工和机械行业的部分能力增加机车车辆生产。机车车辆工业总公司制定了上能力、上质量、上品种、提高经济效益和提高职工队伍素质，为铁路运输服务的"三上、两提、一服务"的方针目标。这一阶段，铁道部总投资 32 亿元，其中，中车系统近 30 亿元，超过 1985 年以前 35 年国家对机车车辆工业投资的总和
1991—2000	适应市场经济发展、推进产品"三上"的阶段	组建中国铁路机车车辆工业总公司（控股（集团）公司）	机车车辆工业体系远远不能适应铁路货运重载、客运提速发展的要求，国产技术以及自主研发能力较落后	开展合资合作，实行重点投入，推进产品上质量、上档次、上水平。同时，机车车辆工业开始在强化主业的同时，向多元化发展，并开始形成一定规模
2001 年 9 月至今	管理体制发生重大变革、市场竞争格局重新划分阶段	铁道部与中国机车车辆工业总公司正式脱钩，并重组为中国北方机车车辆集团公司和中国南方机车车辆集团公司，行政上不再有隶属关系	管理体制僵化，政企不分，缺乏竞争	对中国机车车辆工业总公司横向拆分为中国南、北车，形成双寡头的竞争格局。中国南、北车制定了国内市场有序竞争、国际市场携手合作的战略原则，积极开拓国际市场，谋求发展空间

资料来源：笔者整理。

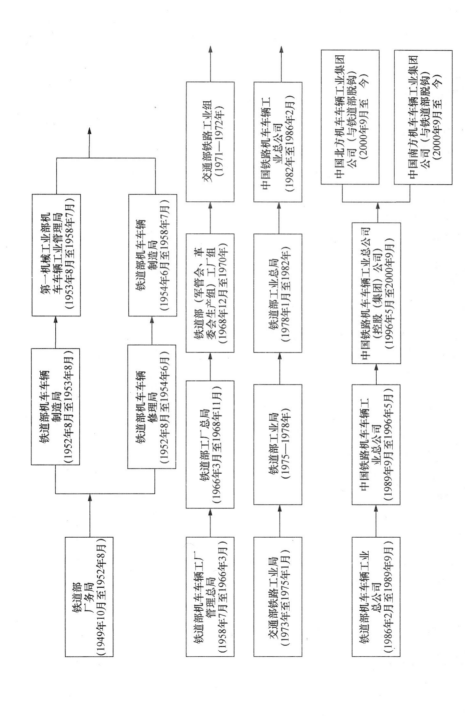

图1　中国机车车辆行业管理体制变迁

如表 1 和图 1 所示,在经历了 20 世纪铁道部直管中国机车车辆工业的历史后,21 世纪初,中国铁路机车车辆工业总公司分立为中国南、北车公司,形成了机车车辆业双寡头的垄断市场格局。目前,铁道部制订了《铁路机车车辆设计生产维修进口许可管理办法》和"独立的"铁路技术规范和行业标准,从机车车辆产品的生产、维修、质量检测与验收、进口等各个方面实行行政许可制度。在机车车辆购置上,铁道部实行了"既是运动员又是裁判员"的招标采购制度,这些都形成了机车车辆业很高的进入壁垒。目前,中国南、北车集中于不同的优势领域,中国南车在电力机车、内燃机车新造和内燃机车、客车修理等方面市场占有率较高,中国北车在客车新造和电力机车修理方面占有较高的市场份额,只是在货车新造和修理方面展开有限竞争。二者相互进入对方市场难度较大,成本较高。而在货车制造、普通机车及客车的制造方面也只是存在有限竞争,而且大企业大而不强,小企业小而不专。因此可以说,我国机车车辆业并未形成有效竞争的市场格局,其经营与发展仍然处于铁道部的保护和扶持之下,二者天然的"父子关系"并没有因 2000 年 9 月的分立而断裂。

目前,在机车车辆业产权结构上,中国南方机车车辆工业集团公司持有中国南车股份有限公司 56.75% 的股份,中国北方机车车辆工业集团公司也持有中国北车股份有限公司 61% 的股份,国有股权占据绝对控制地位,存在一股独大的问题。产权结构的单一、国有股一股独大,将不可避免地会出现外部治理软弱、内部治理不完善等问题。

在公司治理上,中国南、北车都设置了股东大会、董事会、监事会、经理层的二元治理结构,从而保证了公司治理结构形式上的完整性,但在公司治理机制的内容和效果上仍存在董事会与监事会的"失灵"、独立董事制度的"局限性"、"老三会"与"新三会"的冲突与协调、人力资源体系建设的落后、公司外部治理环境与条件的缺乏等问题。

在规制方面,中国南、北车集团隶属于国资委管辖,而铁道部与工信部共同对机车车辆业进行行业监管,发改委则行使价格管制的职能。规制部门分工过细,性质趋同,职责交叉,将不可避免地出现监管职能的越位、错位、不到位等问题。同时,铁道部作为机车车辆产品最主要的买方,无法保证其作为规制部门的独立性,有可能出现政企同盟的"规制俘虏"现象。

三　机车车辆行业的垄断属性判定

如图 2 所示,我们应该从行业的技术经济特征、历史演变、国际经验和遗留问题四个层面入手,以上文提出的垄断行业属性判定理论为指导,对机车车辆业的垄断属性进行理论判定。

从机车车辆业的技术经济特征来看,机车车辆业既不具备显著的规模经济

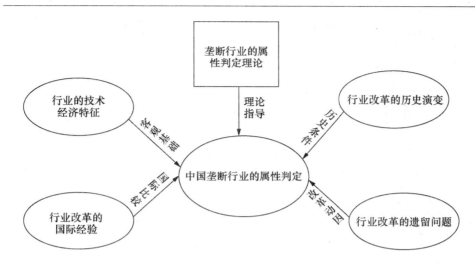

图 2　中国垄断行业的属性判定模型

和范围经济，也不具备网络经济特征，没有自然垄断的任何诉求；从机车车辆业改革的国际经验来看，国际机车车辆业的发展是一部由竞争走向集中的历史，是"宽松的竞争环境—自由地进入与退出—新企业大量涌现—过度竞争—兼并重组—寡头垄断"的演进历程；从机车车辆业改革的历史演变来看，从铁道部厂务局到铁道部机车车辆制造局，到中国机车车辆工业总公司，再到中国南、北车，机车车辆业一直处于铁道部的扶持和保护之下；从机车车辆业的发展现状来看，铁道部制定的行政许可制度、技术规范和行业标准，既是运动员又是裁判员的招标采购制度形成了机车车辆业很高的进入壁垒。基于以上四点，我们认为，中国机车车辆业是处于竞争性行业领域但采取了行政垄断体制的行政垄断行业。

四　机车车辆行业如何进行竞争化改造

机车车辆业改革的关键在于打破行政垄断，引入竞争机制，营造机车车辆业有效竞争的市场格局。具体来说，可以从以下六个方面着手，对机车车辆业进行竞争化改造：

（一）引入竞争机制，形成有效竞争的市场格局

从机车车辆业发展的历史进程来看，机车车辆业与铁道部渊源甚深，是始终处于政府的扶持和保护之下生存和发展的，没有经历过竞争的洗礼。因此，引入竞争机制，是机车车辆业改革的应有之义。应该指出的是，这里存在着垄断和竞争的效率比较以及以此为依据的市场结构选择问题。通常，在一定的程度和范围内存在竞争的效率高于垄断的效率的可能性。即在引进竞争机制后，

竞争的程度需要受到限制，需要综合考虑行业的规模经济、范围经济、关联经济和网络经济效应，避免导致竞争的效率低于垄断的效率的可能性。在机车车辆业，以竞争和垄断的综合经济效益最大化为目标的适度竞争的程度，应以保持企业的最小有效规模为界限。

（二）组建国家相对控股公司，优化国有资产的所有制实现形式

在产权结构上，为避免一股独大和一股独霸的问题，应该大力培育多元化的投资主体，建立有效的民营资本进入和国有资本退出的通道及机制，取消所有制歧视的进入壁垒，将中国南、北车公司逐步改制为国家相对控股公司，实现国有资本的相对控股，优化国有资产的所有制实现形式。

（三）完善法人治理结构，建立分权制衡机制

法人治理的核心是实现分权制衡，通过科学地配置法人内部各个机构的职权，在公司内部建立起相互独立、相互制约、相互配合的机制，形成一种规范股东、董事会和经理层在内的公司内部参与者之间的权力配置机制和权力制衡机制，包括经营机制、约束机制、激励机制、用人机制等。

（四）建立综合性的独立的规制部门，加强社会性规制

机车车辆业的规制存在政出多门、多头管理的弊端，而综合性规制有助于保持机构必要的稳定和衔接，避免频繁的行政机构改革使规制机构出现无所适从的"真空"状态，通过理顺政府规制体系内部的职能关系，解决越位、错位、不到位等"归位"问题。同时，保持规制部门的独立性，将政府规制目标定位于提高社会整体福利之上，有助于规避规制机构与被规制企业之间的"政企同盟"，避免规制部门的不公平的偏向性规制。另外，综合性规制部门应该减少对被规制企业的经济性规制，加强社会性规制。

（五）推进机车车辆购置改革，促进机车车辆企业之间的公平竞争

为促进机车车辆企业之间的公平竞争，在国有企业生产体制上，打破行业垄断，应该允许民营和私营企业参与竞争招标，促使企业自觉加强内部管理，提高资本的使用效益。在招标时，我们可将企业的质量水平、价格标准、服务态度等作为重要的评标标准，使质量信誉好、管理水平高、产品价格低的企业优先获得订货合同，真正实现综合择优。另外，在招标时，要防止招投标中可能出现的歧视行为、舞弊行为等不正当竞争同时，建立各行业专家组成的评价队伍，有效地保证评标的公正性、合理性。

（六）健全和完善技术创新的体制机制，加强知识产权保护，建立技术标准体系

深化推进原始创新、集成创新和引进消化吸收再创新，不断完善技术创新体系，突破机车车辆制造的关键技术，提高自主创新能力和装备现代化水平。既要充分发挥机车车辆行业科技力量的作用，又要大力鼓励和支持高等院校、科研院所等社会各种创新资源，全面参与机车车辆技术创新，形成机车车辆技术创新的合力。同时，加强知识产权保护，进一步建立和完善技术标准体系，构建高效的以企业为主体、产学研结合的紧密型技术创新体系。

参考文献

［1］戚聿东：《中国经济运行中的垄断与竞争》，人民出版社2004年版。

［2］联合国经济和社会事务部统计司：《所有经济活动的国际标准行业分类》（修订本第四版），纽约：联合国出版物，2008年。

［3］中国南车：《中国南车2008年度报告》，http：//www. csrgc. com. cn/cns/upload-files/yjbg/ndcwbg/20090518045201359. pdf，2009。

［4］中国北车：《中国北车首次公开发行股票招股说明书》，http：//www. chinacnr. com/gonggao/中国北车首次公开发行股票招股说明书. pdf，2009。

［5］中国南车：《中国南车年鉴》（2009），中国铁道出版社2009年版。

［6］《21世纪经济报道》：《神秘民企突入铁路机车制造业：北京中车叫板垄断》，http：//gov. finance. sina. com. cn/chanquan/2005－10－27/4729. html，2005年。

［7］［美］施蒂格勒：《产业组织和政府管制》，上海人民出版社1996年版。

［8］戚聿东、柳学信：《自然垄断产业改革：国际经验与中国实践》，中国社会科学出版社2009年版。